清初浙東學派論叢

❖方祖猷著❖

目錄

附錄

序

宋晞

按我國以地區性學術發展而言，浙東學派的出現是比較早的。南宋以臨安（今杭州）爲京都，與政治中心接壤的兩浙東路，人才比較集中，學術發展自比其他區域條件爲優厚。以經學（即理學）、史學、文學等方面而言，在兩浙東路的南宋學者均有優異的表現。筆者嘗撰《南宋浙東的史學》（原刊中央研究院《國際漢學會議論文集》，民國七十年十月；收入《宋史研究論叢》第三輯，民國七十七年八月。）與《南宋浙東的理學》（原刊杭州大學出版《徐規教授從事教學科研工作五十周年紀念文集》，一九九五年十月。）申述之。今拜讀方祖猷兄《清初浙東學派論叢》大著，對明末清初的浙東學者在文史哲等方面的研究成就，深有所感，很自然地會追念宋代兩浙東路諸學者的表現。

方氏此著對清初黃宗羲、萬斯同與全祖望等三位學者在經學、史學與文學等方面的成就多所評述，同時也提及黃百家、萬斯大、呂留良、潘平格、劉獻廷、李文胤與鄭梁等人的貢獻。黃宗羲（一六一〇～一六九五），字太沖，號南雷，稱梨洲先生，餘姚人，所著《明夷待訪錄》反映他把握時代思潮的傑出才能。又撰《明儒學案》、《宋元學案》等鉅著。在寧波創辦甬上證人書院，傳授劉宗周之『蕺山之學』，亦即慎獨之學。他對明季東林學派「尊經」、和復社「復興古學」，頗爲重視；至清初，則將經學與經世聯繫起來，成爲清初經學的一大特徵。其試圖總結明亡的教訓，可以見之。

萬斯同（一六三八～一七〇二），字季野，鄞縣人。爲黃宗羲的弟子，鑽研經史之學，爲經世而治史。其史學思想具有强烈的民族意識。康熙十八年（一六七九）應徐元文之邀，北上京師，參與纂修明史，嘗云：「但願纂成一代之史，可藉手以報先朝。」（楊無咎《萬季野先生墓誌銘》，萬斯同《石園文集》卷首。）他參與纂修明史，辭謝官職，住在徐氏兄弟在京的碧山堂賓館，「一時修史諸君多從季野折衷」，徐元文「遇有疑誤，輒通懷商。」（韓菼《徐公元文行狀》，錢儀吉《碑傳集》卷十二。）康熙二十九年（一六九〇），張玉書與陳廷敬接任明史監修與總裁，斯同被堅留，居室由碧山堂移至江南會館。同年，並應仇兆鰲邀請，在京主講經史之學，每月二、三次，內容包括田賦、兵制、選舉、樂律、郊諦、廟制、輿地、官制、圖書、曆象、河渠、邊務諸端。講會直至他逝世前，歷時十二年，未曾停止。康熙三十五年秋，曾與方苞暢談史法，提出「事信而言文」，博搜資料而裁以實錄。近人顧頡剛稱：「痛故國之淪亡，寄孤懷於筆削，遂以布衣手定『明史』，存一朝之文獻。」（「萬季野先生祠墓落成紀念」，『史地雜誌』一卷二期。）萬氏著作多達三十多種，而以纂修明史之功爲最。

全祖望（一七〇五～一七五五），字紹衣，號謝山，鄞縣人。歷康、雍、乾三朝，其史學思想上承黃宗羲、萬斯同。下開章學誠，爲浙東學派史學的重要代表人物之一。他繼承唐劉知幾之史才、史學、史識論，統稱之爲「史法」，發揚直筆精神。在歷史編纂學上，繼承萬斯同重視史表的思想。他把地方志越出地理志的概念，而與史書聯在一起。嘗云：「地志之佳者，正以其能爲舊史拾遺。」（『結埼亭集』外編卷四十五，「答九沙先生問史樞密兄弟遺事帖子」。）這對章學誠之方志學不無影響。

全氏不熱衷利祿，其民族思想是服從於中華民族的最高利益。歌頌抵抗外族，對滿清的思想統制表示異議。全氏著作除『結埼亭集』外，續修『宋元學案』，功不可殁。並輯《續甬上耆舊傳》一二〇卷，自明隆慶、萬曆以後至清初共一五、九〇〇餘首，短文近百篇，爲續李文胤《甬上耆舊傳》而輯，他是文獻學大家之一。浙東地區抗清鬥爭長達二十年，《續甬上耆舊傳》保存了南明魯王時期浙東地區抗清的大量歷史文獻，爲研究南明史之寶貴史料。明末東林黨人顧允成以「天崩地陷」四字概括晚明政治形勢，續耆舊傳則從側面以文學方式反映此一形勢，詩人的高風亮節，以其目睹耳聞之實，補「天崩地陷」時期正史所敍之缺或糾其誤，洵屬難能可貴。

清初浙東學派因黃宗羲的主導，得萬斯同、全祖望等人之繼承與發揚，影響到清代中葉章學誠、邵晉涵等，可謂盛矣。祖猷兄索稿於我，爰簡述浙東學派之淵源，成熟與影響以爲應，是爲序。

民國八十五年（一九九六）二月五日
於陽明山華岡中國文化大學

自序

方祖猷

清初浙東學派是一個以史學爲主，包含哲學、經學、文學乃至自然科學諸種領域，在中國學術史上占有極其重要地位的學派。由於它處在中國行將步入近代的歷史時期，它所反映的學術內容，更引人注目。

一九八一年，我回到故鄉寧波工作，因文獻獲得的難易，我先著手研究全祖望，然後逆推到萬斯同、黃宗羲，再回過頭來研究萬斯大，先後整整十年餘，目前這一本《清初浙東學派論叢》，除其中四五篇外，都是在這段時期發表於各種雜誌和參加有關國際學術會議上論文綜合而成的，打印出來，提供給「一九九三年浙東學術國際研討會」，希冀各位學者予以指正。

清代浙東學派究竟由那些人組成？首先指出這一學術系統的是章學誠，以後梁啓超、劉光漢、章炳麟、周予同等都有所論述。第一個完整地提出這一學派的代表人物而予以詳盡說明的是陳訓慈先生，他的《清代浙東之史學》，是進一步研究這一學派的重要著作。然自四十年代金毓黻發表不同的意見後，這一問題，在海外學者中展開過爭論。當時，訓慈先生曾希望我能對此發表看法。我回寧波後思考了一下，回信說，不入虎穴，焉得虎子，探討這一學派組成的人員，不能單看其師承關係，明清時期的學派，究竟與兩漢時期的師法、佛教宗派不盡相同，應在這些學者中發現其學術精神上的共同點和繼承性，才能決定他們是否屬於同一學統。但是我才疏學淺，他們中好些人的學術思想我並未探討過，所以無法對這一爭論發表意見。我回信年餘後，訓慈先生突然去世，我如將來有可能對此提出自己的觀點，訓慈先生也無法看到，這是極爲遺憾的。

對這本書中所論述的人物是否屬於浙東學派，是沒有爭論的，我僅試圖以此爲基礎，進一步向下推，以研究清中葉和晚期的其他人物，以實現訓慈先生對我的期望。

本書之所以能問世，應感謝沈善洪兄的鼓勵，訓慈先生生前的指導，臺灣中央研究院文哲所林慶彰先生的熱情推薦，以及浙江圖書館古籍部、寧波大學圖書館、寧波市圖書館、寧波伏跗室藏書樓爲我提供方便，特此感謝。

作於寧波大學中國文化研究中心

一九九三年三月

一 明清之際的經學思潮和史學思潮

清初浙東學派的學術，與明清之際的經學和史學思潮的影響是分不開的。

一、經學思潮

自從北宋慶曆年間出現疑經風氣後，逐漸發展爲刪經、改經，到明中葉王陽明提出「六經之實，具於吾心」①的命題，這一風氣達到了高潮。他的弟子王畿把陸九淵的「六經皆我注腳」的命題，納入王學的心學體系之中，他說：「良知是六經之樞鈕，故曰：『六經皆我注腳』。」②受王畿思想重大影響的李贄把六經與童心對立起來，認爲六經的義理讀得越多，童心愈失，他斥責：「六經、《語》、《孟》，乃道學之口實，假人之淵藪也。」③他不但反對宋儒從六經中發揮義理，而且也不同意王陽明把六經視作「吾心」的常道，這對衝破六經的思想束縛自然是極其猛烈的，其影響所及，糞土六經成了明末一時的風氣，如果按其邏輯發展，經學就要消亡。

但是，糞土六經，其流弊造成了倫理的虛無主義和學術淺薄，由此王學中另一部分人提出了較溫和的主張，泰州學派的開創者王艮提倡：「以經證悟，以悟釋經」④，進一步提出：「證諸先覺，考諸古訓，多識前言往行而求以明之」⑤的觀點。他所說的「古訓」，即六經。王艮的三傳弟子羅汝芳，從「考諸古訓」出發，反對「謂六經注我，不復更去講究」⑥的現象，明確提出「信古敏求」⑦的主張，認爲《四書》、《五經》是「聖賢精蘊之所寄」，可以「明心見道」⑧。他這一提法，已與六經是「吾心之常道」和「六經注我」有區別了，在「吾心」、「我」和六經之間，重心開始向經的方向傾斜。

在王學之外，開晚明實學思潮之端的羅欽順，也提出了「學而不取證於經書，一切師心自用，未有不自誤者」⑨的觀點。這句話的前面部分，即道寄於經書之中，與羅汝芳相合，但羅汝芳並不反對「六經注我」，只反對不再講求經書；羅欽順則反對在治經中「師心自用」，即反對「六經注我」，所以後面一段，兩人有差距。這表明在經學復興萌芽時，陽明後學的一部分人和王學以外的人，走著殊途同歸的兩條不同途徑。

走王艮、羅汝芳途徑的是焦竑和陳第。如焦竑贊同王艮的「以經證悟，以悟釋經」，指斥漢人注疏爲「糟粕」⑩，是明經的障礙，他很强調「悟」的作用，然而，其明經的方法，則主張用「小學一段功夫」⑪，從音韻文字上作考證。走羅欽順途徑的是楊慎，他明確反對「以六經爲注腳」⑫，而主張恢復漢儒訓詁之學，「求朱子以前六經」⑬，他首創求古人文法和音韻入手的小學考證法。在他稍後的歸有光進一步力主區別「講經」和「講道」，認爲道既然在經中，何必講道！上述兩條途徑，通過小學考證以明經是一致的，但對漢儒的傳注，則態度不同，前者反對，後者贊同，這其實是對王學的心，即「悟」的作用評價不同而引起的。

晚明實學思潮的主要代表是東林學派，他們多從王學中分離出來轉而批評王學，繼續了羅欽順的途徑。如顧憲成在揭示《東林會約》的「尊經」時，以「經，常道也」⑭的命題，代替了王陽明的六經爲「吾心之常道」⑮的命題，一舉而把「吾心」兩字抹去，這反映了經學歷史上一次重大的變化，即從主觀的闡釋，回歸到客觀的求證，已成爲歷史的自覺。顧氏的友人高攀龍以聖人之心代替了「吾心」，明確提出：「返求諸六經」的口號。

到了啓、禎之際，以經世爲特點的實學思潮開始高漲，經學經世的目的十分明確，經學的復興也有所發展，這表現在三個方面，首先是出現了繼東林學派之後以「復興古學」⑯爲宗旨的復社，所謂的「古學」，即經學。其次，復社的重要人物錢謙益，對宋明經學予以初步總結，明確指出「以漢人爲宗旨」⑰和「正經學」的口號。

最後，復社的另一重要人物方以智，對經學復興作出了重要貢獻。他所作的《通雅》集晚明考證學之大成，大大超過楊慎和焦竑。《四庫全書總目提要》作者對楊慎與焦竑皆有所不滿，但對方以智評價不同，說：「惟以智崛起崇禎中，考據精核，迥出其上。風氣既開，國初顧炎武、閻若璩、朱彝尊等沿波而起，始一掃懸揣之空談。」⑱所以方以智既是集大成者，又開清初經學的先河。

方以智在小學考證中提倡知古必須疑古，疑古必須考古，考古不能泥古，不讓古人才能不泥古⑲，這種推崇獨立思考，不墨守盲從的精神，顯然是宋明疑經思潮和王學的影響所致；但他又反對「糞掃六經，師心杜撰」⑳而與王學不同，這又是受當時實學思潮影響所致。所以他的經學，實已開始了王學與實學相結合、兩條治經道路殊途同歸的趨向。他的治經思想爲黃宗羲所繼承和發展，他的治經方法，爲顧炎武所繼承和發展，他是晚明承前啓後一位重要的經學家。

清初，由於明亡的教訓，實學思潮已成爲主要的思潮，心學似乎消失了，然而它仍結合於實學思潮之中，這種情況在經學中也有所反映。我們以顧炎武和黃宗羲爲例來分析當時經學復興的兩條途徑。

顧炎武提出：「古之所謂理學，經學也」，「今之所謂理學，禪學也」㉑的著名命題，後來全祖望歸納爲「經學即理學」五字。顧炎武認爲：「自八股行而古學廢，《大全》出而經說亡。」㉒而王學的流行，造成「不習六藝之文，不考百王之典，不綜當代之務」㉓的流弊，總之，八股和王學，都使經學和實學廢棄，認爲這是明亡的重要原因，所以主張以經學代替理學。他繼歸有光和錢謙益區別講經和講道，以講經代替講道之後，明確宣布：「不坐講席，不收門徒」㉔，不講性命之學，這是他的「經學即理學」命題的本意。

顧炎武在經學上的重大貢獻是他繼楊慎、焦竑、陳第、方以智的小學考證法而發展之，這就是他的《音學五書》，書中運用了大量的邏輯歸納法，這是他考證經學的主要方法，對以後的乾嘉學派產生重大影響。

黃宗羲是王學的修正者，强調心的作用，主張「以我之心區別天地萬物而爲理」㉕，在治經中提倡：「夫禮以義起，從吾心之安不安者權衡而出之。」㉖。張邦奇曾批評王陽明「糟粕六經」，黃宗羲頗不以爲然，說：「因陽明於一先生之言有所出入，便謂其糟粕六經，不亦冤乎？」㉗。「一先生」指的是朱熹。所以他在治經中强調理性，主張不盲從墨守，大膽衝破舊的傳注的束縛，這顯然受王學的影響所致，但他不主張糞土六經。方以智曾說：「狂子繆民，羣起糞掃六經，師心杜撰」㉘，黃宗羲贊同他前半句話，也指責：「狂子繆民，羣起糞掃六經」，但在後面不指責「師心杜撰」，而代以「溢言曼辭」㉙，這一改動說明他並不反對在治經中的「師心」。

黃宗羲在經學中極重視《禮》學，他說：「六經皆載道之書，而禮其節目也。當時舉一禮必有一儀，……大而類禋巡狩，皆爲實治，小而進退揖讓，皆爲實行也。」㉚他認爲鄭玄之失，在於他只專心於箋傳，而忽略三代「帝王大意」；宋儒之失，在於只講「精微之理」，而於禮之節目與典章制度不屑一顧，可他們對漢儒箋傳中的異同混亂又未予考證歸一，這些觀點，又是當時實學思潮在他經學中的反映。

在經與理的關係上，他主張兼而有之，而以前者爲主，講經與講道可以並行而不悖，他說：「鑽研服鄭（服虔、鄭玄），函雅故，通古今，將以造夫儒林也。」㉛這顯然取方以智

《通雅自序》：「函雅故，通古今，此鼓筐之必有事也」㉜句而作些許改變，後面接著說：「由是而斂於身心之際，不塞其自然流行之體，則發之爲文章，皆載道也，乘之爲傳注，皆經術也」，「鑽研服鄭」與「斂於身心」，即經學與理學可以互相結合，所以他在紹興舉辦證人書院以講道，在寧波舉辦證人書院以講經。㉝。

黃宗羲治經方法，可以歸納爲：「用漢儒博物考古之功，加之以湛思」㉞十四字。他重視漢儒對六經傳注的功績，只是不滿意他們有歪曲經籍原意的地方，所以必須加以「湛思」，即以「吾心之安不安者權衡而出之」，也就是說，要把漢儒的傳注放在理性的天平上予以衡量和取捨，從經學史角度說，要把漢儒與宋儒的經學結合起來，這一方法，又是心學與實學相結合的治經方法。

除了對講經與講道關係認識不同外，黃宗羲與顧炎武治經方法的差異有兩點：一是對漢儒傳注的態度問題，顧炎武重視傳注，認爲不然的話，「於本末俱喪」㉟，黃宗羲則從「摘發傳注之訛」㊱入手；一是考證方法亦有所區別，顧炎武從小學入手，大量運用歸納推理，而以演繹法爲次，這是相當精密的考證方法，缺點是考證面比較狹窄。黃宗羲則强調獨立思考，運用比較法，在歸納與演繹中以後者爲主。演繹法可以得到歸納法所不能得到的新義，然前提的正確性不易把握，「湛思」、「自悟」也可能帶上主觀色彩，容易造成失誤，這是其缺點。

萬斯大、萬斯同的經學，顯然受黃宗羲的重要影響，而萬斯同又受到顧炎武的影響，他們的經學，是明清之際經學思潮演變的結果。

二、史學思潮

宋明理學興起後，尊理輕史成爲普遍的現象。到了明朝，史學每況愈下。王世貞曾指出，當時修《實錄》，只不過取上一代的故奏陳牘作資料，「其於左右史記言動，闕如也。」[37]至於遇到喪權辱國的事，則避諱而不敢寫，甚至有些修國史者，以個人好惡寫史，而且修好以後，深藏於皇史宬，不得而見，這樣國史的真實性及其利用價值，大成問題，促使了野史的流行。可是野史問題也很大，王世貞指出它有：「挾郄而多誣」、「輕聽而多舛」、「好怪而多誕」[38]三大缺點。至於野史中的一種——家史，也被王氏批評爲：「此諛枯骨謁金言耳」[39]。錢謙益則對明朝的史學，概括爲「三僞」，[40]即國史、野史、家史皆僞。但明中葉以來，史學發生了變化。

㈠

明中葉以來興起的王學和實學兩大思潮，對當時的史學界帶來不可忽視的有利影響。王學有强調思想解放的「虛」的一面；又有强調事功，從事上磨練「實」的一面；其虛實結合，對史學產生了如下幾方面的影響：

一、提高史學地位的「五經皆史」命題的提出和發展。

南宋的葉適認爲：「經，理也；史，事也，《春秋》名經而實史也。」㊶他把經史關係比作理事關係，爲以後史學衝破理學的禁制提供了思想淵源，而這一突破口是從《春秋》開始的，以《春秋》爲史而推及其他諸經，王陽明即從而提了「五經亦史」㊷的命題。後來李贄據此提出「六經皆史」和「經史相爲表裡」㊸的命題，這一命題蘊涵著非常寶貴的思想，他認爲經史「爲道屢遷，變易匪常」㊹，所謂「經」，原有「常」、「常道」的含義，現在成了「匪常」，這就破壞了經的神聖性，而與記載屢遷、變易事迹的史並列了，所以李贄既貶低了經的地位，又提高了史的地位。這一思想爲史學家所接受，王世貞就主張：「天地間無非史而已，……六經，史之言理者也。」㊺

「六經皆史」的命題，既是在心學衝擊下經學衰落的反映，也是晚明野史流行、史學開始發展的表現。

二、不以孔子之是非爲是非的史論的出現。

王陽明「心即理」的命題，以「吾心」作爲真理的標準，他說：「夫學貴得之心，求之於心而非也，雖其言之出於孔子，不敢以爲是也。」㊻他並認爲，「道」「非孔子可得而私也。」㊼他這一思想，後來爲李贄所發揮，他以「李卓吾一人之是非」與「咸以孔子之是非爲是非」相對立，並以「顛倒千萬世之是非」爲指導來評論歷史人物，他在《藏書》中顛倒千萬世之是非，歸納起來，大體有下列五點：

1、顛倒千萬世對帝王評論之是非。如歷代認秦始皇爲暴君，李贄卻評爲「千古一帝」㊽，安史之亂，昔人都歸罪於楊國忠，他卻歸罪於唐玄宗，說：「玄宗之罪，可勝誅哉！」㊾

2、顛倒千萬世對農民起義領袖評價之是非。如陳勝，他稱爲「陳王勝」，他的起義是「匹夫首創」，「古所未有」。㊿

3、顛倒千萬世對婦女評價之是非。「夫爲妻綱」、「三從四德」是束縛婦女的封建道德，如在政治上稍有作爲，就被貶爲「牝雞司晨」。可是李贄稱武則天爲「聰明主」、「勝高宗十倍，中宗萬倍」(51)。又如他評卓文君私奔爲「雲從龍，鳳從虎，歸鳳求凰」(52)，贊揚她追求婚姻自由的勇氣。

4、顛倒千萬世關於三代、戰國歷史觀之是非。儒生認爲三代盛世是中國歷史上的黃金時代，至春秋戰國，每況愈下。李贄認爲這些人「徒知羨三王之盛，而不知戰國之宜。」又說：「既爲戰國之時，則自有戰國之策」(53)這是一種歷史進化觀。

5、顛倒千萬世獨尊儒術的是非觀。他貶低儒臣：「名爲學而實不知學」，「托名爲儒，求治而反以亂。」(54)他爲黃老之學平反，說：「學者未知黃帝、老子之實，謂之異端，楊朱氏能令天下禍敗」，認爲這一看法是「前人之糟粕」(55)，他所說的「前人」，就是「儒生」。

在李贄影響下，公安派的袁中道也提倡：「要能於衆是之中而斷人非，於衆非之中而得人是」56，認爲要做到這一點，非有「高識」不可。

以「吾心」爲評價歷史人物的標準，確非有「高識」不可，然而史識談何容易？片面追求這種是非觀，就有流於空論的危險。此外，以「吾心」作標準，其流弊至於既不讀經，也不讀史，束書不觀，游談無根，這種人作史論自然空無一物，晚明確實存在這種史論，這是王學在史論中造成的消極影響。

實學思潮是由王學重事功方面的發展和王學以外的人發動起來的，他們對史學的影響，主要表現在二個方面：

一、**經世史學的產生和發展**。隨著明中葉以來社會各種矛盾逐漸激化和實學思潮的興起，出現了以「經世」或「經濟」命名的史學，這種史學經當今之世，致現實之用，或著眼於本朝典章，採輯有明一代名臣文集、奏疏；或著眼於傳記，網羅有明一代人物的墓誌碑傳。

前一種有萬表《皇明經濟文錄》、馮應京《皇明經濟實用編》、陳仁錫《經世八編類纂》、陳子龍、徐孚遠的《皇明經世文編》等七、八種。代表王學的實學一面的是萬表，他是萬斯大、萬斯同兄弟的高祖，是王陽明的私淑弟子，浙中王門的一員，其思想傾向於見在良知派，但又是漕運和抗倭名將。他在《皇明經濟文錄序》中說，典章是國家的「元氣」，「其致君堯舜之術，當不外典章以求之」57，並制訂了輯錄的《凡例》。但從萬曆末年開始，實學思潮逐漸高漲，輯錄經濟文集的已非王學人物，而且規模愈來愈大，其代表則爲復社名士陳子龍、徐孚遠等的《皇明經世文編》，所收書籍千餘種，達五百零四卷之巨，可以說是嘉靖以來經世文集的總匯。

後一種則有賀中男的《明經濟名臣傳》，李贄的《續藏書》，王世貞的《嘉靖以來首輔傳》，徐紘《明名臣琬琰錄》，鄭曉《吾學編》，鄧元錫《皇明書》等，而以焦竑的《獻征錄》爲集大成，該書共一百二十卷，搜集自明洪武至嘉靖的名人事實，繫以小傳。黃汝亨在此書《序》說：「所謂國體、民瘼、世務、才品，犁然而具。……後王法之，羣工遵之，則方平之略也。」㊽說明了此書的經世作用。

二、**史考的興起**。既然國史、野史錯誤很多，自然需要考證，才能成爲信史，起歷史的真正借鑒作用。其主要著作爲王世貞的《史乘考誤》和錢謙益的《太祖實錄辯證》。前者考證野史之訛，後者在《太祖實錄》基礎上，以《實錄》與野史及各種史料參伍考證，或證《實錄》之失，或糾野史之繆，並進一步糾正和補充王世貞所考的不足。

通過史考，史學家也初步摸索出一些方法，如錢謙益善於「以子之矛，陷子之盾」㊾抓除史書中的內在矛盾；對實在無法考實的，主張：「信以傳信，疑以傳疑」㊿，不輕易予以筆削增損；他也注意運用史籍以外的實物作考證；並提出：「先之以國史，證之以諜譜，參之以別錄」㉛的考證方法。

(二)

清初，由於明亡的刺激，實學思潮達到高潮，王學雖然衰落了，然而心學的思想解放精神仍潛伏於實學思潮之中。清初的史學繼承前明經世史學重在當代的精神而有所演變，主要表現於民族思想的發揚，總結明亡教訓史論的興盛和徵存明末農民起義以及晚明，包括南明史料的野史的流行。這裡以明末三大思想家黃宗羲、王夫之、顧炎武爲例來説明清初史學思潮及其在史著、史論和史考三方面的反映。

一、**史著**。以黃宗羲爲代表，他的史著是在强烈民族民想指導下，爲徵存有明一代和南明史而撰寫的，他强調「國可滅，史不可滅」[62]，所輯《明文海》、《明史案》、《明儒學案》、《續時略》等，都貫穿著這一精神。除了輯錄外，他益以著述，可分三類：一類是見聞之作，如《弘光實錄鈔》、《行朝錄》之類；一類是以碑傳爲史傳，如《文案》、《文定》中各種碑銘傳記等，一類是詩史。他提倡「以詩補史之闕」[63]，如《南雷詩歷》。

二、**史論**。以王夫之和黃宗羲爲代表。他們往往通過史論來探究明亡原因，總結其教訓，並廣而推及歷代的興衰，這就必須一反晚明史論的縱橫捭闔的風氣，通過歷史事實，以追溯其遠源，解釋其近因，分析其背景，闡述其演變，研究其影響，從而把我國封建社會的史論，推向高峯，臻於完善。王夫之的《讀通鑑論》、《宋論》和黃宗羲的《明夷待訪錄》、《汰存錄》即這一類著作，而顧炎武的《郡縣論》、《錢糧論》、《生員論》等論文也是。

三、史考。由於時代關係，清初史考並不多，較著名的為吳炎、潘檉章的《國史考異》和顧炎武的《日知錄》。近人杜維運認為顧炎武考據學對有清一代歷史考據學的形成有重大的影響，對其考據方法概括為：證據之反復批評、證據之確切提出、證據之審慎組合、證據之搜尋與應用五點，指出都富有科學精神。而其中的重鈔書、重校勘、重資料的歸納、重博雅、主張引書注出處、相信較古之記載等等方法，都為以後乾嘉歷史考據學派所運用。⑭

應注意的是，清初史學經世的思想與晚明經世史學有所不同，前者在强烈民族意識支配下，反清，或對清廷採取不合作態度，不如後者那樣經當今之世，致今王之用，而是總結歷朝的興亡，特別是明亡的教訓，求其歷史規律，其特點表現於歷史的反思，著眼於未來，正如顧炎武所說的：「啓多聞於來學，待一治於後王。」⑮

(三)

明清之際，正如黃宗羲所說的，處在「天崩地解」⑯的形勢下，社會各種矛盾激化，這種情況，在浙東雖不如華北華中那樣尖銳，但也有明顯的反映。

明晚期統治集團內部的矛盾，是以寧波人內閣首輔沈一貫為首的浙黨與顧憲成為首的東林黨之間的鬥爭而拉開序幕的。《明史》說：「浙人與公論忤，由一貫始」。⑰他雖在萬曆三十四年辭官歸里，但他留下的浙黨，與齊、楚、昆、宣等黨勾結，仍在朝廷力排東林。而與他們在浙東抗衡的，則為黃宗羲的父親東林黨人黃尊素和與東林黨人有密切關係的劉宗周。

浙黨後來投入魏忠賢的懷抱，黃尊素終於在天啓年間慘遭殺害，閹黨中的徐大化、邵輔忠、來宗道、盧承欽等都是浙東人。

崇禎年間雖定「逆案」，但黨爭仍未結束，繼東林而起的復社與閹黨徐孽仍在明爭暗鬥，寧波是沈一貫的家鄉，其黨羽多，力量大。但寧波地區復社的力量也組織起來，在餘姚有昌古社，在慈溪有文昌社。文昌社的參加者多爲劉宗周弟子，參加的人除餘姚黃宗羲、宗炎、宗會三兄弟外，在寧波有所謂「東林四先生」，即萬斯大、萬斯同兄弟的父親萬泰，以及陸符、董守諭、董德偁四人。

文昌社成立後，與閹黨餘孽作過兩次較大的鬥爭，一次是崇禎十一年他們列名《南都防亂公揭》，反對阮大鋮；一次是崇禎十四年，爲建立黃尊素祠廟爭地的衝突，他們都取得了基本上的勝利。[68]

除統治集團內部的衝突外，浙東地區也發生過民變。崇禎十六年，浙東大災，胡乘龍起義於奉化雪竇山，旋即失敗。次年，東陽發生許都領導下的民變，接著湯溪、藍溪等地農民奮起抗拒明兵的鎮壓，不久也告失敗。第二年，李自成農民軍進入北京，明亡。

順治三年，清軍進入杭州，浙東地區紛起抗清。據董沛《明州繫年錄》，順治年間寧波地區抗清大事如下：

順治二年六月，錢肅樂起兵寧波、定海總兵王之仁，石浦游擊張名振以海上兵響應，迎魯王監國，與清軍劃錢塘江而守。

八月，唐王命黃斌卿守舟山。

順治三年六月，清兵渡江，進入寧波。

四年十二月，黃斌卿攻寧波不克。

五年，王翊結寨四明山，清兵破其兵於杜嶴。

六年九月，張名振、阮進合軍討黃斌卿，斬之，迎魯王駐舟山。

七年，清兵圍攻四明山義軍。

八年，浙閩總督陳錦等攻克舟山。

十年，張名振、張煌言等攻占金塘山。

十二年，鄭成功部與張煌言合軍攻克舟山。

十三年，清軍復取舟山。

十六年，鄭成功部在定海（今鎮海）登陸，前鋒直抵鄞縣東。

十八年，清廷在寧波厲行遷界和海禁。

到了康熙三年，張煌言被捕，就義於杭州，浙東地區長達二十年的抗清鬥爭才告結束。在這段時間，清廷在寧波地區實行屠城、洗山、遷界、禁海以及留髮不留頭，留頭不留髮等殘酷的屠殺和鎮壓，以寧波爲中心的浙東抗清鬥爭是極其艱苦的，出現了許多可歌可泣、動人心魄的壯烈事迹，遺民們或爲記錄自己患難一生，抒發心中憤懣，總結明亡教訓，或爲發潛德之幽光，避免烈士姓名淪於狐貉之口，於是各以文或詩，訴之於筆，所以清初寧波地區的史學十分發達。

早在順治年間，浙東已有遺民企圖私修明史。寧海人范兆芝早年曾參加過「翻城之役」，又預於清廷大肆捕殺抗清志士的「五君子之禍」，因而三破其家。順治十四年，欲至廣東，「中途遇海昌（今海寧）查方舟，……先生日與唱和，因約次年同歸湖上，共修明史，至其中夜畫灰而語者，莫得聞也。」(69)但最多的則是私著野史，如甬上明遺民中最長壽的林時對，魯王監國時曾官至副都御史。抗清失敗後，「乃博訪桑海軼事，上自巨公元夫，下至老兵退卒，隨所聞見而折衷之。斜日荒江，以此自削其磊塊。」(70)曾任監國職方主事的李文靖，卒後遺有《道聽塗說編》三十卷，全祖望說：「其《南疆遺事》足以備浙東野史。」(71)惜以火不傳。前曾以明經召對的林奕隆，在《奉托董大緝殉難遺事》詩中說：「姓名萬古會流傳，人事一時悲散軼；父老猶傳天寶事，《春秋》豈乏董狐筆。……風雨抱膝應有意，肯教義士終沈淪？聞問口耳慎勿失，忠義肝膽求其真。……勸君檢點白雲篇，涕洟休教落空紙。海日曈曈照草廬，案頭一部中原書，」(72)由此可知，清初甬上遺民所著野史一定很多，至今流傳下來的尚有高宇太《雪交亭正氣錄》、翁洲老民《海東逸夫》等。至於他們文集中所保存的南明文獻，那就更多了。

寧波自宋明以來，就有結社的風氣，明亡後，風氣更盛，全祖望說：「有明革命之後，甬上耆遯之士，甲於天下，皆以蕉萃枯槁之音，追縱月泉諸老。」（《鮚埼亭集外編》）(73)據不完全統計，單以遺老組織的有毛聚奎等「西皋六子集」、周齊曾等「榆林四先生集」、萬泰等「塞松齋八子集」、梁以樟等「鶴林八子集」，李文纘等「西湖八子社」、林時躍等「鶴山七子集」、周嗣升等「思歸館八子集」、宗誼等「西湖七子集」、全美閒等「棄儒社」、全美楠等「五子社」、傅攀龍等「北郭八子集」、周西等「寶林唱和集」、余生生等「鑒湖七子社」、張庚星等「漢陂唱和集」，高宇泰等「南湖九子集」，林時對等「南湖五子集」等約十六個左右。這些社集可以前後交替，成員可以一身數社，其中最重要的爲「西湖八子社」、「南湖九子集」、「西湖七子集」、「南湖五子集」。這些遺老們以蕉萃枯槁之音唱出來的大多爲詩史。某些遺老子弟亦摹仿先輩，組織詩社。因此，寧波地區的詩史極爲流行，遺留了極其珍貴的南明史料。

以寧波爲中心的浙東地區在桑海之交，其鬥爭的激烈、殘酷、廣泛、長期、促使野史流行，詩史繁盛、史論發達，這是清初浙東學派史學產生的時代背景和思想淵源，浙東學派的史學既是在明清之際史學思潮影響下，又是寧波這一特定地區具體形勢下而形成的。

◎注釋

①⑮《陽明全書》卷七《稽山書院尊經閣記》。

②王畿《撫州峴臺會語》、《王龍溪全書》。

③李贄《焚書》卷三《童心說》。

④《明儒王心齋先生遺集》卷四趙貞吉撰《墓誌銘》。

⑤ 同上書《奉緒山先生書》。

⑥⑦ 羅汝芳《近溪子集》禮部第五二頁。

⑧ 同上書數部第三六頁。

⑨ 羅欽順《困知記》卷二。

⑩ 焦竑《焦氏筆乘》第二二一頁。

⑪ 焦竑《澹園續集》。

⑫ 楊慎《升庵全集》卷七十五《禪學俗學》。

⑬ 楊慎《升庵全集》卷六《答重慶太守劉嵩陽書》。

⑭ 高廷珍等《東林書院志》卷二《東林會約》。

⑯ 陸世儀《復社紀略》卷之一。

⑰ 錢謙益《牧齋初學集》卷七十九《與卓去病論經學書》。

⑱ 《四庫全書總目提要・子部・雜家類三・通雅》。

⑲ 方以智《通雅》卷一《音義雜識》。

⑳㉘ 方以智《通雅》卷三《文章薪火》。

㉑ 顧炎武《亭林文集》卷之三《與施愚山書》。

㉒ 顧炎武《日知錄》卷二十《書傳會選》。

㉓ 同上書卷二十《朱子晚年定論》。

㉔ 顧炎武《蔣山傭殘稿》卷二《與友人論學書》。
㉕ 《黃宗羲全集》第一册《孟子師說》卷六《食色心也章》。
㉖ 同上書卷六《任人有問章》。
㉗ 黃宗羲《明儒學案・諸儒學案中六・文定張甬川先生邦奇》。
㉙ 黃宗羲《南雷文定》卷七《張元岵先生墓誌銘》。
㉚ 黃宗羲《南雷文定》卷一《學禮質疑序》。
㉛ 黃宗羲《南雷文定》卷一《留別海昌同學序》。
㉜ 方以智《通雅》卷首《自序》。
㉝ 關於紹興與寧波兩地證人書院的區別，見本書第四章。
㉞ 黃宗羲《南雷文定》卷六《陸文虎先生墓誌銘》。
㉟ 顧炎武《日知錄》卷十六《明經》。
㊱ 黃宗羲《南雷文定》三集卷一《易學象數論序》。
㊲㊳㊴ 王世貞《弇山堂別集》卷二十《史乘考誤一》。
㊵ 錢謙益《牧齋有學集》卷十四《啓禎野乘序》。
㊶ 葉適《水心集》卷十二《徐德操春秋解序》。
㊷ 《陽明全書》卷一《傳習錄上》。
㊸㊹ 李贄《焚書》卷五《經史相爲表裡》。

㊺王世貞《四部稿》卷一一四。

㊻㊼《陽明全書》卷二《傳習錄》中。

㊽李贄《藏書・世紀列傳總目・呂秦始皇帝》。

㊾李贄《藏書》卷六十三《唐壽王妃楊氏》。

㊿李贄《藏書》卷首《世紀列傳總目・陳王勝》。

51李贄《藏書》卷六十三《唐太宗才人武氏》。

52李贄《藏書》卷三十七《司馬相如》。

53李贄《藏書》卷三十七《劉向》。

54李贄《藏書》《藏書世紀列傳總目後論》。

55李贄《藏書》卷三《孝文皇帝》。

56袁中道《珂雪齋集》卷二十《論史》。

57萬表《玩鹿亭稿》卷三《皇明經濟文錄序》。

58焦竑《獻征錄》卷首黃汝享《序》。

59錢謙益《牧齋初學集》卷二十二《雞鳴山功臣廟考》。

60錢謙益《牧齋初學集》卷二十二《書致身錄考後》。

61錢謙益《牧齋初學集》卷二十八《皇明開國功臣事略序》。

62黃宗羲《南雷文定》卷七《次公董公墓誌銘》。

⑹ 黃宗羲《南雷文定》卷一《萬履安先生詩序》。

⑹ 杜維運《清代史學與史家》三《顧炎武與清代歷史考據學派之形成》。

⑹ 顧炎武《亭林文集》卷之六《與楊雪臣》。

⑹ 黃宗羲《南雷文定》前集卷一《留別海昌同學序》。

⑹ 張廷玉《明史》卷二百十八《沈一貫》。

⑹ 關於文昌社的活動，見本書第五章。

⑹ 全祖望《續甬上耆舊詩》卷五十七《寓公范公子兆芝》。

⑺⑺ 全祖望《續甬上耆舊詩》卷三十五《林都御史時對》。

⑺ 全祖望《續甬上耆舊詩》卷十九《雪蛟山人林奕隆》。

⑺ 全祖望《鮚埼亭集》外編卷六《湖上社老曉山董先生墓版文》。

二　時代思潮和清初浙東學派的形成

兼論黃宗羲的教育思想

自明中葉開始，浙東地區人才輩出。到了清初，浙東的寧波一帶遂成爲黃宗羲所開創的浙東學派的基地。本文試圖從時代思潮造就人才，和人才推動思潮兩個方面，來探究清初浙東學派形成的原因。

傑出人物的產生，不是憑空出現的，而有其特定的時代背景。從晚明以來，浙東地區有兩股時代思潮在激盪和互相影響著：一股是由餘姚人王陽明創立的心學而演變發展起來的以思想解放爲特點的人文主義思潮。浙東是陽明後學見在良知派思想流行的地區，王陽明的重要弟子、被稱爲教授師之一的王畿，是紹興人，「陽明先生之學，有泰州（王艮）、龍溪（王畿），而風行天下」①，王畿的思想由他的朋友萬表（萬斯同祖上）傳至寧波，由他的弟子周汝登傳至嵊縣，又由周汝登的弟子陶望齡、陶奭齡兄弟回傳至紹興，由周的弟子沈國模、管宗聖、史孝咸傳至餘姚。因此，心學的思想解放精神，在浙東的影響較深。另一股是因晚明嚴重社會危機而產生的以東林、復社爲代表的以經世致用爲特點的實學思潮，這股思潮在萬曆、天啓間浙東地區尚很微弱，到崇禎間，紹興、寧波兩地相繼出現了昌古社和文昌社兩個文社，它們「俱務佐王之學」②，「以綜核王霸行胸懷」③，與復社關係密切。黃宗羲、宗炎、宗會兄弟三人，萬斯大、萬斯同父親萬泰都既是文昌社成員，又是復社成員，而劉宗周則是他們的老師④。

明朝的滅亡，使「天崩地解」的時代危機達到高潮，這在寧波地區更其顯著。浙東抗清是從順治乙酉二年開始的，中經魯王監國，「畫江之役」，順治四年寧波的「翻城之役」，以及以後四明山寨義兵和寧波沿海魯王餘部的鬥爭，最後則是張名振、張煌言和鄭成功部的聯合抗清，直至康熙三年張煌言被捕犧牲，才潮息煙沈，是全國抗清時間最長的地區。在這期間滿清貴族在寧波殘酷的屠殺，使清初以總結明亡教訓爲目的，以經世致用爲內容，具有强烈民族意識的實學思潮，在寧波地區迅速高漲。然而，浙東地區固有的心學影響，並未消失，人文主義思潮結合於實學思潮之中，推動實學思潮的發展，正是這股思潮的特點，孕育了黃宗羲這樣一位光輝的思想家。

黃宗羲在順治年間積極從事抗清活動，自稱「瀕於十死」⑤，他艱辛的經歷，東林黨人黃尊素的庭訓，王學修正派大儒劉宗周的師教、鍛煉和培育了他。然而，時代思潮只不過是客觀的因素，個人如果不發揮自己的主觀能動性，去把握時代思潮，那他也不能成才。黃宗羲正是把握了清初這股思潮，才使自己成爲吹響我國啓蒙思想號角的先鋒。他的名著《明夷待訪錄》，典型地反映了他把握時代思潮的傑出才能。玆分析如下：

陽明學之所以使思想解解放成爲可能，在於它以個人的理性動搖了封建道德的權威——孔子的偶像。王守仁說：「夫學貴得之心，求之於心而非也，雖其言之出於孔子，不敢以爲是也，而況其未及孔子者乎？」⑥又說：「學，天下之公學也，非朱子可得而私也，非孔子可得而私也。」⑦他把真理的標準，從孔子轉移到主體的「吾心」，即個人的理性。後來，李贄發展了王陽明這一思想，明確指出：「咸以孔子之是非爲是非，故未嘗有是非耳」⑧，其反對封建的道德是非觀，更其突出。

明晚兩大儒之一，實學思潮的代表者，黃宗羲的老師劉宗周，把這一批判精神，運用到人所不敢涉及的政治領域，他在人才問題上與崇禎帝有過辯論，他建議：「法堯舜之明目達聰，而推本於捨己，亟捨其聰明而歸之闇。非獨捨聰明，並捨喜怒，捨是非，至於是非可捨，而後以天下之是非爲真是非，斯以天下之聰明爲大聰明。」⑨並進一步希望崇禎帝能「公天下爲好惡，合國人爲用捨，慨然用爲皇極主」⑩。上述言論，充滿了對君主專制的批判精神。劉宗周與王守仁、李贄相比，其不同在兩個方面：一是王、李的是非，屬於道德領域，動搖了孔子的權威，劉宗周的是非，屬於政治領域，動搖了君主的權威；二是王、李把是非標準，從客觀的孔子的道，轉移到主觀的個體的心，然而主觀的理性，同樣不能成爲真理的標準，劉宗周把是非標準，從君主的獨斷，即「皇極」，轉移到「天下」、「國人」的言論，以他們的好惡、是非爲「皇極主」，這在當時是非常寶貴的思想。

由此可見，黃宗羲在《明夷待訪錄》中提出的「天子之所是未必是，天子之所非未必非，天子遂不敢自爲非是」⑪這一閃爍著啓蒙思想光芒的命題，是繼承了王陽明、李贄、劉宗周思想發展的進步脈絡而形成的。但他比劉宗周又有了進一步的發展。如何「以天下之是非爲真是非」呢？劉宗周寄托於封建國家機構，而建議「廣開言路」⑫，聽取言官的意見，因此他所說的「天下」、「國人」，大多指的是朝廷的言官。而黃宗羲則不同，他的視野已跳出了國家機構，他不以天子的是非爲是非，那麼真理的標準是什麼呢？他的答案是：「公其是非於學校」。黃宗羲所說的學校，是指具有「祭酒南面而講學，天子亦就弟子列」，對政事「小則糾繩，大則伐鼓號於衆」，對郡縣官可「嘩而退之」⑬的職能。因此，真理的標準，既不是個人的理性，也不是君主和言官，而是相當於近代議院性質，處於民間的這一類學校。由此可見，黃宗羲正由於把握了明清之際人文主義和實學相結合的時代脈膊而發展之，才能成爲我國吹響啓蒙思想號角的第一人。

時代造就了黃宗羲這樣一位英雄人物，而這位英雄又根據時代的需要，在寧波地區造就了大批人才，開創了清初的浙東學派，使實學思潮得到進一步發展，這就是俗語所說的「英雄造時勢」。

黃宗羲在康熙七年到寧波創辦甬上證人書院，至康熙十四年因其弟子或中進士，或逝世，或散至各地謀生而結束，爲時八年。在這段期間，他在書院培養了近四十名弟子（不包括列席的弟子的子弟，即全祖望在《續甬上耆舊詩》中所稱的門生）。在這近四十名弟子中受他讚揚的有十八人，即萬斯選、萬斯大、萬斯同、萬言、董允璘、董允瑫、董道權、陳赤衷、陳錫嘏、陳自舜、陳紫芝、張汝翼、王之坪、毛勍、李文胤、鄭梁、仇兆鰲、范光陽⑭。這十八位弟子中，在經學上有貢獻的爲萬斯大、陳赤衷、陳錫嘏，在哲學上有貢獻的爲萬斯選、董允璘、董允瑫，在史學上有貢獻的爲萬斯同、萬言，在文學上有貢獻的爲李文胤、鄭梁、仇兆鰲、董道權，在自然科學上有貢獻的爲他的兒子黃百家（他亦參加過證人書院）和他的海寧弟子陳訏，這樣，從而開創了在中國學術史上有重大影響，據有重要地位的清浙東學派。

黃宗羲爲什麼能在八年之中在寧波培養了這麼多才氣橫溢，學有成就的弟子而開一代風氣呢？我們如把甬上證人書院與紹興證人書院相比較，就可探究出其中原因。

黃宗羲於康熙六年，先在紹興創辦證人書院，可是成績不理想，未造就什麼人才，「五年之中，時風衆勢不聞有所鼓動」⑮。可是甬上證人書院則不同，黃宗羲自稱：「甬上多才，皆光明俊偉之士，足爲吾薪火之傳，非他鄉所能及」⑯，推動了實學的時風衆勢。這是因爲兩地書院的教學宗旨、內容、方法不同所致。

一、教學宗旨。黃宗羲創辦兩地書院，是以經世爲目的的，當時抗清失敗已成定局，他本人不得不從「遊俠」而廁身於「儒林」。好多人屈膝仕清，甚至出賣同志，因此在辦書院時，他感到培養人才，必須以德爲先，保持做人的品格。取名「證人」，是根據他的老師劉宗周《人譜》一書，此書《續編》二提出「證人要旨」，開宗明義第一章指出：「學以學爲人，則必須證其所以爲人。證其爲人，證其所以爲心而已」，他所說的「心」，即劉氏的爲學宗旨「愼獨」⑰，人在獨處時的自我道德修養。然後，《人譜》又指出：「自愼獨以來，根心生色，暢於四肢，自當發於事業，而其大者，先授之五倫」，這是人之所以成爲聖人的前提。因此，兩地書院的教學宗旨，都是爲了貫徹劉氏「愼獨」的道德學說，在清廷統治下，黃宗羲的「證其所以爲人」，含有如何保持民族意識的深意。但是劉氏的「愼獨」學說有明顯的王陽明的心學色彩，它是理學的一種。在清初批判理學以及明道必須致用的高漲的實學思潮下，它明道而缺乏致用，重內聖而輕外王，「尊德性」而不及「道問學」，已落後於時代了。紹興證人書院，「守其師說，不爲新奇可喜之論」⑱，墨守這一宗旨。

甬上證人書院一開始也是以「證人」爲宗旨的。但後來有了變化。黃宗羲弟子范光陽說：「蕺山劉忠正公之學，自吾師姚江黃梨洲先生始傳於甬上，其時郡中同志之士十餘人，皆起而宗之，以爲學不講不明，於是有證人之會，……其後爲五經講會」⑲，也就是說，其教學宗旨已從講「證人」的道德性命之學轉而講經學。爲什麼要改講經學呢？因爲：「黃先生教人必先通經，使諸子從六藝以聞道，嘗曰：『人不通經，則立身不能爲君子；不通經，則立言不能爲大家』，於是充宗兄弟與里中諸賢共立爲講五經之會」⑳

這一講學宗旨的轉變，反映了時代的要求，實學思潮的一個重要內容是經學的復興。黃宗羲反求六經，首先由於他總結明亡教訓，看到明末政治腐敗是滅亡的原因，於是企圖通過六經來探求上古聖王的政治制度，以作借鑒。他的弟子萬斯大就是爲了尋求三代帝王制度而研究《禮》學的，而他對《禮》的研究，徵求過黃宗羲的意見㉑。其次，陽明後學往往注腳六經，把六經僅看作表達「吾心」的工具㉒，晚明實學思潮代表者則轉向「聖人之經，即聖人之道」㉓，主張從六經中探求聖人的道，而不是從個人主觀的「吾心」來解釋道。黃宗羲是很强調這一點的，他一再提出：「窮經者，窮其理也」、「六經皆載道之書」㉔。與他同時的顧炎武也提出「經學即理學」㉕的命題，顧黃兩人皆從晚明的明道經世轉向經學經世，這是實學思潮的發展。甬上證人書院後來改名爲「講經會」（或五經會），就是適應了這一時代思潮，而紹興證人書院仍停留在明道經世上，所以造就不了適應時代潮流的人才。

二、**教學內容**。既然宗旨有異，學習內容也有了不同。紹興書院學習內容僅爲劉宗周的《聖學宗要》、《學言》等書，而甬上書院除劉氏之書外，後來致力於學習六經：《易》、《尚書》、《詩》、《三禮》及《春秋》。萬言在《懷舊詩爲陳怡庭壽》中說：「戊申後，諸子聚爲講經之會，首《易》、次《書》、次《詩》、次《禮》」㉖，這就糾正了明末游談無根，空疏淺薄的不良學風。

從經世的目的來講，僅探求三代的制度是不夠的，需要了解三代以後制度的發展變化，這就需要史學作證明和補充。「經術所以經世，方不爲迂儒之學，故兼令讀史」㉗。萬斯同曾明確指出：「夫吾之所謂經世者，非因時補救，如今所謂經濟云爾也。將盡取古今經國之大猷，而一一詳究其始末，斟酌其確當，定爲一代之規模」㉘。於是，從經世的經學，走向經世的史學。然而，經世的史學還要文來表達和傳世，所以甬上弟子，又從事於文學，他們主張：「故必先之以經學，是爲載道之言；次之以史學，是爲載事之言。夫道與事皆得藉吾言而得傳，則惟其辭之修，言之有文，……而後足傳於後世」㉙。所以，「吾師梨洲先生之倡道於甬東也，……講席之暇，先生取宋、元、明以來未經表暴之文百餘家，爲批劃以授之吾黨。」㉚

黃宗羲又重視曆算之學，認爲「曆律固儒者之能事」㉛，又主曆算應「會通中西」㉜，除自己著有《授時曆故》、《西曆假如》、《勾股圖說》、《開方命算》等諸書外，又令甬上書院學習「天文、地理、六書、九章，至遠西測量推步之學」㉝。這樣，甬上書院開設的課程以經學爲主，包括哲學（蕺山慎獨之學）、史學、地理、書法、乃至天文、數學等自然科學。黃宗羲正是以這樣廣博的知識，培育了時代需要的德才兼備的實學人才。

三、**教學方法**。紹興證人書院的教學方法，黃宗羲曾有所說明，他說：「吾不能久住越城，念奠夫（張應鰲）從先生（劉宗周）遊最久，因請之於共主教事。奠夫距城二十里而家，每至講期，必率先入坐書院，以俟諸學人之至，未嘗以風雨寒暑衰老一日辭也。」㉞張奠夫是一位工作認真負責、督率學生相當嚴格的老先生，其教學方法則不行，既「守其師說，不爲新奇可喜之論」，又「寧使聽之者嚼蠟無味，旅行旅退」㉟，舊的教學內容，平淡的教學方法，教導者管束越嚴，越束縛學生思維的自由發展，因而教學效果越差。所謂「旅進旅退」，也就是說思維不活躍，沒有突出人才，故「五年汶汶」㊱，十分平庸。

甬上證人書院則完全不同。黃宗羲性好遊，一年很少至寧波，至則停留時間也不長，他没有請一位如張奠夫那樣長者主持書院，而由學生們自己去主持，他自己基本上採取「遙控」的方法，弟子「先從黃先生所授說經諸書，各研其義，然後集講」㊲，「間請先生至，至則仿先儒故事，聚衆講學」㊳。

甬上書院的教學和學習方法，歸納起來，有如下幾種：

一、教學相長。黃宗羲主張學生要有懷疑精神，「小疑則小悟，大疑則大悟，不疑則不悟」㊴，允許學生發表與教師不同的意見，也可以保留與教師不同的看法。如董允璘對劉宗周「意爲心之所存」說表示懷疑，作《子劉子質疑》寄給黃宗羲，申說自己的觀點，鄭梁對劉宗周以朱熹的「半日讀書，半日靜坐」法作爲爲學工夫的入手，也向黃宗羲表示異議。黃宗羲則耐心予以解釋，如作《答董吳仲論學書》，洋洋數千言給董允璘。陳錫嘏贊成朱學，對蕺山之學自稱：「不能無疑於心」㊵，黃宗羲允許他保留懷疑。他只有一次，即對萬斯同傾向潘平格之學，予以阻止，事見李塨所著《萬季野小傳》。

二、因材施教。甬上學生，興趣愛好各不相同，黃宗羲除以蕺山慎獨的道德教育和六經的知識教育作爲必修課外，十分注意根據每人不同才能，鼓勵他們各自向不同學術領域發展。他稱讚萬斯同史學，萬斯大、陳自舜經學，萬斯選的理學，鄭梁、李文胤、董道權、董允磷的文章㊶。如他說：「以季野（萬斯同）之才，好學若此，望諸君少待之，無促使下筆，俟積其胸中所有，一湧而出，當盡瀾然矣。」㊷又如萬斯大著《學禮質疑》，「請於先生曰：『學禮有疑，求之注疏而不得，求之唐宋以來諸儒而又不得，以經說《禮》其可乎？』先生曰：『然』。又請於先生曰：《易》、《書》、《詩》、《春秋》而下，《左》、《國》、《公》、《穀》，去古爲近，可擇而取也。此外，……非古而托之於古，附會多而確據少，置而不道，其可乎？』先生曰：『然』」㊸。黃宗羲不但替斯大解決疑難，而且寫信給他：「吾兄經術，繭絲牛毛，用心如此，不僅當今無與絕塵，即在先儒，亦豈易得」㊹，鼓勵他向經學發展。此外，他對鄭梁亦如此。因材施教，教師首先必須識才，才能培養人才。

三、**學生自學爲主，教師講解爲輔**。這是甬上書院教學方法特點之一，甬上學生，「窮搜宋元以來之傳注，得百數十家，分頭誦習，每月二會，各取其長，以相會通」㊺「每講一經，必盡搜郡中藏書之家先儒注說數十種，縈伍而觀，以自然的當不可易爲主，而又積思自悟，發先儒所未發嘗十之二、三焉」㊻。學生鑽研所得，或有所疑，「黃先生時至甬上，則從執經而問焉」㊼。

四、**自由討論，互相辯難**。這也是甬上書院的特點之一，學生們「先期於某家，是日晨而往，摳衣登堂，各執經以次造席，先取所講覆誦畢，司講者抗首而論，坐上各取諸家同異相辨析，務擇所安」㊽，甚至「辨證盡日」㊾，但不一定要統一。黃宗羲十分欣賞這種學風，他說：「甬上陳夔獻創爲講經會，搜故家經學之書，與同志討論得失，一義未安，迭互鋒起，賈、馬、盧、鄭，非無純越，必使倍害自和而後已，思至心破」，因此「往往有荒途爲先儒之所未廓者」㊿，推動了學術研究的發展。

五、**博取證據，約以己意**。甬上書院學生，在集體討論前，先從天一閣、雲在樓、張氏墨莊及黃宗羲續鈔堂等的藏書樓中，廣搜資料，如他們學習《三禮》，「廣之以注疏，參之以黃東發、吳草廬、郝京山諸先生書」，然後「而載以己意」㊿。他們個人研究同樣如此，如萬斯大治《春秋》，「自五《傳》及三家注疏外」，取陸淳、劉敞、季本、高攀龍等唐、宋、元、明各朝十七人的說經諸書，及歐陽修、蘇東坡、朱熹等人文集中有關之文，共抄得二百四十二卷52，然後得出自己的看法。這種方法，實是形式邏輯廣取證據，運用理論思維得出結論的歸納推理法。

黃宗羲創辦的甬上證人書院，從它的教學宗旨、教學內容和教學方法來說，不但與紹興證人書院不同，而且也與以往各朝書院大不相同。全祖望曾對甬上證人書院作了非常正確的評價，他說：「公謂明人講學，襲語錄之糟粕，不以六經爲根抵，束書而從事於游談，故受業者必先窮經，經術所以經世，方不爲迂儒之學，故兼令讀史。又謂讀書不多，無以證斯理之變化，多而不求於心，則爲俗學，故凡受公之教者，不墜講學之流弊」53，又說：「先生始謂，學必原本於經術，而後不爲蹈虛，必證明於史籍，而後足以應務，元元本本，可據可依，前此講堂錮病，爲之一變」54。所謂「前此講堂錮疾，爲之一變」其實就是對書院作了前所未有的改革，於是「光明俊偉」之士就紛紛而出，從而開創了有清一代以史學爲主的浙東學派，而寧波遂成爲浙東學派創立的基地。

人才的造就，不能脫離客觀的時代影響，然而只有掌握時代的脈博，才能造就人才以進一步推動時代的發展，這就需要用主觀的努力，對舊的教育制度痛下改革，創立適應時代潮流的教育制度，即培養人才的正確的教學宗旨、內容和方法，從而推動了時代思潮的進一步發展。清初浙東學派就在這種情況下醞釀和形成的。

注釋

① 《明儒學案》卷三十二《泰州學案》。
② 黃宗羲《南雷餘稿・諸碩庵六十壽序》。
③ 董秉純《四明儒林董氏宗譜》卷十三馮元颺《勾章同學祭銘存先生文》。
④ 關於文昌社事，見本書第五章。
⑤ 黃宗羲《南雷餘集・怪說》。
⑥⑦ 《陽明全集》卷二《傳習錄》中《答羅整庵少宰書》。
⑧ 李贄《藏書》卷首《世紀列傳總目前論》。
⑨⑩⑫ 《黃宗羲全集》（第一册）《子劉子行狀》。
⑪⑬㊶㊿ 《明夷待訪錄・學校》。
⑭(52)(61) 見黃宗羲《南雷文定》後集卷三《陳夔獻墓誌銘》及《南雷詩歷》卷二《寄陳介眉兼懷萬貞一》。
⑮⑱㉞㉟㊱ 黃宗羲《南雷文案》外卷《壽張奠夫八十序》。
⑯ 全祖望《續甬上耆舊詩》卷三十八《寓公雙瀑院長黃宗羲》。

⑰黃宗羲《明儒學案》卷六十二《忠端劉念臺先生宗周》。
⑲范光陽《雙雲堂文稿》卷二《張有斯五十壽序》。
⑳㊲㊼51 李文胤《杲堂文鈔》卷三《送萬充宗授經西陵序》。
㉑㊸萬斯大《學禮質疑》卷首《自序》。
㉒《陽明全書》卷七《稽山書院尊經閣記》。
㉓方以智《青原志略》卷三《仁樹樓別錄》。
㉔黃宗羲《明儒學案・諸儒學案・文定張甬川先生邦奇》及《南雷文定》前集卷一《學禮質疑序》。
㉕全祖望《鮚埼亭集》卷十二《亭林先生神道表》。
㉖萬言《管村詩稿》卷四。
㉗53 全祖望《鮚埼亭集》卷十一《梨洲先生神道碑文》。
㉘萬斯同《石園文集》卷七《與從子貞一書》。
㉙李文胤《杲堂文鈔》卷四《上梨洲先生書》。
㉚萬言《管村文鈔》卷一《鄭禹梅制義序》。
㉛黃宗羲《南雷文定》前集卷三《答范國雯問喻春山律曆》。
㉜黃宗羲《南雷文定》前集卷十《周雲淵先生傳》。
㉝萬經《寒村七十壽序》。

㊳ 鄭梁《寒村詩文選·寒村雜錄》卷二《戎心源文稿序》。
㊴ 黃宗羲《南雷文案》卷三《答董吳仲論學書》。
㊵ 陳錫嘏《兼山堂集》卷四《陳母謝太君六十壽序》。
㊷ 李文胤《杲堂文鈔》卷三《送萬季野授經會稽序》。
㊹ 黃宗羲《南雷文定》前集卷四《答萬充宗質疑書》。
㊺ 黃宗羲《南雷文案》外卷《陳夔獻五十壽序》。
㊻ 黃宗羲《南雷文案》卷二《陳夔獻偶刻詩文序》。
㊽ 李文胤《杲堂文鈔》卷三《送范國雯北行序》。
㊾ 李文胤《杲堂文續鈔》卷二《壽董母陳太夫人七十序》。
52 萬斯大《學春秋隨筆》卷首萬經《序》。
54 全祖望《鮚埼亭集》外編卷十六《甬上證人書院記》。

三　黃宗羲若干事迹考證

寧波作爲歷史文化名城，黃宗羲的學術思想在其中占有重要的地位。但對他的事迹，過去很少有人進行過較詳盡的考證。以致有些事情以訛傳訛，錯誤不少。今考證如下：

一、黃宗羲在寧波第一次講學地點不在萬泰住宅

寧波白雲莊黃宗羲事迹陳列館認爲：「黃宗羲來寧波講學初在廣濟街的萬泰住宅內，後移延慶寺，再遷白雲莊……」。這一解釋，其根據似乎是從黃炳垕《黃梨洲先生年譜》而來的，《年譜》說：「公（黃宗羲）之鄞，與諸子大會於廣濟橋，又會於延慶寺，並以證人名之。」

其實，廣濟橋並不是指萬泰的住宅。萬言在《懷舊詩八首爲陳怡庭壽》中說：「先生至寧，嘗會講於高氏祠，宿，戒童子，歌伐木。」高氏祠即黃宗羲朋友高斗樞、斗權、斗魁兄

弟的家祠。此事在《四明談助》卷二十六有記載。

廣濟橋確有過萬泰的住宅，但在黃宗羲來甬講學前六年，即在康熙元年，早已爲清帥所奪，改爲馬廄箭廳。楊無咎《萬季野先生墓誌銘》說：「壬寅（康熙元年），故第奪於帥弁，僦居丙舍。」①這事《四明談助》也講得很明白：「萬總兵衙，縣治南沈大學士第之右，都督萬邦孚所居，康熙初採爲提署箭廳。萬氏子孫聚居管村墳莊。」②正因爲廣濟街萬氏舊宅爲清帥所奪，所以後來黃宗羲不得不到萬氏所居的管村墳莊，即白雲莊去講學，否則，高樓大廈不去，卻要擠到墳莊裡去講學，這是很難理解的。

二、黃宗羲在抗清中沒有到過乍浦

清末明初的好些著作，說順治三年黃宗羲聯繫其他抗清隊伍，橫渡錢塘江，至乍浦，準備奪取海鹽。如夏燮《明通鑒》、徐鼒《小腆紀年》、黃炳垕《黃梨洲先生年譜》等。我們作了考查，這一說法的來源是全祖望的《梨洲先生神道碑文》，他說黃宗羲渡江到浙西後，「議由海寧以取海鹽……百里之內，牛酒日至，軍容甚整，直抵乍浦。」③夏燮、徐鼒、黃炳垕對此甚至連句子都基本照抄。

但黃宗羲自己卻不這樣說。他在《行朝錄・魯王監國紀年上》說：「渡江箚譚山，將取海寧，以江上兵潰而返。」④在同書《四明山寨》中也說：「丙戌六月，浙東師潰，某時率師渡海規取海鹽、海寧二城，報至而還。」⑤一點也不提乍浦。不僅如此，比全祖望早的史書中，也沒有人講到黃宗羲到過乍浦，如邵廷采《東南紀事》、翁洲老民《海東逸史》、溫睿臨《南疆逸史》等。甚至雖生於全祖望之後，其著作曾大段地轉抄全氏《鮚埼亭集》的李聿求《魯之春秋》，在他的黃宗羲和王正中傳中，都避開了黃宗羲到乍浦的事。

據此，我們自然應該相信黃宗羲自己的說法。何況，乍浦屬平湖縣，地處海寧、海鹽以北，橫渡錢塘江不先取海鹽、海寧，怎能整軍到乍浦？譚山，據《海鹽縣志》，在海鹽西南四十二里，可越嶺到海寧，離乍浦還有一大段路哩！

那末，全祖望爲什麼會講到乍浦？他甚至在上文中自信地說：「按是役也，正中實以敗歸。公爲正中《墓表》，不無溢美，予考正之，不敢失其實也。」⑥那我們可以看一看黃氏的《王仲撝（正中）墓表》，原來黃氏說：「某謂仲撝，其勢可乘也，相與抽兵得數千人，渡海破澉浦。還益治兵，以爲長驅之計。浙西義師來受約束者，尚寶卿朱大定……丙戌五月，由壇（譚）山以取海寧，烽火達於武林，而列守告潰，事不可爲矣。」⑦顯然，全祖望搞錯了，把澉浦當作乍浦了。澉浦在海寧、海鹽之南，而且王正中的確一度收復過澉浦。《東南紀事》、《海東逸史》、《南疆逸史》都說到王正中這件事。但由於全祖望的錯誤，結果以訛傳訛，黃炳垕、徐鼒、夏燮乃至謝國楨先生，都隨之搞錯了。

三、黃宗羲並沒有率領「世忠營」駐紮杖錫寺

謝國楨先生在《南明史略》中，說黃宗羲率「世忠營」五百餘人，結寨位於四明山中心杖錫寺，這一說法是錯誤的。「世忠營」這一詞，全祖望在《梨洲先生神道碑文》中是這樣說的：「公糾合黃竹浦子弟數百人，隨諸軍於江上，江上人呼之曰『世忠營』。」⑧他說的「世忠營」，其成員是由黃宗羲家鄉黃竹浦的子弟所組成；時間在順治二年；地點在江上（義軍時駐紮在蕭山的瓜瀝）。

當時，南明政府軍畫江而守，不主動出擊，而熊汝霖、孫嘉績、黃宗羲等餘姚義師首領，主張渡江到海寧、海鹽，以與太湖浙西義師會師，截斷清軍後路。順治三年，熊汝霖軍渡江作戰，傷亡慘重，但他們仍不甘心，「嘉績以其兵盡付某（黃宗羲），某與王正中合師三千人，西浙來受約者……又數百人附之。」⑨再次組成一支北上隊伍。渡江後，駐軍譚山。由此看來，這支三千餘人的隊伍，是由四支部隊組成的：1、黃宗羲的「世忠營」；2、孫嘉績的「火攻營」（見《魯之春秋．黃宗羲》）；3、從澉浦敗回的王正中部；4、由朱大定、陳潛夫、吳乃武、查繼佐率領的浙西義師。

正當他們將取海寧時，守錢溏江的方國安部潰散，清軍渡江。他們不得不迅速決策，遣散部隊南撤。黃宗羲在《四明山寨》中說他得到這一噩耗時，立即「散遣餘衆，願從者歸安茅

瀚、梅溪汪涵二帥，以五百人入四明，屯於杖錫。」⑩這就是這支杖錫駐軍的來歷。並非原駐江上的「世忠營」，「世忠營」只不過是其中的一小部分，怎能以部分來代替全體呢？且駐紮杖錫的二帥，茅瀚爲歸安人，即今浙江吳興，汪涵爲梅溪人，據《魯之春秋》卷十九，汪涵爲奉化人，梅溪當指今浙江奉化梅溪鎮，兩位統帥都不是黃竹浦人，部下更可想而知。所以黃宗羲從來沒有稱自己這支四明山的部隊是「世忠營」，除《南明史略》外的任何其他史書，也沒有這一稱呼。

四、《明夷待訪錄》寫作地點決不在陸家埠

有的學者認爲，黃宗羲在餘姚的陸家埠完成了他的政治專著——《明夷待訪錄》，其實，這本書寫於黃氏在黃竹浦的老柳故居。黃宗羲在此書中說得非常明白。他在《題辭》中說：「前年壬寅（康熙元年）夏，條具爲治大法，未卒數章，遇火而止。今年自藍水（陸家埠）返於故居，整理殘帙，此卷猶未失落於擔頭艙底。兒子某某（即黃百家）請完之。冬十月，雨窗削筆……癸卯（康熙二年）梨洲老人識。」⑪他毫不含糊地告訴人們，此書是他從陸家埠回故居後寫的。

那末，此書是否於壬寅年在藍水「條具爲治大法」寫好提綱的呢？也不是。黃百家《學箕類稿·續鈔堂藏書目自序》中講到黃氏幾次搬家的情況：「己亥秋，自老柳（黃竹浦故

居）徙於龍虎山堂者三年。壬寅，山堂災，出書於烈焰之中……復徙歸於老柳。秋，徙於藍溪，不能一年，復徙歸家。」是年秋，黃氏徙歸老柳後爲何又要再徙至藍溪呢？據黃炳垕《黃梨洲先生年譜》，那是因爲「故居又災」，只好「徙往藍溪市（即陸家埠——原注）」。原來黃宗羲在康熙壬寅元年，二次遭火災，一次在龍虎山堂，一次在老柳故居。所以黃宗羲在《題辭》中說的「遇火而止」，只能是這兩處之一，決不會在陸家埠。總之，《明夷待訪錄》的寫作地點，無論從開始還是結束，同陸家埠毫無關係。

五、「明而未融」是黑暗時期而非新天地

黃宗羲在《明夷待訪錄．題辭》的結尾說：「豈因『夷之初旦，明而未融』，遂祕其言也」。寧波白雲莊陳列館據此而介紹說：此書是爲「明而未融的新天地而進行探索」。顯然，這一解釋，與原意適得其反。

《明夷》是《周易》第三十六卦的卦名。朱熹《周易本義》對這一詞是這樣注釋的：「夷，傷也……日入地中，明而見傷之象，故爲明夷。」指的是日入地中的黑暗時代。那末，「夷之初旦，明而未融」，又作何解？此句據馮天瑜先生考證，出自東漢末年思想家仲長統的《昌言》。仲長統認爲「亂世長而化（治）世短」，他用上述這句話來形容自己所處東漢末年的黑暗時期，意思是說太陽尚未升起，光明沒有降臨。黃宗羲引用仲長統的話，是說：「我不

能因爲現在時代如此黑暗，就不發表自己的看法。」如果按寧波文管會的解釋，變成：「我不能因現在這個新天地，就不發表自己的看法。」不但與書名「明夷」相抵觸，而且把黃宗羲說成一個失去民族氣節向清廷獻媚者了。

黃宗羲在《題辭》裡確實講到過「新天地」，那就是《題辭》前面說的：「向後二十年交入『大壯』，始得一治，則三代之盛猶未絕望也。」⑫「新天地」指的是二十年後的「大壯」時代，而非康熙元年南明沆清力量才被鎮壓下去的時期。

六、續鈔堂不築於南雷里

寧波白雲莊陳列館在餘姚南雷里的照片中作這樣的解釋：「餘姚市續鈔堂遺址，建於康熙四年，在南雷。」

南雷，並非南雷里。季續先生在《黃宗羲故里考查散記》（續一）中對「南雷」一詞作了考證，認爲「黃宗羲所寫的南雷，多非實指行政區域的南雷里，多用以代指他的故鄉，即泛指一個比南雷里大得多的無確定邊界的自然區域。」我們基本上同意他的觀點，還可作一些補充，首先，黃宗羲所講的南雷，不是南雷里而是南雷鄉。他在《老母八旬謝祝壽諸君子》詩的「前朝忠節數南雷」句下自注：「余所居鄉名」⑬。鄉爲里以上的行政單位，南雷鄉實指今通德鄉，黃宗羲有時以黃竹浦這一詞代稱之。

其次，黃百家在講到幾次搬家情況中說，自從藍溪回老柳故居後，「至今始得徙置於『續鈔』。」⑭黃炳型《黃梨洲先生年譜》在康熙四年條下寫：「建續鈔於南雷」。那末，續鈔堂建於南雷鄉何處？應該說在今前園村黃家竹橋附近。餘姚邵九華先生對此已作了考證。我可以舉例補充，甬上證人書院弟子在康熙七年後經常到這裡向黃宗羲求教，如李文胤說：「後萬先生諸子及其孫貞一，俱在黃先生門，每從祝（竹）橋來，攜示黃先生近所構《序》、《記》、《銘狀》之作。」⑮鄭梁亦「以古文謁公於竹橋」⑯，陳錫嘏還有《送梨洲先生歸竹橋》詩⑰等等。由此可知，康熙元年老柳故居毀於火後，已不堪居住，黃宗羲不得不在康熙四年築新居於竹橋附近（當離老柳不遠），而名其室爲「續鈔堂」。

所以，續鈔堂的南雷，不是當時雙雁鄉的南雷里（今梁輝鄉南廟），而是相鄰的通德鄉（南雷鄉）的前園。

注釋

① 萬斯同《石園文集》卷首楊無咎《萬季野先生墓誌銘》。

② 徐兆昺《四明談助》卷二十四《萬總兵衙》。

③⑥⑧ 全祖望《鮚埼亭集》卷十一《梨洲先生神道碑文》。

④⑨《黃宗羲全集》第二冊《行朝錄・魯王監國紀年上》。

⑤⑩《黃宗羲全集》第二冊《行朝錄・四明山寨》。

⑺ 黃宗羲《南雷文定》前集卷七《王仲撝墓表》。

⑾⑿ 黃宗羲《明夷待訪錄・題辭》。

⒀ 黃宗羲《南雷詩歷》卷二《老母八旬謝祝壽諸君子》。

⒁ 黃百家《學箕類稿・續鈔堂藏書目自序》。

⒂ 李文胤《杲堂文鈔・自序》。

⒃ 黃炳垕《黃梨洲先生年譜》中，康熙七年條。

⒄ 陳錫嘏《兼山堂集》卷七《送梨洲先生歸竹橋》。

四　天一閣藏《南雷文鈔》中的黃宗羲佚文

一九八三年九月，我參加在杭州成立的浙江省中哲史研究會成立會議。同年底，中哲史研究會開會，決定對黃宗羲遺著進行全面的搜集、整理和考辨。在此基礎上出版《黃宗羲全集》，以迎接國際黃宗羲學術討論會的召開（此會已於一九八六年十月在寧波召開）。會上分配給我的工作是負責搜集寧波地區黃氏佚文，並組織寧波有關學者參與《全集》的點校工作。

黃宗羲是浙江餘姚人。餘姚古屬紹興，今屬寧波，從地域上看，離寧波較近，而黃氏與寧波人士關係又極密切，其佚文很可能散失在寧波各地。我負擔這一艱巨任務後，首先到餘姚，登王陽明講過學的龍山中天閣，因爲黃宗羲七世孫黃炳垕的「留書種閣」藏書，在五十年代就收藏於此樓。我在樓內發現了黃宗羲五世孫黃璋校補的《黃梨洲宋元學案補稿》二十冊，這自然是十分珍貴的。但也發現了後來經過考證屬於贋品的書有「梨洲公遺墨」的《新推交食法》一本和僞造的所謂黃氏手跡，其他吉光片羽，卻難以覓得。失望之餘，我頓時想起三十年代甬上「南雷社」組織者之一，著名藏書家馮貞羣（字孟顓）先生的伏跗室藏書。其時，這部份藏書尚歸寧波天一閣。於是我在天一閣的《伏跗室書目》中發現了《南雷文鈔》（以下簡稱《文鈔》）手鈔本，以及《南雷黃氏留書》的抄本（後者當時僅有目，未找到抄本，今已刊登於《文獻》雜誌）。同時，在寧波市圖書館的《甬上青石張氏宗譜》中發現了黃氏佚文兩篇。

伏跗室主人馮貞羣先生在《文鈔》卷首寫了一篇《序》，全文如下：

> 《南雷文鈔》四十六首，於宣統三年秋九月得於王斗瞻茂才奎後人所，題下注「黃太沖先生筆」，且「玄」字不諱，蓋其門人所手寫者。中有文一十三首出刻本之外。今於張延章處得其遠祖振宸墓誌銘為補卷末。以語有諷刺，故不入集。南雷講學甬上，嘗曰：「甬上多才，足為吾薪火之傳。」清代禁書，南雷之作未嘗傳世，求之故家，當有存焉者。甲午二月既望馮貞羣。時年六十有九。

《序》後有馮氏手書四十六篇目錄，凡未刻或入《南雷文案外卷》的，皆於篇名下註出。目錄後有馮氏親筆：「壬午二月晦伏鐙下，伏跗室主人補目」一行，並蓋印章。

我自然對這未刻十三篇極感興趣，然經過考辨後，其中兩篇其實並非佚文。其第六篇《壽序》下，馮先生註：「《文案外卷》目有《陳伯美先生七十壽序》而無其文，則此《序》未刻。」我查對北京中華書局一九五九年出版的陳乃乾編《黃梨洲文集》（以下簡稱《文集》），發現此文已收入，並於目錄中註原載於《南雷文案外卷》。或許馮先生所看《外卷》，其文有漏。《文鈔》與《文案外卷》所載這篇《壽序》基本相同，個別字句有所不同。差異最大爲兩處：一處《文集》本有「蓋明初之有求於遺逸者，議論之公，而今之不敢信草野者，聞見之陋也。」這一句《文鈔》本全無。下面接下去「奈何急於南還」句後，《文集》本有「不爲當世張一闌見之路乎」句，《文鈔》本則爲「使千秋大事，托之誰何不可知之人乎？豈亦如昌黎有所隱避而不輕爲之與？」另一處在文末，《文集》本有「是故言祿命者，自景濂以上，王魯齋以爲古今之遠，四海之廣，人生林林，俱囿於二百五十有九萬二千命之中，何其術之窮也？」這一句《文鈔》本全無。而末句《文集》本的「天生余與先生若，似乎爲三家之談助也」，《文鈔》則爲：「命在有無之間，再得余兩人證之，則術士之語塞矣。」我細玩文氣，似乎《文鈔》本爲初稿，而《文集》本爲剞劂時修訂者。

第三十一篇《輔潛庵傳》，馮先生亦註以「未刻」。其實，此文除述及輔廣兄弟、妻、子及墓址外，大都錄入《宋元學案》卷六十四《潛庵學案》卷首《朝奉輔潛庵先生廣》內。《鈔本》所述作傳起因，辨魏了翁非輔廣弟子，及輔氏傳人等事，《學案》皆移至小傳後及附錄後，黃氏以按語出之。然兩本所述輔廣著作有較大差別，《文鈔》本說所著有《語孟注》、《童子問》、《詩傳童子問》、《尚書集解》四種，而《學案》本說所著有《語孟學庸答問》、《四書纂疏》、《六經集解》、《詩童子問》、《通鑑集義》、《潛庵日新錄》、《師訓編》七種。這或許爲後來黃氏作

《學案》時，多方考核所增。

除此兩篇外，《文鈔》保存了黃氏佚文十一篇，加上馮貞羣先生補於卷末的張振寰墓誌銘，共十二篇。其中傳狀類兩篇，碑誌類兩篇，壽序類四篇，序類一篇，記類一篇，書類兩篇。今把各篇的著作年代、內容及其意義考證並介紹於下：

(一)《家母求文節略》

黃宗羲爲其母姚太夫人八十壽辰時徵文之作。通過六、七十年艱辛經歷，反映了黃宗羲父親黃遵素與魏忠賢閹黨之爭，以及自己所遭復社黨錮，抗清失敗後家庭喪亂情況。文後有「茲癸丑十二月初二日，太夫人八十誕辰，宗羲心儀一、二作，冀得其文鼓吹貧屋」句，可知作於康熙癸丑十二年（一六七三）。

《家母求文節略》（以下簡稱《節略》），其實是七年以後作於康熙庚申十九年的《移史館先妣姚太夫人事略》（見《南雷文定前集》卷九，四部備要本。以下簡稱《事略》）的藍本。《節略》作後，黃宗羲的甬上友人兼證人書院弟子李文胤（字鄴嗣，號杲堂）就作《黃太母姚太夫人八十壽序》以響應①。六年後，清廷重開史局修明史，黃氏弟子萬斯同、萬言就在康熙己未十八年北上修史。次年，黃宗羲就作《事略》移書史館。

詳校兩文，前面基本一致，有些字句幾乎相同。如《節略》的「是時，逆閹竊政，黨論方興，楊、左諸君子多夜過忠端公寓，議論時事，燭屢見跋，僮婢頭觸屏風。」此句《事略》只不過把「諸君子」改作「諸公」，「忠端公寓」改作「邸寓」而已。當然，也有很大不同，這一點，本文將在後面述及。

㈡《陳賢母傳》

此文爲黃宗羲修郡志時，應其甬上證人書院高弟陳錫嘏（字介眉，號怡庭）之請，爲其祖母丘氏所作之傳。文章第一句：「頃余修志，郡邑各以事狀來。」知爲黃氏修郡志時所作。

按：《文集》有《再辭張郡侯請修郡志書》，繫其年於康熙辛亥十年。又，《文鈔》有《再辭修郡志書》，作於康熙壬子十一年，則此文當作於康熙十一年（一六七二）底或康熙十二年（一六七三）初。

㈢《振寰張府君墓誌銘》

我據馮貞羣先生在《文鈔》的《序》中所說：「今於張延章處得其遠祖振寰墓誌銘爲補卷末」句，在寧波市圖書館找到《甬上青石張氏宗譜》（民國十四年寧波味芹堂張刊本）一書，在卷三《墓誌》中找到了《二十六世振寰府君墓誌銘》篇，下書作者姓名：「餘姚黃宗羲梨洲」，文後還有按語：「謹案：此誌係陳夔獻赤衷書丹刻石，現在西嶴墓莊。」今仿黃氏《文集·千秋王府君墓誌銘》例，改爲《振寰張府君墓誌銘》。

張振寰爲黃氏甬上證人書院弟子張士培（字天因）、張士塤（字心友）兄弟的父親，名遐動，以經商起家，是明清之間寧波富戶。其西郊別墅墨莊，具花木之勝，藏書豐富，爲黃宗羲講學甬上的主要地址之一，後因改名「黃過堂」。此文後有「以辛亥九月朔日，葬陽堂鄉同嶴之麓」句，可知作於康熙辛亥十年（一六七一）。

㈣《奉議大夫刑部郎中深柳張公墓誌銘》

深柳張公，即張翼，字燕及，號深柳，黃宗羲甬上證人書院弟子張九英（字梅先）之父。順治五年舉人，九年登進士第，爲肥鄉知縣，後遷刑部郎中，卒於康熙甲辰三年（一六六四）。文中敍述張翼治肥鄉及爲刑部郎中政績。文中說：「九英將於公卒後七年二月某日，葬之多寶山之麓。」既說「將於」，則未至七年；又定言「二月」下葬，則離七年顯然不遠。據此推測，該文可能作於康熙庚戌九年（一六七〇）末。

㈤《壽伯美陳公文六十文》

陳伯美，名文奐，別號桓墅，爲黃宗羲甬上高弟陳錫嘏父親。陳錫嘏是甬上證人書院主要成員之一，其子汝咸（字莘學）又是黃氏在甬上的門生，故而陳氏一家與黃宗羲關係極爲密切。不僅如此，陳伯美生辰年、月、日、時，與黃宗羲竟然無不相同，因此陳伯美六十，黃氏作此文爲壽，七十，黃氏又有壽詞，這就是上面講過的《壽序》，即《文集》的《陳伯美先生七十壽序》。康熙丙寅二十五年，陳氏卒，年七十七，黃氏又爲其作墓誌銘，即《文集》的《封庶常桓墅陳府君墓誌銘》。此文黃宗羲以自己誕生干支與孔子只差一字，而與陳伯美完全相同，與之比量而談命。

按：《陳伯美先生七十壽序》繫其年於康熙己未十八年，則此文當作於康熙己酉八年（一六六九）。

㈥《董太夫人七十壽序》

董太夫人爲黃宗羲甬上證人書院弟子董道權（字巽子，號缶堂）母親陳氏。董道權父董守諭與黃宗羲同爲明末慈谿文昌社成員，與同里董德偁、陸符、萬泰四人同知名於甬上，全祖望稱爲甬上「東林四先生」，清初又與黃宗羲俱爲魯王同僚，任戶部主事。董道權在證人書院中以詩出名，也是黃氏得意弟子。故董氏一家與黃宗羲交情深厚，黃宗羲既爲董守諭作墓誌銘，即《文集》的《戶部貴州清吏司主事兼經筵日講官次公董公墓誌銘》，又爲董道權作墓誌銘，這就是《董巽子墓誌銘》，又爲董母作壽序。董道權因家貧無以爲其母壽而慚色，黃氏此文以「先朝命婦，華首北堂，亦天下之至榮也」來勸慰他。

按：李文胤《杲堂文續鈔》卷四《徵壽董母陳太夫人七十文啓》：「歲己酉，董母陳太夫人年七十，巽子乞四方之文爲太夫人壽。」可知此文爲黃氏應徵之作，當作於康熙己酉八年（一六六九）。

(七)《按察司副使鄭平子先生六十壽敍》

鄭平子，名溱，浙江慈谿人，黃宗羲甬上證人書院重要弟子鄭梁（字禹梅）之父。魯王監國，任按察使副使，後因受辱，辭官歸里。清軍入浙東，他隱居不出，爲慈谿著名明遺民。鄭梁在黃氏甬上弟子中以文學見長。鄭梁卒時，遺命其子鄭性建二老閣以祀鄭溱及黃宗羲，故鄭黃兩家關係至密。鄭溱七十歲時，黃氏又作《憲副鄭平子先生七十壽序》爲壽。此文述鼎革之際，故家衰落，鄭氏則「松菊猶存，故廬無恙，有子復以文章鳴世」，羨其蕭然自得之樂。並願鄭溱指掌昔日勝國往事，俾使後生得以竊記，則鄭氏的草堂，可以如中州之野史亭。

按：《憲副鄭平子先生七十壽序》有「辛亥，鄭平子先生六十，余爲文壽之」句，知此文作於康熙辛亥十年（一六七一）。

(八)《王君調先生七十壽序》

王君調，名鴻業，別號千秋，黃宗羲甬上證人書院弟子王之坪（字文三）之父。此文舉王君調於前明棄時文不爲爲例，論科舉制度之窮。王君調卒後，黃宗羲又爲其作墓誌銘，這就是《文集》的《千秋王府君墓誌銘》，文中說王君調生於明萬曆癸卯三十一年（一六〇三），按此推算，王君調七十歲時，正是康熙壬子十一年（一六七二），則此文當作於是年。

㈨《送鄭禹梅北上序》

鄭禹梅即鄭梁。鄭梁多次北上會試，這裡的「北上」究竟指那一年？我原以爲鄭梁《寒村詩文選》（康熙紫蟾山房刊本）《南行雜錄》卷一《哭南雷師》有「庚午，別師北上，今六年矣」的小註，以爲此稿當作於康熙庚午二十九年。然而，此文後面有「近問余若水疾」句，按《文集》的《余若水周唯一兩先生墓誌銘》，余若水卒於「己酉歲十月十三日」，己酉爲康熙八年。又據鄭勳《誥授中憲大夫先寒村公年譜》（嘉慶戊辰鄭氏自刊本）：「九年庚戌，公三十四歲。北上，應試禮闈，落第，……夏，歸自京師。」鄭梁此行當爲應試春闈，離甬時應在是年春初，距余若水病卒爲期不遠。可知此文當作於康熙庚戌（一六七〇）初。爲黃宗羲送鄭梁北上應試，勉勵他考中後勿「奉陪世情」，要以清苦自守。

㈩《復芹堂記》

「復芹堂」原名「味芹堂」，爲張振寰祖上所築。後家庭中衰，此堂落於他人手中近百年。張振寰經商致富，出金購回，故取名「復芹堂」。黃宗羲以溪澗微物「芹」字著墨，勸張氏子孫「奉味芹之教」，視膏粱膾炙如嚼蠟以清苦自誓。《文鈔》原稿以「將見斯堂也巍然過之必式矣」結尾，而《甬上青石張氏宗譜》所載此文，後面尚有「康熙十一年歲次壬子秋七月」十二字，則此文當作於是年。

(十一)《鄉賢呈詞》

此文爲黃宗羲致書餘姚地方官，請以前明萬曆時南京兵部尚書孫鑛，天啓時監察御史黃尊素，崇禎時左副都御史施邦曜三人入鄉賢祠。按黃炳垕《黃梨洲先生年譜》（同治十二年黃氏家刊本）：「二十五年丙寅公七十七歲。……三月，忠端公入祠鄉賢。」此文應作於康熙二十五年前。此文又說：「幸遇聖朝干戈載戢，文教放興，且臺下仰止前賢。」考康熙二十二年，繼平定三藩之亂後，清軍又收復臺灣，所謂「干戈載戢」，應在此年。以此推算，此文當作於康熙二十三年（一六八四）或二十四年（一六八五）。

(十二)《再辭修郡志書》

按《文集》有《辭張郡侯請修郡志書》、《再辭張郡侯修志書》兩文，可知此文之「再辭」，實爲「三辭」。《文集》所錄兩篇，篇名下皆註「辛亥」兩字，而此文說：「去秋曾上書辭修郡志」，可知作於康熙壬子十一年（一六七二）。《文鈔．陳賢母傳》有「頃余修志」句，看來黃宗羲辭而未果。

上述佚文十二篇，爲何未刊入《南雷文案》或《文定》？全祖望說：「南雷先生之集，累雕而未盡，其稱《南雷文案》者凡四種，而壬辰、癸巳以前所輯曰《始學庵集》不預焉。其稱《南雷文定》者又四種，而壬申以後曰《病榻集》亦不預焉。先生嘗欲合諸本芟定之爲《文約》，未成而卒。……先生之文，其深藏而不出者，蓋有以待，不可聽其湮没也。」②。全氏所講壬辰、癸巳以前，即順治九年、十年以前，所輯的《始學庵集》，《文鈔》所存十二篇顯然不屬，因爲《文鈔》全寫於康熙年間。全氏所說的壬申，即康熙三十一年以後所輯的《病榻集》，《文鈔》所存又不屬，因爲這十二篇最遲作於康熙二十九年。全氏說：「先生之文，其深藏而不出者，蓋有以待。」細玩這十二篇，《家母求文節略》有觸時諱，《振寰張府君墓誌銘》語有諷刺，因而深藏不出，這有可能，其他十種，又爲何不出呢？而且，全氏所說的「深藏不出」，並非指這幾篇，他在《奉九沙先生論刻〈南雷全集〉書》中，指名的有《易學象數論》、《授書隨筆》、《春秋日食曆》、《四書私說》、《待訪錄》、《行朝錄》、《思舊錄》、《汰存錄》、《從政錄》、《西曆假如》等等③，全屬經史之學而非文集。

又《文集》有《庚戌集自序》，黃氏說：「庚戌冬盡，……聊取平日之文自娱，因爲選定，……遂題曰《庚戌集》。」④庚戌爲康熙九年，佚文中僅有四篇爲庚戌及其以前作，其餘八篇皆作於庚戌後。由於《庚戌集》已佚，這四篇是否入集，難以考定。

黃宗羲卒後，其遺書後來歸於鄭梁之子鄭性（字南谿）。鄭性在其所著《鄭南谿詩文集》（乾隆二老閣本）《刻〈南雷文約〉序》中說：「康熙癸巳，先生家火，遺書僅存五分之一。丁酉，悉歸余。」以後鄭氏子孫式微，這批遺書流落不明。清末，桐城蕭穆曾於上海獲殘稿數册，刻爲《南雷餘集》，陳乃乾先生已編入《文集》，《文鈔》所存，又不屬。

我心有不甘，決心重閱黃氏著作，冀有所線索可得。偶見《南雷文案》鄭梁《序言》，鄭梁說：「歲戊午，梁謀刻先生之文，以惠當世。……先生手選其所作十之二、三，曰《南雷文案》。」這樣，《文案》所錄，僅戊午（康熙十七年）前所作之十之二、三，則《文鈔》十二篇凡屬於戊午之前的，極有可能爲黃宗羲當時所刪而未刻。因爲黃氏手刪，故以後黃氏在世時所刻之集，皆未錄入。這十二篇似乎是康熙癸巳五十二年的劫火之餘，爲康熙丁酉五十六年歸於鄭性的一部份。

然而仔細一想，又不然。因爲《文鈔》有幾篇在題下註，「太沖先生筆」（《壽伯美陳公六十文》），「太沖先生譔」（《董太夫人七十壽序》），「黃先生著」（《按察使副使鄭平子先生六十壽敍》《陳賢母傳》），「黃太沖先生筆」（《送鄭禹梅北上序》），「黃先生」（《奉議大夫刑部郎中深柳張公墓誌銘》）等字，正如馮貞羣先生所說：「蓋其門人所手寫者」，而非黃氏自己所存之稿。康熙五十二年，黃氏在甬上的及門弟子已全謝世，最長壽的是鄭梁，亦在是年卒，所以《文鈔》之抄，決不會在康熙癸巳以後，《文鈔》也決非劫火之餘。

我細細推敲，認爲佚文之未刊行及其在甬上的發現，有如下兩種可能：

一、黃宗羲《南雷文案》之刻，由甬上弟子萬斯大任校讎並付刻，黃氏選餘之文，甬上弟子必多過目，因而予以抄錄。爲什麼「玄」字不諱，馮貞羣先生就據以肯定爲黃氏門人手寫呢?因爲黃氏甬上弟子很多爲明遺民子弟，夷夏之防甚嚴。在康熙早期，他們正如老師那樣，不肯承認清廷的統治，故不避諱，萬斯大就是。萬氏兄弟父親萬泰爲復社名士，魯王時參與抗清鬥爭，在其父薰陶下，萬斯大具有强烈的民族意識。其弟萬斯同作《明季兩浙忠義考》（抄本，今藏寧波伏跗室），就把斯大寫入，視作南明「忠義」志士之一。萬斯大及黃氏其他弟子把黃氏手删之稿抄錄下來，藏之於家，這是極有可能的。

二、十二篇中所有碑銘、傳狀、壽序之類，都是黃氏應其甬上弟子的請求，爲他們父母或祖上所作，黃宗羲很可能未留有底稿，而手稿則藏於其弟子家中。凡佚文題下註有「太沖先生筆」、「黃先生著」等字的，全是與黃氏甬上弟子有關聯。如《復芹堂記》和《振寰張府君墓誌銘》，其手稿就保存在弟子張士培、張士塤家。民國年間，張氏後人張美翊修《甬上青石張氏宗譜》，就把這兩篇刻入。《文鈔》的抄錄者當時把收藏於黃氏弟子家中的這些佚文，匯抄而成《南雷文鈔》。

這十二篇佚文的發現，對研究黃宗羲生平事跡及其思想很有價值。我們如把《家母求文節略》與《移史館先妣姚太夫人事略》相對比，不僅可以補充黃炳垕《黃梨洲先生年譜》的內容，也可以糾正其錯誤，並可以尋出黃氏在康熙前期思想演變的某些痕跡。《年譜》說，崇禎六年，「太夫人四旬壽辰，甬上萬履安、陸文虎兩先生刻崑銅壽啓，至期來祝，瞿御史稼軒式耜作詩數章爲壽。」而《節略》則說：「其在四十，契家子沈士柱徵文，一時名公多有傑作，最著者爲宜興陳于庭、陳貞慧，江右蘇桓、金沙周鑣、宛上沈壽民、婁東張采、張溥。」補充了許多復社名士，可以窺見黃宗羲當時在復社交遊的廣闊。然而《年譜》說，尚有瞿式耜作詩爲壽，那是錯了，《節略》講到姚太夫人五十壽辰時說：「則有劉忠正、徐忠襄、施忠介之文，方壽州孩未，瞿常熟起田、孫餘姚碩膚之詩。」不但補充《年譜》僅提施、劉兩人之略，而且糾正《年譜》把瞿式耜（字起田）列入四十壽辰以詩祝壽者之誤。

對比兩文，最有意思的可以看出黃宗羲前期思想的變化。《節略》作於康熙十二年，其時三藩之亂初起，黃宗羲在文中隱約地流露了對前明的故國之感，如說：「嘗遇亂兵抽婢子一簪，其渠帥知之，曰：『此故忠臣之夫人也，奈何掠及其婢！』鞭之見血。」所指「亂兵」，無疑是當時四明山上的抗清隊伍。文中又說：「鄉邑之人，莫不曰：『忠義有後，前孫後黃』。」他把自己與抗清失敗後卒於舟山的孫嘉績相比，自稱「忠義」。可是在作於康熙十九年的《事略》中，這些情節一概刪去。我在《論黃宗羲與呂留良爭論的實質及其思想根源》（《寧波大學學報》一九八八年創刊號收於本書第八節）一文，論證了胡翰十二運對黃氏的影響，黃宗羲認爲，根據胡翰十二運，從順治十八年開始，「向後二十年交入『大壯』。」⑤清廷建國，「不啻如燕雀之集」⑥，二十年後即可以轉入漢族復興的「大壯」盛世。康熙十二年三藩之亂的爆發，似乎證實了這一推測的正確性。《節略》正好作於康熙十二年，所以文中對抗清事跡和故國之感並不忌諱。可是到了康熙十九年，二十年之期已到，長期在福建沿海一帶抗清的鄭氏，敗走臺灣；吳三桂之子吳世藩潰退雲南一隅，敗局已定。胡翰十二運的推測，如泡沫似地幻滅，黃宗羲的思想發生了變化，他不得不承認清廷統治的長期性和合法性。向史館移書，求爲其母姚太夫人事略寫入明史，其本身就證明了黃氏這一思想的變化，故而他對《節略》中上述內容全刪了。《文鈔》中的《鄉賢呈詞》作於康熙二十三或二十四年，文中稱清朝爲「聖朝」，這在康熙十九年前他的作品中，也從未有過，如作於康熙九年的《深柳張公墓誌銘》，他僅稱「新朝」而已。

《復芹堂記》的《文鈔》本和《宗譜》本的對照，從另一方面證明了黃氏思想的上述變化。《宗譜》本在文中註的「康熙壬子秋」和文尾的康熙十一年歲次壬子秋七月」句，《文鈔》本全無。我在《寧波大學學報》發表的上述論文中認爲，黃氏推算胡翰十二運的次年爲康熙元年，從康熙元年到二十年的這二十年內，黃宗羲所寫的文章，凡註上年代的，都用干支紀年，而不書清廷年號，表示他不承認清朝的統治，如《文鈔》中的《深柳張公墓誌銘》，他寫的是：「生於某年丙寅十月四日，卒於某年甲辰十月十一日」。《復芹堂記》《宗譜》本的康熙年號，當是張氏後人加上去的。《宗譜》本還把《文鈔》本的「先生玄孫振寰翁」中的「玄」字改爲「元」字，顯然是避康熙帝玄燁之諱。同樣，《宗譜》所錄《二十六世振寰府君墓誌銘》，雖作於康熙十年，其卒日寫作「康熙乙酉」，這康熙二字，也應是張氏後人修改的。這些，都從側面說明了黃氏對清廷的態度。

《復芹堂記》尚有兩點值得注意：一、文中有「而故家皂隸，華屋山丘，高明之室，多始願不及此者」以及「鐘鳴鼎食」之家，「今其存亡得失不可究竟，馬醫夏畦之鬼，同一溟漠」等句，這是在借題發揮。順康之交，原寧波前明故家大室，多已衰敗，而清朝新貴，卻「高甍飛宇」，黃氏在文中認爲「其得失，運在俄頃」，不滿「圬者之數過」，表示了對這些新貴，冷眼旁觀，有看你橫行到幾時之意。二、文中有「豈不知其師平時之飲食在墜露落英，……原若化爲朱鳥，飛鳴過之，不受汝招也。」這是他借屈原弟子宋玉以酒槳臛肉祭其師的故事，來表明「不受汝招也」的意志。上述兩點都曲折地表達了他對清廷的不合作態度，反映了他夷夏之防的民族意識。

《董太夫人七十壽序》也流露了如《復芹堂記》那樣的民族意識。只要看文中的「高明之家，鬼瞰其室，二十年來公卿之降爲皂隸，大抵然矣。」「木蘭墜露，秋菊落英，而馨烈彌茂，君子之處約也。」這些用語和典故與《復芹堂記》竟如此一致，有力地說明了黃氏當時的思想狀態。

《振寰張府君墓誌銘》之作，不僅在於張振寰爲黃氏弟子張士培、張士塤兄弟之父，還在於張振寰亦有一段抗清業績。據《甬上青石張氏宗譜》卷三《二十六世振寰府君傳》，張氏曾「參張煌言幕府，傾家輸餉，嘗以一語完全城之命，已而事敗，進士范某構釁，欲害之，幾被難。」但黃氏在這篇文中，主要是抨擊當時的科舉制。文中有一篇很精采的對話：「余嘗遇士人，問疊山何人？余應之曰：『謝枋得』，又問枋得何人？余不知何處說起，遂不應。又有士人過余齋頭，見《宋書》有《陶淵明傳》，曰：『淵明乃唐以後人乎？』余軒渠而已。兩人者，其一舉人，其一進士。」黃氏因而感慨地說：「科舉之學如是，又何怪其無救於亂亡乎？」說明黃氏是懷著總結明亡教訓而反對現行科舉制的。類似批評科舉的文章，還有《王君調先生七十壽序》一文。文中講到王君調在前明曾棄科舉不爲，進而指出：「詎知十餘年以來，學校化爲市井，衿佩化爲錢刀，銅臭之溢，榮於忠肅。」最後他說：「嗟乎！物未有久而不窮，而不變者。時文之法，行之五、六百年，其力竭矣。窮不知變，天其假手不肖以厚其毒耶？抑物將盡而其神先去耶？吾聞之，經天緯地曰『文』者，必非場屋無用之文也；通天地人曰『儒』者，必非僥倖富貴之徒也。」那麼如何「變」呢？黃氏並不是主張徹底廢棄科舉制，而是主張變革科舉制。他自己雖然至死不仕新朝，但並不反對其弟子考科舉，求仕途。《送鄭禹梅北上序》，就是送鄭梁北上應試之作。他變革科舉制的主張，是提倡以六經爲根柢，以史書爲參考，以古文與時文相結合的途徑來實現的，在這裡不贅述。

《振寰張府君墓誌銘》還有一個重要內容，即反映黃氏在《明夷待訪錄．財計三》中主張的工商「皆本」的思想。他在文中說：「府君念門戶撲起，何常視爲之力與不力耳。遂遍走楚、豫、閩、粵，風舶雨轊，什一乾沒，十九年之間，三致千金，而教授之宅第次第復之。」後面，他又說：「向使府君移其用之家者而施於國，未必不如計然能解會稽之圍也。」他把工商的作用提高到能使國家興亡的高度，這在當時是一種很可貴的思想。

注釋

① 李文胤《杲堂文續鈔》卷二。

② 全祖望《鮚埼亭集》外編卷二十五《南雷黃子大全集序》。

③ 全祖望《鮚埼亭集》外編卷四十四。

④ 又見黃宗羲《南雷文定》前集卷一。

⑤ 黃宗羲《明夷待訪錄・題辭》。
⑥ 黃宗羲《南雷餘集・諸敬槐先生八十壽序》。

五　黃宗羲開創浙東學派的基地

甬上證人書院

黃宗羲自康熙元年南明監國魯王卒於金門，鄭成功病逝臺灣後，感到抗清一時無望，於是始放棄抗清武裝鬥爭，從事著作和講學，按他自己説法，則是從「遊俠」而廁身於「儒林」①。他講學所建立的甬上證人書院，是清初著名書院之一，開創了康、雍、乾三代屹立於東南而其精神影響到清末的浙東學派。

一

黃宗羲講學，康熙三年始於語溪（今浙江桐鄉），六年次於會稽（今浙江紹興），七年繼於寧波，十五年終於海昌（今浙江海寧）。甬上證人書院建立較遲而影響最大，這是由下列原因造成的：

一、清初，甬上結社之風甚盛，故家子弟多結文社。寧波講學之風，宋時頗盛，至明頓熄。講學既少，文社亦不多。到了明末，風氣才有一變；萬泰、陸符、董德偁、董守諭「四孝廉」始創立文社、後又參加復社。清初，四明抗清志士在恢復故國失敗後，遁迹甬上，廣結詩社，湖畔江濱，慷慨悲歌。全祖望說：「有明革命之後，甬上蜚遯之士，甲於天下，皆以蕉萃枯槁之音，追蹤月泉諸老」②。這些遺民子弟，又各結文社，如秋水社、澹園社、等。萬泰的幾個兒子斯大、斯備、斯同及長孫萬言，也組織了文會。後因生活所迫，萬氏兄弟四出謀食，於是文會作罷。康熙四年，萬氏兄弟（加上斯選）、鄭梁、王之坪、張士塤、張士培、范光陽等人，與澹園社的陳夔獻、陳錫嘏、陳自舜、董允瑫、董允璘等人，共同組成策論之會。康熙六年，在萬氏兄弟的引導下，策論會中的二十六人，皆往餘姚向黃宗羲就教。在黃宗羲的指點下，他們回寧波後，改名爲講經會（又稱五經會）。次年黃宗羲來甬時，他們都成了甬上證人書院的弟子，人數之多，超過了語溪、海昌和會稽。

二、甬上證人書院弟子受學黃宗羲最早。萬泰、字履安，與黃宗羲關係十分密切。倆人在青年時代，就情同手足，後來又一起參加復社，同受閹黨餘孽迫害又共同抗清。萬泰捨死救黃宗羲的弟弟黃宗炎。所以全祖望說：「丙戌而後，先生（黃宗羲）兄弟流離患難，實賴吾甬上諸公之力以免」③。萬泰對黃宗羲的學術思想十分欽佩，教育里中子弟向黃宗羲學習。據後來李文胤說，萬泰「嘗與余輩言，今日學術文章，當以姚江黃氏爲正宗」④。順治十四年，萬泰病逝。黃宗羲知道後，即寄信萬斯年（萬氏八子中的長兄），招萬氏兄弟及萬言往餘姚受業。順治十六年後，萬氏兄弟陸續往餘姚化安山黃宗羲的龍虎堂墓舍受教。所以萬言曾說：「余叔侄以先王父之舊，受業梨洲先生者有年」⑤由此可知，寧波子弟學於黃宗羲比康熙三年他在語溪開始講學的時間還要早好幾年。

甬上證人書院中的主要成員，大多是復社和抗清志士的子弟，不但團結力強，且其經歷和庭訓，使他們容易接受黃宗羲的經世之學。甬上證人書院中的「五萬」（即萬氏四兄弟和侄萬言）的父親萬泰以及五董（即董允瑫、允璘、允珂、允瑋和道權）的父親董德偁、董守諭。在鼎革之際，都參加乙酉「畫江之役」，被魯王授以各種官職。兩董在抗清失敗後，雖息影衡門，然暗中常與抗清義師互通消息。萬泰則在順治五年寧波的「翻城之役」中，力救高斗樞、高宇泰父子及李棡、李文胤父子於難。順治七年又與董德偁等共同營救黃宗炎。後來，董德偁參加西湖八子社，萬泰主持了寒松齋六子社。他們在抗清實踐中堅持民族氣節，在詩社中抒發民族意識，對他們的子弟自然帶來潛移默化的影響。特別是萬氏兄弟，在清兵渡浙後，避兵深山，顛沛流離，備嘗艱苦，也目擊了清兵的暴行和人民的痛苦，因此都不仕新朝，布衣終身。甬上證人書院子弟中年齡最大的李文胤，在「翻城之役」失敗後兩次被捕，幾乎被殺，終身不仕。此外，如陸鋆父陸符、張士塤（及士培）父張遐勳、鄭梁父鄭溱都參加過「畫江之役」。張氏兄弟且爲張煌言的親戚。甬上證人子弟中的後起之秀錢廉則是浙東首揭義旗之一的錢肅樂的族弟。他們的家庭在抗清鬥爭中都有一段悲痛的歷史，所以他們往往自稱「吾黨」，十分團結。萬氏兄弟很快接受了黃宗羲的思想，同時也影響了策論會的其他成員。據李文胤回憶：「時萬董子弟及里中後起諸賢，始從黃先生所，得讀子劉子遺書。即共喟然發憤，謂蕺山墜學，當籍姚江以季興。」⑥

浙東地處海隅，風氣比較閉塞，黃宗羲在各地講學，阻力頗大。他在會稽辦證人書院時，就自嘆：「越中類不悅學」⑦。其實，寧波同樣如此。黃宗羲說：「甬上講學之事，數百年所創見，傳相驚怪。」⑧然而，會稽證人書院辦得並不出色，而甬上證人書院卻持久不懈，培育出許多「英偉高明」之士，除本書第二章所講外，這與上述三點原因是有關的。

二

甬上證人書院創建於康熙七年，黃宗羲說：「明年（即康熙七年），余至甬上，諸子大會於僧寺，亦遂以證人名之。」⑨甬上證人書院，亦即甬上講經會。講經會創辦於康熙六年同年曾稱證人之會，如前所述，是在黃宗羲指導下成立的。康熙七年以後，證人書院弟子仍保留著講經會的名稱。

黃宗羲所說的僧寺，就是寧波城內的延慶寺。黃炳垕在《黃梨洲先生年譜》中說，康熙七年，「公之鄞，與諸子大會於廣濟橋，又會於延慶寺，亦以證人名之。」所指廣濟橋並非指萬氏寒松齋故居所在地（那時早已被清帥改作馬廄箭廳），而是指黃宗羲的朋友高旦中（即高斗魁）兄弟家祠所在。此即萬言所說的，「先生至寧，嘗會講高氏祠，宿，戒童子，歌伐木。」⑩

可是，這僅是始講的那一次，以後地址多次變換。全祖望在《甬上證人書院記》中說：「書院在城西之管村，萬氏之別業也。」⑪萬氏別業即西郊白雲莊墓舍。萬言的兒子，亦即黃宗羲的孫婿萬承勳在《哭黃梨洲先生》詩中，有「憶開講席白雲莊，杖履欣然一葦航」⑫句，亦可證明證人書院地址確在萬氏白雲莊。又，張士塤子張錫璜在《望南雷山弔黃梨洲先生》一詩的注中說：「余家西郊別業，以先生來講學，擬名黃過。」⑬這「黃過堂」後改爲張氏宗祠，張氏後人張美翊在《青石張氏宗祠》中記載：「餘姚黃梨洲先生嘗爲之記，其後嘗講學於斯堂……當時證人講經會諸公，都會於此。」⑭此外，黃宗羲自己說：「丁未、戊申間，甬上陳夔獻爲講經會……東方爲學之士，雨並笠，夜續燈，聚夔獻之家……余每過必如之。」⑮因而，另一地址又是西郊陳夔獻家。

證人書院講習時，「先從黃先生所受說經諸書各研其義，然後集講」⑯。「一月再集。先期於某家，是日晨而往。摳衣登堂，各執經以次造席。先取所講覆誦畢，司講者抗首而論，坐上各取諸家異同相辯析，務擇所安。日午進食，羹二器，不設酒，飯畢，續講乙處，盡日乃罷。」⑰有時甚而續燈夜聚，「連牀大被，所談不出於王霸」⑱，而「黃先生時至甬上，則從執經而問焉」⑲。

黃宗羲創辦證人書院的宗旨是經世致用。明末，東林、復社雖然激濁揚清，砥礪名節，然仍挽救不了明朝覆滅的命運。在清初的「天崩地解」時代，有些人行吟悲歌，以泄胸中壘塊不平之氣；有些人則低首沈思，他們感到單純地標榜風節是不夠的，還必須對明末空疏淺薄的學術思想和學風作一個根本的改變。黃宗羲曾一一批評了明末雲間的幾社、武林的讀書社、婁東的復社的缺點，說他們「本領脆薄，學術龐雜，終不能有所成就」⑳。他思考的是，「嘗嘆末世經學不明，以致人心日晦，從此文章事業，俱不能一歸於正。」㉑所以他提出了「學必原本於經術而後不爲蹈虛，必證明於史籍而後足以應務」㉒。「經術所以經世」就是他講學的宗旨。

在這一宗旨下，甬上證人書院學習的主要課程是五經。李文胤在《送萬充宗授經西陵序》中說：「黃先生教人必先誦經，使學者從六藝以聞道。嘗曰：『人不通經，則立身不能爲君子；不通經，則立言不能爲大家』，於是充宗兄弟與旦中諸賢，共立爲講五經之會。」㉓除五經外，還必須學習劉宗周的著作。鄭梁初見黃宗羲時，「先生手授以《子劉子學言》，《聖學宗要》諸書」㉔。此外，又學習史學，萬斯同在《寄范筆山》書中說：「吾輩既及姚江之門，當分任吾師之學……將來諸經之學，不患乎無傳人，惟史學則願與吾兄共任之。」㉕至於文學，也是重要的課程，「講席之暇，先生取宋、元、明以來未經表暴之文百餘家，日批畫以授之吾黨。」㉖最後，還有曆算等自然科學，萬經（斯大子）在《寒村七十壽序》中說：「維時經學、史學以及天文、地理、六書、九章至遠西測量推步之學，爭各磨勵，奮氣怒生，皆卓然有以自見。」㉗甬上證人書院共辦了八年，至康熙十四年結束。

三

康熙六年往餘姚受業黃宗羲，後來成爲甬上證人書院首批弟子的二十六人，是萬斯選、萬斯大、萬斯同、萬言、陳錫嘏、陳赤衷、陳紫芝、陳自舜、陳和衷、張汝翼、張士塤、張梅先、張壁薦、董允瑫、董允珂、董允璘、董允瑋、董道權、范光陽、馮政、仇石濤、仇兆鰲、王之坪、李錫袞和錢漢臣等。其時，黃百家也奉父命至甬，共同學習。鄭梁則是在同年夏才參加的。後來，又增加了李文胤、陸鋆、戎式宏、錢廉、王之坊、張士培、蔣宏憲、高宇亮、黃道暉等。還有後來脫離書院轉向潘平格的毛勍、顏日彬等四十人左右。其中，被黃宗羲推許的有十八人。今取其主要十二人介紹於下：

一、萬斯選，字公擇，學者稱白雲先生，萬泰第五子。黃宗羲哲學思想的主要繼承者。他主張「辨析名理，皆自實踐而出」，「理在氣中，非理先氣後」，「知意爲心之所存，非心之所發」㉘他曾在浙江語溪和淮南講學，而以後者時間最長，因而其弟子在淮南很多。萬斯選卒於康熙三十三年，年六十六。黃宗羲爲之慟哭，說：「甬上從遊能續蕺山之傳者，惟斯選一人……余理蕺山遺書，學者爲舊說所錮，惟公擇獨渙然冰釋。今思公擇，不異陽明之思曰仁也。」㉙黃親自爲他作墓誌銘。所著有《白雲集》，未見。

二、萬斯大，字充宗，晚號跛翁，學者稱爲褐夫先生，萬泰第六子。他發展了黃宗羲的經學思想。在經學上，特別在「三禮」和《春秋》上有突出成就。黃宗羲稱他爲「會通各經，證墜輯缺，聚訟之義，渙然冰泮」㉚，「繭絲牛毛，用心如此，不僅當今無與絕塵，即在先儒，亦豈易得」㉛，並與他有多種討論經學的書信往來。康熙二十二年卒，年五十一。黃宗羲爲其作墓誌銘。所著有《濠梁萬氏宗譜》、《學禮質疑》、《周官辨非》、《儀禮商》、《禮記偶箋》及《學春秋隨筆》，皆有刻本。《禮記集刊》、《春秋三傳明義》未見。文則有《丁災草》、《甲陽草》等，皆佚。

三、**萬斯同，字季野，號石園，卒後門人私謚爲「貞文」，萬泰第八子**。學識淵博，對經學有造詣，然其突出成就爲史學。他在證人講席上，「每從衆座引據歷朝實錄及先輩名公卿遷除歲月，悉無所爽。」㉜黃宗羲特以「季野之史學」㉝稱許他。康熙十八年入京修史學前，其史學已「名聞海內」㉞。後入明史館，爲明史主編。共修明史本紀、列傳四百六十卷（一說五百卷，此稿後爲王鴻緒篡改而成《明史稿》）。除修史外，還多次在京舉辦講座，今存《講經口授》抄本。康熙四十一年卒於京，年六十五。著作宏富，有些已佚，見本書第十四章。

四、**董允璘，字在中**。初好古文詩詞，後究心於心學。黃宗羲稱他「併當諸儒之語錄，其會心在《傳習錄》。陽明之學，達於人心，以求學術之要，世以其非箋傳舊本，有信有不信。在中心通臆暢，不以世論而奪也。」㉟康熙十八年卒。所著有《奉銘堂集》、《事天堂集》、《尊道集》。全祖望說後兩本書「尤有功於儒林」㊱，然皆佚。

五、董允瑫，字吳仲，弱冠即以主持坊社知名，又學王陽明之學。受黃宗羲影響後，鑽研蕺山學術，「句磨字析，辨其同異」㊲，提倡王、劉合一，自署爲「蕺山學者」。黃宗羲把他看作「御侮之友」㊳。康熙十年卒，年僅三十六歲。黃宗羲爲其作墓誌銘。董允瑫受學於黃宗羲僅四年，其學未發揮，所著亦不詳。

六、萬言，字貞一，號管村，萬泰長孫。在證人書院時，以古文出名。黃宗羲稱讚他的古文，「規模震川之古淡，加以剡源之色澤」㊴。在講經會上，他綜會諸儒學說，參酌異同，「議論每奪席」㊵。康熙十八年，與萬斯同共入京修明史，獨成《崇禎長編》，兼修《盛京通志》、《一統志》。康熙四十四年卒，年六十九。所著尚有《管村詩文鈔》、《管村詩稿》，有刻本。《明女史》，有抄本，《明鑒舉要》未見。

七、陳赤衷，字夔獻，號環村。在未入證人書院時即負盛名，然出入禪宗，以六經爲糟粕，認爲科舉不足以研究學問。後因受萬氏影響，向黃宗羲學習，思想爲之一變。他首創講經會，是甬上證人書院的創始人和組織者之一。在講經會上，他常任主講，主攻經學，「說《詩》則人解其頤，論《易》則坐折其角。」㊶黃宗羲稱讚他「汲古窮經」，「無訓詁餖飣之習」㊷。康熙十九年入京，困頓場屋。二十六年在窮老中卒於京邸，年六十一。黃宗羲爲其作墓誌銘。所著有《環村詩文偶刻》，此書未見。

八、陳錫嘏，字介眉，號怡庭，證人書院重要組織者之一。先學朱熹理學。受學黃宗羲後，仍傾向朱學㊸。在講經會上，他「窮經論道，有固執詰難者，不遽折之，徐以微理辨證，無不心服。」㊹。黃百家稱讚他「縱橫經庫」，「貫通詳贍」㊺康熙十五年成進士，授編修，纂修《皇輿表》和《鑒古輯覽》。十八年告歸後，在甬重設證人講席。二十六年卒，年五十四。黃宗羲爲其做墓誌銘。所著有《兼山堂集》有刻本、《怡庭傳稿》等，未見。

九、**李文胤，字鄴嗣，號杲堂**。他是黃宗羲和萬泰的朋友，萬斯備的岳父，與萬斯同交誼深厚，是講經學上年齡最大的一個。以詩古文見長，在文學理論上追隨黃宗羲的文以經、史爲根柢，發於性情的思想。黃宗羲非常讚揚他的古文，說由於他，「東浙始得古文正路而由之」㊻其詩沈鬱雄厲，直寫胸臆，富有民族意識。他是浙東文壇盟主。康熙十九年卒，年五十九，黃宗羲爲其作墓誌銘。所著有《杲堂文鈔》、《杲堂續文鈔》等十七種，今彙輯成《杲堂詩文集》，有些已佚，不俱錄。

十、**鄭梁，字禹梅，號寒村，因曾知廣東高州，所以又號高州**。以詩文見長。黃宗羲令弟子學習宋、元、明以來未經表露的文章，他「習之最敏」㊼，黃宗羲以「文章則鄭禹梅清工」㊽來讚揚他。他力主黃宗羲的「性情說」，認爲：「詩也者，人心之聲。人心一日未亡，則心聲未嘗一日或息」㊾。康熙五十二年卒，年七十八。所著有《寒村詩文選》，有刻本，黃宗羲爲之序，並予鑒定。鄭梁卒後，其子鄭性遵其遺囑，立二老閣以祀鄭溱和黃宗義，並整理和出版黃宗羲的著作，即世所稱二老閣本。

十一、**仇兆鰲，字滄柱**。在書院時未甚著名，中進士後，官至內閣學士兼吏部侍郎。所著《杜少陵集詳注》，三十三卷，集以往各家杜詩注本之大成，爲研究杜詩極重要之參考書。

十二、黃百家，原名百學，字主一，黃宗羲季子。曾參與修明史。他除續修《宋元學案》外，又繼承其父曆算之學，自稱：「家大人於三十年前，空山推步，百凡數學，俱有成書，第不過因家大人書中竊演成法，知天地間有此一種學問耳。」[50]他又學於曆算大家梅文鼎，著有《勾股矩測解原》及《學箕初稿》，後者尚存。

四

黃宗羲和他的甬上證人書院弟子開創了有清一代有重要影響的學派——浙東學派，在整個中國思想史上占有重要的地位。這個學派的宗旨是「經世致用」，其主要精神爲民族意識和民主思想。

㈠經世致用

黃宗羲「經術所以經世」的辦學宗旨，爲甬上證人書院弟子所接受和貫徹。他的經世名著《明夷待訪錄》，萬斯選就極爲欽佩，黃宗羲在《留書》自序中說：「癸巳秋，爲書一卷，留之篋中，後十年，續有《明夷待訪錄》之作，則其大者多採入焉，而其餘棄之甬上。萬公擇謂尚有可取者，乃復附之《明夷待訪錄》之後，是非予所留也，公擇之所留也。癸丑秋，梨洲老人題，門人萬斯選訂。」[51]可知萬斯選積極支持黃宗羲出《明夷待訪錄》的姊妹篇《留書》。萬斯大治經，也以經世爲指導，其著《學禮質疑》，就是爲了尋求三代的「帝王制度」[52]。經世思想在萬斯同的史學中反映最强烈，他在《與從子貞一書》明確指出，目前學者往往不知經濟爲何物，甚至「未嘗以天下爲念」。他堅決反對把「學術與經濟判然分爲兩途」，自稱其治史的出發點就是「欲講求經世之學」。清代浙東學派經世思想，正如南宋的永康、永嘉學派那樣，一般把三代的大經大法與事功之學聯繫在一起，萬斯同則進而與史學聯繫起來。他說：「夫吾之所謂經世者，非因時補救，如今之所謂經濟云爾也。將盡取古今經國之大猷，而一一詳究其始末，斟酌其確當，定爲一代之規模，使今日坐而言者，他日可以作而行耳。」[53]所以，他們以經、史言經世，强調的是經世的歷史經驗，以求古爲今用、而非支離的具體措施。

㈡民族意識

主要表現在史學上。黃宗羲爲了激發民族意識，開始搜集明末「亡國大夫」[54]的事迹。萬斯同繼之，提倡搜集桑梓抗清遺事，並著《明季兩浙忠義考》。不過，黃、萬兩人僅僅開始，後來以全祖望的《鮚埼亭集》和《續甬上耆舊詩》予以完成。萬斯同自稱他研究明史的目的，是爲了探求有明二百九十三年中，「其君相之經營創造，與有司之所奉行，學士大夫之風尚源流」[55]，即全祖望所說的「以任故國之史事報故國」[56]。萬斯同有繼黃宗羲欲修宋史，特別修南宋史之志，輯有《宋季忠義錄》、《南宋六陵遺事》和《庚申君遺事》等，王源曾指出，萬斯同著《庚申君遺事》，其含意與程篁墩（即程敏政）作《宋遺民錄》一樣，都是爲了下慰遺民不忘先朝的心情。在文學方面發揚民族意識的以李文胤爲代表。他的《善哉行》一詩：「采薇硜硜，是爲末節；臣靡不死，復興夏室」㊼句，充分反映了他的反清意識。他所著《西京忠義傳》、《南朝語》等文，號召「大漢」之民，讀「大漢」之書，「有不以大漢之語爲語乎？」㊽其民族思想灼然可見。然而，他們提倡的民族氣節，是封建士大夫的氣節，這種氣節觀的特點之一就是不仕兩姓。因此，至多主張保持氣節到「沒身」㊾而已。所以黃宗義雖不仕清，卻令其子黃百家至甬參加講經會以應考。證人書院許多弟子，如董氏兄弟等後來都應試科舉，這與黃宗義提倡氣節觀並不矛盾。像萬氏兄弟、李鄴嗣及錢廉等以布衣終身，決不仕清朝，這在封建社會裡是難能可貴的。

㈢民主思想

黃宗羲總結明亡教訓，並不是爲了有明一姓之興亡，而是以犀利之筆，指向幾千年的封建專制制度，開啓了浙東學派可貴的反封建專制的民主啓蒙精神。萬斯同在他寫的有關明代史論和《明樂府》中，歷舉有明一代帝王的殘暴和昏庸，提倡「人人得以盡言」和「天下之公論」㊿，來限制君權。這裡，顯然可以看出《明夷待訪錄》的影響。鄭梁反對證人弟子於康熙十八年應徵博學鴻儒，說「博學鴻儒」只是名義，而「內多勢要子弟」，是用廿四兩銀子買來的(61)；揭露了官場的黑暗，反對清廷的文化統制政策。他爲婦女受壓迫鳴不平，說「男女皆人」，然而婦女卻受壓制，「此固天地間不平之甚者也。」[62]他已朦朧地提出了要求「男女平等」的思想。黃宗羲與甬上證人弟子都激烈攻擊禁錮人們思想的現行科舉制度。證人書院被攻擊的罪狀之一就是認爲不利於場屋。鄭梁譏笑這些人「不復知科舉富貴外，更有何事?於是以通經學古爲迂，以砥節礪行爲拙，以明心見性爲腐。人心日壞，而國家往往有乏材之嘆。」[63]，表達了企圖從科舉束縛中解放出來爭取思想自由的要求。然而他們並不反對科舉制度本身，鄭梁、陳錫嘏、仇兆鰲等人揣摩時文，爲場社選題，自己也紛紛應考，所以結果只能是改良科舉，表現了不徹底性。

黃宗羲學識淵博，其學問在諸多領域皆有所發明。甬上證人弟子主要在經學、史學和文學三方面繼承和發展了他的思想，對有清一代產生了深刻的影響。

㈠經學

以萬斯大爲代表。他的治經方法，黃宗羲曾作如下介紹：一是「非通諸經不能通一經」，這是因爲經文交錯，詳略異同各不一致，那就要從詳求略，因異求同；二是「非悟傳注之失則不能通經」，這是因爲學者盲目信仰傳注，對經文本身反不去深入研究，這就發現不了傳注的錯誤，從而曲解經文；三是「非以經釋經，則亦無由悟傳注之失」[64]。即可用經本證或他經爲旁證，來發現傳注的臆失和附會。萬斯大治經，不盲從，而裁以己意。他的《周官辨非》，開了清中葉對禮經的辨僞之風。他不經信傳注，成爲後來戴震、阮元訓詁注疏的先河。他通過本證、旁證等的比較歸納方法，正是乾嘉考證學派方法論的先導。證人弟子治經是爲了經世，因此在治經中往往從他們的社會歷史觀點出發，予以演繹推論。由於古今不同，大前提又不能完全正確，結論難免有失誤。此外，作爲先行者來說，考證方法也有未精當之處，陸隴其、紀昀以至後來的李慈銘等，因而對他頗有微詞，然而不得不承認他的「博雅」[65]和所著「頗有新義」[66]。

(二)史學

以萬斯同爲代表，他主編的明史，正如梁啓超說的，在歷代官修諸史中獨稱「完善」[67]。他史學思想中所體現的强烈的民族意識、民主精神和人民性，後來爲全祖望所繼承。到了乾嘉時期，章學誠在一定程度上繼承了他的反封建精神。

萬斯同在史法上提倡「事信而言文」[68]的原則，主張以實錄爲主而以諸書爲輔，要求史家具有史識和直筆精神。他治史被人稱爲「工於考證」[69]，善於會通，尋求源流。這些，正是浙東學派的治學方法。黃宗羲和萬斯同搜集明末清初浙東抗清史實，不但開創了浙東學派研究歷史以現代爲重點的特點，而且在歷史編纂學上，革新了地方志的傳統編寫方法。萬斯同又根據宋末謝翱羽「欲著月表以詳獨行全節之事」[70]的精神，大力提倡作月表。他治史的理論和方法，不但對後來的全祖望和章學誠產生重大影響，而且其治史方法也爲乾嘉史學派所發揮。

㈢文學

以李文胤和鄭梁爲代表。他們都是黃宗羲古文應與經、史相結合和「性情說」的繼承者。所以他們反對「文必秦漢，詩必盛唐」的文學倒退觀。在寫作方法上，自然反對「勦襲湊泊」[71]。當時，詩的聲律論十分盛行，鄭梁就表示不滿，自稱：「余論詩，不主聲調」[72]。浙東學派在文學理論上是有進步意義的，他們繼承了李贄的「童心說」和公安派的「性靈說」，而以「載道」、「載事」說糾正了公安派的消極遁世和閒情逸致的情感，把個人主觀的「情」與客觀世界的「天地萬物」[73]聯結起來，使詩、文具有社會意義。後來，袁枚繼承了浙東學派的「性情說」，然而，又把詩和古文陷入了單純抒發個人胸臆的境地。浙東學派反對科舉時文，是因爲科舉之文「獨竊取古聖賢之意而代言之，若優人令之演劇，衣冠嚬笑，大率主於肖人。」[74]。在他們看來，「古文以明聖賢之道，時文以代吾聖賢之言」，而不是「別有一種科舉之文，專習爲柔曼骫要媚悅之詞以逢世」[75]。所以他們主張以古文之法來作時文，把義理與辭章聯繫起來。後來，方苞受萬斯同影響，「輟古文之學而求經義」[76]，强調文章的「義理」，其實是把經義與古文結合起來，變成正如錢大昕所說的，「方氏以古文爲時文，卻以時文爲古文」[77]。更後，姚鼐提出義理、考據、詞章三結合的思想。桐城派的這些論點，不能不說與浙東學派有一定的關係。

黃宗羲創辦甬上證人書院，其重要目的是發揚蕺山之學，然而，沒有達到。能繼承他的哲學思想和主要是董允璘和萬斯選。前者在心學的基礎上折衷王陽明和劉宗周的學說，提出「愼獨即是良知」，「意即獨」。對朱陸異同亦主張綜會，說：「平日得力於朱子，或於陸子，即從得力處實實落落做工夫，得上此路，同亦可，異亦可。」[78]萬斯同著《儒林宗派》，也是以這一思想作指導的。後來全祖望和章學誠以實踐會同朱陸，是這一思想的發展。萬斯選在哲學思想上遵守師訓，主張爲學當於「靜中得力」[79]。他的格物說雖未脫離王學「正吾心之物」的影響，然而反對王學末流懸空索摸捨卻萬物，認爲人情世故正是用功實地。他提倡學習要「驗之於躬行」[80]，並繼承了劉宗周、黃宗羲的「理即在氣中，非理先氣後」[81]的思想，所以是唯物主義的。然而，黃宗羲的哲學思想並未完全被證人弟子所接受，如董允璘對泰州學派顏山農、鄧豁渠的評價，陳錫嘏對格物說的看法，都與黃宗羲有所不同。萬斯同一度接受潘平格的思想，以致受到黃宗羲的嚴厲批評，毛勍甚至脫離黃門，成了潘平格思想的積極鼓吹者。這主要是由於劉宗周的證人愼獨之學，原來就是對王學末流的糾編，但由於仍保留了理學的枝葉，對證人書院這般血氣方剛較年輕弟子來說，是滿足不了的，所以潘平格純粹從孔孟出發，抨擊「朱子道，陸子禪」的倫理哲學，對他們有更大的吸引力。

黃宗羲在自然科學上著作頗多，是清前期曆算學的開創者。然他在這方面的學問，除他的兒子黃百家、海昌弟子陳訏予以繼承外，其他都成就不大。

黃宗羲及其甬上證人書院弟子所形成的浙東學派，在京都是受到排斥的。陳錫嘏、鄭梁、仇兆鰲、萬言、范光陽、陳紫芝等都作過京官，陳夔獻以貢入都，萬斯同以布衣入史局。他們曾企圖在京傳播浙東學派的思想：黃宗羲的《明夷待訪錄》、《明儒學案》諸書，萬斯大的經學著作，黃百家有關論科舉的文章都傳入過北京。陳錫嘏在京開課授徒，萬斯同在京舉辦講座。然而，當時清廷正在大力表彰程朱理學，所以他們首先受到理學家的排擠。陸隴其在《陸清獻公日記》中提到，當時有人說「今浙東學者多主陽明，爭意氣乎？抑確有所見乎？意大不滿意於梨洲之學」⑧²。他自己看了黃宗羲著作後，就自認：「知山陰之學，其病只在不知朱子」⑧³，對浙東學派「痛言制義無關於學問」，更大爲不滿。浙東學派的學術只有「博物考古」的方法才爲他們接受，稱爲「博雅」⑧⁴。

其次，證人書院弟子懷著「經世」的目的，標榜「氣節」，至京欲一展抱負。然而，這些書呆子不自覺地一頭栽入了清初的黨派之爭。結果，萬言被外放五河，幾被置於死地；陳紫芝任御史敢於彈劾權貴，因而被明珠毒死；陳赤衷作《貞女篇》不爲勢要拉攏，至使窮困中老死京邸；范光陽、鄭梁被外放；陳錫嘏總算急流勇退，藉口父老告歸里門。只有仇兆鰲做了內閣學士兼禮部侍郎大官，不過這是他放棄黃宗羲思想而換來的，《鄞縣志．人物傳》說：「時，李光地、陳廷敬、張玉書皆在內閣，相與講貫，益以理學自任，乃歸宗朱子」，以致被人譏笑爲「講舉業則宗朱，講學則從梨洲……此心便不可對聖賢」⑧⁵。

這時，只有老態龍鍾雙目盡廢的萬斯同，始終以布衣自居，超出官場鬥爭以外，得以繼續在京師矻矻地爲明史寫作，終於在史學上結出了豐盈的果實。黃宗羲和甬上證人書院弟子開創的浙東學派，特別是他們的史學，在後來乾嘉學派壟斷的學術園地中，像一株挺拔的老松，顯現了高風亮節。

◘注釋

①　黃炳垕《黃梨洲先生年譜》卷首《自題像贊》。
②　全祖望《鮚埼亭集》外編卷六《湖上社老董先生墓版文》。
③　全祖望《續甬上耆舊詩》卷三十八《寓公雙瀑院長黃宗羲》。
④　李文胤《杲堂文鈔》卷三《送萬季野授經會稽序》。
⑤⑩　萬言《管村詩稿》卷四《懷舊詩八首爲陳怡庭壽》。
⑥　李文胤《杲堂文續鈔》卷二《黃母葉淑人六十壽序》。
⑦⑧⑨㊲㊳　黃宗羲《南雷文定》三集卷二《董吳仲墓誌銘》。
⑪㉒　全祖望《鮚埼亭集》外編卷十六《甬上證人書院記》。
⑫　萬承勳《冰雪集》卷一《哭黃梨洲先生》。
⑬　全祖望《續甬上耆舊詩》卷一百十二《張孝廉錫璜》。
⑭　張美翊《青石張氏宗譜》卷三《青石張氏宗祠》。
⑮⑱⑳㉝㊽　黃宗羲《南雷文定》後集卷三《陳夔獻墓誌銘》。
⑯⑲㉓　李文胤《杲堂文鈔》卷三《送萬充宗授經西陵序》。
⑰㉑　李文胤《杲堂文鈔》卷三《送范國雯北行序》。

㉔ 鄭梁《寒村詩文選·雜錄》卷二《上黃先生書》。

㉕ 萬斯同《石園文集》卷七《寄范筆山書》。

㉖㊼ 萬言《管村文鈔》卷一《鄭禹梅制義序》。

㉗ 萬經《寒村七十壽序》。

㉘(81) 《清史稿》卷四百八十一《儒林二·萬斯選》。

㉙ 蔣學鏞《鄞志稿》卷十二《儒林下·萬斯選》。

㉚ 黃宗羲《南雷文定》前集卷八《萬充宗墓誌銘》。

㉛ 黃宗羲《南雷文定》前集卷四《答萬充宗質疑書》。

㉜ 李文胤《杲堂文續鈔》卷一《萬季野詩集序》。

㉞ 李文胤《杲堂文續鈔》卷三《送萬季野北上序》。

㉟ 黃宗羲《南雷文定》三集卷二《董在中墓誌銘》。

㊱(78) 全祖望《續甬上耆舊詩》卷九十七《董文學允璘》。

㊴ 鄭梁《寒村詩文選·雜錄》卷二《送萬貞一遊萬載序》。

㊵ 蔣學鏞《鄞志稿》卷十五《文苑傳下·萬言》。

㊶ 李文胤《杲堂文續鈔》卷二《陳太母謝太夫人七十壽讌序》。

㊷ 黃宗羲《南雷文案》卷二《陳夔獻偶刻詩文序》。

㊸ 見本書第四章。

㊹蔣學鏞《鄞志稿》卷十二《儒林傳下・陳錫嘏》。
㊺黃百家《學箕初稿》卷二《贈陳之文北上序》。
㊻黃宗羲《南雷文定》前集卷七《李杲堂先生墓誌銘》。
㊾鄭梁《寒村詩文選・五丁集》卷一《野吟集序》。
㊿黃百家《學箕初稿》卷二《復陳言揚論勾股書》。
51馮貞羣《伏跗室書目・南雷黃子留書》。
52萬斯大《學禮質疑》卷首《自序》。
53萬斯同《石園文集》卷七《與從子貞一書》。
54黃宗羲《南雷文定・凡例》。
55萬斯同《石園文集》卷首劉坊《萬季野先生行狀》。
56全祖望《鮚埼亭集》卷二十八《萬貞文先生傳》。
57李文胤《杲堂內集》卷一《古樂府・善哉行》。
58全祖望《續甬上耆舊詩》卷五十三《東洲遺老李鄴嗣》。
59全祖望《鮚埼亭集》外編卷五《明監察御史退山錢公墓石蓋文》。
60萬斯同《羣書疑辨》卷十二《讀席書傳》。
61鄭梁《寒村詩文選・五丁詩稿》卷一《告博學鴻儒者》。
62鄭梁《寒村詩文選・寒村安庸集》卷二《琴友張氏詩稿》。

㊿63 鄭梁《寒村詩文選・寒村見黃稿》卷一《送王文三之錢塘序》。

64 所引皆見黃宗羲《南雷文定》前集卷八《萬充宗墓誌銘》。

65 82 84 陸隴其《陸清獻公日記》卷八。

66 《四庫全書總目提要》四《經部・禮類二・儀禮商》。

67 梁啓超《清代學術概論》十四。

68 76 《方苞集》卷十二《萬季野墓表》。

69 《四庫全書總目提要》十四《史部・地理類二・崑崙河源考》。

70 萬斯同《宋季忠義錄》卷十一《謝翶》。

71 鄭梁《寒村詩文選・寒村見黃稿》卷一《萬季野詩稿序》。

72 鄭梁《寒村詩文選・安庸集》卷二《竹牕近體序》。

73 黃宗羲《南雷文定》四集卷一《陸鉁俟詩序》。

74 鄭梁《寒村詩文選・雜錄》卷二《徐潤友稿序》。

75 鄭梁《寒村詩文選・雜錄》卷二《萬澹庵先生七旬壽序》。

77 錢大昕《潛研堂文集》卷三十三《與友人書》。

79 全祖望《續甬上耆舊詩》卷七十七《萬布衣斯選》。

80 李文胤《杲堂文鈔》卷三《送萬公擇授經石門序》。

83 陸隴其《陸清獻公日記》卷六。

85 陸隴其《陵清獻公日記》卷四。

六　黃宗羲與甬上弟子的學術分歧

兼論蕺山之學的傳播和沒落

黃宗羲在甬越兩地創建證人書院，傳播劉宗周的蕺山之學，與甬上部分弟子發生不同程度的分歧。這一分歧反映了黃宗羲思想內在的新舊矛盾，也反映了明末清初實學思潮的演變。

黃宗羲在寧波創立證人書院時，以要求學生學習蕺山愼獨之學爲入門。康熙六年五月，甬上書院成立前一年，黃宗羲來甬，授甬上弟子以劉宗周的《聖學宗要》，宣傳愼獨之學。鄭梁在《生朝自述》中說：「天幸丁未夏，遇師甬江滸；得聞蕺山傳，不覺志氣鼓；愼獨談何易，讀書勇可賈。」①於是甬上弟子把原來的策論之會改爲「證人之會」，范光陽說：「蕺山劉忠正公之學自吾師姚江黃梨洲先生始傳於甬上，其時郡中同志之士十餘人，皆起而宗之，……於是有證人之會，月必再集，初講《聖學宗要》，即蕺山所輯《先儒粹言》也。」②

然而明末清初，浙東地區的思潮比較複雜，王陽明的姚江王學，與寧波近在咫尺，通過其弟子黃宗明及萬表傳入寧波；通過羅汝芳弟子周汝登及以後的沈國模、管宗聖、史孝咸、韓孔當等人，盛行於餘姚。而黃道周的石齋之學，又通過董守諭、林時耀等人傳至甬上。東林學派雖由於寧波人首輔沈一貫的勢力，受阻於浙東，但仍有黃尊素等人在活動。此外，作為明清時期官方哲學的程朱理學，在寧波仍居支配地位。這些思想都影響了甬上弟子。所以黃宗羲要在這些具有强烈獨立思考精神的弟子中樹立對蕺山愼獨之學的信仰，是很不容易的。而且，隨著時代的前進，甬上弟子對蕺山之學也產生了懷疑。這樣，勢必造成甬上證人書院內部師生之間的學術分歧。分歧有的順利地統一了，有的勉强地解決了，有的則口服而心不服，有的乾脆由合而離。其學術分歧情況如下：

一、蕺山之學與程朱理學的分歧

甬上證人書院初立時，受到當地程朱之徒的激烈反對，認為不利於科舉仕途。萬言曾感慨地說：

> 嗟乎！余輩何人，輒敢哆言理學，……但以人生宇宙，既覥然自號讀書，則其所當誦習，必不止時文一帙、《說約宗旨》數卷而止。而又無識輩粗涉《大全》小注一二行，便欲高談性命；偶記伊雒弟子一二代，使欲遠附支流。聖途榛蕪，殆將無日用

是。請之先生〔指黃宗羲〕，以求證其旨。……不意悠悠之口，遂以余輩欲立異同，笑訕沓興。③

他所説的立異同，指的是康熙六年甬上弟子從黃竹浦向黃宗羲求教回來後舉辦的證人講會。鄭梁在《竹中精舍記》中説：「丁未夏六月，張子梅先會同志於其所，講程子《定性書》、張子《中和説》。」④黃宗羲在《子劉子行狀》中説，劉宗周：「擇五子書之醇者解之爲《聖學宗要》：周子則《太極圖説》；程伯子則《識仁》、《定性書》；張子則東、西《銘》；朱子則《答張敬夫中和説》。」所以鄭梁所述，其實不是程朱理學，而是根據劉宗周蕺山之學的精神對上述諸書之討論。萬言的話明顯地反映出當地程朱之徒對蕺山之學抵制的情況。所以第二年黃宗羲到寧波公開創立證人書院時，有些人就不參加了。原來，甬上證人書院主要由兩個文會的成員組合而成：一是由萬氏兄弟叔侄和鄭梁、王文三、張士塤兄弟組成的「策論之會」；一是由陳赤衷、陳紫芝、陳錫嘏、陳自舜、范光陽以及董允璘、允瑫兄弟組成的澹園社。黃宗羲創辦甬上書院時，澹園社好些成員就没有參加。這些未參加者後來在甬上較有名氣的有徐勍（生卒年不詳）、左臣黃、左峴兄弟等人，如左臣黃（字紀云），全祖望説他「爲人倔强，故同社怡庭（陳錫嘏）諸公講經於梨洲而先生不豫。」⑤其實，這不是性格問題，他的弟弟左峴就向陸隴其表示過對梨洲蕺山之學的不滿，據《陸清獻公日記》，倆人：「言及寧紹間學者大抵皆宗山陰（劉宗周）。襄南（左峴字）極言仇滄柱（仇兆鰲）之非，講舉業則宗朱，講學則從梨洲，山陰之學，分作二截，此心便不可對聖賢。」左峴走後，陸隴其作如下評論：「褒南，寧人，不惑於山陰一派，可敬也」⑥。陸隴其是清初程朱學派大家，他「敬」的是左峴與他同調。由此看來，左氏兄弟對蕺山之學不感興趣。

程朱理學與蕺山之學的矛盾，還反映在證人書院內部。陳錫嘏是甬上書院中的骨幹，鄭梁說：「先生（陳錫嘏）之學始從考亭入手，返本窮原，乃契象山、陽明。及受學南雷，相與發明蕺山慎獨之旨。」⑦鄭梁所言，不完全正確。陳錫嘏之學從考亭（朱熹）入手固有之，契象山（陸九淵）、陽明發明蕺山之旨則無之。他對蕺山之學始終是有疑於心的，而且直言不諱。他說：「次年正月，萬氏兄弟（按指萬斯選、斯大、斯同）導之以往姚江，歸而爲月講《通書》、《西銘》之會（如前所述，這些都是劉宗周《聖學宗要》的內容）。予獨依回其間，恕人量己，卑之無甚高論。非敢過自汩棄，抑亦不能無疑於心。」他堅持自己的觀點，至「爲吾黨所腹非面規而終不改也。」⑧我們縱觀他的《兼山堂集》，所引多爲朱熹之言。如他在《與門人顧在瞻書》中說：

「敬」之一字，為宋儒單提口訣，後儒言「致良知」，言「慎獨」，要不能出其範圍。而朱子之論「敬」也，每曰：「道著敬，已多了一字，但略略收拾起來，便在這裡。」又曰：「他本是光明廣大，只著些子力照管他便是。」此他日所以有「嚴立功程，寬著意思」之說。而其論「戒慎恐慎」也，亦曰：「只略綽提撕。」則朱子之意可知矣。……朱子曰：「心不是死物，操存者，只於應事接物之時，事事中理，便是有處。若只兀然守在這裡，驀有事來，操的便散了，卻是舍則亡也。」⑨

他在這裡解釋程朱的「涵養須用敬，進學則在致知」的思想。對「敬」，他竟說王陽明的「致良知」、劉宗周的「慎獨」都不出程朱的範圍，可知他崇拜的是程朱而不是王陽明和劉宗周。陳錫嘏的思想不但從考亭入手，而且以後在性理之學上也從未離開過朱熹一步。他所謂心不是死物，應在應事接物時求事中之理⑩，講的雖是操存，其實也是朱熹的「理在物而用實在心」，因而「格物只是就事上理會」⑪的格物學說。對此，黃宗羲頗表不滿。他在陳錫嘏死後所作《墓誌銘》中說：

君從事於格物致知之學，於人情事勢物理上工夫不敢放過。……夫格物者，格其皆備之物，則沓來之物，不足以揜湛定之知，而百官萬務，行所無事。若待夫物來而後格之，一物有一物之理，未免於安排思索，物理、吾心，終判為二。故陽明學之而致病，君學之而致死，皆為格物之說所誤也。⑫

所謂「皆備之物」，指《孟子》所說的「萬物皆備於我」的「我」，即心。黃宗羲在這裡是以王陽明的「去其心之不正，以全其本體之正」⑬的格物說來反對朱熹的「即物而窮其理」⑭的格物說，師生之間的見解很不一致。

除了陳錫嘏外，仇滄柱（兆鰲）亦屬於甬上弟子中傾向朱學的人。但與陳錫嘏不同，他是考中進士做京官後，在清廷推崇程朱理學的官方政策下背離師說的。所以陸隴其和左峴即譏笑他：「講學業則宗朱子，講學則從梨洲，……此心便不可對聖賢。」⑮

二、蕺山之學與王學的矛盾

劉宗周的學說雖上承湛若水（一四六六—一五六〇）、許孚遠（一五三八—一六〇四），但深受王學的影響。黃宗羲概括劉宗周思想演變的過程說：「蓋先生於新建之學凡三變：始而疑，中而信，終而辨難不遺餘力，而新建之旨復顯。」⑯對王學的疑、信、難、顯，說明蕺山之學並沒有擺脫王學，只是對王學加以修正。劉宗周對王學的修正，主要表現在理氣關係中的氣一元論、氣質爲本的人性論、意爲心之所存的誠意論和愼獨的道德修養論。

王學在明末浙東流傳很廣，所以甬上書院不少弟子都信仰王學。有人總結明亡原因時，認爲王學是明亡的禍根。對於此說范光陽極不以爲然。他說：「浙人之病狂者曰：『象山以狂禪而陷宋，陽明以良知而禍明。』夫陷宋者韓〔侂冑〕、賈〔似道〕之流，未聞韓賈衣鉢象山也；禍明者崔〔呈秀〕、魏〔廣微〕之徒，未聞崔魏紹述陽明也。」⑰甬上弟子中最崇拜王陽明的是董允瑫，他著有《尊道錄》一百卷。這本書與黃宗羲的《明儒學案》、《宋元學案》、萬斯同（一六三八～一七〇二）的《儒林宗派》一起，可以說是浙東學派中有關哲學史的四大著作之一，可惜失傳了。幸而尚存董允瑫的《自序》，載於《四明儒林董氏宗譜》卷十七《簿目》中，他在《自序》裡述及明朝哲學史，認爲：「宋濂、劉基，質遜於文；方子孝儒，成仁取義。迨我河汾〔按指薛瑄的河東之學〕，紹明聖學，至舜江〔姚江別稱，這裡指王陽明〕而大昌。……潛遡心源，則舜江爲宗，即河汾亦羽翼也。」他對有明學術，在啓禎兩朝前，「自河汾而下，凡得一百三十五人，刪定爲大宗者二十子，翼宗者一百十七子。」人皆立傳。這二十子中，屬陽明後學的有王畿（一四九八—一五八三）、鄒元標（一五一一—一六二四）、王艮（一四八三—一五四〇）、羅汝芳（一五一五—一五八八）、聶豹（一四八七—一五六三）、羅洪先（一五〇四—一五八三）等六人。他把陽明後學中一些所謂「無忌憚之尤者」都摒於有明學統之外。他說：「若乃方湛一、鄧豁渠、林兆恩、梁汝元、胡清虛、顏山農、李贄之流，竊靈自映，放言蕩恣，此正所謂無忌憚之尤者。唯林兆恩語多執中，然意主虛無，亦所不錄。」

董允瑫對有明學術的這種觀點，與劉宗周、黃宗羲不同。首先，他對方孝孺評價不高，可是劉宗周卻評爲：「以方文正孝孺從宋潛溪得金華何、王、金、許之脈，有明理學，當爲第一。」⑱其次，他對王陽明評價極高，可是劉宗周卻「辨難不遺餘力」。再次，他把劉宗周與東林黨人和黃道周並列，說他們「性體文章，躬行忠孝，旨讀書之后稷，有學術之霍光。」而黃宗羲卻對劉宗周評價極高，說蕺山之學爲「有宋以來所未有」。⑲第四，他推崇明末清初成爲衆矢之的的王畿，說他「含貽和其天倪」，列爲明學大宗之一。可是劉宗周對王畿大不以爲然，說他「直把良知作佛性看，懸空期個悟，終成玩弄光景」，是「孤負一生，無處根基」，並且是對王學的「操戈入室」⑳。最後，正如全祖望（一七〇五—一七五五）所說的：「先生（董允瑫）所取舍，亦與梨洲有不同者。梨洲於鄧豁渠、顏山農、林三教（即林兆恩）輩雖不甚許，然皆有取於其言；先生則力斥之，以爲無忌憚之尤。」㉑上述差異實質上是王學信奉者與王學修正者之間的差異。董允瑫在《自序》中說他讀過「明朝諸儒語錄」，並說：「明之舜江，宋之濂溪也」，是「聖學中興之聖」。黃宗羲在《董在中墓誌銘》中亦說他「併當於諸儒之語錄，其會心在《傳習錄》。」可知黃宗羲看到過《尊道錄》，不過師生之間並沒有因分歧而引起辨難。

但是，被稱爲甬上證人書院中「兩董雍雍」的另一董——董允璘，卻公開致書黃宗羲，以王學的正統觀點來詰難劉宗周對王陽明誠意說的改造。黃宗羲說：「其（按指董允璘）學從陽明入手，已讀先師《學言》，句磨字拆，辨同異，作《劉子質疑》寄余。」㉒《劉子質疑》已佚，其「大意主陽明教法四句，以先師破『意已發』之說，與陽明『有善有惡意之動』不能相合。」㉓

所謂陽明教法四句，是指王陽明在天泉證道中說的：「無善無惡是心之體，有善有惡是意之動。知善知惡是良知，爲善去惡是格物。」劉宗周不同意這四句教，認爲與《大學》的本旨相抵觸，因爲《大學》三綱領只講「止於至善」，沒有講「惡」，「則惡從何來？」㉔因此，八目中的意，應該是有善而無惡的。可是王陽明卻說「有善有惡是意之動」。劉氏責問，意雜善惡，則誠意有可能誠其善，也可能誠其惡；誠其有善，「固可以爲君子」。若誠其有惡，「豈不斷然爲小人？」㉕劉宗周認爲王陽明的錯誤在於把「意」字認壞了。把「意」認作「念」，念才是有善有惡的。爲了糾正這一錯誤，劉氏把王陽明所說的「心之所發」的「意」，從工夫上升爲本體：「心之主宰曰『意』，故意爲心本。」㉖以至善的意來主宰心。所以董允璘認爲王劉兩人的解釋有矛盾。

黃宗羲在回答中用王陽明的「良知是未發之中」的命題來調和王劉的觀點，並用以回答董允璘的質疑。他認爲董允璘沒有認識到王陽明學說的「宗旨所在」，王陽明學說的宗旨並不是四句教，四句教確有內在矛盾和弊端。但王陽明說過，「良知是未發之中」，這個良知就是意，「則明言意是未發」。他又來一個反論證：「不然，意既動，有善有惡已發者也，即知亦是已發，如之何知獨未發？」他從而得出這樣的結論：「然則先師『意爲心之所存』，與陽明『良知是未發之中』，其宗旨相印合也。」㉗黃宗羲後來在《董吳仲墓誌銘》中對他這一解釋作如下概括：「余謂先師之『意』，即陽明之『良知』；先師之『誠意』，即陽明之『致良知』，陽明不曰『良知是未發之中』乎？又何疑於先師之言意非已發乎？」

董允璘終於被說服了。據全祖望說，後來他「有見於王氏劉氏合一之說，以爲愼獨即是致知。……又曰：『意即獨也，獨即幾也。』……梨洲述其師說，以意爲心之所存，世多未達，先生爲解之曰：『存固存，而發亦存也。』㉘他甚至自署爲「蕺山學者」。

三、蕺山之學與潘平格求仁之學的矛盾

甬上弟子堅信蕺山之學的自然也有人在，如李文胤明確地說：「孟子既沒，千餘年而有宋諸大儒起。後三百年而有陽明子，復百餘年而有子劉子。先生（按指黃宗羲）少侍教於劉門，得傳其學。……更三十餘年，而乃與吾黨二三子重論其學，而子劉子遺書亦以次漸出，使吾道復顯於世。」㉙不過，他的興趣在於文學，而不在性理之學。在性理之學上追隨黃宗義的是萬斯選（一六二九—一六九四），他讀了黃氏的有關著作後，「證以蕺山意爲心之主宰而愈信」，並「相視莫逆，以爲聖人復起，不易吾言。」㉚黃宗羲把自己與萬斯選的關係，比作王陽明與徐愛（一四八七—一五一七）。

然而，就在甬上證人書院成立的第二年，蕺山之學受到嚴重的挑戰，這就是潘平格求仁哲學的傳入。潘平格（一六一〇—一六七七），字用微，寧波慈谿人。他的哲學以求仁爲宗，以格通人我釋格物，並對宋明理學的理學、心學兩大派都予以激烈攻擊，指責他們都是孔廟兩廡中的一羣僧道。他是清初反理學的先驅者之一。康熙八年，他從江蘇崑山回慈谿老家，東至寧波，西至紹興，親自宣傳自己的學說，因而與黃宗羲發生激烈的衝突。他首先把甬上書院中的同鄉顏曰彬拉了過去。顏曰彬在《求仁錄輯要》的《後記》中說：「及己酉歲（康

熙八年〕，與先生〔按指潘平格〕會於證人書院，始讀其書，眞性勃發，舉十餘年來之疑而未信者，一旦豁然有會，遂北面執弟子禮焉。」他後來成了潘氏的高足。甬上證人書院主要組織者陳夔獻爲了維護證人書院內部的團結，出而與潘平格辯論。黃宗羲在《陳夔獻墓誌銘》中說：「當講會初立，郡中所未見，舌舉口張，夔獻握拳欲毆。其人惶恐避去，不敢同盤而食。」這可能是指顏曰彬。接著又說：「有以格物之說自誇獨得，歷詆宋明諸儒，千里來見，夔獻貫宗勾極，亦折其角而去。」這顯然是指潘平格。萬斯選站在陳夔獻一邊，黃宗義在《萬公擇墓誌銘》中說：「有以講學自命者，諸儒無不受其彈駁，衆皆惑之。公擇曰：『誠使彈駁皆是也，而獨不彈駁燒金關節，身與之乎？』」

「衆皆惑之」一句說明甬上書院除顏曰彬外，尚有不少人受其影響。首先，黃氏最得意的弟子萬斯同「聞四明有潘先生者曰：『朱子道，陸子禪。』怪之，往詰其說，有據。」㉛他還從潘氏處把潘氏的著作帶回來。康熙十二年，被他的學友毛勍（字文强，又字孝章，生卒年不詳）看到了。毛勍的思想完全被潘氏俘虜過去，於是在甬上書院內部爆發了一場前所未有的衝突。據萬斯同說：「同學因轟言余畔黃先生，先生亦怒。予謝曰：『請以往不談學，專窮經史。』」㉜毛勍心裡更不服，他在《潘先生小傳》中說：「余小受學於南雷黃先生，學蕺山劉子之學。癸丑〔康熙十二年〕歲，館於寧城，因萬季野得先生書數帙，一見而嗜之。同志皆非余，余信之益篤。」㉝甬上書院另一重要弟子鄭梁似乎亦同情潘平格。他的兒子鄭性那時年紀很小，據他後來回憶：「余幼聞先子，稱其〔指潘平格〕學甚貫穿。」㉞鄭梁看來亦被「惑」了。這一來，造成甬上書院弟子思想極度混亂。黃宗羲不得不出而干涉了。他一面寫信給紹興證人書院另一發起者姜希轍；一面又有《與友人論學書》給萬斯同，㉟全面駁斥了潘氏學說。

關於潘平格的思想，我在《論潘平格的求仁哲學》（見「朱子學刊」一九九一年第二輯）一文中已有所分析，這裡不贅言。這裡只簡單地指出：

一、潘平格以「格通人我」釋格物，既反對朱熹的「窮至事物之理」，也反對王陽明的「正事之不正以歸於正」的解釋。他認爲「未有捨家國天下見在事使交從之實地，而懸空致我一體之知者。」㊱所以他提倡「堯、舜、禹、湯、武之憂，於吾身親任之。」㊲可是黃宗羲卻批評他：「使舉一世之人，捨其時位，而皆汲汲皇皇以治平爲事，又何異於中風狂走。」㊳這使人想起了泰州學派創始人王艮初見王陽明時，王陽明以「君子思不出其位」來責難他的事。黃氏這種說法與他同時代顧炎武所說「天下興亡，匹夫有責」的論點相比，是大大不如了；也與自己抗清時那種「瀕於十死」的行動相矛盾。這只能說，他對潘平格極其意氣用事。

二、潘平格批評朱羽陸釋，指出程朱理學一些重要命題，如「理在先」、「理氣合而成性」、「性即理」等說，都源於老莊。他不是憑空指責而是據理分析的。至於王陽明所說的「致知在正事」，他認爲表面上看起來與佛氏的「空」觀不同。然大乘圓教（華嚴宗、天臺宗）的「事理不二，色心互融」的論點，也「未嘗離理去事」㊴因此王學與佛學是一致的。

他的分析確有不夠精密和不妥之處，但有一定的道理。至於黃宗羲批評他「滅氣」，這是對的。潘氏學說基本上是一種道德倫理學說，不談天道；而黃宗羲根據蕺山學說，認爲世界的統一性在於物質性（氣），而理是氣之理。在宇宙觀上，比潘平格站得高。

三、潘平格還批評朱學和王學的道德修養方法。他認爲體用不可分，而用就是「力行」，致知的「致」即力行。他所謂的力行，就是齊家、治國、平天下，「若不足以該齊、治、平，則不可謂之修、正、誠。」㊵否則，這種修身、正心、誠意的道德修養，「要不過腔子中照攝而已。」㊶他又說，理學家所說的「敬」，也應該是行，「篤行即是主敬」。㊷一句話，潘氏認爲應該在實踐中來修養自己的道德，反對理學家提倡的「提省、照管、操持、涵養工夫」和「喜靜坐爲立體工夫」㊸。他的這一觀點是正確的。可是黃宗羲卻提倡主靜，批評他「滅體」。這是錯誤的。

黃宗羲給萬斯同的信措辭嚴厲，萬斯同、毛勍被壓服了，但心裡不服。萬斯同幾十年來仍未能忘情於潘氏之學，直到康熙四十年他六十四歲在北京看到李塨《大學辨業》時，才感到潘氏的「格通人我」的思想也未從事於實地，轉而傾向顏李學派以三物（六德、六行、六藝）釋物，以學習六藝爲格物的學說。他在《大學辨業序》中把程朱的格物窮理說、王陽明的格物正事說和潘平格的格通人我說，統統稱之爲：「雖析之極精，終無當於《大學》之正訓，非失之泛濫，則失於淩躐。」㊹至於毛勍，在黃氏卒後，又於顏日彬處看到潘氏遺書，「因寫副本一冊，攜入都門。冀得一二有志之士，明先生之學，繼往開來，以大明其道。」㊺儼然以潘氏之學的繼承和傳播者自居了。而黃宗羲的門生鄭性，曾建二老閣以祀黃宗羲，整理出版黃氏著作，原是黃氏的信從者。康熙五十六年，他認識毛劭後，立即爲潘氏思想所征服，對幾十年前黃宗羲壓制潘氏思想的傳播表示不滿。他說：「道者，天下之所公，非一人之所私。……潘子之書出，人多詆之爲有用無體。夫木之生也，枝葉由根本，未有有其用而無其體者也。」㊻顯然是對黃宗羲《與友人論學書》的批評。他亦成爲潘氏思想的積極傳播者，與毛劭共同刊印《求仁錄輯要》。他西遊嵩華，北遊燕京，攜帶此書數十部，至蘇州、崑山、京都等地，到處贈人。

劉宗周的蕺山之學在甬上證人書院經歷了疑——信——衰的過程，這說明了甚麼問題呢？

明末交織著兩股時代思潮，一股是由陽明後學强調見在良知的王畿和王艮一派的思想而發展的以思想和個性解放爲特點的人文主義思潮，一股是從王學强調事上磨煉一派與東林學派相結合而形成的以經世爲特點的實學思潮。劉宗周的蕺山之學是明末實學思潮在哲學上發展的頂峯。明末的實學思潮，除自然科學外，主要表現在明道致用上。所謂明道，指在爲學宗旨上主張「學與世爲體」；在性理之學上趨向唯物主義的氣一元論；在道德修養上强調踐履。所謂致用，指對現實政治的態度：崇尚氣節，是他們的政治道德：「裁量人物，訾議國政」，是他們的政治批評。從總體上說，他們已具有反理學的傾向，但未完全擺脫理學的樊籬。

到了清初，政治道德轉而爲民族氣節，政治批評轉而爲《留書》、《明夷待訪錄》、《黃書》等總結明亡教訓的政論之作。然而，在清廷的高壓統治下，公開提倡民族氣節，無論在政治實踐或在政論之作中，都是不可能的。因此，黃宗羲企圖通過蕺山的慎獨之學，從明道上嚴格要求證人弟子。當時蕺山之書初出，除《聖學宗要》外，僅有《人譜》一書。此書扼要闡述了劉氏「證人」之學的宗旨，其《證人要旨》第一節《凜閒居以體獨》中說：

> 學以學為人，則必證其所以為人。證其所以為人，證其所以為心而已。自昔孔門相傳心法，一則曰慎獨，再則曰慎獨。夫人心有獨體焉，即天命之性，而率性之道所從出也。

他所說的率性之道指的是甚麼？該書第四節《敦大倫以凝道》中說：「人生七尺，墜地後便爲五大倫關切之身，而所性之理，與之一齊俱到。」他認爲父子有親，君臣有義，長幼有序，夫婦有別，朋友有信，「此五者天下之達道也，率性之謂道是也。」由此可見，劉宗周的「道」，已把宋明理學家高談性天的形而上的道，落實於人的基本社會關係即倫常之中。黃宗羲提倡蕺山的證人之學，對其師的「道」又作了一番解釋而使之含有新的時代內容。他說：

余以為孔子之道，非一家之學也，非一世之學也。……世治，則巷吏門兒，莫不知仁義之為美，無一物之不得其生，不遂其性。世亂，則學士大夫，風節凜然，必不肯以刀鋸鼎鑊，損立身之清格。㊼

黃氏闡釋的「道」含有三層內容，這裡所說的是「仁義」和「風節」，此外還有「事功」。㊽道之體爲仁義，道之用爲風節事功。他在證人書院講學時，强調的是仁義和風節，這兩者又可合稱爲「名節」。作者在《黃宗羲與呂留良爭論的實質及其思想根源——兼論胡翰十二運對黃氏的影響》一文中㊾，曾分析了黃氏創辦甬上證人書院的思想狀況。黃宗羲把滿清入主中原，看作漢族固有的封建文化的毀滅，並爲「夷狄」野蠻的原始文化所代替。他又根據胡翰的十二運推算，得出二十年後孔子之道，即《留書》所說的「夫三綱五常，中國之道」，行將復興，然必須面對滿清貴族長達二十年的統治。他據「要荒之人而後聖有作，亦未必不如魯衛之士」㊿的觀點，以「後聖」自許，企圖在「夷狄」統治的二十年中，盡量挽救「中國之道」。這是他創辦證人書院的動機，所以他並不反對弟子出而應舉，以便在夷狄統治中保持和傳播「中國之道」，即高級的漢文化。所以，他以劉宗周的證人之道，作爲弟子的入門必修課。黃氏對道的闡釋，含有民族氣節的意義。劉宗周在清兵入杭州後，絕食而死，遺言其弟子舉旗抗清。黃宗羲在順治初年進行抗清活動，在康熙初年政局大定後拒不仕清，可以說在實踐其師的遺言；他對道的闡釋，又含有要求弟子在與清廷合作中，嚴守中國倫常道德的意義。應該說，蕺山的證人之道和黃氏對道所作的闡釋，爲其甬上弟子所信服。他們多以名節立身，如萬氏兄弟（斯選、斯大、斯備、斯同）和李文胤，都不仕新朝，保持民族氣節；而萬言、陳赤衷、陳紫芝、范光陽等雖出而仕清，然皆以道德自律。范光陽曾說，甬上弟子相與從黃宗羲講學，「以求爲聖賢之徒」㉛，因此他們不惜觸犯權貴；萬言因修明史拒請託，被外放五河，幾被制於死地；陳紫芝敢於彈劾權要，終被明珠毒死；陳赤衷作《貞女篇》，不爲掌權者拉攏，在窮困中老死京邸。他們都可以說是因爲受到蕺山證人之道的薰陶才有這樣的結果。

至於致用，在黃宗羲對清廷採取「太平有策莫輕題」㉜的態度下，只能通過「經術所以經世」㉝的途徑。蕺山之學原來就有經學部分，黃氏又企圖通過經學來傳播蕺山之學。他在甬越兩地作了分工：紹興證人書院以愼獨之學爲內容；甬上證人書院以經學爲主，對愼獨之學則僅作一般要求。但是甬上書院中的經學已不再是劉宗周的經學，而是爲了經世而大大發展了。

黃宗羲爲甚麼要提倡經學？首先，他認爲明末王學的流弊造成了道德敗壞。但性理之學原本於經學，所以必須探求經書的眞正含義，才能糾正性理之學的偏差。李文胤曾說：「先生（黃宗羲）嘗嘆末世經學不明，以致人心日晦，從此文章學業俱不能一歸於正。」㉞又說：「黃先生教人必先通經，使學者從六藝以聞道，嘗曰：『人不通經，則立身不能爲君子。』㉟黃宗羲雖沒有像顧炎武那樣得出「經學即理學」那樣明確的結論，但他意識到應從六經中求道；其次，黃氏又認爲，明末空談性理，學風上淪於空疏淺薄，他試圖用治經來克服這種不良風氣。正如全祖望指出的：「公謂明人講學，襲語錄之糟粕，不以六經爲根柢，束書而從事於遊談，故受業者必先窮經。」[56]最後，黃氏看到明末政治腐敗，企圖用經學來探求上古的政治制度，以作借鑒，曾說：「六經皆先王之法也。……故曰：『不以三代之治爲治者，皆苟焉而已。』」[57]萬斯大研究經學就是以此爲目的。他在《學禮質疑．序》中說，他研究經學，「見其血脈貫通，帝王制度約略可考，用因所得」而著《學禮質疑》。也就是說，他是企圖通過經學來探求三代「帝王制度」的。而所謂「質疑」，據他自己說，是「質之於吾師梨洲先生」，說明黃宗羲是讚賞和支持他的研究目的的。

總之，黃宗羲提倡經學，既與從事注疏的漢學不同，又與「說經之書，亦多空衍義理，橫發議論」[58]的宋學不同，也與後來專門考據的乾嘉專門漢學不同。這種經學的轉變，其實從王陽明時代已萌芽了。王陽明曾經批評當時經學有「亂經」、「侮經」、「賊經」之失。[59]與他同時代的羅欽順也指出：「故學者而不取證於經書，一切師心自用，未有不自誤者也。」[60]他們開啓了東林學派「尊經」[61]和復社「復興古學」[62]重視經學的風氣，歸有光、錢謙益等人又進一步提倡。至清初，則明確地把經學和經世聯繫起來，成爲清初經學的一大特徵。所以黃宗羲的經學，其目的爲了經世，其特點是探求禮制，其出發點是試圖總結明亡的教訓。

當然，探求古代政治制度以爲今用，單求之於三代是不夠的，需要史學來作證明和補充。「經術所以經世，方不爲迂儒之學，故兼令讀史。」㊿萬斯同曾說：「夫吾之所爲經世者，非因時補救，如今所謂經濟云爾也。將盡取古今經國之大猷，而一一詳究其始末，斟酌其確當，定爲一代之規模。使今日坐而言者，他日可以作而行耳。」㊿這樣，從經世的經學，轉向經世的史學。然而經史之學還需要文來表達，才能擴大影響，傳之他日。這樣，甬上弟子又從事於文學。李文胤曾經就經、史、文三者的關係說：

堯舜三代以來，君臣盛德大業，俱載之於言，得以垂教於萬世。後起者將從事於斯文，必本諸六經，折衷於夫子，而始得與於文章之事。故必先之以經學，是為載道之言；次之以史學，是為載事之言。夫道與事皆藉吾言而得傳，則惟其辭之修，言之有文，若雲漢昭回，爛然可見，而後足傳於後世。㊿

這樣，甬上證人書院的學習內容就大大擴大了。以經學爲主，包括了哲學、史學、文學，以至於「天文、地理、六書、九章，至遠西測量推步之學。」㊿而哲學，即蕺山的性理之學，已不佔主要地位了。這與紹興書院局限於性理之學完全不同。甬上書院學習內容的這一轉變，是中國思想史和教育史上前所未有的，因此，一度爲寧波士子所驚怪訕笑。黃百家回憶說，那時甬上的「士不古若者，非以專心實學爲有妨於進取哉！其始爲說者曰：『苟得富貴，不必迂其途也。趨時逢世，自有捷徑。名成而學，未爲晚也。』其繼之者曰：『志圖進取，不必以實學也。』……一人倡之，萬人和之。……其有奮心篤志窮經學古者，鄉里之人羣轟然而笑之。」[67]但是，這恰恰是甬上這些「英偉高明」的弟子追隨他的主要原因。李文胤說，黃氏「上窮六經之源，下泛百氏之海，採二十一史之林，旁獵方技諸家之圃，使吾黨共折衷於先生足以自信，如天樞而望北，望天梁而知南也。」[68]這也就是爲甚麼陳錫嘏對蕺山之學公開表示不滿而不離去的原因。

問題是，黃宗羲並沒有意識到這一做法已使「前此講堂錮疾，爲之一變」，[69]在書院中開創了新的學風，即從明末以性理道德之學爲主的明道致用的實學思潮（徐光啓等人的質測之學尚未正式列入書院的研究課題），發展到以經史之學和質測之學爲重要內容的經世致用的實學思潮；而性理之學，也已從對理學的修正，發展到對理學的批判。可是，從黃宗羲看來，無論在紹興還是在寧波，兩地書院都在繼承劉宗周的蕺山之學。因此，就其經史質測之學來說，他一隻腳已跨入了新的時代；就其蕺山慎獨之學來說，他另一隻腳仍停留在過去。劉宗周的慎獨宗旨，決定其道德修養的方法是「靜存之外無動察」[70]，黃宗羲把這種靜修方法保存下來，他說：「學者從喘汗中焉能下手？且從閒居以證其心。」[71]李文胤解釋說：「一日喘汗，自當以一日靜坐復之。」[72]而黃氏在哲學上的高足萬斯選，「生平教人以靜坐，曰：『爲學全在靜中得力。』」[73]但這種靜坐方法，鄭梁就感到懷疑，他寫信給黃宗羲說：

子劉子《人譜》之教下學也，以朱子半日讀書、半日靜坐為工夫入手處。……梁非

> 敢謂能靜坐也，然近又嘗試靜坐矣。靜坐之中非獨求靜而愈動也，即此凝然中處之時，而以心照心，耳有所不聞，目有所不見，固已頑空無用矣。夫待靜而始存者，未有不遇動而放！聖賢應物成務之學，固如是乎？[74]

顯然，這種道德修養方法與潘平格相比是落後了，也與黃氏的經世主張不相配合。難怪甬上弟子爲潘平格學說所吸引，對蕺山之學由信而疑而離了。到了康熙末年，萬斯同接受了顏李之學，毛勍、鄭性接受了潘平格之學，後者又成爲李顒的信從者。直到乾隆初年，黃宗羲的私淑弟子全祖望在談及黃氏與陳錫嘏關於格物說的分歧時，也不贊成黃氏的觀點。他說：「然先生（按指陳錫嘏）於梨洲格物之說，亦頗不盡同。梨洲欲鑄先生就之，而卒未能也。……梨洲《銘》之謂其以格物過勞致之，……惜其未能轉手。此即陽明格亭前竹子七日成病之說，不足以詘先生。果若其言，則凡爲陽明之學者皆長年矣。」[75]他說了一句很中肯的話，說黃宗羲的學術毛病之一是：「不免以正誼明道之餘技，猶留連於枝葉。」[76]主要是留連於蕺山之學的枝葉。這些都說明蕺山之學雖由黃宗羲而得傳播，但在黃氏弟子一代，已產生懷疑，逐漸失去了影響。

注釋

① 鄭梁《寒村詩文選．五丁詩稿》卷一。

②范光陽《雙雲堂文稿》卷三《張有斯五十壽序》。
③萬言《管村文鈔》卷一《鄭禹梅制義序》。
④鄭梁《寒村詩文選・雜錄》，卷二。
⑤《續甬上耆舊詩》卷九十《左教諭臣黃》。
⑥《陸清獻公日記》卷四。
⑦鄭梁《寒村詩文選・寒村安庸集》卷一《怡廷陳先生行狀》。
⑧陳錫嘏《兼山堂集》卷四《陳母謝太君六十壽序》。
⑨陳錫嘏《兼山堂集》，卷三。
⑩此言見《朱子語類》卷五十九。
⑪見《朱子語類》，卷十八及卷十五。
⑫黃宗羲《南雷文定》後集卷三。
⑬《陽明全書》卷一《傳習錄》，卷上。
⑭朱熹《大學章句》。
⑮陸隴其《陸清獻公日記》卷四。
⑯黃宗羲《子劉子行狀》。
⑰范光陽《雙雲堂文稿》卷三《送畢公權還淄川序》。
⑱黃宗羲《子劉子行狀》。

⑲黃宗羲《明儒學案・蕺山學案》。
⑳皆見《明儒學案・師說・王龍谿畿》。
㉑全祖望《續甬上耆舊詩》卷九十五《董孝廉允珆》。
㉒㉓黃宗羲《南雷文定》三集卷二《董吳仲墓誌銘》。
㉔劉宗周《劉子全書》卷八《良知說》。
㉕㉖劉宗周《劉子全書》卷十二《學言下》。
㉗所引皆見《南雷文案》卷三《答董吳仲論學書》。
㉘全祖望《續甬上耆舊詩》卷九十七《董文學允璘》。
㉙李文胤《杲堂文鈔》卷三《黃先生六十序》。
㉚黃宗羲《南雷文定》五集卷三《萬公擇墓誌銘》。
㉛㉜李𡎚《恕谷後集》卷六《萬季野小傳》。
㉝潘平格《求仁錄輯要》卷首毛劾《潘先生小傳》。
㉞潘平格《求仁錄輯要》卷首《潘子求仁錄序》。
㉟黃宗羲《南雷文案》，卷三。此篇「友人」未明言爲萬斯同。據《鮚埼亭集》卷二十一《五嶽遊人穿中柱文》：「南雷最斥潘氏用微之學，嘗有書爲萬徵君季野駁之，凡數千言。」可知此篇所指友人爲萬斯同。
㊱潘平格《求仁錄輯要・辨清學脈上》。

㊲ 潘平格《求仁錄輯要・致知格物》。

㊳㊴ 黃宗羲《南雷文案》卷三《與友人論學書》。

㊵㊶ 潘平格《求仁錄輯要・辨清學脈上》。

㊷㊸ 潘平格《求仁錄輯要・辨清學脈下》。

㊹ 萬斯同《石園文集》，卷七。

㊺ 潘平格《求仁錄輯要》卷首毛勍《潘先生傳》。

㊻ 潘平格《求仁錄輯要》卷首鄭性《潘子求仁錄序》。

㊼ 黃宗羲《南雷文定》四集卷四《破邪論・從祀》。

㊽ 黃宗羲《南雷文定》三集卷一《餘姚縣重修儒學記》云：「道，一而已。修於身則爲道德，形於言則爲藝文，見於用則爲事功名節。」

㊾ 載《寧波大學學報》，一九八八年第一期，頁五九。見本書第八章。

㊿ 黃宗羲《留書・文質》。

51 范光陽《雙雲堂文稿》卷一《答王文三書》。

52 黃宗羲《南雷詩歷・送萬季野貞一北上》。

53 全祖望《鮚埼亭集》卷十一《梨洲先生神道碑文》。

54 李文胤《杲堂文鈔》卷三《送范國雯北行序》。

55 李文胤《杲堂文鈔》卷三《送萬充宗授經西陵序》。

(56) 全祖望《鮚埼亭集》卷十一《梨洲先生神道碑文》。

(57) 《黃宗羲全集》（第一册）《孟子師說》卷四《離婁章》。

(58) 皮錫瑞《經學歷史．經學積衰時代》。

(59) 《陽明全書》卷之七《稽山書院尊經閣記》。

(60) 羅欽順《困知記》，卷二。

(61) 顧憲成《東林會約》。

(62) 陸世儀《復社紀略》。

(63) 全祖望《鮚埼亭集》卷十一《梨洲先生神道碑文》。

(64) 萬斯同《石園文集》卷七《與從子貞一書》。

(65) 李文胤《杲堂文鈔》卷四《上梨洲先生書》。

(66) 萬經《寒村七十壽序》。

(67) 黃百家《學箕初稿》卷一《范國雯制藝稿序》。

(68) 李文胤《杲堂文鈔》卷三《黃先生六十序》

(69) 全祖望《鮚埼亭集》外編卷十六《甬上證人書院記》。

(70) 黃宗羲《子劉子行狀》。

(71)(72) 轉引自《杲堂文鈔》卷三《送萬公擇授經石門序》。

(73) 全祖望《續甬上耆舊詩》卷七十七《萬布衣斯選》。

⑭ 鄭梁《寒村詩文選・寒村雜錄》卷二《上黃先生書》。

⑮ 全祖望《續甬上耆舊詩》卷九十六《陳編修錫嘏》。

⑯ 全祖望《鮚埼亭集外編》卷四十四《答諸生問南雷學術帖子》。

七　黃宗羲與文昌社

明末，結社之風盛行，黃宗羲年輕時相繼參加了江南地區的復社、杭州的讀書社、南京的國門廣業社，還與許元溥等約爲抄書社。此外，他與杭州的登樓社、餘姚的昌古社、石門的澄社和征書社的社員們都有聯繫。但是，他有否參加寧波的文社呢？黃炳垕的《黃梨洲先生年譜》（以下簡稱《年譜》）没有提到。我們在黃宗羲的文集内，卻隱約可以看出他參加了寧波慈溪的一個文社。在《劉瑞當先生墓誌銘》中，他説：

崇禎間，吳中創為復社以網羅天下之士，高才宿學，多出其間，主之者張受先、張天如。東浙馮留仙、鄴仙與之枹鼓相應，皆喜容接後進，標榜聲價……當是時，慈水才彥霧會：姜耑愚、劉瑞當、馮玄度、馮正則、馮簟溪諸子，莫不為物望所歸。而又引旁近縣以自助，甬上則陸文虎、萬履安，姚江則余兄弟晦木、澤望。蓋無月無四方之客，亦無會不諸子相征逐也，嗚呼，盛矣！①

此外，黃宗羲在《戶部貴州清吏司主事兼經筵日講官次公董公墓誌銘》中也談到有一個「浙東同社」②，說明寧波當時確有一個文社。全祖望《續甬上耆舊詩》卷五十九《董隱君德偕》中說：「慈水二馮主盟復社，鄞、慈、姚三縣後起爭應之。其一門兄弟羣從齊名者，首推馮氏，次推黃氏，而董氏則先生兄弟三人。」這樣，甬上除陸、萬外，尚有董守諭、董德偕、董德偁三兄弟。而這一文社，又是復社的分社。

文社的主盟人是慈溪的馮元颺（號留仙，後任天津巡撫，右僉都御史）和馮元飆（號鄴仙，後任兵部尚書，《明史》皆有傳）兄弟，但他們不久都做了官，由劉應期（瑞當）主持盟事，「友朋高會，瑞當恆坐席端」③。黃宗會《縮齋文集·劉瑞當先生存稿序》亦說：「先生患其邑之風氣日趨而儉陋也，乃帥二、三同志之賢者，與其里黨慕義之彥，緣經術以飾時文。」④由於這一文社是復社的分社，所以全祖望把寧波參加文社的萬泰、陸文虎、董守諭、董德偁四個孝廉，稱爲「東林四先生」⑤，把主持文社的二馮稱爲「東林之巨子」⑥。他所說的東林，就是復社。

這一文社的名稱是什麼呢？黃宗羲和全祖望的文章都沒有提到，作者最近翻閱《四明儒林董氏宗譜》（董秉純編，乾隆三十四年崇本堂本）卷十三，從二馮的從弟馮元飀所作的《勾章同學祭銘存先生（即董德偁——作者）文》中找到了答案，知道這個文社名爲文昌社，成立於崇禎壬申五年。文中說：

自吾黨文昌社興，而同鄉人士丕然一變，初知所謂東林之學，以故其時識與不識於吾黨，必措而目之曰東林、東林云。文昌社者，中丞（指馮元颺——作者）兩先生……實主是盟。當是時，鄞有陸、萬兩子，次公、碩客、天鑒、杲季，吾邑則瑞當、家正則、玄度兄弟羣從，益以姚江黃子三人，鳴鼓豎幟，江以南一時懷抱忠孝讀書有志之士，咸樂趨歸恐後，嘻嘻，盛矣！⑦

從上述幾篇文章中我們可以看到，文昌社成員有餘姚黃氏兄弟三人，寧波陸、萬和董氏兄弟三人，慈溪劉、姜和馮氏兄弟子侄五人，共約十五人左右。

文昌社與黃宗羲所參加的其他文社相比，聲望似較低，但對黃宗羲一生的影響卻很大，這是因爲：

第一，文昌社成員學文又學道，給他的氣節觀和學術思想帶來不可忽視的影響。明末的其他文社，雖也標榜風節，但以鑽研時文爲主。文昌社雖沒有脫離明末社局這一風氣，但他們卻是明末重要思想家劉宗周和黃道周的學生，全祖望說：「吾鄉爲黨論所厄，不與東林聲息相接。四先生者出，夾輔慈水二馮而聯絡之，有疏導之功焉。其師傳或宗蕺山，或宗石齋，皆正學也。」⑧其中黃氏兄弟、劉應期，陸符（文虎）、萬泰（履安）是劉宗周的學生，董氏兄弟則是黃道周的學生，而馮京第（即馮簟溪），「內承二父（即馮元颺、元飆兄弟）之教，出則師事蕺山、漳浦兩先生，退而與復社諸名士上下其議論」⑨，既師事劉宗周，又師事黃道周。因此他們不像其他文社那樣，「本領脆薄，學術龐雜」⑩，使他們的氣節觀有堅實的思想基礎。

浙東地區在明晚期受到反對東林的浙黨和閹黨的影響很深，如浙黨首領大學士沈一貫就是寧波人，崇禎時列入逆案的右都御史姚宗文、右僉都御史劉志選是慈溪人，太僕寺少卿盧承欽是餘姚人，陳朝輔是寧波人。文昌社諸子在思想和行動上對之進行了抵制和鬥爭，在扭轉風氣上起了重要作用。高斗魁在《悔庵先生行狀》中說：

> 時瑠焰方熾，鄉里縉紳多附之。先生（指萬泰——作者）與陸符極口詆之，恥不與交。四明僻處海濱，聞見固陋，前輩鮮知崇尚風節，支派相承，訟習莫解，海內砥飭名行之士，視四明為異域而不之齒。先生慨然思一雪其恥，以移易人心為己責，與慈溪劉瑞當、姚江黃太沖先生兄弟，激揚風節，扶掖後進，孑孑乎其如恐不勝也。於是四明有志之士，能知端所趨向而不盡流於纖靡猥鄙者，先生之力也。⑪

他們與閹黨的鬥爭，主要表現在兩件事上：一次是崇禎五年爲在餘姚建築祭祀黃尊素的祠堂與閹黨餘孽爭地事，當時「馮留仙、馮鄴仙、劉瑞當、陸文虎、萬履安、馮玄度會祭祠下，其文刺我邑縉紳不復知人間有羞恥事」⑫。後來劉宗周也公開參加這一鬥爭，結果閹黨同伙，「咋舌而死」⑬，文昌社諸子取得了勝利。最著名一次是崇禎十一年在南京參加驅逐閹黨餘孽阮大鋮的鬥爭，文昌社諸子列名於《南都防亂揭》的有黃宗羲、萬泰、陸符、劉應期和馮京第。

文昌社諸子既學文又學道，爲黃宗羲以後學術上的發展產生重要影響，他們中不少人目擊時弊，通過同閹黨鬥爭，開始留心經世之學。如董德偁，「德器非常，平生意氣豁然，眉目皎皎，以綜核王霸行胸懷」⑭。他們不像其他文社，每天只讀讀高頭講章，批批八股，而開始窮經讀書。黃宗會由於博覽經書，陸符因而替他取字「澤望」，「以其窮經似先儒黃澤楚望也」⑮。董守諭繼承黃道周《三易洞璣》之學，一生畢力於治《易》。萬泰也根據自己的體會，在明亡後教育他的兒子們，讀書除「古書五經而外，宜歸本於八大家。至於《通鑑》，尤不可不看。讀書人不知古今，與聾瞶等耳」⑯。文昌社成員對黃宗羲影響最大的是陸符，他參加文昌社前，就與朋友「同結課於湖上之竹洲（在寧波城內——作者），其掩關而理者，皆王佐之業也」⑰，以致別人聽其議論，都以爲陳亮、辛棄疾復出。他早就不屑於時文，明亡後，隱居奉化白岩，一邊哭著説：「亡天下者，科舉中人也。」一邊把自己過去所作科舉文，「投之溪中，每投一頁，酹以一卮」⑱，表示與時文決裂。陸符做學問的方法，既有獨立思考精神，也有考證求實的工夫，對黃宗羲的影響很深。黃宗羲稱讚他治《易》的方法，説他「取近代理明義精之學，用漢儒博物考古之功，加以湛思，直欲另爲傳注，不墜制舉方域」⑲。這種博學、考證、湛思的方法，正是後來黃宗羲在甬上證人書院講學時教育其弟子的方法，是他開創的浙東學派在方法論上的精華。所以黃宗羲自稱「故余之學始於眉生（即沈壽民——作者），成於文虎」⑳。

還應指出，由於文昌社成員有些人是黃道周的學生，黃道周某些治學方法對黃宗羲產生了間接的影響。黃宗羲十分欽佩黃道周學問廣博，說「漳海之學如武庫，無所不備」㉑。這對黃宗羲以後在治學上涉獵較多的領域有一定影響。全祖望說他「兼通九流百家，則又軼出念臺之藩，而窺漳海之室」㉒，是頗有道理的。黃道周邃於《易》，而黃宗羲自稱「余好象數之學」㉓。抗清時，他在海島古松流水旁，布算簌簌，研究曆算，六十九歲時還傳黃道周的《三易洞璣》於許酉山，可知黃道周對他的影響不容忽視。

第二，文昌社中不少成員，在清初成爲黃宗羲抗清鬥爭的戰友，也爲他後來在甬上講學創造了條件。

文昌社諸子，除馮正則待考外，姜顓愚（名思睿）、馮玄度（名文偉）據《慈溪縣志》皆卒於崇禎末年。其倡始人二馮兄弟在明亡後，受南明弘光朝閹黨餘孽的排擠，相繼鬱鬱以歿，他們都沒有參加抗清鬥爭。董德偁、德偕兄弟，魯王監國時雖同丁艱在家，未任官職，但都破家輸餉。而董守諭、陸符、萬泰皆參加過順治二年和三年間浙東的「畫江之役」，與黃氏三兄弟是抗清中的戰友。在抗清鬥爭中與他關係最密切的應是馮京第了，馮京第抗清於山寨海槎，屢躓屢起，最後被俘，慘遭殺害。他在抗清中與黃宗羲有否共同乞師日本，歷史界至今懸爲疑案。最近吳光同志主張「乞師說」㉔，我是贊同他的意見的。我還可以從黃宗會《縮齋文集・亡弟司輿黃君權厝志》一文找到乞師說的間接證據，限於篇幅，不贅引。

畫江之役失敗後不久，陸符死去，文昌社成員中與黃宗羲過從最密的只留下了萬泰。萬泰在順治四年寧波「翻城之役」中營救抗清志士不遺餘力，後又用奇計救出被關押在寧波死牢中的黃宗炎。黃宗羲幾次到寧波，都居住在萬氏在寧波的廣濟街府第或西郊墓莊（即白雲莊）中。這時，「晚潮落日，孤篷入港」㉕，到黃竹浦窺黃氏藩籬的確只有萬泰了，兩人成了生死之交。萬泰對黃宗羲的學術思想十分傾佩，他介紹甬上遺民和自己的兒子到餘姚向黃宗羲求學，爲黃宗羲康熙七年到寧波舉辦甬上證人書院，創造了條件。

萬泰最早介紹甬上遺民到餘姚向黃宗羲求學的是高斗魁和李文胤。高斗魁字旦中，學者稱爲鼓峯先生，是甬上著名的高氏四遺民之一。順治四年「翻城之役」中，萬泰營救了他的長兄高斗樞，兩人因而相識。高斗魁在《悔庵萬先生行狀》中說：「以余之得交於先生（萬泰），在丁亥年（順治四年）。時先生病甚，余每日候於牀側。先生爲余言交友之益，如黃太沖，所當北面者也。後攜余謁黃先生於西園，歸舟問曰：『余言如何？』，黃先生亦屬意於余，先生爲之色喜也。」㉖黃宗羲在《高旦中墓誌銘》中說：「己丑，余遇之履安座上，明年，遂偕履安而來。」㉗，則黃宗羲與高斗魁的認識應在清順治六年（一六四九年）。

李文胤向黃宗羲求學亦很早。「翻城之役」中萬泰還營救了他以及他的父親李棡，兩人從而成爲莫逆，萬泰就向他介紹了黃宗羲。李文胤說自己所以獲交於黃宗羲，「蓋從故人萬悔庵先生所始得定交。悔庵即謂余，黃氏之文，今日之歐曾也。余時年少，稍學爲古文，已私心嚮慕之」㉘。又說：「（萬泰）嘗與余輩言，今日學術文章，當以姚江黃氏爲正宗，一時若余與高旦中諸人，俱得少從黃先生遊，則萬氏教之也」㉙。李文胤後來成了甬上證人書院的高足。

萬泰又介紹自己的兒子向黃宗羲求教，「先生因使諸子盡事黃先生」㉚。萬泰卒後，黃宗羲去信萬斯年，招萬氏諸子來學，萬言說：「歸城之後，梨洲先生寓札府君（指萬斯年），招家叔及不孝輩往受書，輒令徒步百里，相率從之。」㉛《年譜》提到，順治十八年，萬斯禎（誤，應爲斯備）、萬斯同和斯年的兒子萬言，皆至餘姚化安山同學。其實，萬斯同早在順治十六年就有化安山之行，黃百家《萬季野先生墓誌銘》中說：「猶憶順治己亥（十六年），先生初謁先遺獻於化安山。」㉜化安山上有雙瀑，所以那時甬上弟子稱黃宗羲爲雙瀑院院長。甬上證人書院主要成員是由兩個文社組成的，一是以萬氏子侄爲主的「文業之會」㉝，一是董允瑫、允璘和陳錫嘏、陳紫芝、陳夔獻等人組成的澹園社㉞。董氏兄弟是文昌社成員董德偁的兒子，他們繼承父教，原來是學習黃道周漳海之學的，在陳夔獻、陳錫嘏創導下，這兩個文社聯合起來，並益以鄭梁，「同爲策論之會」㉟。董氏兄弟和陳錫嘏等又在萬氏兄弟影響下，開始傾向黃宗羲提倡的蕺山之學，李文胤說得很清楚，「季野兄弟更與同研席諸人相與論黃氏之學，上溯蕺山，以爲絕學宜傳，人師難值，於是里中陳夔獻、范國雯、陳介眉諸君子俱得及姚江之門，學者蔚然一變，則又萬氏教之也。」㊱

在甬上證人書院成立前，甬上諸子在萬氏的引導下，有過一次大規模到黃竹浦向黃宗義就學的活動，萬言《懷舊詩八首爲陳怡庭（即陳錫嘏——作者）壽》的第三首詩序中說：「余叔侄以先王父（指萬泰）之舊，受業梨洲先生者有年。乙巳春，始偕同人往」，接著列舉了前往受業二十六人的姓名後又說：「信宿先生南樓而返。自是，非余輩過姚江，即先生過甬，講道論心，極一時師友之盛。」㊲這次行動萬言說是在乙巳，即康熙四年春。後來全祖望《續甬上耆舊詩．陳編修錫嘏》中也是這樣說的，黃炳垕的《年譜》也據此而定。可是陳錫嘏在《陳母謝太君六十壽序》中卻定在康熙六年丁未，他說：「蓋自丙午冬夜，予與夔獻、國雯、吳仲，宿張子心友之家，有刻燭論心之約。次年（丁未）正月，萬氏兄弟導之以往姚江，歸而爲習講《通書》、《西銘》之會。」㊳那末，究竟是在乙巳還是在丁未？我認爲丁未年是對的。甬上證人書院另一重要成員鄭梁在《跛翁（指萬斯大——作者）傳》中說：「歲丁未，偕同學十數子，執贄其門，因爲講經之會於甬上。」㊴黃宗羲自己在《陳夔獻墓誌銘》中也說：「丁未、戊申間，甬上陳夔獻倡爲講經會。」㊵講經會是在去餘姚回來後由策論之會改稱的，所以應以丁未年爲是。此外，鄭梁並未去餘姚，萬言和全祖望把他列入去餘姚的二十六人之一，那是錯誤的。但甬上諸子從餘姚回甬時，他們中有的人順道往慈溪訪問過鄭梁，鄭梁當時有《人日早起，陳夔獻、范國雯、董吳仲、萬季野、馮蓋仲謁黃先生歸，便道見過》詩，這首詩《寒村詩文選》編在丁未年，是即時之作，而萬言的《懷舊詩》是相隔幾乎二十年後的回憶之作，自然鄭梁的說法是正確的。

注釋

①②③ 黃宗羲《南雷文定》前集卷六《劉瑞當先生墓誌銘》。

④ 黃宗炎《縮齋文集・劉瑞當先生存稿序》。

⑤⑧ 全祖望《續甬上耆舊詩》卷二十《董戶部守諭》。

⑥⑨ 全祖望《續甬上耆舊詩》卷十二《馮侍郎京第》。

⑦⑭ 董秉純《四明儒林董氏宗譜》卷十三馮元飂《勾章同學祭銘存先生文》。

⑩⑳ 黃宗羲《南雷文定》後集卷三《陳夔獻墓誌銘》。

⑪㉖ 萬斯大萬經輯《濠梁萬氏宗譜》卷六高斗魁《悔庵先生行狀》。

⑫⑬ 黃宗羲《南雷文定》後集卷一《重建先忠端公祠堂記》。

⑮ 黃宗羲《南雷文定》前集卷八《前鄉進士澤望黃君壙志》。

⑯ 萬斯大萬經輯《濠梁萬氏宗譜》卷十三《祖訓錄》。

⑰⑱ 全祖望《續甬上耆舊詩》卷二十一《陸大行符》。

⑲ 黃宗羲《南雷文定》前集卷六《陸文虎先生墓誌銘》。

⑳ 《黃宗羲全集》（第一冊）《思舊錄・陸符》。

㉑ 黃宗羲《南雷文定》前集卷七《朱康流先生墓誌銘》。

㉒ 全祖望《鮚埼亭集》外編卷四十四《答諸生問南雷學術帖子》。

㉓黃宗羲《南雷文定》前集卷七《王仲撝墓表》。
㉔吳光《黃宗羲遺著考》㈡，《黃宗羲全集（第二冊）附錄》。
㉕黃宗羲《南雷文定》前集卷十一《祭萬悔庵文》。
㉗黃宗羲《南雷文案》卷七《高旦中墓誌銘》。
㉘李文胤《杲堂文鈔》卷四《奉答梨洲先生書》。
㉙㉚㊱李文胤《杲堂文鈔》卷三《送季野授經會稽序》。
㉛萬斯大萬經輯《濠梁萬氏宗譜》卷八《永一府君行述》。
㉜錢儀吉《碑傳集》卷一百三十一黃百家《萬季野先生墓誌銘》。
㉝萬言《管村文鈔》卷二《綠竹廬詩草序》。
㉞鄭梁《寒村詩文選・寒村息尙編》卷三《陳君堯山墓誌銘》。
㉟鄭梁《寒村詩文選・安庸集》卷一《怡庭陳先生行狀》。
㊲萬言《管村詩稿》卷四《懷舊詩八首爲陳怡庭壽序》。
㊳陳錫嘏《兼山堂集》卷四《陳母謝太君六十壽序》。
㊴鄭梁《寒村詩文選・寒村五丁集》卷二《跋翁傳》。

八　黃宗羲與呂留良

黃宗羲與呂留良同是明末清初富有民族意識的思想家，兩人一度交往密切，最後卻以破裂告終。對這件事，史學界進行了各種有益的探討，錢穆先生在《中國近三百年學術史》第二章《黃梨洲》中作了精闢的分析。最近，澳大利亞學者費思堂先生在《清初遺民的抉擇——黃宗羲與呂留良》一文中也作了詳盡的論述。①但是，他們或者沒有找到兩人爭論的實質，或者沒有發掘出隱藏在爭論背後的思想根源。而深入研究兩人關係的變化，對認清黃宗羲廁身儒林後的思想演變，是十分重要的。

一

黃宗羲在順治十七年（一六六〇）因黃宗炎介紹在杭州孤山認識了呂留良，當時黃宗羲贈硯一方給呂留良，兩人從此訂交，事見呂留良《友硯堂記》。康熙二年，黃宗羲應呂留良邀請，到石門爲呂留良子侄教書，並在呂家水生草堂與呂留良、吳孟舉、高斗魁等共選《宋詩鈔》。吳孟舉在《宋詩鈔初集凡例》中說：「癸卯（康熙二年）之夏，余叔侄與晚村（呂留良）讀書水生草堂，此選刻之始也。時甬東高旦中過晚村，姚江黃太沖亦因旦中來會，聯牀分檠，蒐詩勘訂，諸公之功居多焉。」康熙三年二月，黃宗羲與宗炎、高斗魁再到石門，黃宗羲仍爲呂氏子侄教書，並勸吳孟舉購檇李高氏藏書。在以後三年，他在石門一面教學，一面把高氏藏書幾乎全部看完了。

就在黃宗羲在石門教學讀書的時候，黃、呂關係突然冷淡起來，以後漸由冷淡而變爲惡化，而變爲絕交，而變爲兩家弟子互相攻擊。這究竟是什麼原因造成的呢？過去的說法，歸納起來有如下幾種：

一、**呂留良竊黃宗羲所購淡生堂藏書說**。這是全祖望的說法。他在《鮚埼亭外集．小山堂祁氏藏書記》中說：「初南雷黃公講學於石門，其時用晦（呂留良）父子俱北面執經。已而以三千金求購淡生堂書，南雷亦以束修之入參焉。交易既畢，用晦之使者中途竊南雷所取衞湜《禮記集說》、王偁《東都事略》以去，則用晦所授意也。南雷大怒，絕其通門之籍。」全祖望這一說法，所據似不可靠，錢穆先生在《中國近三百年學術史．黃梨洲》中對此有中肯的分析。黃宗羲在《天一閣藏書記》中只講到這兩本書爲書賈竊去，並未談到呂留良。沈清玉在《國朝名人小傳．黃梨洲先生傳》中卻有不同說法：「相傳晚村以金托先生買祁氏藏書，先生擇其奇秘難得者自買，而以其餘致晚村，晚村怒。」呂留良後來的好友陸隴其在《三魚堂日記》中也有類似的指摘。可是，買書竊書事，黃宗羲與呂留良在各自的文集中隻字未提，這種互相矛盾的說法可能來自黃、呂構惡後兩家弟子相互攻擊之辭，是不可靠的。

二、關於《高斗魁墓誌銘》之爭說。這是呂留良自己的說法。順治中，黃氏兄弟十分貧困，黃宗羲甚至全家陷入貧餓之中。高斗魁精於醫術，就行醫於蘇州、湖州之間，以所入接濟黃氏兄弟。後來，高又成了呂留良的摯友。康熙九年病卒。黃宗羲作《高旦中墓誌銘》，文中評論高的醫術說：「蓋旦中既有授受，又工揣測人情於容動色理之間，巧發奇中，亦未必純以其術也。」。最後，墓銘有「日短心長，身名就剝」句。呂留良看了後大爲不滿，呂留良兒子呂葆中在呂留良的《行略》中說：「時會葬高先生於鄞之烏石山。先君芒鞋冒雪，哭而往。山中人遙聞其聲曰：『此間無是人，是必浙西呂用晦矣。』高氏子弟礱山將刊墓銘，先君視其文，微辭丑詆，乃嘆曰：『銘之義稱美而不稱惡，此何爲也？』遂不復刊。」後來，呂留良在《與魏方公書》中對黃宗羲墓誌銘這幾句話加以激烈的批駁。但是，墓誌銘之爭並不是造成兩人矛盾的原因。全祖望曾說，黃、呂交惡後，高斗魁還活著，並曾居中調停，「而梨洲頗卞急，深以先生（高斗魁）不絕莊生（呂留良）爲非，其作先生墓誌，遂爲微詞。」②可知墓誌銘之爭，是兩人矛盾發展的結果。

三、呂留良負氣和黃宗羲高傲說。前者是全祖望的又一說法。他說：「然莊生（呂留良）負氣，酒後時出大言，梨洲每面折之。莊生漸不甘……未幾貽書梨洲直呼之曰某甲，且告絕交，浙東黃氏弟子皆大駭。」③後者是沈清玉的說法，他說：「而先生（黃宗羲）亦時有近名之累，每塗澤學術，以相炫耀。」④他雖未指明這是黃、呂交惡的原因，但聯繫全祖望的「梨洲每面折之」來看，黃宗羲高傲瞧不起呂留良，可能會引起同樣性格的呂氏的反感。康熙二十二年，黃宗羲甬上弟子萬斯同、萬言在北京與陸隴其、姜宸英等寓飲，萬斯同在席間講到黃、呂關係破裂的原因，據陸隴其《三魚堂日記》稱：「季野云：『東莊所以怨梨洲者，以梨洲曾有書數其失。又一日，衆座中語及羅念庵（羅洪先），東莊不知念庵何人也，梨洲之子（似指黃百家）唐突之，所以東莊怨益深。』」一個負氣大言，一個恃才傲物，引起了衝突，這是可能的。但我以爲這只是次要原因，從這兩位偉大的思想家來說，區區這點個人恩怨決不會發展到以後如此之決裂，必然有更深刻的原因在。

四、**學術宗旨不同說**。這是錢穆先生的說法，他說：「晚村丙午棄擧，翌年丁未，梨洲與姜定庵、張奠夫復興證人講會，而晚村此後即招張楊園（張履祥）館其家。自是，梨洲以王、劉學統自承，而晚村則一意程、朱，兩人講學宗旨漸不合，而卒致隙末焉。」⑤費思堂先生同意錢穆先生的看法，他說，黃、呂兩人關係變得緊張起來，他們「在理解儒學上的根本分歧是潛在原因。」⑥錢穆先生論黃、呂關係頗有真知灼見，但這一論斷，理由似不能令人信服。儘管呂留良早年就信仰朱熹之學，但因學術宗旨不同而進行攻擊，那應在黃、呂交惡以後，在兩人關係密切的時候，呂留良是十分欽佩黃宗羲思想的。全祖望說：「先生與梨洲、晦木（黃宗炎）、澤望（黃宗會）並稱莫逆。晦木之子，石門呂莊生之寮婿也。莊生以是學道於梨洲尤慕。」後來發生了竊書事件、墓誌銘事件，「莊生亦即出而力攻梨洲，黃、呂構難，自此大裂。莊生欲求所以抗梨洲者，乃講朱子之學以詈陽明。」⑦沈清玉是紹興人，他雖與黃宗羲同鄉，但他並不偏袒黃氏，是一個比較客觀的人物，他亦指出：「石門呂留良，與先生素相善也，延先生課其子。既而以事隙，心不快先生，輒於時文評語，陰詆先生爲僞學。」⑧所謂「僞學」，即王學。康熙二十二年（正好是呂留良卒年），在上面提到過萬斯同與陸隴其參加的寓宴上，萬言就說過：「東莊之攻陽明，即所以攻梨洲。」這些都說明，學術宗旨不同而發展成用以抨擊對方的武器，這只表現在呂留良一方，而且只是兩人隙末的結果而不是原因。

二

那末，造成兩人破裂的根本原因是什麼呢？我認爲，只有全面分析兩人當時的言行，才能得出結論。兩人當時的言論，在黃宗羲的文集中已不可見，呂留良文集反映較多。他在《與魏方公書》中詳盡敘述了自己看了《南雷文案》後對黃宗羲的不滿，大部分是對《高旦中（斗魁）墓誌銘》的意見。其中有兩處值得注意：

一是指摘《文案》「當道朱門，枉辭貢諛。」⑨這似是指黃宗羲與清兵部督捕右侍郎許三禮、戶部右侍郎周亮工、刑部左侍郎葉方藹、刑部尚書徐乾學、文華閣大學士戶部尚書徐元文等人的關係，甚至譏諷黃宗羲：「托貴人爲二子百家、百家援閩例，貴人誤記，納百家，正誼爲二。今改百學名百家以應之，非昔之百家矣。」呂留良這一指摘是事實。黃宗羲爲子孫請托也非只此一事。筆者最近看到黃宗羲寫給徐乾學的一封信，其中說：「別有二事屬某一人之私，亦不能已於言者……又小孫黃蜀，餘姚縣童生，稍有文筆，王顓庵（即王掞，後官文華閣大學士）公祖歲總科考，求閣下預留一札致之，希名案末。顓老相待甚厚，舐犢之情，實爲可愧。」⑩沈清玉在上述的文中也說，黃宗羲「又苦於貧，不免請托以冀溉潤，敝車羸馬，時駐於權貴者之門。」⑪所以呂留良的指摘並非捕風捉影，這確是黃宗羲一生的缺點。不過，在康熙五、六年時，黃宗羲與清朝官員來往次數並不多，只是與他的同學劉宗周的另一弟子姜希轍關係比較密切，姜在那時已任新朝的都給事中，由奉天學政候補歸里，但這已足以引起呂留良的不滿了。

二是指摘黃宗羲「藉講院爲竿牘之階，飾丹黃爲翰苑之徑。」⑫說黃宗羲講學是爲了竿牘苞苴，著作是爲了尋求作官門徑，這是過激而近於誣了，縱觀黃宗羲一生，於大節是無愧的。但呂留良說的也不是無根之談，黃宗羲康熙七年到寧波舉辦甬上證人書院，其中不少弟子後來紛紛登科爲翰林，作京官。這一點，正是黃、呂感情破裂的實質所在。

順治十年，大西軍李定國「兩蹶名王」，⑬由廣西直驅廣東肇慶，浙江、福建一帶的鄭成功部隊計劃南下潮、惠，與大西軍會師，荊巴一帶的夔東十三家軍北出商洛，西攻湘鄂，出現一派大好的抗清形勢。黃宗羲就在那一年寫下了對抗清事業充滿希望的《留書》，夷夏之別的思想十分激烈。康熙元年，抗清事業已遭全面挫折，他寄希望於將來，對《留書》修改補充，擴而成《明夷待訪錄》，流露了强烈的反君主專制思想，但民族意識仍蘊而不露。這時，正是黃、呂兩人交往的親密時期。呂留良在明亡時僅十五歲，參加過武裝抗清活動。順治十年二十五歲時，卻應清廷之試，爲諸生。順治十七年他認識了黃宗羲後，《留書》中强烈的民族意識和《明夷待訪錄》中的反君主專制思想對他影響極深。前者我們可以從他在以後戒人勿爲仕元的許衡、吳澄可知，他說：「所謂朱子之徒，如平仲（許衡）、幼清（吳澄）辱身枉己，而猶哆然以道自任，天下不以爲非。此道不明，使德祐（南宋恭帝）以迄洪武，其間諸儒失足不少。」⑭所謂「失足」，指的是在元廷作官。黃宗羲在《留書》中曾嚴厲地抨擊許、吳兩人不知夷夏之別，說：「許衡、吳澄，無能改虜收母箴喪之俗，靴笠而立於其朝，豈曰能賢！……今傳衡、澄者，一以爲朱子，一以爲陸子，後世之出而事虜者曰：『爲人得如許衡、吳澄足矣！』二子者尚然，則是竟不知其不可矣。」⑮後者我們從呂留良《四書講義》中說：「君臣皆爲生民」和斥秦始皇「創爲尊君卑臣之禮」可以看出。黃宗羲在《明夷待訪錄》中大聲疾呼：「然則爲天下之大害者，君而已矣」，⑯「故我之出而仕也，爲天下，非爲君也；爲萬民，非爲一姓也。」⑰這裡，黃宗羲對呂留良的思想影響，極爲明顯。正因爲在黃氏影響下，呂留良思想中的民族意識油然復蘇了。康熙五年，他三十八歲時，毅然拒不應舉，被清廷革去了秀才。

可是，正當呂留良與清廷由合作而轉向不合作時，教育他嚴辨夷夏之別的黃宗羲，卻在康熙六年和七年相繼在紹興和寧波創辦證人書院，其弟子紛紛出而應試，這豈不是對前明和對自己的背叛！一氣之下，呂留良採取斷然措施，另請高明，張履祥也終於經過幾次猶豫後，到石門爲呂氏子侄教書，並開始借朱學提倡民族氣節，宣傳攘夷狄救中國於被髮左衽「尤有大於君臣之倫，爲域中第一事者。」⑱這顯然是針對黃氏而說的。他還嚴禁子侄出而應試。從此，黃、呂兩人分道揚鑣，自從康熙六年後，在石門再也看不到黃宗羲的足迹了。

可知，呂留良批評黃宗羲講學著書是爲了鑽營作官做階梯，這只是現象，實質是指斥黃宗羲失去民族氣節。他在《復高匯旃書》中强調學者「當從出處、去就、辭受處劃定界限，紮定脚跟，而後講致知主敬工夫，乃足破良知之黠術，窮陸派之狐禪。」這是因爲「蓋德祐以後，天地一變，亙古所未經，先儒不曾研究到此，時中之義，則須嚴辨。」⑲顯然，朱、陸之爭正是黃、呂之爭的反映，實質在於對「夷狄」的態度。

但是，呂留良對黃宗羲的批評並不正確。首先，黃宗羲本人並未仕清，從古人觀點來看，堅持民族氣節到没身爲止就可以了，並不要求子孫成爲世襲遺民，故甬上證人書院弟子到清廷作官，不能説明黃宗羲失去了民族氣節；其次，從現在觀點看，滿族入主中原，畢竟是中華民族內部的矛盾。清廷對漢族軍事征服以後，改變過去殘酷的屠殺政策，採取發展生產和文化的積極措施，這是有利於中華民族全體利益的。甬上證人書院弟子開始與清廷合作，無論從古人或現在觀點來看，是談不上他們失去民族氣節的，後來呂留良的兒子呂葆中在父親死了後，也走上了這條道路。

三

黃、呂之爭的實質在於對清廷的態度，這一點，費思堂先生注意到了，他在《清初遺民的抉擇——黃宗羲與呂留良》一文中的《忠明：和解的一代與舊民族主義》一節，提出黃宗羲在康熙初年有一種「調合新舊秩序的矛盾心理」，而呂留良則「站在民族立場上對清廷惡毒地反對」，兩人爲這種道德和政治問題的不同態度所驅散。但是，我覺得問題不能到此爲止，必須更進一步探討：黃宗羲爲什麼在抗清失敗後與清廷採取這種調和態度？隱藏在這一「矛盾的心理」狀態後面的思想根源是什麼？

這裡，我們不得不再從《留書》談起，《留書》中他的反清意識不但基於政治上而且基於民族文化的高度上，他在該文的《文質》篇裡，把滿清入主中原，看作漢族固有的封建文化（「夫三綱五常，中國之道」）的毀滅，並爲「夷狄」野蠻的原始文化所代替（「夫即不幸而失天下於諸侯，是猶以中國之人治中國之地，亦何至率禽獸而食人，爲夷狄所寢覆乎？」）這是他順治年間抗清的指導思想。到順治末年，魯陽之望已絕，「夷狄」在中國的統治已成定局，這對黃宗羲自然是一個重大打擊，於是，在一種失望的心情下，順治十八年他去推算胡翰十二運，得出的結論是：「向後二十年交入『大壯』，始得一治，則三代之盛猶未絕望也。」⑳換句話說，二十年後，漢文化將得到恢復，三代之盛將得到實現。他正是懷著這種期待的心情，總結明亡以及明亡後滿清貴族對漢族人民殘酷奴役和屠殺的教訓，充滿激情地寫出了批判封建君主專制的《明夷待訪錄》，並對二十年後「大壯」時代到來的三代盛世的輪廓，作了粗略的描述。

但是，胡翰十二運推算結果也告訴他，他必須面對滿清貴族長期統治的嚴峻現實。怎麼辦？他在《留書．文質》篇裡說：「是故中國而無後聖之作，雖周之盛時，亦未必不如要荒，更荒之人而後聖有作，亦未必不如魯衞之士也。」地處要荒的「夷狄」可以經過「後聖」的努力，改變成具有高度文化素養的「魯衞之士」，現在他就以「後聖」自許，企圖在「夷狄」統治的二十年中，盡量挽救「中國之道」，即先進的漢文化，爭取三代「大壯」盛世的到來。也就是說，他不得不以「遊俠」而廁身於「儒林」，以批判的武器來代替武器的批判。

要做到這一點，他就必須宣傳他的觀點，必須培育信徒，必須通過這些信徒最大限度地去傳播被踐踏的漢文化，去發揮影響：一句話，他必須創辦書院。你看，他在甬上證人書院選擇的是清初抗清烈士或遺民子弟作弟子，以道德氣節爲核心的蕺山證人之學作入門必讀，以漢民族的古典文化——「六經」以及通漢民族古今之變的史書作學習內容，並通過以古文和時文相結合的途徑，使這些弟子應舉出仕到「夷猶」的國家機構去發揮影響，以保存和傳播「中國之道」，爲三代「大壯」盛世的到來積蓄力量。

我指出黃宗羲「向後二十年交入『大壯』」的思想在康熙前期一直根深蒂固地印在他的大

腦之中，這一分析，並不是沒有根據的。康熙十四年，他在《諸敬槐先生八十壽序》中說：「昔崑山周壽誼生宋景定中，至洪武五年，年百有十歲，躬逢盛世鄉飲酒之禮，視元一代之興亡，不啻如燕雀之集耳。」㉑他以周壽誼生於宋末，中經有元一朝而躬逢明初盛世爲例後，接著筆鋒一轉：「先生生萬曆二十四年，至今耳目聰明不衰，所謂周壽誼者，非其人乎？」他說諸敬槐亦將成爲周壽誼式的人物，能躬逢清亡後（未明白說出，但意思很清楚）盛世的到來，這不正是「向後二十年交入『大壯』」這一信念的流露嗎？所以，他與其在說諸敬槐，不如在說他自己。此文作於清康熙乙卯十四年（一六七五）他年僅六十六歲，比諸少十四歲，同樣耳目聰明，在這一年他還最終選成《明文案》二百十七卷，又到處遊歷，筋骨尚健，離二十年的到來僅差六年。按董沛《明州繫年錄》：「（康熙）十三年，福建耿精忠叛，土寇擾寧波，與龔萬里等聚大嵐山（在餘姚）……六月，僞將軍曾養性趨臺州……踞大嵐。擾寧波。」「十四年……三月，僞將軍曾養性窺寧波。五月，賊犯定海，八月賊圍象山」當時正是三藩之亂的高潮，似乎向他證實了二十年後推翻「夷狄」統治預言正在逐漸實現，他完全有資格做周壽誼式的人物。

不過話說回來，這二十年中他對清廷應抱什麼態度？從他心靈深處的民族意識來說，他不能走他的復社舊友侯方域、陳名夏那樣與清廷合作的道路，但他也不能做一個伯夷、叔齊式那樣堅決不合作的隱士。他只好既拒不仕清，而又令他的弟子出而應試，才能實現上述的計劃。這就是造成他這種「矛盾心理」的思想根源。在這種調和態度的後面，是他堅信清廷不過如「燕雀之集」，熱鬧幾天就要散的信念。也就是說，他是在民族意識的原則下，採取這一靈活的策略的。

但他這一策略，並不爲部份遺民所理解，呂留良受到他原則性的深刻影響，卻不同意他這種靈活性。在兩人的分歧中，高斗魁是調解人，而黃宗羲的弟弟宗炎卻站在呂留良一邊，宗炎在呂留良卒後有《哭呂石門四首》，中有「名得謗亦隨，何樂此拗捩？晚年解鏊腕，棄去真豪傑」。及「自放草野沒，恥從公卿後。猶恐名爲累，髡首辭故舊。」㉒隱約流露了對其兄的不滿，說明他同樣不同意黃宗羲這一策略。全祖望說他「性極癖，雖伯子時有不滿其意者。」㉓氣得黃宗羲在宗炎卒後不肯替他作墓誌銘。

黃宗羲「向後二十年交入『大壯』」的信念，我們還可以從他所著文集自注的寫作年代中得到佐證。他推算胡翰十二運的次年，爲康熙元年，從康熙元年到二十年這二十年內，他所寫文章，凡注上年號的，都用干支紀年，而不書清廷年號，表示他不承認清統治的長久性和合法性。如《查逸遠墓誌銘》，作於康熙十七年，但他只注「戊午」，文中說：「生於某年丙寅……卒某年戊午」。他的這一筆法，是從東晉遺民陶潛處學來的，據《宋書》卷九《隱逸・陶潛》：「（潛）自以曾祖晉世宰輔，恥復屈身後代。自高祖王業漸隆，不復肯仕，所著文章，皆題某年月，義熙以前，則書晉氏年號，自永初以來，唯云甲子而已。」他在《兵部左侍郎蒼水張公墓誌銘》中，就承認自己「自附於晉之處士」，以表白自己不仕清朝的民族氣節，並用來表示清統治的不合法性。但是凡康熙二十年後所寫文章，文內卻出現了清廷年號，如《萬充宗墓誌銘》，他寫「崇禎癸酉六月六日其生也，康熙癸亥七月二十八日其卒也。」

這是因爲，他的「二十年後交入『大壯』」這一信念在康熙十八年就動搖了。在這一年前，陝西的王輔臣、廣東的尚之信。福建的耿精忠叛後都復降清，三藩之亂的頭子吳三桂已病死，其子吳世藩退守雲南一隅，叛亂的平定爲時已屈指可數，他在那一年所寫的《陳伯美先生七十壽序》的文內，出現了稱清統治者爲「天子」，頌揚陳伯美之子（他的甬上證人書院的弟子陳錫嘏）「受朝廷之寵眷」那樣對清廷的褒詞。康熙二十年，三藩之亂最終平定，他面對的不是他想像中的「大壯」盛世，而是「夷狄」統治下的康熙盛世。當時，他寫了《憲副鄭平子先生七十壽序》，雖仍注干支「辛酉」，仍以陶潛自況，說「淵明元嘉，晉亡已九年，朱子猶書晉處士，是典午一星之火，寄之淵明之一身也。」但卻在文內爲曾生祭文天祥，後來又向元朝官員多次干請的宋遺民王炎午作辯護，說他「累形干請，則是當路之交際，炎午未嘗絕也，豈其嚴於論人而恕於論已哉！士之報國，各有分限，炎午未便爲失。」很明顯，他也在爲自己向清廷官員如許三禮、徐秉義、徐乾學等人拉關係作辯護。此後，在他的著作裡相繼出現把清朝稱爲「國朝」，[24]把康熙稱作爲「留心文治」之「天子」[25]等歌頌「夷狄」統治的語句，表示他承認了清廷統治的長久性和合法性。在臨卒前幾年，他作《破邪論題辭》說：「秦曉山十二運之言，無乃欺人！（按：黃宗羲《南雷詩歷》卷一《次韻答旦中》詩中說：「胡翰講十二運，得之於秦曉山。」）可知胡翰十二運之說，他真是念念不忘。不過，這篇文章終於宣告他這一信念的徹底破滅。

◘注釋

①該文爲費思堂先生提供給一九八六年召開的國際黃宗羲學術討論會的論文。

②③⑦全祖望《續甬上耆舊詩》卷四十一《高隱君斗魁》。

④⑧⑪沈清玉《國朝名人小傳．黃梨洲先生傳》。

⑤錢穆《中國近三百年學術史》第二章《黃梨洲》。

⑥費思堂《清初遺民的抉擇——黃宗羲與呂留良》。

⑨⑫《呂用晦文集》卷二。

⑩此信影印本存浙江社會科學院。

⑬黃宗羲《行朝錄》卷五《永曆紀年》。見《黃宗羲全集》第二冊。

⑭⑲《呂用晦文集》卷一《復高匯旃書》。

⑮《黃梨洲先生留書》，天一閣手抄本。

⑯《明夷待訪錄．原君》，《黃宗羲全集》第一冊第三頁。

⑰《明夷待訪錄．原臣》，《黃宗羲全集》第一冊。

⑱《呂用晦文集》第十七卷。

⑳《明夷待訪錄．題辭》，見《黃宗羲全集》第一冊。

㉑ 黃宗羲《南雷餘集・諸敬槐先生八十壽序》。
㉒㉓ 全祖望《續甬上耆舊詩》卷三十九《寓公鶥鴣先生黃宗炎》。
㉔ 黃宗羲《南雷文定》後集卷四《太垣靳公傳》。
㉕ 黃宗羲《南雷文定》後集卷三《陳夔獻墓誌銘》。

九　黃宗羲與潘平格

如果說黃宗羲與呂留良的論爭，尚未對黃宗羲開創的浙東學派的基地——甬上證人書院構成威脅的話，那末潘平格思想的傳播卻引起了甬上證人弟子思想的極度混亂。

潘平格（一六一〇～一六七七）字用微，寧波慈溪縣文溪鄉人，生於明萬曆三十八年，與黃宗羲同年。十五、六歲時，即以豪傑自命。十七歲時，立志爲聖賢，自稱：「我其不能爲孔孟乎？」①崇禎二年，二十歲，開始學程朱理學。五年後，轉而「從事於王、羅之學」②，即王陽明和泰州學派後學羅汝芳的學說。晚明的泰州學派，受老莊特別受禪學的影響較深，因此他又從事於老莊之學者半載，禪學者二年③。明亡後，順治三年，他三十歲，痛感故國的覆亡，「因念程、朱、王、羅之學，既不合於孔孟，而二氏之學，益不合於孔孟，竭力參求，慚痛交迫者四十日如一日，而親證渾然天地萬物一體，當下知孔曾一貫之道，當下知佛老之異於孔孟，當下知程、朱、王、羅之皆不合於孔孟」④，於是形成一套全部否定程、朱、陸、王的哲學體系。由於他從小以豪傑自命，又受泰州學派積極傳道精神的感染，他慨然以續孟子後失傳的道統自居，開始了講學活動。他曾寓居山陰（今紹興）十年，勸人要立志，順治十六年左右，寓居吳郡（今蘇州），「就婁東陳瑚，同講學於崑山，與朱用純、朱士儼爲友，歸莊、周同谷輩悉奉教稱弟子」⑤。他在康熙四年與歸莊相識，但一個月後，歸莊後悔，復以朋友相處，兩人遂成隙末，歸莊甚至試圖驅逐他出境，事見《歸玄恭文續鈔》中的《與潘用微先生書》《與吳修齡書》和《敍過》等編。他因而回慈溪。康熙八年，他到寧波傳道，在黃宗羲的甬上證人書院中掀起一場大波。他的學說，南傳至金華⑥，西至崑山，蘇州和常州⑦。康熙十六年卒，年五十二，他是清初一位有一定影響的思想家。所著有《求仁錄》十卷、《著道錄》十卷、《四書發明》六卷、《孝經發明》二卷、《辯二氏之學》二卷、《契聖錄》五卷，今僅存《求仁錄輯要》。

當潘平格從崑山回慈溪時，正好黃宗羲在紹興和寧波創立證人書院。康熙八年，他到寧波，會見甬上證人書院中的弟子，首先把他的慈溪同鄉顏日彬（字長文）拉了過去。《求仁錄輯要》附有顏日彬的《後記》，其中說：

> 及至己酉歲（康熙八年），與先生（潘平格）會於證書院，始讀其書，真性勃發，舉十餘年來之疑而未信者，一旦轄然有會，遂北面執弟子禮焉。

顏日彬後來成了潘平格的高弟，「先生將歿，即以平生所著之書，手授長文。」⑧

這樣，潘平格與黃宗羲的弟子發生了激烈衝突。甬上證人書院主要組織者陳赤衷（夔獻）爲了維護證人書院內部的團結，出而與潘平格辯論。黃宗羲在《陳夔獻墓誌銘》中說：「當講會初立（指甬上書院，又稱講經會），……有以格物之說，自誇獨得，歷詆宋明諸儒，千里來見，夔獻貫宗勾極，亦折其角而去。」⑨潘平格的學術宗旨以「格通人我」釋格物，「格物即格通身、家、國、天下也。」⑩他在崑山，歸莊曾說他：

至於周（敦頤）、程（顥、頤）、張（載）、朱（熹）、象山（陸九淵）、陽明（王守仁）諸大儒，無不痛加詆毀，以為皆喪其良心，又指孔廟兩廡先儒，目之曰：「一羣僧道」⑪。

所以黃宗羲在《陳夔獻墓誌銘》中所說的與陳夔獻辯論的人，顯指潘平格無疑，說他「千里來見」，正是他從崑山回來的時候。

當潘平格來寧波與陳夔獻辯論時，黃宗羲的高足萬斯同卻在紹興姜希轍家中爲其子弟教書。他從紹興回來，聽到同學們談論這件事，引起他對潘平格學說的强烈興趣，親自到慈溪與潘平格討論，他在晚年對李塨回憶這件事說：

吾少從黃先生游，聞四明有潘先生者，曰：「朱子道，陸子禪，怪之，往詰其說，有據⑫。

據《顏氏學記・恕谷四》，萬斯同是把黃宗羲在甬上所講的「宋明儒者緒言」與潘平格的「陸釋朱羽」對比後，感到「憬然於心」的。萬斯同還把潘平格的著作從慈溪攜到寧波。康熙十二年，這些書被甬上證人書院的另一位學生毛勍（即毛文强，又字孝章），看到了，毛勍完全被潘平格思想所俘虜，這樣，在甬上證人書院內部引起激烈的糾紛，據萬斯同說：「同學因轟言予叛黃先生，先生亦怒」⑬，「同學競起攻之」⑭，毛勍在《潘先生傳》中說：「余小受業於南雷黃先生，學蕺山劉子（劉宗周）之學。癸丑歲（康熙十二年），館於寧城，因萬季野得先生書數帙，一見而嗜之，同志者皆非余，余信之益篤。」⑮黃宗羲另一重要弟子鄭梁也認爲潘平格的學說「學甚貫穿」⑯，這一來，造成了黃宗羲甬上弟子思想的嚴重分歧，黃宗羲不得不出面干涉，他寫了《與友人論學書》，洋洋數千言，據全祖望說：「南雷（黃宗羲）最斥潘氏用微之學，嘗有書爲萬征君季野駁之，凡數千言」⑰，因此黃宗羲所說的友人，當然是萬斯同了。由於萬斯同當時在紹興教書，與紹興的證人書院有聯繫，所以黃宗羲又寫信給紹興證人書院的另一發起者，即萬斯同教書所在地的主人姜希轍，有《與姜定庵書》，也對潘平格學說作了全面駁斥，可惜這篇文章已失傳。拙著《論潘平格哲學思想》（見《朱子學刊》第四期）一文，對潘平格學說作了分析，這裡把黃宗羲和他的學術的差異，作一簡單的介紹。

潘平格的學術宗旨是「求仁復性」、「格通人我」。他認爲：「仁人性也，求仁所以復性也」，這種具有仁的本質屬性的人性，充滿於天地萬物之中，「仁也者，渾然天地萬物一體」。顯然，他的哲學的出發點是唯心主義的人性論。他認爲這種渾然萬物一體的人性，由於後天習俗的影響，分人分我，使天地萬物不能一體。不過，仁的本質仍時常流露於日用之間，只有格通人我，使彼我渾然一體，人性就恢復了，所以他說：「求仁之學，舍格通人我，又奚適哉？」⑱潘平格從「格通人我」出發開始批判程、朱、陸、王，他反對朱熹以「窮至事物之理」和王陽明的「正事之不正還以歸於正」來解釋格物。他的格物說與泰州學派的「淮南格物說」有相通之處，他認爲：「物即『物有本末』之物……本者，身也；末者，家國天下也」，因此，「物」是「渾然身家國天下一體之物」；「知」是「渾然身家國天下一體之知」，這樣，格物就是格通身家國與天下，使之渾然一體，而致知在格物，致知也就不懸空了，他說：「未有捨家國天下見在事，使交從之實地，而懸空致我一體之知者」⑲。

潘平格的格物學說含有唯物主義認識論的合理內核，首先，人的良知，「本於身家國天下之物」，沒有客觀的物，良知成了懸空不著實地的東西；第二，他以「力行」解釋致知的「致」字，特別强調行的重要性，他說：「夫未插種而憂五穀之不熟，未鹽梅而憂滋味之不適口，雖愚者亦知其非矣。」⑳他還說：「知由行而進，行亦由知而精」㉑，這是唯物主義的知行辯證關係。

黃宗羲《與友人論學書》的第一部份是對潘平格學術宗旨批評，這一批評是不正確的。如他認爲言性必以善言，反對潘平格的「渾然天地萬物一體」言性，其實，潘平格的「渾然天地萬物一體」就是仁，也就是善，在本質上是一致的。黃宗羲反對潘平格以觸物言知，正說明他的唯物主義認識論的不徹底性。潘平格格物學說產生的時代背景，在於他懲明末脫離實際競尚空談的學風，因而强調格通身家國天下的重要性，强調立志於修、齊、治、平的必要性，提倡「堯、舜、禹、湯、武之憂，於吾身親任之。」㉒這是清初實學思潮高漲的反映，可是黃宗羲卻批評他：「使舉一世之人，捨其時位而汲汲皇皇以治、平爲事，又何異於中風狂走。」㉓這說明他的哲學思想與時代拉開了差距。

《與友人論學書》的第二部份是批評潘平格學說「滅氣」、「滅心」和「滅體」。潘平格的學說基本上是一種道德倫理學說，完全撇開自然觀的問題，黃宗羲說：「用微既主張天地萬物一體矣，亦思天地萬物以何者爲一體乎？苟非是氣，則天地萬物之爲異體也，決然矣。」㉔他認爲世界的統一性在於物質性的氣，他批評潘平格「滅氣」，抓住了潘氏學說的弱點，在自然觀上確比潘平格站得高。但黃宗羲在其學說中把自然觀上正確的「理即是氣之理」㉕的觀點，套用到社會觀上，認爲：「盈天地者，皆氣也，其在心，一氣之流行，誠通誠復，自然分爲喜怒哀樂，仁義禮智之名，因此而起者也」㉖，這就滑向了唯心主義。潘平格指出氣與性不能相混，天道不可言性，明天人之分，自然與人類社會各有不同規律，卻是有一定見地的。

潘平格還批評朱、陸的修養方法，他認爲體用不可分，「吾性渾然天地萬物一體，則天地萬物皆體也，何用之言？」而「位天地，育萬物，即是立體；盡人倫，敦日用，即是盡性」㉗因此，「自聖人言之，全是言體，自學者聞之，則全是言用」㉘，體用不二，因主體不同而別。這其實與黃宗羲在《明儒學案序》中說的：「心無本體，功夫所至，即其本體」的提法有異曲同工之處。值得注意的是，潘平格以行解釋用，他說：「力行，用也」。所謂力行，就是格通身家國天下的格物，就是修齊治平。他認爲：「若不足以該齊治平，則不可謂之修正誠」㉙，否則正心，誠意，「要不過腔子中照攝而已」㉚。他還以行解釋敬，說：「篤行即是主敬」㉛。這些思想，顯然是合理的。潘平格還說，認靈明知覺爲心，就要提防靈明知覺的走失，「於是有提省、照管、操持、涵養之功夫」，就有「喜靜坐爲主體工夫」㉜他指出脫離力行而言道德修養，割裂體用是錯的，也有其合理性，黃宗羲因而批評他「滅體」、「滅心」，反對他「合內於外」、「歸體於用」㉝，只能說明自己仍流連於理學的枝葉。

《與友人論學書》的第三部份是批駁潘平格「朱子道，陸子禪」的命題。其實，潘平格這一提法不是毫無根據的，他指出朱熹「理生氣」說始於老莊，「老莊謂未有天地之先，漠然虛無，虛無生氣，即宰乎氣；氣之運行而錯綜不失其條緒，乃虛無之運行而錯綜不失其條緒，故指而名之曰『道』，……後世指而名之曰『理』，所謂虛即是理，理生氣也。」。㉞此外他認爲「理氣合而成性」、「性即理」等也源於老莊。潘平格還提出，王陽明的良知說與孟子良知說不同，孟子良知說其根本爲性善，而「後世之言良知者，曰無有本體，曰當體本虛空，而其根在無善無惡」，所以，「一爲吾儒之道，一爲佛氏真性。」至於王陽明的「致知在正事」說，表面上看來與佛氏的真空不同，其實大乘圓教的「事理不二，色心互融」也「未嘗離理去事」㉟。關於潘氏的朱羽陸釋的觀點，我在《論潘平格的哲學思想》一文中已有分析，這裡不贅。

潘平格的學說富有批判性，在清初反理學思潮中是勇敢的，在思想史上有其獨特的貢獻。但他的論證比較單調，空疏，行文重見疊出，但這是次要的。黃宗羲批評他爲「兔園老生」，扣以「祖師禪」、「名母之學」㊱的帽子，感情用事，這就有失風度了，所以錢穆說：「是固不足以折用微」㊲。細看黃宗羲《明儒學案序》的兩種改本，其表達黃氏晚年觀點，並沒有區別，但一篇在强調學術的差異性，提倡學術的自得性時，有這樣的話：「盈天地皆心也，人與天地萬物爲一體，故窮天地萬物之理，即在吾心之中。後之學者錯會前賢之意，以爲此理懸空於天地萬物之間，吾從而窮之，不幾於義外乎？」又說：「學術之不同，正以見道體之無盡，即如聖門，師商之論交，遊夏之論教，何曾歸一？……奈何今之君子，必欲出於一途，剿其成說以衡量古今，稍有異同即詆之爲離經畔道」，他反對學術上「好同惡異」㊳的態度十分明確。然而前一段話，用語幾乎與潘平格的「不知見在真心，則不知渾然天地萬物一體」㊴，「未有舍家國天下見在事，使交從之實地，而懸空致我一體之知者」相似；後一段話，其所批評的，正是昔年自己對潘氏的態度，豈非有搬起石頭打自己腳之嫌，所以在另一篇《序》中，他把與潘平格一致的用語全刪了，其反對「好同惡異」的思想也較爲隱約，但增加了如下一段：「時風愈下，免園稱儒，實老生之變相。坊人詭計，借名母以行書」㊵，這不是指潘平格是指誰呢？所以這篇《序》，何者爲改本，是值得商榷的。後者錄於二老閣本及《文定》四集中，前者錄於《文定》五集中。也可能黃宗羲把初稿（前者）削而不載，黃百家在校錄其父遺稿時，才編入《文定》五集中。

黃宗羲這封措辭嚴厲，火氣旺盛的信，萬斯同與毛勍被壓服了，然而心裡仍不服。萬斯同承認了錯誤，向黃宗羲表示以後不再談學，「專窮經史」㊶，這是萬斯同後來專心治史的原因之一。但是，哲學是一門世界觀的學問，是不能以「不談」兩字可以避免的。潘平格的哲學思想，在萬斯同的經學著作中仍可以反映出來。如潘平格說：

> 夫人稟陰陽五行之氣以有形體，有人之形體而性具焉。性豈不載於氣？然氣自氣，性自性，本不相容。苟其灼然知性，自置氣不言。蓋氣本非性，不足言也㊷。

再看萬斯同如下一段話：

> 《易》非道陰陽之書也……夫《易》本為人事而作，故孔子《彖象傳》，止言剛柔，不言陰陽。蓋剛柔乃屬乎氣化也。……不知人事之與氣化，終不可合而為一，氣化主於天，於人事何預？……蓋人本陰陽之氣而生，既生則聽乎人，而不聽乎天矣㊸。

這就是潘平格的專講人道不講天道，被黃宗羲所批評的「滅氣」說。萬斯同天人相分的思想，與潘平格是一脈相承的。只是到了康熙四十年，萬斯同閱讀了李塨的《大學辯業》後，才對潘平格的學說表示了懷疑，他在《大學辯業序》中說：

> 後之儒者，不知物為《大學》之三物，或以為窮理，或以為正事，或以為扞格外誘，或以為格通人我，紛紛之論，雖析之極精，然無當乎《大學》之正訓，非失之於泛濫，則失之於凌躐，將古庠序教人之常法當時初學盡知者，索之於渺茫之域而終不得其指歸㊹。

他所說的以「窮理」釋格物，指的是朱熹的「即物而窮其理」㊺說；所說的以「正事」釋「格物」，指的是王陽明的「意所在的事謂之物，格者正也，正其不正以歸於正之謂也」㊻的觀點；所說的以「格通人我」釋格物，指的是潘平格的「格通人我者恕也，格物全是恕」㊼的觀點，萬斯同批評這些觀點不是「失之於泛濫」，就是失之於「凌躐」。這樣，萬斯同的爲學經歷了三變，從蕺山之學到潘平格之學，最後到顏李之學。

黃宗羲對毛勍的意見很大，《南雷文案》初刻本的《陳夔獻墓誌銘》一文，黃宗羲把他與另一弟子張旦復並論，稱「躬行則張旦復毛孝章」，但他後來修改了，以蔣宏憲代替了毛勍。

毛勍在黃宗羲的威力下，也不敢再進而向近在咫尺的潘平格求書，然而對潘氏學說「信之益篤」㊽。黃宗羲卒後，他在顏曰彬處看到潘平格遺書，他感到當時證人書院的同學們「皆爲舉業所纏，集注所拘，未有可與言者，余深恐其文而徑没也，因寫副本一册，攜入都門，冀得一、二有志之士，共明先生之學，繼往開來，以昌明其道，而卒不可得其人。」㊾他已是以潘平格之學的繼承和傳播者自居了。

黃宗羲一位重要的甬上弟子鄭梁的兒子鄭性，幼年曾旁聽過黃宗羲的講學，並曾因父親的囑咐建二老閣以祀黃宗羲，且整理刊行黃宗羲遺著。但他在康熙五十六年遇到毛勍後，亦爲潘平格思想所吸引，比之爲佛教中的觀音，對幾十年來黃宗羲壓制潘平格思想的傳播表示不滿，他說：

> 道者，天下人之所公，非一人之所私。大舜善與人同，公之也。後世之講學者，皆一先生之説，門分户别，入者主之，出者奴之。嗚呼！何其私也。潘子之書出，人多詆之為有用無體，夫木之生也，枝葉由於根本，未有有其用而無其體者也。……至其（潘平格）越宋元明以來之儒而徑守孔孟，旁斥佛老，道在天下，後之興者，各具心眼，惟是虚公體證，是非然否不執一見，當自得之，吾不敢置喙。㊿

這是鄭性在康熙末年爲《求仁錄輯要》作的《序》，其所説「有用無體」正是針對黃宗羲的

「滅體」說的，乾隆年間，他爲《明儒學案》作《序》，再次提到：「道並行而不悖」⑤①，可知他對黃宗羲的《與友人論學書》是不滿的。康熙五十六年，他與毛勍共同刊印《求仁錄輯要》。次年，他西遊嵩、華，路上攜帶《求仁錄輯要》數十部，在蘇州與崑山各送給潘平格往年的弟子。康熙五十八年，他北遊京都，往見李塨，並送了一部給李塨。毛勍當年北上時，曾贈此書給李塨，李塨並未注意，這時，他細閱一遍，評論說：「四明潘用微言朱子近禪，皆與習齋（顏元）說不謀而合」⑤②，頗爲贊賞，但他指出潘氏學說最大缺點是：「置禮、樂、兵、農不講，則力行日用亦只自了，而所謂悲天憫人者，何具以救之？」⑤③鄭性這時自稱：「性生平失學，……年五十，尚不知立志，迨閱潘子《求仁錄》，嗣從王豐川聞二曲（李顒）李氏之學，然後頑稍廉，懦稍立。」⑤④作爲黃宗羲的門生，他對黃氏之學已不屑一顧了。

從哲學領域來說，黃宗羲仍囿於劉宗周的蕺山之學，繼承有餘而開拓發展不足。但在哲學領域以外，他痛感明末空疏淺薄、脫離實際的學風，提倡經世之學，並落實到經、史、文和曆算等多種領域，在這方面他大大超過了潘平格。潘平格的哲學有其獨到之處，但他基本是一個講學的儒生，在《求仁錄》的《讀書》篇裡，喋喋不休地大談讀書要讀四書五經和《孝經》，對他來說，對舊的理學破壞有餘而對新的哲學建設不足，對整個學術領域的開闢，與黃宗羲相比，則相形見拙，而且正如李塨所說的，力行僅講於口頭，「日用亦只自了」。康熙十三年，三藩之亂的戰火蔓延至浙東，潘平格在金華的弟子趙忠濟置之不理，戰火臨近時仍講潘氏之學不倦。這種情況，與李塨所指斥的「敵兵臨近，賦詩進講」(55)有何區別？潘平格的學術有其嚴重的局限性，所以錢穆先生說得好，開清初新風氣的，他只能讓位於黃宗羲了。

注釋

①②③④⑧⑮㊼㊽　潘平格《求仁錄輯要》卷首毛文强《潘先生傳》。

⑤《慈溪縣志・潘平格傳》。

⑥潘平格《求仁錄輯要》附趙忠濟《廣麗澤約》。

⑦鄭性《鄭南溪詩文集・北游記》。

⑨黃宗羲《南雷文定》後集卷三《陳夔獻墓誌銘》。

⑩⑱⑲㉙㉚　潘平格《求仁錄輯要・辯清學脈上》。

⑪《歸莊集》卷五《與吳修齡書》。

⑫李塨《恕谷後集》卷六《萬季野小傳》。

⑭戴望《顏氏學記・恕谷四》。

⑯㊾《求仁錄輯要》卷首鄭性《潘子求仁錄序》。

⑰全祖望《鮚埼亭集》卷二十一卷《五嶽遊人穿中柱文》。

⑳㉑㉒㉟㊴　潘平格《求仁錄輯要・致知格物上》。

㉓㉔㉝㊱ 黃宗羲《南雷文案》卷三《與友人論學書》。

㉕《明儒學案》卷首《師說・羅整庵欽順》。

㉖《明儒學案》卷十二《蕺山學案・忠端劉念臺先生宗周》。

㉗㉘㉛㉜㊷ 潘平格《求仁錄輯要・辯清學脈下》。

㉞ 潘平格《求仁錄輯要・致知格物下》。

㊲ 錢穆《中國近三百年學術史》第二章《黃梨洲二・潘用微》。

㊳ 黃宗羲《南雷文定》五集卷一《明儒學案序》（改本）。

㊵ 黃宗羲《南雷文定》四集卷一《明儒學案序》。

㊸ 萬斯同《羣書疑辯》卷一《易說》。

㊹ 萬斯同《石園文集》卷七《大學辯業序》。

㊺ 朱熹《大學章句傳》五章。

㊻《陽明全書》卷二十六《大學問》。

㊿ 黃宗羲《明儒學案》卷首鄭性《序》。

(51)(52) 馮辰《恕谷先生年譜》。

(53) 鄭性《鄭南溪詩文集・復向荊山書》。

(55) 李塨《恕谷後集》卷四《與方靈皋書》。

十 《明夷待訪錄》考

《明夷待訪錄》爲清初著名思想家黃宗羲的一篇重要著作，它吹響了反對封建君主專制主義的號角，對中國近代思想界產生過重大影響。然而，對這本名著，長期以來評論多而考證少，某些問題尚待進一步核實和探究。

初刻本年代考

中華書局編輯部在這本書的一九八一年《重印說明》中說，到清代嘉慶間才有初刻本印行。洪煥椿在《浙江文獻叢考》一書的《清初歷史學家黃宗羲著述目》一章說，最早在乾隆年間有二老閣刊本。而馮貞羣先生的《伏跗室書目》（藏於寧波天一閣）卻寫：在康熙五十六年二老閣叢書二十種，中有此書的原刻本。

按二老閣爲黃宗羲甬上證人書院弟子鄭梁的兒子鄭性所建，地點在浙江慈溪的鸛浦（又稱半浦）。鄭梁在康熙五十二年卒後，鄭性按父親遺志，建二老閣以祀黃宗羲和他的祖父鄭溱。但二老閣建於何年，卻有三種不同的說法：一是全祖望在《二老閣藏書記》①中說，黃宗羲卒後，遺著遭火災，失去大半；鄭性整其散亂，完其破損，得三萬卷，築二老閣以貯之。按鄭性《鄭南溪詩文集．刻南雷文約序》：「康熙癸巳，先生家火，遺書僅存五分之一，丁酉悉歸余」。那末，黃宗羲故居遭火災應在康熙五十二年，至康熙五十六年，殘存遺書都歸於鄭性，建築二老閣自應在康熙五十六年以後。全祖望在上文又說，鄭性自遊五嶽還，閣始成。鄭性是在康熙五十七年才「勃然發願遊五嶽」②，康熙五十八年起，「復北遊二載」③，那末二老閣應在康熙六十年建成。一是徐嵩在《二老閣記》④中說，二老閣「其鳩工於康熙辛丑，以年饑輟工，至癸卯方成」。按他說法，二老閣應始建於康熙六十年，而成於雍正元年，一是謝爲雯《二老閣記》⑤，說二老閣「經營締造閱二十六年，歲戊午四月初九日，閣始成」，那末二老閣應始建於康熙五十一年，於乾隆三年才建成。謝爲雯說二老閣建於康熙五十一年，那是錯的，因爲黃宗羲故居失火既在康熙五十二年，怎能在前一年就建二老閣來貯藏黃宗羲的遺書呢？但謝爲雯說建成於乾隆三年，那是正確的，這不但因爲他對二老閣建成的年、月、日都記載得很清楚，而且謝爲雯與鄭性爲同輩，二老閣將峻工時，鄭性邀他來參觀，他因而著《二老閣記》，二老閣的建成他是親眼目睹的，而全祖望和徐嵩都是聽人說而寫的，都屬第二手資料。

但是，無論全祖望、徐嵩成或謝爲雯的說法，他們都否定了二老閣建於康熙五十六年，馮貞羣先生在《伏跗室書目》中所記，顯然有誤。鄭性建二老閣，不但祭祀黃宗羲，貯藏黃宗羲的遺書，而且刊刻黃宗羲的著作。《伏跗室書目》記載康熙五十六年二老閣叢書原刻本中有《南雷文約》，可是鄭性在《刻南雷文約序》中說，康熙五十六年《文約》的底本歸於鄭性後，「蹉跎二十餘年，今刻之」⑥。二十餘年後，那應在乾隆年間了，所以洪煥椿先生的說法是對的。

著作內容考

全祖望在《書明夷待訪錄後》中說：「原本不止於此，以多嫌諱，弗盡出」⑦，其嫌諱勿出的內容是什麼呢？《伏跗室書目》載有《南雷黃子留書》的書目，在書目下，馮貞羣先生手書黃宗羲如下按語：「癸巳（順治十年）秋，爲書一卷，留之篋中，後十年，續有《明夷待訪錄》之作，則其大者多採入焉，而其餘棄之甬上。萬公擇（即萬斯選，萬斯同的哥哥）謂尚有可取者，乃復附之《明夷待訪錄》之後，是非予之所留也，公擇之所留也。癸丑秋，梨洲老人題，門人萬斯選訂。」⑧在這段文字後面，尚有馮貞羣先生的手抄字迹：「分文質、封建、衞所、朋黨、史五篇」。據此可知。勿出的正是《留書》這五章。新發現的天一閣《留書》抄本⑨中，鄭性、鄭大節父子在原書注中說：「先生《留書》八篇，其田賦、制科、將三篇見《待訪錄》。」可知康熙元年（壬寅）黃宗羲寫《明夷待訪錄》時，把《留書》中這三篇，改名爲

《取士》（制科）、《方鎮》（將）和《田制》（《田賦》）。

那末，全祖望所謂「嫌諱」指的是什麼呢。原來黃宗羲完成《明夷待訪錄》的那一年，即康熙癸卯二年，在浙江湖州發生了莊廷鑨的明史案，這是清初的第一次大文字獄，牽連死者七十餘人，婦女都發配邊境。又據全祖望《續甬上耆舊詩》的《高武部宇泰》卷，黃宗羲的朋友高宇泰（即《南雷文定》前集卷一《高元發三稿類存序》中的高元發），在前一年因「浙中通海案」受連染，「已而，詩禍又起，先生預焉，於是長縶二年」⑩。黃宗羲處此，自然有所顧慮。他在寫《明夷待訪錄》時，對順治十年寫的「爲書一卷」中論及「中國」與「夷狄」的部分當然要筆削了，《留書》的這五篇，除「衞所」篇的基本内容已採入《明夷待訪錄》的《兵制一》外，留下的四篇都具有强烈的民族意識；《文質》篇所講的是喜文惡質還是自文趨質是「中國之人」與「夷狄之道」的區別；《封建》篇講的是恢復封建以拒夷狄之道，「夫即不幸而失天下於諸侯，是猶以中國之人治中國之地，亦何至率禽獸而食人，爲夷狄所寢覆？」《朋黨》篇則公然稱滿人爲「虜」，斥清朝爲「僞朝」；《史》篇核心爲「中國之與夷狄，内外之辨也，以中國治中國，以夷狄治夷狄，猶人之不可雜於獸，獸之不可雜於人也」⑪。這樣强烈的民族思想，自然不能採入《明夷待訪錄》中。

寫作地點考

鄭性父子訂校本《留書》的序言中說：《留書》書於「藥院」。這藥院在餘姚城內，全稱是「惠民藥局」。《乾隆餘姚縣志》卷七《衙署》篇有《醫學及惠民藥局》一目，說這一機構，「舊在治東五十步，後更建布政分司右官一員，後廢」。按《年譜》康熙元年黃宗羲仍居黃竹浦老柳故居，並未離開餘姚，所指藥院，當爲餘姚城內的藥局。可知《明夷待訪錄》的《取士》、《方鎮》和《田制》這三篇的初稿，是在這個地方寫的。

黃宗羲是在什麼地方寫《明夷待訪錄》的呢？黃炳垕著《黃梨洲先生年譜》一書，僅在康熙元年條下說：二月，龍虎山堂災；五月，故居又災；九月，徙藍溪市（即餘姚陸家埠）。在這三處中的那一處著這本書，並未說明，因此引起了人們的猜測。

但黃宗羲在《明夷待訪錄》的《題辭》中明確地說，在這一年夏天改寫這本書時，「未卒數章，遇火而止」⑫。對照《年譜》，可知是在康熙元年春天龍虎山堂火災後徙居黃竹浦老柳故居後才開始著手改寫的，五月故居又發生火災，只好停筆。

由於《年譜》未說明這年九月徙藍溪後至次年「雨窗削筆」時，黃宗羲家居何處？似乎並沒有搬家，因此有學者認爲，這本書的完成應在藍溪市。

其實，黃宗羲在這本書的《題辭》中也寫得很清楚，「今年自藍水返於故居，整理殘帙，此書猶未失落於擔頭艙底，兒子某某請完之。冬十月，雨窗削筆……」⑬。可知也是在老柳故居完成的，我們可以黃百家《續鈔堂藏書目序》作佐證，黃百家在這篇文章裡說到順康之交黃宗羲幾次搬家的情況，他說：「庚寅冬徙於老柳，己亥秋自老柳徙於龍虎堂者三年。壬寅，山堂災……復徙於老柳。秋，徙於藍溪。不能一年，復返家。」⑭與黃宗羲在這本書序裡所講的徙居情況完全一致。序中所說的「兒子某某」，即黃百家。

寫作動機考

《明夷待訪錄》和《留書》原本作於順治十年，全祖望說：「征君自壬寅（康熙元年）前，魯陽之望未絕⑮」所以《留書》毫不掩飾地表達出强烈的民族意識。但爲什麼在「魯陽之望」已絕的壬寅年以後，黃宗羲要寫《明夷待訪錄》呢？全祖望在跋語中說這是因爲「天南訃至，始有潮息煙沈之嘆，飾巾待盡，是書於是乎出。」所謂「天南訃至」，指的是康熙元年九月南明監國魯王朱以海卒於金門事，這一年五月，鄭成功先卒於臺灣，李定國抗清亦已失敗。同年，桂王被殺，張煌言散軍，所以黃宗羲有「潮息煙沈」之嘆，全祖望說這是「是書於乎出」的原因，但他只講到《明夷待訪錄》寫作的時代背景，至於黃宗羲爲什麼要寫這本書，全祖望說得很含糊。

然而，由於書名《待訪》，黃宗羲自己又在序中說：「吾雖老矣，如箕子之見訪」，因此引起了對黃宗羲寫作動機的爭論。清末章炳麟說：「黃太沖以《明夷待訪》爲名，陳義雖高，將俟虜之下問」⑯，予以譏諷。梁啓超不同意，說：「《待訪錄》成於康熙三年，當時遺老以順治方殂，光復有日，梨洲正欲爲代清而興者說法耳」⑰。其實，類似章炳麟的不滿意見，在雍乾之間就有了。有人責備黃宗羲：「豈有艱貞蒙難之身，而存一待之見於胸中者，則麥秀之惘荒矣。」⑱

我認爲，說黃宗羲寫這本書的動機是爲了「俟虜之下問」，理由是不充足的。首先，黃宗羲雖引胡翰十二運之說，說向後將由亂變治；然而，在後面明確地說：「然亂運未終，亦何能爲『大壯』之交。」顯然，在他看來，清廷的統治仍在亂中，黃宗羲在晚年回憶此事說：「余嘗爲《待訪錄》，思復三代之治，崑山顧寧人見之，不以爲迂，今計作此時，已三十餘年矣，秦曉山十二運之言，無乃欺人？」⑲（按黃宗羲在《南雷詩歷》卷一《次韻答旦中》詩中注說：「胡翰講十二運，得之於秦曉山」）。三十餘年後的清朝，正處在康熙統治下的鼎盛時期，然他仍認爲亂運未終，因而認爲「十二運」的說法是欺人之談，則其所指的「亂」和「治」，實非正常字義上的理解；是否同他臨終時因身遭家國之變，不用棺槨期於速朽而含民族思想同一道理呢？所以，在三十年前他所說「如箕子之訪」云云，實非「俟虜之下問」；此時，莊廷鑨案已發生，清廷正在加强專制統治，他也決不會把這樣强烈的反封建君主專制的東西用來等待清主的訪問的。

其次，他的朋友顧炎武看了這本書後說：「天下之事，有其識者未必遭其時，而當其時者，或無其識。古之君子，所以著書待後，有王者起，得而師之。然而《易》：『窮則變，變則通，通則久』，聖人復起，不易吾言，可預信於今日也」⑳。他清楚地指出，黃宗羲在這本書上的「識」，在清廷統治的今日，未遭其時，然窮則變，著書待後，俟後王之起。顧炎武對這本書的理解，應該說是符合黃宗羲本意的，待訪的自然不是清廷。

再次，我們還可旁證以黃宗羲學生萬斯同的話。萬斯同在康熙初期說，當今生民的憔悴為載籍以來所沒有，將來必將「大變」，必有「一人焉起而任之」，因此講求經世之學以備異日之用，「他日用則為帝王師，不用則著書名山，為後世法」㉑。這與顧炎武的說法何其相似，而且反清思想更顯著。《明夷待訪錄》既由甬上證人書院弟子陳錫嘏、萬言帶給顧炎武看（即《與黃太沖書》中所指「陳、萬兩君」），那末萬斯同必然看過，這些話正是他受了這本書影響的結果。黃、顧、萬三人這種待「變」心理，是順、康之交明遺民在復明武裝鬥爭失敗後的一種普遍思想。

黃宗羲在順治十八年曾寄詩給他在寧波的朋友高旦中（即高斗魁）說：「一生甜苦歷中邊，治亂循環豈偶然。曾問曉山推卦運，時從拾得哭蒼天」㉒。可知他是在寫《明夷待訪錄》前一年推算胡翰十二運的，結果是「時從拾得哭蒼天」，亂運未終；不過此後二十年可以入「大壯」，並未絕望。因而他根據自己「一生甜苦」的親身經驗，按照「治亂循環」的歷史教訓，「條具為治大法」，總結出具有反君主專制主義的啟蒙著作《明夷待訪錄》。所以梁啟超說他是為代清而興者說法，是不無道理的。

「梨洲老人」署名考

黃宗羲自稱「梨洲老人」，按《留書》抄本的序言，早在順治十年已開始了。全祖望未看到這篇序言，他根據萬西郭告訴他的話，說南明監國卒於金門後，黃宗羲「飾巾待盡，是書於是乎出，蓋『梨洲老人』之所自來也」㉓。萬西郭即萬承勳，是黃宗羲甬上證人書院弟子萬言（萬斯同侄子）的兒子，也是他的孫婿。看來萬承勛也沒有看到這篇序言，他上述說法自然是不正確的。不僅如此，這種「飾巾待盡」的消極思想不但與這部書的反封建專制主義精神無法協調，而且「飾巾待盡」與「梨洲老人」的稱呼也無因果關係。黃宗羲飾巾待盡的思想是在三十年後八十餘歲晚年時才產生的，那時，他作《破邪論》說：「方飾巾待盡，因念天人之際，先儒有所未盡者，稍拈一、二，名曰《破邪》」㉔。由於他的《破邪論題辭》提及梨洲老人署名的《明夷待訪錄》，可能使萬承勳在記憶中混淆起來了，其實這是兩碼子事。

其次，「梨洲老人」的稱呼是另有來源的。四明山區有一山名叫梨洲，《全唐詩》卷四百九十四載有施肩吾《宿四明山》詩一首，原文如下：

> 梨洲老人命余宿，杳然高頂浮雲平。
> 下視不知幾千仞，欲曉不曉天雞鳴。

早在崇禎十五年，黃宗羲與宗炎、宗會兄弟三人遊過四明洞天，回來後，他著有《四明山志》，對四明山是很熟悉的。順治三年，清軍渡浙後，他曾率領抗清餘部退駐四明山杖錫寺，其地與梨洲相近。黃宗羲的父親黃尊素的墳墓在四明山北麓的化安山，建有丙舍。順治年間黃宗羲累遭名捕，到處逃難，經常遷居於黃竹浦故居與化安山之間，所以黃宗羲在著《留書》和《明夷待訪錄》原本時，就把施肩吾這首詩的「梨洲老人」一詞用作署名。人們由於黃宗羲寫《留書》時年僅四十四歲，寫《明夷待訪錄》時年僅五十四歲，爲何人未老而以「老人」自稱，因而作一些不必要的猜測。其實。這一署名是有深刻含義的，這就是施肩吾這首詩的「欲曉不曉天雞鳴」句，它點出了黃宗羲寫書的真實動機，在黃宗羲看來，抗清的失敗，只是黎明前的黑暗，他就像一隻兀立在高山之巔的報曉天雞，以《留書》和《明夷待訪錄》的啼聲，來召喚「大壯」新時代的到來。

◘注釋

① 全祖望《鮚埼亭集》外編卷十七《二老閣藏書記》。

② 鄭性《鄭南溪詩文集．西遊記》。

③ 鄭性《鄭南溪詩文集．柴省軒先生集後跋》。

④ 徐兆昺《四明談助》卷四十二徐嵩《二老閣記》。

⑤ 光緒《慈溪縣志》卷四十四謝爲雯《二老閣記》。

⑥ 鄭性《鄭南溪詩文集・刻南雷文約序》。

⑦⑮㉓ 全祖望《鮚埼亭集》外編卷三十一《書明夷待訪錄後》。

⑧ 馮貞羣《伏跗室書目・南雷黃子留書》。

⑨ 《黃梨洲先生留書》，《文獻》一九八五年四月。

⑩ 全祖望《續甬上耆舊詩》卷四十二《高武部宇泰》。

⑪ 以上所引皆見《黃梨洲先生留書》。

⑫⑬ 《黃宗羲全集》（第一册）《明夷待訪錄・題辭》。

⑭ 黃百家《學箕初稿》卷一《續鈔堂藏書目序》。

⑯ 《章太炎全集》㈢《衡三老》。

⑰ 梁啓超《中國近三百年學術史》五《陽明學派之餘波及其修正・黃梨洲》。

⑱ 全祖望《鮚埼亭集》卷二十二《黃丈肖堂版文》。

⑲㉔ 黃宗羲《南雷文定》四集卷四《破邪論題辭》。

⑳ 《顧亭林詩文集・亭林佚文輯補・與黃太沖書》。

㉑ 萬斯同《石園文集》卷七《與從子貞一書》。

㉒ 黃宗羲《南雷詩歷》卷一《次韻答旦中》。

十一　黃宗羲的文學思想

黃宗羲不僅以思想家和史學家而著名於世，而且亦是清初一位重要的文學家。李慈銘和劉師培曾指出他在文學史上的作用，但皆失之簡和偏，本文試圖予以較全面的論述。

一　黃宗羲的文論

黃宗羲在《李杲堂先生墓誌銘》中說：「文之美惡視道合……聚之以學，經史子集；行之以法，章句呼吸；無情之辭，外强中乾」①，文、道、學、法、情這五項因素的結合，是他文論的綱領，他稱爲「五者不備，不可爲文」。這五項包括了作品的內容、創作的源泉和藝術技巧等問題，玆敍述如下。

㈠「文以情至」的至情說

黃宗羲文學思想一個重要的特點，就是強調直抒胸臆，流露性情，他說：「凡情之至者，其文未有不至者也」。②他認爲散文的內容應寄寓深刻的感情，而文章的法度技巧是次要的。他所以讚賞歸有光的文章，就因爲歸文「一往深情，而迂迴曲折次之。」③他所以認爲歸文從整體上講比不上韓（愈）、柳（宗元）、歐（陽修）、蘇（東坡）四大家，是因爲歸有光的某些文章，「時文境界，間或闌入」④，壓制了性情的流露。（以上所引皆見《鄭禹梅刻稿序》）。

他又把至情說與韓愈的「唯陳言之務去」的觀點聯繫起來。黃宗羲認爲「陳言」不是指陳舊的言辭，而是指「庸人思想共集之處」⑤，即平庸的識見。他進一步把「去陳言」和「露至情」相結合，說他編纂《明文案》，就以滌去千餘家有明文章中應酬論雜、陳言一律的篇幅，使埋没於其中的「至情孤露」⑥，作爲自己選文的審美標準。

黃宗羲激烈反對明後七子主將李攀龍的「視古修辭，寧失諸理」，即爲了文藝的創作形式，不惜犧牲文藝思想內容的論點。但他認爲，思想內容必須通過性情表達出來，否則，雖長篇大論，裝腔作勢，可都是空洞無物、枯燥無味的東西，不會有感染力。他說：「語文以理爲主，然而情不至，則亦理之郛廓耳……而世不乏堂堂之陳、正正之旗，皆以大文目之，顧其中無可以移人之情者，所謂刳然無物者也。」⑦黃宗羲的這一精闢見地，在今天還是具有借鑒作用的。

黃宗羲的「文以情至」說，又擴大了散文的創作羣體和創作題材。他說：「古今之情無盡，而一人之情有至有不至，凡情之至者，其文未有不至者也。則天地間街談巷語，邪許呻吟，無一非文，而遊女、田夫、波臣、戍客，無一非文人也。」⑧。這就使散文的作者從封建的文人學士，擴大到一般的勞動人民；散文的創作題材，從文人學士的狹窄圈子，擴大到勞動人民的普通生活，而且贊成勞動人民「邪許呻吟」的口語入文。他的這一主張，在當時的確是一新耳目，爲封建文人所不滿，後來李慈銘就認爲有失爲文之法。

㈡經、史、文相結合的「文以載道」說

這是黃宗羲文論的又一特點。他贊同周敦頤的「文以載道」的命題，說：「周元公（周敦頤）曰：『文所以載道也』。今人無道可載，徒欲激昂於篇章字句之間，組織紉綴以求勝，是空無一物而飾其舟車也。」⑨他認爲「文」與「道」密切而不可分的提法，似有把「文」與「道」析而爲二之嫌，但他是同意這一命題的。這一命題一方面涉及內容與形式的關係問題。這方面黃宗羲發揮前人的見解，認爲載道是文章的首要任務，而形式是次要的。又一方面，這一命題又涉及文學與現實的關係問題。這方面黃宗羲比韓愈與周敦頤進步了。韓、周的道，是理學家的道，道的內涵是封建名教，作爲純粹意識形態的概念，其外延與現實屬於並列關係。而黃宗羲的道，是與事功密切結合的反理學家的道，它的內涵雖未完全擺脫封建

名教的影響，但他的道與他的反對明末黑暗的封建專制政治和清初的抗清鬥爭的事功融爲一體，包涵嫉惡如仇、寧死不屈的政治氣節觀和民族氣節觀，其外延與現實（事功、名節）有重合關係。他說：「道，一而已，修於身則爲道德，形於言則爲藝文，見於用則爲事功名節」⑩，「道之未融者謂之名節；名節已融者謂之道」⑪。這樣，他的「文以載道」論把文學與現實密切結合起來，有利於提高現實主義文學的戰鬥性。

從文學的創作源泉來說，黃宗羲主張「本之以經，以求其源；參之以史，以求其委」⑫。除經、史之外，還應「取材於諸子百家」和韓、歐等文集。他在《高旦中墓誌銘》中揭示了寫古文的這條路子，他說：「讀書當從《六經》，而後《史》、《漢》，而後韓、歐諸大家。浸灌之久，由是而發爲詩文，始爲正路。」⑬這些話當然不無偏頗，因爲經、史、子、集這四項都是創作的「流」而不是「源」。但從黃宗羲的思想總體出發來考察，這些話卻還有更深刻的內涵。

其一，黃宗羲認爲《六經》是古代經世之文。全祖望說他提倡學習經、史，是由於「經術所以經世，方不爲迂儒之學，故兼令讀史」⑭，可見其出發點是爲了經世。

其二，黃宗羲進一步提出寫文章必須熟悉客觀事物。他以杜甫談劍，必不如公孫大娘；柳宗元敍宮室，必不如工匠爲例，說：「所謂文者，未有不寫其心之所明者也。心苟未明，劬勞憔悴於章句之間，不過枝葉耳。」⑮這就是說，要寫好的文章，必須熟悉表現對象。

其三，黃宗羲作爲一個視野廣闊的進步思想家，他並不滿足文章反映個人的生活，他更進一步指出，文章應該體現時代的脈搏。他認爲文章都是天地的元氣，當時代急劇變化之際，「逮夫厄運危時，天地閉塞，元氣鼓蕩而出，擁勇郁遏，坌憤激訐，而後至文生焉。」⑯這與白居易的「文章合爲時而著」的現實主義文學理論一脈相承的。

㈢「敍事須有風韻」的藝術技巧說

黃宗羲認爲寫作技巧不在字與詞而在於文章的法度。他說：「所謂古文者，非辭翰之所得專也。一規一矩，一折一旋，天下之至文生焉。」⑰，這就是他論文綱領的五因素之一——「行之以法，章句呼吸。」但黃宗羲對文章法度的論述不多，他的主要成就在於提出了「敍事須有風韻」⑱的觀點。

在載道與風韻的關係上，他雖然强調文要本於六經，但這僅指的是思想內容，並不是說在寫作上要大量引用經語，而是要對聖人的思想融會貫通，然後以文章出之。他在《論文管見》中說：「文必本之六經，始有根本。唯劉向、曾鞏多引經語，至於韓歐融聖人之意而出之，不必用經，自然經術之文也。近見巨子，動將經文填塞，以希經術，去之遠矣。」

黃宗羲欣賞和提倡陽剛美的藝術風格。文學既反映時代的變化，作爲勝朝遺民，他特別讚揚亂世之文（其實即愛國主義的文章）所表達的沈鬱悲慨的陽剛之美。他說，陽剛的文風，遇到盛世，以陽對陽，則感染力不强；陰柔的文風，遇到盛世，陰陽激而爲風，但未幾散去，影響不遠。唯獨陽剛之文，遇到亂世，才有極大感染力。所以他特別欣賞宋亡和明亡處於民族危亡之秋的亂世之文，說這是因爲這些文章，「蓋天地之陽氣也。陽氣在下，重陰錮之（即民族危亡），則擊而爲雷。」⑲驚天動地，給人以極高的藝術享受。他還指出，在太平時期，發自廊廟和聲順氣的官方文學，「無所見其奇」⑳，没有藝術的魅力。

黃宗羲主張「以小說爲古文辭」（引用汪琬語），使散文生動吸引人。他說：「敍事須有風韻，不可擔板，今人見此，遂以爲小說家伎倆。不觀《晉書》、《南北史》列傳，每寫一、二件無關係之事，使人之精神生動……史遷：伯夷、孟子、屈原列傳，俱以風韻勝。」㉑，我們試看他所著的傳記和銘文，就可知他善於抓住一、二件看起來無所輕重，但反映人物本質特徵的細節，寫出了人物的性格和精神狀態，如《行朝錄．賜姓始末》中大帥與老嫗的對話。《陸周明墓誌銘》中的偷頭，而《王征南墓誌銘》，幾乎是一篇短篇武俠小說了。

以小說爲古文辭，是明中後期出現的一股風氣，一方面是傳奇小說的興起，又一方面是傳奇小說對傳記文學的滲透。魯迅指出：「適嘉靖間，唐人小說乃復出……文人雖素與小說無緣者，亦每爲異人、俠客、僮奴以至虎狗蟲蟻作傳，置之集中。蓋傳奇風韻，明末實彌漫天下，至易代不改也。」㉒黃宗羲正是這一新文學潮流的體現者。後來封建文人正持此攻擊他的文章，李慈銘說他的文「鮮持擇，才情爛漫，時有近小說家者。望溪（方苞）謂吳越間遺老尤放恣，蓋指是也。」㉓。

黃宗羲的文論遠承韓、歐，近繼唐宋派，而在載道、性情和技巧上發展之，創造了他的具有時代風格的進步的文學理論。

黃宗羲的詩論

黃宗羲認爲「詩文同一機軸」㉔，因此他在詩論中同樣强調至情，主張「讀經、史、百家，則雖不見一詩而詩在其中」㉕，而他的至情説和意境説，在詩論中尤其重要。

㈠「詩之道，從性情而出」

「詩之道，從性情而出」（《寒村詩稿序》），這並非黃宗羲首創，而是我國古代詩論的傳統觀點。那末黃宗羲的性情説有什麼不同於他人的特點呢？

首先，他提倡「一寫性眞，不假粉墨」㉖，詩歌要寫出直抒胸臆的眞性眞情，即要具有發自內心的人性美。他在《萬貞一詩序》中說：「今之論詩者，誰不言本於性情，顧非烹煉，使銀、銅、鉛、鐵之盡去，則性情不出。」㉗這種須烹煉盡去的銅鐵，是指與真性真情相對立的俗情俗性。他說：「人世富貴福澤之氣煎銷淨盡，而後甘苦鹹酸之味始出。」㉘流露富貴福澤俗性俗情的詩，「是非無性情也，性情不過如是而已。」㉙

他反對在創作中束縛真性情流露的各種清規戒律，他說：「今人多言詩而無詩，其故何也？其所求之者非也……世以開元、大曆之格繩作者，則迎之而爲浮響；世以公安、竟陵爲解脫，則迎之而爲率易，爲渾淪，以求之於一時之好尚也。夫以人之情性，顧使之耳目口鼻皆非我有，徒爲徇物之具，寧有詩乎？……故介山胸中所欲㖟之語，無有不盡，不以博溫柔敦厚之名而蘄世人之好也。」㉚這裡指的是單純追求詩的聲調格律（前後七子），或詩的某一風格（公安、竟陵）造成的流弊和「主乎禮義」的溫柔敦厚的儒家詩教（黃宗羲並不絕對反對「溫柔敦厚」，而是反對怨而不怒，哀而不傷的詩教的傳統觀點，如他在《萬貞一詩序》所表明那樣，對於「怒如掣電，哀則淒楚」的至情則是肯定的），認爲這些清規戒律都易埋沒人的真性情。可知黃宗羲的性情說與《毛詩序》和沈德潛的性情說是不同的。

其次，擴大了古代詩論中「性情」的內涵，把性情與天下治亂結合起來。

古代作者所指的性情，大多局限在個人生活小圈子裡，黃宗羲則强調個人的性情應與時代脈搏共同跳動。他說：「詩之道甚大，一人之性情，天下之治亂，皆所藏納。」㉛而個人的性情，應與客觀世界結合起來，「詩也者，聯屬天地萬物而暢吾之精神意志者也。」㉜

黃宗羲認爲，從歷史上看，治日少而亂日多，在太平日子裡，詩表達真性情很困難，難以寫好，他引用韓愈的話說：「和平之音淺薄，而愁思之聲要妙；歡愉之辭難工，而窮苦之言易好。」所以如果沒有變風變雅，「則詩之道狹隘而不及情」㉝。他把性情與天下治亂結合起來，請看下面一段議論：

> 夫人生天地之間，天道之顯晦，人事之治否，世變之汙隆，物理之盛衰，吾與之推蕩磨勵於其中，必有不得其平者，故昌黎言：「物不平則鳴，」此詩之原本也。幽

> 人離婦、羈臣孤客，私為一人之怨憤，深一情以拒眾情，其詞亦能造於微。至於學道之君子，其淒楚蘊結，往往出於窮餓愁思一身之外，則其不平愈甚，詩直寄焉而已……然而人遠（朱人遠⑪）之所以為詩者，以別有難寫之情，不欲以俠心出之，其所歷之江山，必低徊於折戟沈沙之處；其所詢之故老，必比昵於吞聲失職之人。詩中憂愁怨抑之氣……不自沈其隕涕也。㉞

這一段話，表達了如下幾個重要的思想：一、詩歌是「人事」、「世變」的反映，「詩之原本」即是詩人與客觀世界「推蕩磨勵」的結果；二、詩歌所表達的性情，其實是人在客觀世界實踐中產生的「不平」；三、區別了一人的性情和衆人的性情。個人遭遇的不平，可以爲詩，而以事功名節、以天下治亂爲己任的君子（學道的君子），其不平更甚，詩意也更深；四、親歷陵谷變遷慘劇，備嘗國破家亡之痛的愛國詩人，情發於中而形於言，其詩最動人。

因此，黃宗羲的性情說，繼承和發展了我國古代唯物主義、現實主義和愛國主義的思想，把人性美和倫理美結合起來，把人性美和現實結合起來，這是與嚴羽、王世貞、袁枚等人以及公安、竟陵派的性情說的區別所在。

㈡景與情融的審美意境說

那末怎樣才能在詩歌的藝術構思中使詩人的性情流露出來以獲得深邃、雋永的審美效果呢？首先，必須「情與物游」，性情必須與客觀世界息息相通。他說：「古之人情與物相游而不能相捨。不但忠臣之事其君，孝子之事其親，思婦勞人，結不可解，即風雲雨露，草木蟲魚，無一非真意之流通。」㉟他所講的審美客體的物，既指自然景物，又指社會現象。這是從詩歌創作的藝術技巧角度來說明詩歌審美的本質特徵的。

然而，詩人在詩歌中體現的不可能是純粹的客體，只能是審美認識的景。黃宗羲是十分重視「景」的作用的，他認爲詩有三等：求之於景，求之於古，求之於好尚，而以求景爲上。他說：「以花鳥爲骨，煙月爲精神，詩思得之霸橋驢背，以求之於景者也。」㊱；但是，如果撇開詩人的情，爲寫景而寫景，則景爲滯景，詩爲惡詩。徐凝的瀑布詩：「千古長如白練飛，一條界破青山色」，只有形象而無興象，成爲文學史上的笑柄，黃宗羲即以此爲例，說：「左思云：『非必絲與竹，山水有清音』，彼『一條界破青山色』，非徐凝之惡詩耶？誠不如絲竹管弦，猶爲不惡。」㊲。

要達到詩的上乘的藝術境界，需要移情入景，情景交融，即審美認識與審美感情的緊密結合，而審美感情，也只有通過審美認識才能表達出來，達到强烈的藝術效果。黃宗羲說：「詩人萃天地之清氣，月露風雲花鳥爲其性情，其景與意不可分也。」㊳

那末，審美感情是通過什麼方法與審美認識相結合的呢？我國古代很早就提出賦、比、興的詩歌創作方法論。黃宗羲是提倡賦、比、興融合並用，而反對割裂或偏廢的。他說：

古之言詩者，不出賦、比、興三者，《詩傳》多析言之。其實如庖中五味，烹飪得宜，欲舉一味以名之，不可得也。後之為詩者，寫情則偏於賦，詠物則偏於比，玩物則偏於興，而詩之味亦漓矣。下此則有賦而無興比，顢頇莽於情者之所為也。㊴

黃宗羲正確地指出了割裂賦、比、興，或專取其一，審美感情就無法通過審美認識流露出來。

我們以明末清初三大思想家對比來看，黃宗羲詩論中的美學觀點，就其系統性和深刻性來說，超過顧炎武而比不上王夫之；然而，就其時代意義來說，他超過了王夫之。如果說，王夫之的詩論是我國兩大詩學思潮的結合，即以古代老莊哲學爲基礎的强調真美而忽略社會作用和以儒家哲學爲基礎的强調真善而忽略審美作用的倫理詩論的結合，那末，黃宗羲未嘗不如此。王夫之的光輝表現在對我國古典詩學的總結上，黃宗羲則强調時代對審美感情的作用，主張真、善、美相結合。他的詩學理論，既是對我國古典詩論的繼承，又是對我國古典詩論的突破，使他的文藝思想成了時代的號角。

黃宗羲的文學批評

黃宗羲總結前明各種文學思想和流派，以反對前後七子復古主義文學發展觀爲中心，展開了他對文學史上各個派別的批評。

他先回顧古文發展的歷史，高度讚賞韓愈、歐陽修發動的唐、宋古文運動，反對六朝和西崑講究排偶、辭藻、音律的頹靡萎弱的文風，他說：「唐承徐、庾之洞汩，故昌黎（韓愈）以六經之文變之；宋承西崑之陷溺，故廬陵（歐陽修）以昌黎之文變之。」所以「唐宋之文，自晦而明」㊵，指出韓、歐的古文運動對散文的發展有重大貢獻。

明代文學是黃宗羲評論的重點，這主要反映在《明文案序》上、下和《庚戌集自序》等文裡。他指出明代的古文有三盛：一盛於國初，大亂之後，士子皆無意於功名；二盛於嘉靖，王慎中、唐順之、歸有光等唐宋派，崛起於前後七子復古主義所籠罩的奄奄一息的文壇中；三盛於崇禎，婁堅、唐時升、錢謙益等於前後七子復古主義已衰之時，得以繼承唐宋派的餘緒，而文復盛。

接著，黃宗羲展開了對前後七子「文必秦漢」的復古主義文風的批判。他說，在李夢陽等前七子時期，韓、歐古文，人所景仰。可是李夢陽卻「矯爲秦漢之說，憑陵韓、歐」，自以爲是起衰救弊，可適得其反，反而使古文走向衰落。後來王世貞、李攀龍等後七子，變本加厲，持論益甚，復古主義登峯造極。黃宗羲痛心地說：「嗟呼！唐宋之文，自晦而明，明代之文，自明而晦」[41]。

他所以激烈反對前後七子，一是他們宣揚「古文之法亡於韓」、「不讀唐以後書」等的文學倒退觀；再是他們提倡「視古修辭寧失諸理」，向秦漢古文模擬、剽竊的創作方法論。爲了反對前後七子的上述錯誤，他認爲文章好壞不能以朝代論，寫文章須有深湛之思，貴於獨創。

至於對詩歌發展的批評，黃宗羲在《張心友詩序》、《姜山啓彭山詩稿序》、《董巽子墓誌銘》等文裡，闡述了自己對文學史上唐宋詩之爭所持的觀點。

所謂唐、宋詩的區別。錢鍾書在《談藝錄》中說：「唐詩多以豐神情韻擅長，宋詩多以筋骨思理見勝」[42]，這樣評價是正確的，兩者的不同，只是風格上的差異。但從南宋開始，界唐分宋、宗唐宗宋爭論不休。

到了明代，前後七子更把對宋詩的批評推向極端，標榜「詩必盛唐」的口號，把宋詩一棍子打死，認爲「宋人主理作理語，……人不復知詩矣。」[43]，主唐說幾乎壟斷了明代的詩壇。物極必反，首先揭起反對前後七子「詩必盛唐」論的是公安三袁。他們響亮地提出「性靈」說，以反對前後七子爲追求唐詩聲律而扼殺性情的形式主義錯誤，乃至認爲他們是「以剿襲爲復古」[44]。但他們的「性靈」說卻使詩歌陷入淺率的境地。竟陵派看到公安之失，思以矯之，卻陷入幽險。

回顧清以前唐宋詩之爭這一簡略線索，我們就可以明瞭黃宗羲在唐宋之爭中的觀點。首先，他同意公安不以今古論詩優劣，而以性情爲標準。他說：「詩不當以時代而論，宋元各有優長，豈宜溝而出諸於外，若異域然……故當辨其真與僞耳」㊺，所謂「真」，即我們在前面所說的人性美；「僞」即指前後七子的剿襲唐詩。

第二，他吸收公安「宋因唐而存法」的論點，指出：「以爲善學唐者唯宋」㊻，認爲唐詩之體不一，而皆爲宋詩各派所宗，如少陵體流而爲豫章詩派，爲宋詩的淵藪，而晚唐體至葉適和永嘉四靈而大振等等。

然黃宗羲折衷唐宋而實主於宋。所以他對嚴羽批評宋詩頗不以爲然，說：「滄浪論唐，雖歸宗李、杜，乃其禪喻謂：『詩有別裁，非關書也；詩有別趣，非關理也，亦是王、孟家數，於李、杜之海涵地負無與！』」㊼他還認爲，嚴羽所批評的「以文字爲詩，以才學爲詩，以議論爲詩」的宋詩，其實都「莫非唐音」㊽。他看到了宋詩對唐詩的繼承性，這是對的，但他忽略了宋詩與唐詩的差異性，那就流於偏激了。

第三，他指出，前後七子所謂宗唐，其實是宗他們自己提倡的僞唐，與唐詩無關，他說，李夢陽對宋詩盡行抹煞，自以爲獨得杜詩的風格，其實只襲取杜詩的語言事料，忽略了杜詩的神理。他詼諧地說，李夢陽把杜甫所謂「詩律細」者，一變而爲粗材。又說，李攀龍、王世貞繼起，推波助瀾，結果名爲宗唐，實是祖李宗王，與唐詩毫不相干。

黃宗羲對明代反對前後七子復古主義的各種文派或個人，都予以有條件的肯定。他說：

「弘治以來，詩準盛唐，流於剽竊。公安解縛而失法，竟陵淺深而迷路」㊾，指出公安解除前後七子的束縛，但失去詩法，竟陵爲糾正公安的淺率而陷入峻峭幽深。黃宗羲對公安、竟陵在反前後七子中所形成的出色的文學理論，雖未予以高度的重視，但在舉世攻擊公安、竟陵風氣中，能予以一分爲二的評論，這在當時是難能可貴的。此外，他對反復古主義的徐渭和錢謙益等也給以一定的肯定。

黃宗羲的上述評論，有些地方雖失之於簡略，但頗多有價值的見地，所以後來不少寫中國文學史的作者，採納了他的觀點。

黃宗羲文學思想產生的時代背景及其影響

黃宗羲的文學思想曲折而又深刻地反映了他的時代波濤。

首先，它是明中晚期以來商品經濟發展的歷史產物，是我國早期市民階層的出現在文藝理論思維上的反映。他詩文理論中「一寫性真」說、詩鳴不平說、反對廊廟之文、突破溫柔敦厚詩歌的傳統觀點，都具有反封建制度對人性的禁錮和扼殺，主張個性解放的色彩。他以「小說爲古文辭」，田夫、遊女皆可爲文人詩人，主張以口語入文，以議論爲詩，是明末市民文學理論初步萌芽在清初的繼續。

其次，它是明末清初嚴重的社會危機和實學思潮的產物，農民起義和清兵入關，疾風暴雨般的階級鬥爭和民族鬥爭，動搖乃至推翻了腐朽的明王朝，又使廣大漢族人民遭受滿清貴族的殘暴統治。作爲一個以經世爲懷抱的實踐之儒，他堅決反對「天崩地解，落然與吾無與」㊿，因此在文藝理論上力主載道之文，文章應有闡揚事功名節的思想內容；他主張以理爲詩；詩歌要包涵天下之治亂；把個人性情與天地萬物聯繫起來；稱讚衆人之情和萬古之情；並用來矯正明代唐宋派古文所載的脫離實際的理學家的道。在文藝風格上提倡亂世的陽剛美，稱譽遺民詩的感染力等等。

再次，它又是明中晚期以來王學思潮發展演變的產物。自從王陽明提倡「良知」說，打破了宋元以來朱熹理學對思想界的壟斷以後，作爲王學左派開創者王艮，進一步提倡人心的自然本性，提倡人心之「悟」，發揮並誇大了人的主觀能動作用。開始了一股個性解放的思潮。反映在文藝理論領域裡，就是李贄的「童心」說，乃至徐渭的「艷情」說。黃宗羲的至情說，和他推崇：「稱情而出，當其意之所之，前無古人，後無來者，既不顧人之所是，人之所非，並不顧己之所是所非，喜怒笑罵皆文心之泛濫」。㉛這種藐視古今，鄙視世俗，心之所至，喜怒笑　皆文章的思想，正是個性解放思潮在文藝上的表現。

然而，王艮雖然使王學風靡一時，但他們的主觀唯心主義造成了明末的文風愈來愈趨於空疏淺薄，引起了人們的反感。黃宗羲的文學思想又是他爲了修正王學流弊的學術思想在文藝理論上的表現。他一方面提出「人生一時離不得七情」㉜，反對朱熹、王陽明的性善情惡的禁欲主義說教；一方面又從性善論出發，認爲性是人的惻隱之心的流動，，以區別一人一時的性情和衆人萬古的性情㊿，這是他文學理論中至情說的審美原則和倫理原則相結合的哲學基礎。他的經世思想，反映在文學理論上，强調經、史、文相結合的「文以載道」說，詩的本原在乎時代的「詩之本原」說和「以才學爲詩」說。他既提倡至情說，但又提出人的性情要合乎「興、觀、羣、怨、思無邪」的宗旨㊾，對個性解放起一定的節制作用。

黃宗羲在甬上證人書院講學，文學是他所設的重要課程之一。他在《謝莘野詩序》裡，特別提到他甬上弟子得詩文之真的「浙東風氣」，他又對明末各派如陳子龍、艾千子和錢謙益等人的詩文皆有所不滿，似乎有意在清初文壇中獨樹一幟。的確，他的文學理論，特別是文論，對有清一代直接或間接地產生了一定的影響。

黃宗羲文學思想的直接影響，可以說是開創了「浙東文學」。劉師培在敍述明末清初文壇各派時說：「餘姚黃氏，亦以文學著名，早學縱橫，尤長敍事……浙東學者多則之。季野（萬斯同）、謝山（全祖望）咸屬良史，惟斐然成章，不知所裁。然浩瀚明悉，亦近代所罕覯也。」㊺，他第一次指出了黃宗羲開創的浙東文學的師承關係，其文體的特點，及其在文學史上的地位。

值得一提的是以史學著名的萬斯同，他的同學李文胤盛稱他的「古文辭識力深健，不減歐、曾；詩亦能窺盛唐大家之室。」㊻，萬斯同後來在北京編明史，總結了一套寫史傳文學的經驗，但後人只知他的史學，忽略了他的文學及其影響。

在萬斯同之後，能繼承和發展黃宗羲文學思想的是全祖望。全祖望的文學理論比較零碎，且不多見，他主要在創作實踐上，特別在傳記文和碑銘文裡發展了黃宗羲文論的傳統。黃宗羲開創的整理和寫作關於「亡國之大夫」的敍事文，是由全祖望來完成的。他亦能從瑣碎的遺言佚事來表達人物的性格，其藝術性超過了黃宗羲，致使梁啓超說他作的南明抗清志士的碑銘傳記，「真可謂情深文明，其文能曲折盡情，使讀者自然會起同感。」㊼

黃宗羲文學思想的間接影響有兩個方面，一是對桐城古文派產生的影響；一是對清代時文改革的影響。

萬斯同早年在《李杲堂先生五十壽序》中總結了前後七子失敗的教訓，非常重視黃宗羲提出的關於古文「章句呼吸」的法度，多次指出古文辭以「審其法度之爲難」，「得乎法度之爲貴」㊽。他晚年在北京修史，與方苞友好，很欣賞方苞的古文。他總結了自己修史的寫作經驗，與方苞暢談「約以義法而經緯其文」㊾的重要性。雖然方苞後來說：「余輟古文之學而求經義，自此始。」㊿，但萬斯同所述義法中的「文以載道」和「簡之爲貴」，對方苞的「義法」論顯然有一定的影響。

黃宗羲文學思想的另一間接影響，是對時文的改革。黃宗羲是激烈反對科舉制度的，認爲它禁錮人思想，埋沒人材。然而在封建制度下，他不可能找到一條代替科舉制度的其它途徑，只好採取改良態度。他早年參加復社、而明季結社的目的之一就是學習時文，黃宗羲自然深諳此道。鼎革以後，他從武裝抗清轉入思想鬥爭，不得不承認清政權存在的現實。他自己雖然堅持了民族氣節，但並不反對其弟子從事科舉爭取仕途。他總結明季社局的教訓，認爲古文與時文在過去是結合的，但後來士子只學選文而不學古文，於是古文亡（見《李杲堂文鈔序》），這是他提倡經、史、文相結合的又一原因。他在甬上講學，力主學習韓、歐古文，他的應舉弟子以古文之法作時文，開始時在寧波遭到了不少人的激烈反對，譏笑他們不趨選文捷徑而自找麻煩，説這樣做不利於場屋，於是「古文與時文，不啻冰炭矣。」㉛。可是，後來不少甬上證人書院弟子如陳紫芝、陳錫嘏、范光陽、鄭梁、萬言、仇兆鰲等都在科舉中連連得捷，終於「向之笑者，始訝訝然疑，向之疑者，亦稍稍信，以爲古學之士，非惟不妨於進取，或反有助於進取矣。」㊷，他們或在甬上，或在京都，紛紛爲選文，特別是仇兆鰲，「操選政十年，舉業之家奉之爲金科玉律，自通都大邑至窮山委巷，家塾案上必有〈文征〉」㊸，對「以古文爲時文」風氣的形成，產生了重要影響。

浙東學派對時文這一改革，與後來清統治者對時文的改革要求，卻不期而合。清廷以滿洲貴族統治全國，一方面有鑒於明末文風的流弊，一方面對漢文又不很懂，因而要求漢文去華麗而求簡樸，取法唐宋古文。如康熙帝多次下詔：「文章貴於簡要」，反對「排偶文辭」㊹，詞能達意就行。到乾隆時，他公開提倡師法明代唐宋派，提倡「以古文爲時文」㊺，在清廷的大力提倡下，這種黜華崇實的文風逐漸形成。清代的時文與明代相比，的確較通俗易懂些。黃宗羲提倡「以古文爲時文」，原是吸取明末空疏淺薄文風的教訓，他做夢也想不到後來竟成了清廷文化政策的一部分。這似乎是歷史所開的玩笑，卻符合歷史辯證法。

黃宗羲「自成一格」的文學理論及其創作，在當時已「不爲庸耳俗目所喜」㊻；他的文集，在乾隆時又成爲禁毀的對象；他的著作到了晚清才爲人所注意；而他的史學才華又掩蓋了他的文學成就。作者期望隨著對清史和清代詩文研究的開展，黃宗羲和浙東學派的文學思想，將會引起人們更多的重視和深入探討。

注釋

①　黃宗羲《南雷文定》前集卷七《李杲堂先生墓誌銘》。

②⑥⑧　黃宗羲《南雷文定》前集卷一《明文案序上》。

③④　黃宗羲《南雷文定》三集卷一《鄭禹梅刻稿序》。

⑤⑦⑮⑱㉑　黃宗羲《南雷文定》三集卷三《論文管見》。

⑨　黃宗羲《南雷文案》卷二《陳夔獻偶刻詩文序》。

⑩　黃宗羲《南雷文定》三集卷一《餘姚縣重修儒學記》。

⑪　黃宗羲《南雷文案》外卷《壽徐蘭生七十序》。

⑫　黃宗羲《南雷文定》後集卷一《沈昭子耿岩草序》。

⑬　黃宗羲《南雷文案》卷七《高旦中墓誌銘》。

⑭　全祖望《鮚埼亭集》卷十一《梨洲先生神道碑文》。

⑯⑳　黃宗羲《南雷文定》前集卷一《謝皋羽年譜遊錄注序》。

⑰　黃宗羲《南雷文案》外卷《錢屺軒七十壽序》。

⑲ 黃宗羲《南雷文定》前集卷一《縮齋文集序》。

㉒ 魯迅《中國小說史略》第二十二篇《清之擬晉唐小說及其支流》。《魯迅全集》(9)第二〇八頁。

㉓ 李慈銘《越縵堂讀書記・南雷文定南雷文約》。

㉔㊾ 黃宗羲《南雷文定》四集卷三《董巽子墓誌銘》。

㉕㉛ 黃宗羲《南雷詩歷》卷首《詩歷題辭》。

㉖ 黃宗羲《南雷文定》後集卷二《顧麟士先生墓誌銘》。

㉗ 黃宗羲《南雷文定》四集卷一《萬貞一詩序》。

㉘ 黃宗羲《南雷文定》三集卷一《錢退山詩文序》。

㉙㊳ 黃宗羲《南雷文案》卷一《景州詩集序》。

㉚㊱ 黃宗羲《南雷文定》四集卷一《金介山詩序》。

㉜ 黃宗羲《南雷文定》四集卷一《陸鉁俟詩序》。

㉝ 黃宗羲《南雷文案》三刻《陳葦庵年伯詩序》。

㉞ 黃宗羲《南雷文定》四集卷三《朱人遠墓誌銘》。

㉟ 黃宗羲《南雷文案》卷二《黃孚先詩序》。

㊲ 黃宗羲《南雷文定》後集卷一《蘄熊封游黃山詩文序》。

㊴ 黃宗羲《南雷文定》後集卷四《淇仙毛君墓誌銘》。

㊵㊶ 黃宗羲《南雷文定》前集卷七《明文案序下》。

㊷ 錢鍾書《談藝錄》一《詩分唐宋》。
㊸ 李夢陽《空同集》卷五十二《缶音集》。
㊹ 《袁宏道集箋校》卷十八《瓶花齋集之六・雪濤閣集序》。
㊺㊼㊽ 黃宗羲《南雷文定》前集卷一《張心友詩序》。
㊻ 黃宗羲《南雷文定》後集卷一《姜山啓彭山詩稿序》。
㊿ 黃宗羲《南雷文定》前集卷一《留別海昌同學序》。
51 黃宗羲《南雷文定》後集卷一《山翁禪師文集序》。
52 黃宗羲《明儒學案》卷十《姚江學案・文成王陽明先生守仁》。
53 54 黃宗羲《南雷文定》四集卷一《馬雪航詩序》。
55 劉師培《左庵外集・論近世文學之變遷》。
56 李文胤《杲堂文鈔》卷三《送萬季野授經會稽序》。
57 梁啓超《中國近三百年學術史》八《清初史學之建設・全謝山》。
58 萬斯同《石園文集》卷七《李杲堂先生五十壽序》。
59 60 《方苞集》卷十二《萬季野墓表》。
61 62 黃百家《學箕初稿》卷一《范國雯制藝稿序》。
63 黃百家《學箕初稿》卷一《仇滄柱制藝稿序》。
64 《清實錄》卷一一四，康熙二十三年條。

⑥⑤《清實錄》卷六〇一，乾隆二十四年十一月下條。

⑥⑥全祖望《續甬上耆舊詩》卷三十《雙瀑院長黃宗羲》。

十二　萬斯大的《周官辨非》

兼論其經學的特點及其歷史地位

《周官辨非》是萬斯大《禮學》的一篇重要著作。《周禮》本名《周官經》，因劉歆宣稱爲周公致太平之書，改稱《周禮》。鄭玄注三《禮》，特崇《周禮》，因而一躍爲《三禮》之首。但該書真僞，歷來爭論不休，自朱熹盛譽此書後，理學家多信其爲真。然而仍有少數人宗漢何休之說，認爲戰國人所作，但以專書而辨其僞的，卻由斯大此書開其端，所謂《周官辨非》，意思是說《周官》非周公之作。

萬斯大考證《周禮》爲僞書的主要方法，他在此書的前面說：

> 世稱《周禮》周公所作。吾考魯史克有言：「先君周公制《周禮》曰：『則以觀德，德以處事，事以度功，功以食民』。（《左傳．文公十八年》）今觀《周禮》無此言，則知周公之《周禮》已亡，而今之所傳者，後人假托之書也。……愚則謂此書所載，止詳

諸官職掌，其法制典章，取校於《五經》、《論》、《孟》殊多不合……使其不合於《五經》、《論》、《孟》，而所措施者，無傷於國體，無害於民生，即不置是非焉亦可也。乃其猥瑣不《經》，掊克無藝，一由其道，喪亡之至，如影隨形。……不特此也，吾就其本文詳析，多自相謬戾，弊害叢生，不可一日行於天下。周公之書，決不如此，故斷然還其名曰《周官》」。

由此可見，他辨《周官》之非的辨僞方法，爲如下四點：即與《五經》、《論》、《孟》相校；有傷於國體；有害於民生；自相矛盾。今論述於下：

一、與《五經》、《論》、《孟》相校而辨其非

《五經》中《尚書》（姑不談其今古文之爭）的《周書》，《詩》的一部分，《周易》以及《儀禮》，在古人看來，或認爲周公以前人所作，或認爲出自周公之手，而《春秋》、《論語》、《孟子》則出自聖人孔子或亞聖孟子，《禮記》則爲孔子弟子所記。故無論從時代前後或是非權威性來說，這些經典最具有真理性，拿來與《周禮》相校，就可看出《周禮》非周公所作，這一點是斯大辨《周官》之非的主要考證方法，茲據一例予以說明。

《周禮》卷五《春官宗伯第三．大宗伯之職》：「以賓禮親邦國，春見曰朝，夏見曰宗，秋

見曰覲，冬見曰遇。」斯大據《禮記》、《春秋穀梁傳》、《孟子》、《尚書》等予以考證，認爲《周禮》把諸侯朝見天子之禮按四時而有區別，是歪曲經文原意。

如朝與覲，斯大首先據《禮記．曲禮下》：「天子當依而立，諸侯北面而見天子曰『覲』；天子當寧而立，諸公東面，諸侯西面曰『朝』」。又《穀梁傳．隱公十一》：「天子無事，諸侯相朝」，《禮記．王制》：「天子無事與諸侯相見曰『朝』」。又據《儀禮》只有覲禮而無朝禮，然後指出，朝與覲雖然不同，其不同不在於一行於春，一行於秋，而是：「朝又爲天子諸侯相見之通稱，而覲獨行於天子。」①即朝禮可行於天子諸侯之間，也可行於諸侯之間，而覲禮只能行於天子與諸侯之間，所以他說：「經傳或曰覲，或言朝，義可相包，禮非分見也。」②

其次，《儀禮．覲禮》：「諸侯前朝，……乘墨車，載龍旂，弧韣乃朝，……天子衮冕斧依」，他認爲「乃朝」，即《曲禮下》說的「天子當寧而立」的朝，朝禮行後，即行「負斧依」的覲禮，不但先朝後覲，朝覲一禮（他在《儀禮商》卷二《覲禮第十》也論述這一問題，今略），而且據《曲禮》，行朝禮時諸侯見天子僅通姓名，行覲禮時諸侯見天子必須「再拜稽首」，朝覲兩禮雖行於一時，但儀節不同。如果按《周禮》春朝秋覲，那末難道春天諸侯見天子行朝禮時只通姓名，而「獨廢拜稽之節哉！」③因此，春朝秋覲，實屬不通。

至於夏宗，他指出，翻遍諸經，無一可見，只有《孟子．滕文公上》有「吾宗國魯」句，他說：「宗之言主也，夫豈朝見之名哉？」④還有《尚書．禹貢》：「江、漢朝宗於海」以及

《詩・小雅・沔水》：「朝宗於海」二句，他說：「江漢宗於海而歸於海，故日朝宗，非有假於見王之義也」，他反問，如果真有夏宗之禮，而以《禹貢》作根據，《禹貢》講的是夏禹時事，「則是夏時已有宗禮矣，果夏時已有宗禮，則其來已久，何以諸經傳而不一見乎？」所以「夏見日宗，無是理也」⑤。

至於「冬遇」，他據《曲禮》：「諸侯未及期相見日遇」，這僅是諸侯之間的相見禮節，「非見天子之稱也」⑥，按禮，諸侯怎麼可以與天子不期而遇呢？所以「冬見日遇，亦無是禮也。」⑦

萬斯大的論證，先朝後覲，朝覲一禮，雖曾引起他與應撝謙的一場爭論，但否定春朝秋覲說還是持之以理的。他對宗、遇之禮的批駁，確非常有力，說明《周禮》所說的這春、夏、秋、冬四禮，是後人僞造的，非周公所定的制度。

二、以《周禮》制度有傷於國體而辨其非

萬斯大指的是《周禮》所設的「猥瑣不經」的國家制度，他舉出如下幾個例子：

如《周禮・地官司徒下・泉府》：「凡民之貸者，與其有司辨而授之，以國服爲之息。」「國服爲之息」，即按爲國服事的各種稅率計算利息。《泉府》這一句的意思是，凡人民向掌理收取市中賦稅的國家機構「泉府」借貸貨物或貨幣，泉府的官吏會同地方長官驗明品質和

數目，發給人民，其利息按爲國家服事的各種稅率收取。萬斯大對此評論說：「操奇贏，權子母，此商賈賤大夫之所爲也。王者以天下爲家，而錙銖取息於民，無論足爲民病也，其如國體何？」⑧他指摘的是《周禮》所設的國家經濟機構和制度。

在政治機構和制度上，萬斯大集中評擊《周禮》所設的把奄人、宮妃與國家官吏並稱的制度。《周禮·天官冢宰第一·惟王建國》：「內小臣，奄上士四人」，鄭玄注：「奄稱士者異其賢」⑨，萬斯大對鄭玄注極不以爲然，說：「某按：奄人，自宮之人也，爲內小臣以供宮中之使令，不得預外廷之事，即令賢而有功，厚其賞賚可矣，安得假以士君子之名而稱上士也哉！夫天子之上士，其命三，其受位，其祿視子男，秩非卑矣，以加奄人，不甚羞我士君子乎？」他指責這一制度：「名器之濫極矣。」⑩

又《周禮·春官宗伯第三·惟王建國》：「世婦每宮卿二人，下大夫四人，中士八人」，世婦爲後宮官名，佐后治宮中事。萬斯大認爲，以後宮女官爲卿，「爲褻已甚」，說：「更可駭者，天子設官分職，首慎六卿，卿者，所以佐王出治者也。」⑪所以夏周皆有六卿，「王朝公卿，出爲牧伯；列國諸侯，入爲卿士，卿士之選，何其重與？」⑫而《周禮》以婦女爲卿，既褻且駭。他又指出：《尚書》、《王制》講的僅是朝中六卿，可是《周禮》不但設天、地、春、夏、秋、冬六官的六卿，還設王城外遠郊、近郊的六卿，這「已疑非先王之制，奈何於後宮復有卿乎？」這一制度違反了《禮記·昏義》內外之官的制度而內外相混，所以他說：「置卿於後宮而以世婦名，其褻已甚」。⑬

三、以《周禮》制度有害於民生而辨其非

這一點是萬斯大辨《周禮》之非的重點之一。他認爲聖人治天下必然興利除害，可是《周禮》的制度卻極有害於民生，而害民生的核心在於「官冗」和「賦重」。萬斯大在甬上證人書院學友李文胤正確指出，《周官辨非》，「凡五十餘節，大略惟官冗而賦重，此則其爲害之大者也。」⑭

以「官冗」而論，如以天、地、春、夏、秋的五官之制爲例，他說：「五官之中，官之有定數者卿十七人（原注：冬官不數），中大夫三十二人，下大夫百十三人，上士二百四十五人，中士七百八十六人，下士千四百四十五人」，把這些人數與《周禮》在六鄉、六遂所設官制加起來，「合之六鄉六遂，總爲三公，三十二卿、中大夫六十八，下大夫二百九十三，上士一千一百四十三，中士四千五百三十六，下士一萬九千四百四十五，不命之士萬五千，又有命官而無定數者如山虞，每大山中士二人，中山下士六人，川衡，每大川下士十二人之類，不知當幾十百也，而冬官又亡闕，其爲卿大夫、上、中、下士，不知又幾十百也。」⑮

有官即有祿，他作了上述詳盡統計後，指出：「故吾謂官多則糜祿，糜祿則財匱，財匱則聚斂，聚斂則貧民。嗚呼！生之者衆，食之者寡，《大學》生財之道也。作《周官》者，曷亦思之乎？」⑯

以「賦重」而論，古有粟米、布帛、力役之徵，萬斯大據《周禮．地官司徒第二．載師》：「凡任地，園廛二十而一，近郊十一，遠郊二十而三，甸、稍、縣、都，皆無過十二」予以分析，指出周立國以來其賦都是十一，只是到了春秋戰國，戰爭頻繁，賦稅就增加了，如魯國「初稅畝」，鄭「作丘賦」，才有十取其二的重賦。他又指出，近郊十，遠郊二十而三（比十一增零點一五），更遠的甸、稍、縣、都卻是十二，怎麼能越遠越重呢？他的結論是：「然則《載師》所言，豈待辨而知爲聚斂小人之說乎！」⑰

萬斯大接著又分析《周禮》所載力役之徵與關市之徵的沈重，最後又指出《周禮》有數不清的苛捐雜稅，他據《地官》所設山虞、林衡、川衡、澤虞、迹人、廾人、羽人、掌葛、掌染草、掌炭、掌荼等等各種小官吏，他們既掌山川之禁令，又掌山川各類產品的賦斂，於是發出如下的感慨：

> 按山川林澤，民之所以取材用也，或恐其不時而入，則物或易盡，為之設禁以守之，特數有司之事耳，曷為而官吏若是其多乎？既官吏若是其多，則山澤之所出足資國用者，官取之可矣，曷為而賦於民乎？嗟乎！虞衡主之，迹人、廾人……復物物分斂之，數十百官吏，結網羅、置陷阱於山澤之中，民生其間，真一步不可行，一物無所有，累然桎梏之人耳。⑱

官如此冗，賦如此重，這怎能是周公致太平之書呢？

四、以《周禮》自相謬戾而辨其非

萬斯大指出《周禮》所書，往往自相矛盾，漏洞百出，如《周禮・地官第二・調人》：「掌司萬民之難而諧和之。凡過而殺人者，以民成之……凡和難父之仇，辟諸海外，兄、弟之仇，辟諸千里之外。……弗辟，則與之瑞節而執之。」他指出，所謂「過而傷人者」，指的是過失而不是故意，這是可以和解的，然而既稱「仇」，則非過失，屬故意，過故不分，此自相謬戾之一；過失殺人，自可「以鄉里之民共和解之」，然而故意殺人，尤其是君父之仇，只能「歸諸司寇」，處以刑罰，怎能由調人來和解呢？此自相謬戾之二；《周禮・秋官司寇第五・朝士》：「凡執仇讎者，書於上，殺之無罪」，可知有仇必報，報之不必聞於官，殺仇人無罪，可是同一書的《地官・調人》，卻說可以調解而使之遠避，此自相謬戾之三；《調人》又說：如不按規定躲避，則把瑞節交與報信人，讓他捕交官府，萬斯大說：「是不罪其殺人，而罪其弗辟也，進退兩無所據矣。」⑲此自相矛盾之四。

除這四類外，萬斯大還以《周禮》不合情理而辨其非。如《秋官司寇第五》有壺涿氏、庭氏等等各種官吏，他不僅批評其設官之多，而且指斥其職掌的「誕謾不經」，如壺涿氏，「掌除水蟲，以炮土之鼓毆之，以焚石投之。若欲殺其神，則以牡橭午貫象齒而沈之，則其神死，淵爲陵」，即對水中的毒蟲，用瓦鼓來驅趕它們，用燒湯的石頭投入水中發出聲音來驚走它們，若要驅除水中的神怪，用榆木鑽孔穿以象牙成十字形，沈入水底，神怪就會死掉，深淵變爲陵谷。又如庭氏，「掌射國中之妖鳥，若不見其鳥獸，則以救月之弓與救日之矢夜射之。若神也，則以大陰之弓與枉矢射之」，即庭氏的職責爲掌理殺國城中夜裡叫呼爲怪的妖鳥，若只聞其聲不見其形的鳥獸，就用日蝕時射月的弓（救日之弓）與月蝕時射日的矢（救月之矢）在夜裡射它。假如是神怪發出聲音，那就用救月的弓與救日的枉矢來射它。萬斯大說：「其誕謾不經，至於神可殺，淵可爲陵，不見之鳥獸可射，以此爲禮，是語怪之書也，而謂周公爲之乎？」⑳

通過上述分析，萬斯大得出結論：「周公之書，決不如此，故斷然還其名曰《周官》。」並說：「舉末世之弊政，誣聖人之製作，流毒當世，貽禍無窮」。㉑然而《周禮》究竟作於何時？斯大取漢儒何休之說：認爲是「戰國陰謀之書」，其理由如下：

一、《周禮．地官司徒第二．鄉大夫之職》：「國中自七尺以及六十，野自六尺以及六十五，皆徵之。」他據《禮記．王制》：「五十養於鄉，六十養於國，五十不從力徵，六十不與服戎」和《禮記．祭義》：「五十不爲甸」，指出：「先王之世，優老之事不一而足，豈尚使之給公家之事乎？春秋戰國，兵革不休，民力大困，至有役及五十、六十者，而作《周官》者遂援以爲制，多見其僞也。」㉒

二、《周禮．地官司徒第二．調人》記載殺傷君父之仇可以和解，可以相比，可以躲避。

萬斯大指出，這是因爲「衰周（東周）之時，弒君者屢見，而討賊者不多，……而豈知非周公之法哉！」㉓

三、《周禮．地官司徒下．質人》：「掌成市之貨賄、人民、牛馬、兵器、珍異」。萬斯大據《禮記．樂記》所載武王克商後，「馬散之華山之陽，……牛散之桃林之野，……倒載干戈，包以虎皮」後指出：「則知太平之世，有天下者尚不輕言兵器，矧敢粥之於市乎？」㉔況《禮記．王制》又有「戎器不粥於市」句，因此他說：「此質人所掌及於兵器，春秋戰國時事也。」㉕

四、《周禮．地官司徒第二．大司徒之職》載，凡建邦國，公、侯、伯、子、男各封疆方五、四、三、二、一百里，萬斯大據《禮記．王制》：「凡四海之內九州，……建百里之國三十，七十里之國六十，五十里之國百有二十」以及《孟子．萬章下》：「天子之制，地方千里，公侯皆方百里，伯七十里，子、男五十里」，他說《王制》與《孟子》皆以一百、七十、五十爲封疆，可是《周禮》以五百、四百、三百、二百、一百爲封疆，大大超過《王制》和《孟子》，萬斯大因而指出：「子產有言，古者大國一同，今晉楚千乘，若無侵小，何以至此？子產之博物，其言宜可信，先儒以《周禮》爲戰國陰謀之書，有以也。」㉖

在《周官辨非》以前，萬斯大在《學禮質疑》一書裡已指出《周禮》應該採用周正，可是書中卻用夏正，說：「世傳《周官》創自周公，周公聖人也，豈其戾本朝正朔加以非時之名？」㉗黃宗羲看了後極爲讚賞：「僞《周官》者，先儒多有之，臨孝存以爲末世瀆亂不驗之書，何休以爲六國陰謀之書，然未有得其在證明顯如兄所言者。」㉘《周官辨非》辨《周禮》之僞，自然更全面、詳盡，誠如梁啓超之所説，歷來懷疑《周官》之僞的學者不少，而「著專書攻擊而言言中肯者，實以此書爲首。」㉙

萬斯大的經學深受黄宗羲的影響，全祖望曾歸納黄宗羲甬上證人書院（又稱講經會）的創新精神爲「經術所以經世」的治學目的和「學必原本於經術而後不爲蹈虚」㉚的治學方法。萬斯大的經學通過這兩方面形成了自己的特點。

「經術所以經世」，萬斯大在《學禮質疑自序》中自述，他研究經學是爲了考辨、發現貫通於其間的「帝王制度」㉛。他作《周官辨非》，既否定《周禮》中傷國體、害民生的制度，但也希望通過這一辨非，「置其非而存其是」，使先王的「典章法制乃有可觀」㉜他甬上學友李鄴嗣看了此書後也指出：「蓋知唯《五經》可以治世，學術淵源一歸於正，斯則其功在百世者也。」㉝

治《禮》既爲了經世，萬斯大在研究中除了重點探求三代典章制度外，也注意探求禮之義，他在闡釋《禮記．禮器》：「忠信，禮之本也；義理，禮之文也」句説：「内心有義理之裁制，斯外自得其條理，故曰：『義理，禮之文也』，無文不可，禮以義起也。」㉞他十分重視通過《儀禮》的儀文，以求《禮記》的義理，在治《禮》中往往發表自己的義理觀，如在《儀禮商》中談格物、慎獨、道德，在《學禮質疑》中談氣、陰陽，在《禮記偶箋》中談義理等等，這就形成了萬斯大經學的一個重要特徵，即通經致用和發揮義理。從經學史上看，這一點類似今文經學和宋學，而不同於古文經學和乾嘉學派。

「學必原本於經術而後不爲蹈虛」，也就是說，爲避免理學遊談無根造成的空疏淺薄的流弊，必須窮經。窮經而欲得其真，則必須對經予以辨僞、訓詁等考證工作。萬斯大的考證方法，黃宗羲曾歸納爲：「非通諸經不能通一經」、「非悟傳注之失則不能通經」、「非以經釋經，則亦無由悟傳注之失」㉟三點，黃宗羲還稱讚他考證之細，「不僅當今無與絕塵，即在先儒亦豈易得」㊱，這一點，後來乾隆時四庫館館臣也承認他的《禮》學，「深有助於考證」㊲。

對於清代學術的考證方法是否具有科學精神，近人評價各有異同，我基本上同意梁啓超的意見，認爲清儒治學有其科學性。就萬斯大的考證方法來說，雖不如乾嘉時期之精審，但確含有形式邏輯的某些萌芽，如他提倡「綜羣經而會其通」㊳，「會通以考其詳」㊴，就是歸納推理的比較、綜合方法，他提倡「分觀合觀，義乃益見」㊵，則是分析、綜合方法。

又如，在《周官辨非》中他運用邏輯反駁法來駁《周禮》爲周公所作，如《周禮．地官司徒第二．大司徒》：「以土圭之法測土深，正日景以求地中」句，賈公彥在《疏》中說，周公於潁川陽城立中表，於中表東西南北各千里立一表，共立五表以正日景，求地中㊶。萬斯大說，如果這件事是真的，那末，一、「即中表既定東西南北各違千里，豈能一息遽聞？」二、「又況中表既定，必令四表遙相直對，勿令分毫偏側」；三、「又必令晝漏半時，中外五表遙相呼應，不致有一息之差」：有此三點，「而後能知夫景爲短爲長，爲朝爲夕」，然而，「試觀天下安有東西南北方二千里，無山陵、城郭之平地也哉？一尺五寸之土圭，八尺之表，外四表各去千里者不皆鳥飛直道，稍有間阻，即不得其平。而日中必當午初正之交，爲時無幾，中表四表呼應不同，各自爲日中，而不能相通於一息之頃。」他正確指出以土圭之法正日景求地中，其精確性在空間和時間上都不可能，他的結論是：「故知五表之説，蓋怪妄而無據也。」㊷萬斯大在這裡所運用的就是從被反駁的判斷中引申出假判斷的歸謬法。

萬斯大也偶然運用排中律。首先，他把《周禮》與《五經》、《論》、《孟》相校，得出這本書「取校於《五經》、《論》、《孟》殊不合」，即指出這是兩個互相否定的思想，那末《周禮》（A）和《五經》、《論》、《孟》（非A），必有一個是真，一個是非，他說：「天下是非有一定，無兩可」即或者A是真，或者非A是真，兩者必居其一，除此之外沒有第三者，他說：「夫不合於《五經》、《論》、《孟》，則是非有在矣，……以《周禮》爲是，將以《五經》、《論》、《孟》爲非乎？」㊸他的「是非有在」的推理其實是這樣的：不合於《五經》、《論》、《孟》必然是非，《周禮》不合於《五經》、《論》、《孟》，所以是非，這是《周官辨非》一書的邏輯出發點。

當然，對萬斯大運用形式邏輯的考證方法，決不能估計過高，他的運用是不自覺的，其方法也極不完整和精密，所以自己也有不少地方違反邏輯思維之處。雖然如此，他這些邏輯思維的初步萌芽，已足使他的經學「發先儒之所未發」了，首先，他的另一名著《學禮質疑》爲清初《禮》學總論的第一部，徐乾學的《讀禮通考》（其實大多爲萬斯同所作）比這本書遲，秦蕙田的《五禮通考》（也可能爲萬斯同所作）則更爲後了，萬斯大實開清代《禮》學研究的先河。其次，他對《禮》的研究，正如梁啓超所説的，「關於訓詁方面的甚少，而關於禮制方面的最多」㊹，此後乾嘉學派惠氏父子對「禘」、「明堂」的探求，江永對禮制的研究，程瑤田對宗法的考證都是繼續萬斯大的事業的，如程瑤田《宗法小記．宗法述》中關於天子、諸侯無宗法，關於「別祖爲繼」的解釋，就是對萬斯大論點的進一步發展。最後，與他幾乎同時的毛奇齡《經問》，姚際恆《古今僞書考》，在他以後汪中的《周官徵文》，陳泮的《東塾讀書記》雖皆辨《周禮》之僞，然都不如萬斯大所辨的詳盡，所以萬斯大開始改變宋元明學者多以己意釋經的毛病（但尚未完全擺脫），這是當時實學思潮高漲的反映。由此可見萬斯大經學的第二個特點：他重考證，努力運用邏輯推理，這與今文經學妄論災害、讖緯，與宋學以主觀比附、移易刪改經文，空發議論不同，而與古文經學和乾嘉學派相似。

這樣，我們就可以得出萬斯大經學在經學史上的地位了，那就是：繼承今文經學通經致用的精神，而去除其妄誕迷信的糟粕；繼承古文經學考制度、辨名物的考證方法，而避免其煩瑣餖飣的流弊；繼承宋學覃思疑經、尋求義理的作風，而開始糾正其空虛武斷的缺陷；他兼採漢宋，没有如後來乾嘉考據學派那樣以古爲尚鑽於古紙堆中，但也没有如他們那樣精於考證，然而卻爲他們開了先河。

對他的經學，後人評價不一，有全盤否定的，如江藩評擊他「或參妄説」㊺，摒之於清朝漢學之外；有毀譽參半的，如應僞謙和四庫館館臣「喜其覃思而嫌甚自用」㊻，李慈銘説他「多立異説」，然「精悍自不可廢」㊼，黃宗羲、李文胤和梁啓超，卻讚賞備至。

侯外廬先生對萬斯大治經方法作如下的評論：

但斯大的治經方法，實開後來專門漢學的方法論的先河，不盲從，重裁斷，比較歸納，以經文的實事求是，而不以傳注的心傳來傅會，這是樸實的傳統。他對於傳注不信任態度更為戴震至阮元的訓詁注疏的前導。」㊽

他又說：「斯大深通三《禮》，辨《周官》之僞，對於後來《禮》經歷史地位的懷疑，貢獻頗大」㊾，從而把萬斯大列入「十八世紀漢學的前驅者」之列，這是對他在經學史上歷史地位恰當的評價和概括。

注釋

①②③④⑥⑦　萬斯大《周官辨非．春官．以賓禮親邦國》。
⑤　以上所引皆見注①。
⑧　萬斯大《周官辨非．地官．泉府》。
⑨　鄭玄、賈公彥《周禮注疏》卷一，見《十三經注疏》上冊第六四二頁。
⑩　萬斯大《周官辨非．天官．內小臣》。
⑪⑫⑬　萬斯大《周官辨非．春官．世婦》。

⑭㉝ 萬斯大《周官辨非》卷首李鄴嗣《周官辨非序》。
⑮⑯ 萬斯大《周官辨非・地官・鄉老》。
⑰ 萬斯大《周官辨非・地官・載師》。
⑱ 萬斯大《周官辨非・地官・鄉大夫》。
⑲㉓ 萬斯大《周官辨非・地官・調人》。
⑳ 萬斯大《周官辨非・秋官・冥氏》。
㉑ 萬斯大《周官辨非・天官・大宰》。
㉒ 萬斯大《周官辨非・地官・鄉大夫》。
㉔㉕ 萬斯大《周官辨非・地官・質人》。
㉖ 萬斯大《周官辨非・地官・凡建邦國》。
㉗ 萬斯大《學禮質疑》卷一《古曆分至不繫時》。
㉘㊱ 黃宗羲《南雷文定》前集卷四《答萬充宗質疑書》。
㉙ 梁啓超《中國近三百年學術史》六《清代經學之建設・萬充宗》。
㉚ 全祖望《鮚埼亭集》外編卷十三《甬上證人書院記》。
㉛ 萬斯大《學禮質疑》卷首《序》。
㉜㊸ 萬斯大《周官辨非》卷首萬斯大《序》。
㉞ 萬斯大《禮記偶箋》卷二《禮器》。

㉟ 黃宗羲《南雷文定》前集卷八《萬充宗墓誌銘》。
㊲㊻ 《四庫全書總目提要·經部四·禮類二·儀禮商》。
㊳ 萬斯大《學禮質疑》卷一《禘祫一事下》。
㊴ 萬斯大《儀禮商》附錄《三與應嗣寅書》。
㊵ 萬斯大《學春秋隨筆》卷二《桓公十四年》。
㊶ 鄭玄、賈公彥《周禮注疏》卷十，《十三經注疏》上册第七〇四頁中。
㊷ 以上所引皆見《周官辨非·地官·大司徒》。
㊹ 梁啓超《中國近三百年學術史》十三《清代學者整理舊學之總成績㈠·經學》。
㊺ 江藩《國朝漢學師承記·國朝經師經義目錄·禮》。
㊼ 李慈銘《越縵堂讀書記·羣書疑辨》。
㊽㊾ 侯外廬《中國思想通史》第五卷《第二編十八世紀的啓蒙思想·第二節十八世紀漢學的先驅者》。

十三　萬斯大的《春秋》學

萬斯大（一六三三～一六八三）字充宗，晚號跛翁，學者稱褐夫先生，浙江鄞縣（今寧波市）人。清初著名經學家。其弟斯同以史學見長，世稱「二萬」。他早年爲黃宗羲「甬上證人書院」弟子，被推許爲「說經無雙，名擅八龍，昔有慈明，今見充宗。」①然而當時他所治主要爲三《禮》。康熙十年，他遷居杭州，在近三年間，他採集有關《春秋》諸傳及三家注疏外，又參閱自唐陸淳、宋劉敞直至明郝敬等有關《春秋》專著二十三種及蘇東坡、朱熹文集的有關部份，「日爲編纂，每事別一紙書之，以備後來抄撮，凡得二百四十二卷。」②。可惜的是，康熙十三年，其家遭火災，所抄資料隻字不留。由於諸參考書猝不及備，他不得不轉攻《禮》學，所著有《禮》學四種：《學禮質疑》、《禮記偶箋》、《儀禮商》及《周官辨非》。康熙二十年，他館於海昌（今浙江海寧），主人爲海昌著名學者陳之問（字令升，劉宗周與黃道周弟子），其家富有藏書。陳之問向他問《春秋》，於是他重新致力於《春秋》，「並取數年來所搜羅者，條舉件繫，手不停書，所輯亦較前更倍，而心力由此耗竭矣。」③康熙二十二年七月，他寫到魯昭公而疾作，臨歿，諭兒子萬經曰：「吾恍惚中時時如見劉原父（劉敞），時時有一篇《左傳》在吾目前。」④他對《春秋》的研究，可謂鞠躬盡瘁，死而後已。所留僅有《學春秋隨筆》十卷。此書「乃編纂時間有獨得者，別爲箚記」⑤，屬心得一類的筆記，雖不能反映他研究《春秋》的全貌，但由於多獨得之見，往往爲後人所引用，這裡就此書來評述他的《春秋》之學，並祈方家指正。

一

關於斯大的《春秋》學，他的好友鄭梁在《跛翁傳》中歸納爲「專傳」、「論世」、「原情定罪」和「屬辭比事」四點，茲分別論述於下：

㈠專傳

鄭梁解釋說：「經無事實，待傳而明，公、穀、左氏，互相異同，生今論古，事難懸斷，左氏詳覈，宜奉爲主。」⑥。

在《春秋》學中，正如南宋呂大圭在《春秋或問》中說的：「左氏熟於事，公、穀深於理」。《左傳》敘事「詳覈」，這是公認的，斯大在《隨筆》中舉了不少例子。我在這裡要指出的是，斯大還認爲不僅以事，而且以理求書法，左氏亦勝於公、穀。例如「昭公十九年，夏五月戊辰，許世子止弒其君買」條，《左傳》說，這是「許悼公瘧，……飲大子止之藥卒，大子奔晉」，所以書「弒」。《公羊》於此條無傳，但在後面「葬許悼公」條下，根據「賊不討不書葬」的例，認爲既葬悼公而未見討賊，說明悼公飲的藥，僅是藥不對症而死，是過失殺人，而非故意弒君。《穀梁》則根本不談進藥事，認爲悼公是「正卒」，即壽終。但壽終爲何書「弒」？那是因爲太子止自責爲「與夫弒者」，因而不肯繼位。斯大不同意《穀梁》之說，因爲《禮》雖載君藥臣嘗，「然未聞不嘗而死，即加之以弒者名也」，「書世子弒其君，是亂臣賊子之極惡兩備焉，而僅以其不嘗藥之故，毋乃已甚，《穀梁》之說固知其必不然也。」他也不同意《公羊》之說，因爲《公羊》拘於「賊不討不書葬」之例，「見悼公書葬，遂謂《春秋》不以止爲賊而赦之也，是以止爲過殺矣。過與故不同，而書法同乎？又知其必不然也。」斯大認爲《左傳》解釋是正確的，因爲瘧疾非必死之病，治瘧的藥也不會立即致人於命，「今藥出自止，飲之即卒，是有心毒殺之也」，可以肯定止弒君無疑。於是，止奔晉，新君立，以禮葬悼公，魯派使參加葬禮，《春秋》「故書弒於前而書葬於後，皆實錄也。」斯大的結論是：「愚揆之事理以求書法，唯左氏可憑。」⑦斯大的分析合情合理，楊伯峻先生《春秋左傳注》在這一條中就引用了斯大的見解。

斯大還否定公、穀的理，而取左氏的事。就以「賊不討不書葬」義例爲例，「隱公十一年，冬，十有一月壬辰，公薨」一條，魯隱公被羽父弒於蔿氏，經未書葬。對經不書葬，《左傳》僅敍事：「不書葬，不成喪也。」《公羊》則說：「何以不書葬？隱之也。何隱爾？弒也。弒則何以不書葬？《春秋》君弒，賊不討，不書葬，以爲無臣子也。」《穀梁》之說，與

《公羊》基本相同。斯大不同意這條義例，他列舉《春秋》一書，魯國以外弒君二十四，其書葬者五，都屬於成喪禮而諸侯會葬；其無論成喪與否皆不書葬者六，都屬於或是僭王，或是夷王；其不書葬而《傳》明言不成喪者五，都各有其特殊原因；其餘八君，其嗣位君主都與前君不啻寇仇，那肯爲之成喪！斯大結論是：「蓋成喪則諸侯會葬，不成喪則諸侯不會葬；會葬則書，不會葬則不書，理固昭然無可疑者。」此其一。《春秋》之經，既有賊討而書葬，亦有賊未討而書葬的，這樣一來，在邏輯上有可能：「故書葬者果皆賊既討，則不書者可言不討賊；書葬者不皆賊既討，則不書者斷非不討賊」，豈非使人無所適從？此其二。於是他否定了公、穀的「不討賊不書葬」的義例說：「若討賊之義，即見於見弒之時。君既弒矣，繼弒者有書如殺州吁，殺無知，殺夏徵舒，即知賊既討；無之，則知賊未討，又何必寓此意於不書葬之中哉！」所以他認爲：「左氏不成喪是也。」⑧

然而值得注意的是，斯大僅以左氏爲主，而並不盡取左氏，亦有批評左氏之處。例如「宣公三年，晉趙盾弒其君夷皋」條，《左傳》引用孔子：「趙宣子古之良大夫也，爲法受惡，惜也」，爲趙盾惋惜。斯大予以嚴厲批評：「左氏惑於邪說，乃托仲尼之言以賢趙盾。嗟乎！弒君者爲賢，將何者而後爲不賢乎？……先儒謂其好以成敗論人，而是非謬於聖人，良不誣也。」⑨

斯大以左氏爲主，但並不偏廢公、穀。例如經「成公六年，二月辛已立武宮」條，《左傳》解釋爲：「季文子以鞍之功，立武宮」，把武宮釋爲武軍。《公羊》則說：「武宮者何？

武公之宮也」，把武宮釋爲魯武公之廟。斯大評論說：「左氏以武宮爲武軍；《公羊》則曰『武公之宮也』。據『昭十五年』經書『有事於武宮』，即此武宮，則《公羊》之說爲是。蓋鞍之戰時，禱於武公而得勝，故立其宮也。」⑩

鄭梁稱讚斯大治經，「不立異，不苟同，不爲先人之言所主，不爲過高之說所搖。」⑪這在他對《春秋》三《傳》的態度中明顯地反映出來。

㈡論世

鄭梁解釋說：「春秋二百四十二年，世皆無道，孔子但據無道之世，據實直書，是非自見，而初未嘗以後生之匹夫，責已往之天子。」⑫

斯大取杜預《春秋左傳集解》的「經承舊史，史承赴告」的觀點，認爲「舊史略之，《春秋》不得而增」。⑬孔子只能筆削《春秋》以顯世變，然而不得任意增補史實。他說：「執事以讀《春秋》，二百四十二年天下大勢了然於心目間矣。」⑭但是，這二百四十二年大勢是怎樣的呢？他在《春秋》一開卷《隱公元年》條就指出：「孔子曰：『天下無道，禮樂征伐自諸侯出』，開卷，『元年』二字，便見王室之卑，諸侯之僭。」爲什麼呢？因爲天子爲天下共主，諸侯僅是天子之臣，如果周王室强大，一統天下，那末諸侯應奉周王爲正朔，哪有如「隱公元年」那樣書法，有「諸侯改元之理」？此其一；如果說《春秋》是魯史，可以書「隱公元年」，然而「亦必大書天子之年而分繫其事」，此其二。因此他同意熊過的話：「諸侯僭端，始見改元」，並說：「魯史書之，夫子因而不削，以著《春秋》之始，亦以見僭云。」⑮孔子不削「隱公元年」，正是爲了說明春秋一開始就進入了王室卑微和「禮樂征伐自諸侯出」的衰世。

斯大進一步把這二百四十年歷史，分作二段。經「隱公十一年．春，滕侯來朝」條，斯大在釋「朝」時說：「東遷諸侯，疆大兼併，小弱困敝，故小國朝大國，大國朝盟主，而伯國又設疆令以煩諸侯，故有謂三歲而聘，五歲而朝者，文襄之伯令也；有謂歲聘以志業，間朝以講禮者，叔向之示威也。……究竟諸國來朝與魯君外如，其疏數唯力是視，初無一定之準也。要而觀之，春秋之始，政在諸侯，故往來之朝皆成禮；春秋之季，政在大夫，至有朝而不納者矣（自注：公如晉至河乃復者是）。此又世變之日下，聖人之所深慨也。」⑯他把春秋分成「春秋之始」，即政在諸侯和「春秋之季」，即政在大夫兩個階段，把「衰世」作此區分，大體上是正確的。這就完全否定了何休《春秋公羊傳解詁》把春秋分作撥亂、昇平、太平「三世」的臆說。

因此，斯大認爲，孔子據此衰世之事而直書，則是非自見。例如「隱公七年．冬，天王使凡伯來聘，戎伐凡伯於楚丘以歸」條，斯大指出，時聘應是諸侯聘天子，而不是天子聘諸侯，然而，「東遷王室既卑，害禮傷尊，聘問下同列國，《春秋》因事書之，以著其衰。」⑰

又如，「文公五年．王使榮叔歸含且賵。三月，王使召伯來會葬」條，有的注家認爲這裡稱「王」不稱「天王」，是譏周王不能正禮，因爲這一條指的是魯僖公母成風卒，周王遣榮叔來饋（假借爲歸）葬品「含」和「賵」，又遣召伯來會葬。然而成風是魯莊的妾，宋胡安國說：「以天王之尊，下賵諸侯之妾，是加冠於屨，人道之大經拂矣。……《春秋》重嫡妾之分……於前仲子則名冢宰，於後葬成風，王不稱天，其法嚴矣。」⑱胡安國認爲不稱「天王」，是「春秋」之譏。斯大不同意這一分析，他認爲經於周王，有時書「天王」，有時只書「王」，僅僅書有詳略，並無褒貶之意。但孔子在這裡仍表達了他的憂傷，這倒不在於「妾母稱夫人」，而在於哀王室之衰，他說：「東遷之後，上替下陵，天子之下交於列國者，多否而少可，往而不來，施而無報，夫子蓋心傷焉，而非所以爲譏也。」至於周王遣使饋並會葬成風，「在魯爲榮，於周已褻，夫子尤傷之。」⑲斯大意思是，這裡稱王不稱天王，並無譏周王之意，孔子只不過據衰世之事直書而已，僅表達他的「心傷」。

《公羊》家主張一字褒貶，如「隱公二年·無駭帥師入極」條，《公羊》說：「無駭者何？展無駭也。何以不氏？貶。曷爲貶？疾始滅也。……此『滅』也，其言『入』何？內大惡，諱也。」意思是說，無駭就是展無駭，夫子削「展」字，是貶，貶無駭開了春秋滅國的先例。既滅國，爲何用「入極」而不言「滅極」？因爲滅人之國是大惡，孔子爲本國諱惡，所以不書「滅」而書「入」。斯大據「論世」的觀點予以反駁，指出：「春秋無義戰，敵國不相征，凡書『侵』、『伐』，皆罪也。『滅』、『入』、『遷』、『取』，罪之尤者也。」⑳，在他看來，《公羊》的這些解釋，都是廢話。

㈢原情定罪

鄭梁解釋說：「《春秋》所著，罪多而功少。而罪之所在，必即其所處之地，察其所處之情。如魯桓見弒於齊，莊公年方十三，沖齡倚母，法無可施，故書薨、書喪、至書葬，一似賊之已討。而於莊元年，則特書孫齊以責夫人。迨莊公既長，忘仇共狩，則如齊、如莒，莊公於是不得辭其防閒之責。」㉑

鄭梁所說：於書薨、書喪、書葬問題，非斯大原意，上文關於「賊不討不書葬」之例斯大就表示反對，他在《隨筆》中也沒有述及魯桓書喪、書葬的事。不過《隨筆》確以魯莊公為例，來發揮他的「原情定罪」的觀點。

魯莊公父為桓公，母為齊襄公姊（斯大以為妹）文姜。文姜與齊襄私通。桓公十八年正月，桓公與文姜至齊，發現了文姜兄妹的不正常關係，譴責文姜，文姜告訴了齊襄。四月，齊襄公指使彭生在車中拉殺了桓公。因此，齊襄是魯莊殺父仇人，這是事情所由來。斯大的原情定罪，歷魯莊年幼與年長二個時期來說明。

第一個時期，是魯莊公幼年時期。「桓公六年，九月丁卯子同生」條，斯大解釋說：「書子同生，雖因舉以大子之禮，其實以著莊公之年，見其嗣位之初，以童稚受蔽於母，而不知有父之仇，動輒見制，既長而亦不能以禮防閒也。故書同生於前，所以甚文姜於後也。」㉒

魯莊公嗣位時年僅十四，斯大於「莊公元年，三月夫人孫於齊」條指出，所謂「孫」，實即私奔，並列舉魯莊與齊襄於莊公四年會狩，於二年、五年、八年會師，文姜都以此借口，出國以遂其奸。斯大一再說：「莊公始則幼懦無知，不能逆制，迨積久勢成，欲中斷而無從矣」。㉓「魯莊以桓六年生，至嗣位年十四，童稚無知，未能獨斷，上倚乎母，母雖奸惡，其智術足以籠其子。又宣淫一事，其初年亦或未知，車中拉桿，亦謂竟出彭生，而非諸兒（齊襄公小名）之毒也。……聖人於此，蓋憫其始之無知，而馴至後來不振，且甚疾諸兒之淫凶，既殺其父，又愚弄其子也。」㉔

「幼懦無知」、「童稚無知」，這是原莊公當時之情，罪不在莊公。

第二個時期，是莊公年長之時。經「莊公九年，夏，公伐齊，納子糾，齊小白入於齊」條，指齊襄於去年被殺，齊國內亂，有人主納公子糾於魯，有人主納小白於莒。魯莊公以兵送子糾入齊，但小白已先入，是爲齊桓公。斯大認爲：「納糾一事，他國可，魯國必不可；魯他公可，莊公必不可」。爲什麼呢？他說：「《春秋》之義，以爲公可伐齊不可以納糾而伐齊；糾雖可納，不可忘仇而納，故書伐齊納糾以病公。」㉕接著，經於同年有「八月庚申，及齊師戰於乾時，我師敗績。九月，齊人取子糾殺之」（見《左傳》）。這時魯莊公年已二十二，已不是沖齡小孩子了，所以斯大給莊公定罪了，他說：「公無以自立於人世矣，糾畏難而來，反至見殺，文承敗績，一若齊人就我師中取之以去，而非使我殺之者。」又說：「噫！春秋戰多不義，今與仇國戰而非爲復仇，益爲不義之尤者，雖勝不足多，而況至於大崩

乎？」㉖

㈣屬辭比事

鄭梁解釋說：「《春秋》所書一事，必有本末，異事亦有同形，如上書『衛人殺州吁』，下書『衛人立晉』，此屬辭而見其爲一人也；立晉則書衛人，立王子朝則書尹氏，此比事而見其公私也。」㉗

經學家治《春秋》，往往是爲了發現孔子在《春秋》中所存的「大義」，而「義」只能在《春秋》的文字和所舉的事實中去尋求，這就需要「屬辭比事」，即連綴文字，排比事迹，從書法異同中發現所以異同之點，這就是所謂《春秋》的義例。鄭梁所舉的是《春秋》：「隱公四年，九月，衛人殺州吁於濮」和同年「冬十有二月，衛人立晉」兩條。斯大於此說：「《經解》曰：『屬辭比事，《春秋》教也』，於是年尤切。」㉘不過鄭梁在上述解釋中把斯大所說的「屬辭」與「比事」在意義上互相顚倒了。

斯大先講「比事」，他說：

所謂「比事」者，經書：「二月，衛州吁弒其君完。夏，宋公、陳侯、蔡人、衛人伐鄭。九月，衛人殺州吁。」有以見亂賊肆逆，惡黨眾盛，衛人討賊之難，謀老算深，雖久而終殺之也。書「九月，衛人殺州吁，十二月，衛人立晉」，又以見衛之立

君，遲回慎重，晉無覬覦之嫌，衛人無黨暱之私，尸其事者石碏，同其欲者衆人，故兩書衛人以昭公義，此比事而見之者也。㉙

斯大舉了兩條「比事」的例子，第一條「衛州吁弒其君完。夏，宋公、陳侯、蔡人、衛人伐鄭」事與「衛人殺州吁」事相比，前一事説州吁弒君，還與宋、陳、蔡、衛諸惡相勾結，表明惡黨衆盛；後一事雖只簡單書以「衛人殺州吁」，但與前事惡黨衆盛相比，可以知道衛人殺州吁之難，和石碏用調虎離山計，在陳國濮地把州吁執殺的老謀深算。斯大在這裡以「比事」明《春秋》「正名」大義。

第二條，以「九月，衛人殺州吁」事和「十二月，衛人立晉」事相比。州吁於九月被殺，按例，國不可一日無君，可是衛人到十二月才立晉，可見衛人立君十分慎重，既説明晉並無覬覦君位之嫌，也説明衛人並非爲了結黨營私才予以廢立的。兩事都書「衛人」，則説明主謀者雖是石碏，但受羣衆擁護，因此，「兩書衛人以昭公義」，衛人的廢立都出於「公」，所謂「公」，亦即君臣之義。

斯大解釋「屬辭」，他説：

所謂「屬辭」者有二：《春秋》「立」者再見，於晉曰：「衛人立晉，」足知一國之公也；於朝曰：「尹氏立王子朝」（原注：「昭二十三年」），足知一族之私出（

原注：「此屬辭之一」）；《春秋》書「弒」二十四，繼立者非弒君自君，即奉自亂賊，……非兄弟爭國，即藉手外援觀變待立。……衛晉有一於此乎？（自注：此屬辭之二）㉚。

「屬辭」之一是同書「立」字，一是「衛人立晉」，如上所述，這是一國之公。但「昭公二十三年」的「尹氏立王子朝」的「立」則不同。原來前一年，周景王猝然病卒，王室內亂，王子朝與王子猛爭位，王子朝受周世卿尹氏支持，立於王城。杜預在《春秋左氏傳集解》中注：「書尹氏立王子朝，明非周人所欲立」。因此屬辭而見，前者爲一國之公，後者爲一族（尹氏）之私，「立」字雖同，公私之義不同，這是以「辭」之同以求義。

「屬辭」之二是，春秋弒君二十四，凡弒後書「立」的繼立者都繼位不正，而「衛人立晉」的「立」，與他們都不同，是正的，把前後兩種「立」相對比，突出了《春秋》「正名」之義。

斯大對這兩種「屬辭」作了總結，他說：「聖人究觀終始，不禁喟然興嘆，以爲此二百四十二年絕無而僅有，爰大書特書曰：『衛人立晉』，以見繼弒者，非討賊不可爲君，非得衆不可爲君，此屬辭而見之也。」㉛「非得衆不可爲君」，這已超出「正名」的意義了。

斯大的《春秋》學除鄭梁上述四點外，尚有一點，值得注意，他提出了「通觀前後以見是非」的觀點。昭公二十二年，周景王卒，王室內亂，經書：「劉子、單子以王猛居於皇」，

「劉子、單子以王猛入於王城。」《穀梁》對這兩句中的「以」字解釋說「以者，不以也」，意思是經書「以」字，是譏劉、單兩子不應當「以」，因爲書「以」，則天王無以自立，全靠兩子以立。後儒據《穀梁》此說，認爲劉、單兩子廢立王室，有挾天子以令諸侯之嫌。斯大對此大不以爲然，他說，此事應對照後面昭公二十三年「天王居於狄泉」，二十六「天王入於成周」兩事聯繫起來才能定是非。天王能避難狄泉，能最終定位，是由於二子的支持，因此他說：「且所謂『以』者，謂輔王而扶危定傾，非挾王以行私柄國。使於王猛之居入不書『以』，則二子復辟之功終不著。」他從而提出一條治《春秋》的經驗：「《春秋》是非，有當通前後參觀而後見者，執一字以求之，則泥矣。」㉜這是對《穀梁》書法的批評。

二

斯大治《春秋》，不僅研究《春秋》義例，而且對《春秋》經文予以考證，斯大治經的考證方法，黃宗羲在《萬充宗墓誌銘》中歸納爲三點，即「非通諸經不能通一經」、「非悟傳注之失，則不能通經」、「非以經釋經則亦無由悟傳注之失」㉝。這三種方法，斯大主要用在治《禮》上，但亦用在治《春秋》上，特別是第一種和第三種。例如：經「僖公三十一年，夏，四月，四卜郊。」魯國的郊禮是什麼？此條寫得很簡單，引起後儒諸種解釋，極不一致。斯大首先據《禮記·禮運》所載孔子說的「魯之郊、禘，非禮也，周公其衰矣」句，指出郊禮應是周王祭天的祀典，諸侯不得行郊禮，魯僖公用郊，是僭踰。其次，斯大又引用《禮記．雜記》所載魯大夫孟獻子的話：「正月日至，可以有事於上帝」及《明堂位》：「魯君孟春祀帝於郊」句，指出祀天的郊祭，時間在「日至」，即子月（周曆正月，夏曆十一月）的冬至（日至），因此，經書「夏，四月」卜郊，在時間上是不正常的，所以孔子不削以示譏。這是以《禮記》來解釋《春秋》，就是「非通諸經不能通一經」的方法，他又考證《春秋》：「宣公三年，正月，郊牛之口傷，改卜牛，牛死，乃不郊，猶三望」條，說：「是正月牛死，即不郊而望也。使是年牛不死，即正月郊可知。」㉞這是以本經的「宣公三年」關於郊來說明「僖公三十一年」郊的不正常，進一步證實四月卜郊是《春秋》之譏。這就是「以經釋經」的方法。

斯大在考證中還提倡「闕疑慎言」。如經「隱公二年，紀子帛、莒子盟於密」條，「紀子帛」是什麼意思？自古以來，亦衆說紛紜，莫衷一是。《左傳》說是紀國的子帛，杜預說是紀裂繻的字，《公羊》、《穀梁》以「帛」釋作「伯」，變爲動詞。此後，唐啖助，宋胡安國，元程端學、清毛奇齡都各有不同的解釋，但都講不清楚。斯大說：「讀《春秋》者，遇如此類，無論先儒，未可易從，即三《傳》，亦當姑置」。他贊成胡安國的主張說：「胡云『厥疑慎言』可矣，必曲爲之說，則鑿矣。」㉟

由於斯大析義精晰，考證周密，因此他研究《春秋》往往有獨到的卓見，在經學和史學上都有貢獻。

在經學上，如「文公十四年，冬，單伯如齊」條，《左傳》認爲單伯爲周世卿，《公羊》、《穀梁》認爲是魯國行人。後儒因之各分門別戶，爭論紛紛。斯大主《左傳》，他例舉三條理由：第一，莊公元年和十四年，經曾三書單伯，現在復有單伯，「相距八十餘年，必父祖子孫相繼爲卿者也。」第二，經於魯的世卿，都書「卒」以示其死亡，而「單伯果爲魯卿，何以終《春秋》無一卒之耶？」三，有人反對說，單伯如果不是魯世卿，明年何以書「單伯至自齊」？斯大解釋說：「《春秋》內魯，尤內周，故凡王臣有事列國書同內大夫，單伯以魯事如齊，還而告魯，故書其『至』，無可疑也。」㊱斯大這一解釋，十分有力，故楊伯峻先生說：「單伯爲周卿士，詳莊元年注及萬斯大《學春秋隨筆》。莊元年距此已八十一年，此單伯與莊元年之單伯，必非同一人，當是其子孫。」㊲。

又如「宣公八年，葬我小君敬嬴，雨不克葬」條，《左傳》認爲下雨不葬符合禮，《穀梁》以爲葬既有日，因雨而止，是非禮，因爲《禮記．王制》說過：「庶人葬不爲雨止」。斯大取《左傳》說，他作這樣分析：「然玩經文，不言不葬，必雨甚難於襄事也。……雨甚不能襄事，而必曰：『有進無退』，率略奏功，誠信稍虧，貽後日無窮之悔，其可乎？……而諸侯葬禮，四綍、二碑，執綍五百人，遣車七乘，人衆事繁，雨甚泥濘，其何能濟？故寧緩毋遽，寧慎毋躁。《王制》云：『葬不爲雨止』，唯庶人縣封者爲然，原非爲大夫以上也。」㊳斯大論證極有說服力，所以傅棣樸先生全文摘錄了斯大這一段話，並據以批評《穀梁》之說爲「拘泥不通」㊴

在史學上，如經「成公元年·作丘甲」條，《公羊》、《穀梁》皆釋爲「丘作甲」，即使每丘之民作鎧甲（按：《周禮·地官·小司徒》「九夫爲井，四井爲邑，四邑爲丘。」《左傳》對「丘甲」無解釋。杜預注說，原來魯每丘出，馬一匹，牛三頭，今增爲出長轂一乘，戎馬四匹，牛十二頭，甲士三人，步卒七十二人。這樣丘賦增四倍以上。而胡寧《春秋通旨》解釋爲由過去四丘出三甲，改爲一丘出一甲，丘賦增三分之一。對杜注斯大頗不以爲然，說：「是頓加四倍，理必不然。」斯大這一指責是對的，孟子說過，當時的賦稅限於十分之一，至多爲十分之二，今猛增四倍，民何以堪？至於胡寧的解釋，在數量上「理似可通」，但他亦不盡以爲然。杜、胡釋「作丘甲」，不但增甲士，而且增步卒，斯大則以爲僅增甲士，他說：「愚通考《春秋》，竊謂此但增甲士，而步卒如故也。」他進一步論證：「古者車戰之法，甲士三人，一居左以主射，一居右以主擊刺，一居中以禦車。……間有四人共乘者，則謂之駟乘。……魯畏齊彊，車增一甲，皆爲駟乘，因作一丘一甲，故曰：『作丘甲』㊵。」斯大還指出，增步卒事在以後，「則襄十一年『作三軍』時也。」㊶他的觀點，楊伯峻先生也曾表一定贊成，他在《春秋左傳注》中引用了斯大「但增甲士而步卒如故」句，同意他對杜預的糾正，但認爲尚未能確證。㊷

三

斯大的《學春秋隨筆》在一定程度上反映了時代的特點。從《春秋》之義來講，《春秋》之義首在「正名」，而「正名」主要表現在「華夷之防」和「君臣之義」上。經「襄公二十七年，夏，叔孫豹會晉趙武、楚屈建、蔡公孫歸生、衞石惡、陳孔奐、鄭良霄、許人、曹人於宋」及同年「秋，七月辛卯，豹及諸侯之大夫盟於宋」條，這是指《春秋》時一次著名的「弭兵之會」。但按例會盟應由諸侯主持，可這一次則是大夫專盟，没有諸侯參加，失君臣之義；而且華夏之晉與夷狄之楚一起參加，不但參加，而且在秋天同盟時，楚竟先於晉，失夷夏之防。所以斯大說：「是會也，大夫專盟，無君臣之義；晉楚同歃，失夷夏之防，此世道之一大變也。」㊸

失夷夏之防，爲世道一大變，這是清初滿漢民族鬥爭的反映。黃宗羲在《留書》中一再指出：「宋之亡於蒙古，千古之痛也」，「堯舜相傳之統，至元而絕」㊹，呂留良也說：「緣德佑（南宋末帝顯年號）以後，天地一變，亙古所未經」㊺，可爲斯大的「世道之一大變」作注腳。斯大一生三葬抗清志士（陸宇爀、陸文虎、張蒼水），自己決不仕清，他在《隨筆》中强調夷夏之防，正是他的民族意識的反映。斯大在書中又强調「君臣之義」和三綱，說明封建道德對他的影響，這一點，比他的老師黃宗羲在《明夷待訪錄》中對君主專制的尖銳批判是有些後退了。然而，他並沒有完全背棄老師的教導，在《隨筆》的最後，他提出了孟子所說的「易位」問題，他說：「孟子言：『貴戚之卿，君有大過則諫，反覆之而不聽，則易位』，是易君者古亦有之。但古之易君，必爲國爲民，君非大過不廢也，繼非賢者不立也。至公無私之心，質先君而無愧，對臣庶而無慚，故雖易君而不得以爲罪。」㊻易君「必爲國爲民」，這與黃宗羲的「蓋天下治亂，不在一姓之興亡，而在萬民之憂樂」㊼是基本一致的；「繼非賢者不立也」，這與黃宗羲的「古者不傳子而傳賢」㊽的觀點近似；「易君而不得以爲罪」，這與黃宗羲的「豈天地之大，於兆人萬姓之中，獨私其一人一姓乎？」㊾反對「後世之君欲以如父如天之空名，禁人之窺伺者」㊿的思想一致。斯大的這種觀點在一定程度上反映了明清之際「天崩地解」時代中我國早期反君主專制主義的啓蒙思想。

鄭梁所舉斯大治《春秋》的四點，其「論世」和「原情定罪」的觀點，突破了以往治《春秋》者書法的框框，爲他自己所獨創。他的「論世」之說，把春秋之世看成「衰世」，自然是不正確的，但這種以「三代」爲「盛世」的觀點，是儒家的一貫思想，明清之際，一些進步的思想家往往用以批判現實政治的腐敗和黑暗，在當時有一定的歷史意義。更應指出的是，他的「論世」（「原情定罪」其實是「論世」的引伸）說否定了《公羊》杜撰的「大一統」以及「張三世」的所謂《春秋》之義，實質上是主張以歷史主義的觀點來評價歷史人物。無獨有偶，他的弟弟萬斯同在治史中亦提出了「論世知人」的史法。斯同對方苞說：「非論其世知其人，而具見其表裡，則吾以爲信而人受其枉者多矣。」(51)兄弟二人，一在經學，一在史學，都提出了這一歷史主義的觀點，這正是黃宗羲開創的浙東學派的一大特色，也是明清之際實學思潮的表現。

斯大的《春秋》學，在經學史上有其特定的歷史地位。他以《左傳》爲主，不廢《公羊》、《穀梁》，甚至說：「如此則三《傳》可通爲一，庶於事理無礙。」52他超越了經學史上漢儒今古文之爭（《左傳》爲古文，《公羊》、《穀梁》爲今文）的門戶之見，在一定程度上繼承了從唐啖助、趙匡、陸淳的合三《傳》以治經的傳統。他提倡：「《春秋》之學，有必待《傳》而明者」53，糾正了唐宋學者中「《春秋》三《傳》束高閣」54，棄《傳》以釋經的風氣。從內容上看，據其子萬經所開列的他所閱的書目，他治《春秋》既取漢儒的注疏，又採宋明諸儒之說；從方法上看，斯大開始以考證方法治經，使對《春秋》的研究，從宋、明學者的主觀臆度，轉向對文獻的客觀求證。但他並沒有完全避免宋、明學者主觀臆測的缺點，《隨筆》中往往有失誤之處；他的考證也不及後來專門漢學家的精審。皮錫瑞在《經學通史》中說：「國初諸儒，治經取漢唐注疏及宋元明人之說，擇善而從，由後人論之，爲漢宋兼採一派，而在諸公當日，不過實事求是，非欲自成一家也。」55斯大正是漢宋兼採的代表人物。從《春秋》學來講，他同樣上承宋學，而在方法論上，下啓乾嘉專門漢學，同時，在一定範圍內（不是很多），又突破了經學的舊傳統，以史學的方法來治經，從一個側面，反映了明末清初「六經皆史」的思潮。

◘注釋

①　李文胤《杲堂文鈔》卷三《送萬充宗授經西陵序》。

②③④⑤　萬斯大《學春秋隨筆》卷首萬經《序》。

⑥⑪⑫㉑㉗　錢儀吉《碑傳集》卷一百三十鄭梁《跛翁傳》。

⑦　以上所引皆見萬斯大《學春秋隨筆》卷十。

⑧⑬⑭⑮⑯⑰⑳㉘㉙㉚㉛㉟　萬斯大《學春秋隨筆》卷一。

⑨㊳　萬斯大《學春秋隨筆》卷七。

⑩　萬斯同《學春秋隨筆》卷八。

⑱　胡安國《春秋傳》卷一。

⑲㊱　萬斯大《學春秋隨筆》卷六。

㉒　萬斯大《學春秋隨筆》卷二。

㉓㉔㉕㉖　萬斯大《學春秋隨筆》卷三。

㉜㊻　萬斯大《學春秋隨筆》卷十。

㉝　黃宗羲《南雷文定》前集卷八《萬充宗墓誌銘》。

㉞㊾　萬斯大《學春秋隨筆》卷五。

㊲　楊伯峻《春秋左傳注》第六〇二頁。

㊴傅隸樸《春秋三傳比義》（中冊）第一八七頁。

㊵㊶所引皆見《學春秋隨筆》卷八。

㊷《四庫全書總目提要》作者對斯大《春秋》學的得失，從總體上有較正確的評價，說斯大「較宋元以後諸家空談書法者有殊，然斯大說經，以新見長，亦以鑿見短。」（見該書《經部・春秋類存目二・學春秋隨筆》）然而所擧例子，卻不完全正確，說斯大關於「丘作甲」釋爲在成公元年「始爲駟乘」，而其實在文公十一年時，魯人已有駟乘，因而指責斯大「臆測」。但是該書作者沒有細看斯大原作，斯大亦擧文公十一年之例，說「間有駟乘」是偶然的，只是到了成公元年，因畏齊强，才以法律形式「作丘甲」而普遍地「皆爲駟乘」，斯大從未說過成公元年「始」有駟乘。

㊸53萬斯大《學春秋隨筆》卷九。

㊹黃宗羲《留書・史》，《文獻》一九九〇年四月。

㊺呂留艮《呂用晦文集》卷一《復高彙旃書》。

㊼黃宗羲《明夷待訪錄・原臣》。

㊽黃宗羲《明夷待訪錄・置相》。

㊾㊿黃宗羲《明夷待訪錄・原君》。

51《方苞集》卷十二《萬季野墓表》。

㊺ 韓愈《韓昌黎集》卷五《寄盧仝》。

㊻ 皮錫瑞《經學歷史·經學復盛時代》。

十四　萬斯同傳略

清初著名史學家萬斯同，昔人撰有傳志而無年譜。王煥鑣先生過去著有《萬季野年譜》，惜僅寫至其三十三歲時止。作者曾與陳訓慈先生合著《萬斯同年譜》，然只客觀地紀錄其生平事迹而未論述。本文企圖以傳略形式，尋求斯同思想發展的線索，並對史學界某些爭論問題發表自己的看法，不妥處，請方家指正。

一

斯同祖上爲明朝世襲指揮，四世死於明朝國事。高祖萬表，爲王陽明浙中弟子之一，號稱儒將。父萬泰，爲復社名士，著名明遺民。這種家庭出身和家教傳統，對斯同思想帶來不可磨滅的影響。綜觀斯同一生，其思想發展，大體可分四個時期。第一個時期從崇禎十一年到康熙五年（一六三八～一六六六），是他的童年，青少年和參加文會時期，也是他史學思想的醞釀時期。

崇禎十七年，斯同七歲，李自成農民軍攻占北京，明亡。第二年，清軍占領杭州，浙東抗清義兵聯合南明部分官軍。迎魯王監國。萬泰任監國戶部主事。順治三年六月，清軍渡錢塘江，浙東列郡望風披靡，斯同從此開始了長達三年的逃難時期，與父兄避居於奉化榆林羣山之中。所攜財物及城內府第皆被搶劫一空，斯同的生活急轉直下，從一個貴公子一下子下降爲一個必須自食其力的勞動者。他對這段時期的生活，作如下描述：

> 穴居逾三年，脫粟嘗不繼；重返西臯居，遂作灌園計；田圃久成蕪，桑麻亦已廢；再葺耕耨基，復理桔槔器；時或從父兄，荷鋤畦邊憩；漸成田舍兒，頗諳村居味；當謂謝俗氛，終事田家利。①

應該說，這一段經歷對他思想和發展，帶來良好影響，使他懂得民間疾苦，是他史學思想中人民性因素形成的原因之一。

順治八年，他十四歲，萬泰遷家回城內故居。「漸成田舍兒」的斯同，頑皮而不願讀書。萬泰把他禁閉於書室內，閒極無聊，迫使他看室中經史書籍以消遣。他遍讀藏書，學業大進，萬泰知道後，即送他入塾讀書。順治十三年，他十九歲，與兄斯大、斯備、任萬言，同郡中故家子弟共二十六人，組織文會，萬言回憶說：「丙申、丁酉之際，世變粗定，余叔任集郡中俊彥爲文業之會。……要之，所論非史書治亂，即故文歌辭，以爲異日當各以所長自鳴，其視世路賄利，直如土芥，一不置齒頰間。」②但好景不常，第二年，萬泰病逝於江西湖口。康熙元年，城內故居又爲清帥所奪，萬氏兄弟被迫遷居西皋墓莊，家境益落，他的幾位兄長只好四出謀食，文業之會無形中解散了。

不過斯同兄弟在城西又認識了另一文社——澹園社的幾位成員，如陳赤衷、陳錫嘏、董允瑫、允璘兄弟，范光陽、陳自舜、陳紫芝等以及王文三、張士塤、鄭梁等人。他們過從頻繁，詩酒往來，成了好友。康熙四年，這些年輕人共同組成「策論之會」，後來他們中的大多數人成了黃宗羲甬上證人書院的弟子，成爲清初浙東學派的成員。

這一時期，從三個方面對斯同思想的形成產生重大影響：

一是父親的教育。萬泰在明亡後辭清廷公車之征，多次營救抗清志士。他和明遺民組織詩社，抒發民族意識，親自整理犧牲於舟山的魯監國禮部尚書吳鍾巒遺稿。上述事，自然在斯同頭腦裡注入了强烈的民族意識，他在晚年說：「時斯同年方十四，讀其書（吳鍾巒遺集），輒知敬其爲人。」③萬泰還教育斯同兄弟：「至於《通鑑》，尤不可不看，讀書人不知古今，與聾聵等耳。」④這對斯同以後走上治史道路是有影響的。

二是名師的薰陶。順治十一年，黃宗羲嫁女至寧波，宿於萬氏故居寒松齋，萬泰「因使諸子盡事黃先生」⑤，這是斯同拜黃宗羲爲師的開始。萬泰卒後，黃宗羲有信給斯同兄長斯年，「招家叔及不孝輩往受書」⑥，因此，順治十六年秋，斯同首次到餘姚化安山龍虎堂，拜見黃宗羲。十八年元夕，他與兄斯備，侄萬言，再至化安山謁黃宗羲，披覽黃氏藏書，與其子黃正誼、黃百家飲酒論學。「何時龍虎堂，相對披遺籍？」⑦表達了他對這幾次拜謁的懷念。這是黃宗羲指導他學業的開始。

三是學友的切磋。在策論會諸子中，陳自舜的雲在樓，張士塤的墨莊，都富有藏書。斯同原想長大後以古文辭詩歌鳴世，從康熙五年開始，他專心於史學。萬言的兒子萬承勳在《恭壽堂藏書記》中說：「後吾父與季野從祖日不飽一粥，毅然磨礪史學，從雲在樓陳氏借二十一史，入夜無油，就月光讀之，光盡則相背誦達旦。」⑧一起讀書的還有黃百家和陳赤衷。從此，他開始對史學發生興趣。康熙五年他二十九歲時，有《與從子貞一書》，可以看出他早期的史學思想。自此，他放棄了古文辭詩歌，專門從事經史之學，斯同學風，爲之一變。

斯同的史學思想在這一時期已開始萌芽。家庭出身和所受教育，使他一開始走上治史道路時就不是爲治史而治史。他治史是出於經世的目的，而經世是在民族思想指導下的。他在《與從子貞一書》中談及經世之學時說：「今天下生民何如哉？歷觀載籍以來，未有若是其憔悴者也！」他估計清廷的統治不會長久，「夫物極必變，吾子試觀今日之治法其可久而不可變耶？」接著他點出自己治史目的：「則講求其學以需異日之用，當必在於今日矣。」他所說的「其學」，是指「經世之學」，即「將盡取古今經國之大猷，而一一詳究其始末，酌其確當，定爲一代之規模，使今日坐而言者，他日可以作而行耳。」他以爲把「古今之典章法制」經緯繫貫後，就可建「萬世之長策」⑨。

這篇文章典型地反映了黃宗羲開創的浙東史學的特色。全祖望曾指出黃氏學術特點是：「經術所以經世，方不爲迂儒之學，故兼令讀史。」⑩但全祖望沒有說出黃氏經世的指導思想係出於民族意識。民族思想——經世思想——史學思想（或經學思想，如萬斯大；或文學思想，如李文胤），這三者在浙東學派的師生中是三位一體的。在中國傳統史學中具有這類見解的確實不多。要指出的是無論經學也好，古代典章制度也好，斯同在研究中決不是泥古不化。他後來對友人說，他在當時「時與諸同人兄弟有書契以至今日之制度，無弗考索遺意，論其可行不可行。」⑪說明他的「師古」，是古爲今用，有所取捨的。斯同的這種經世思想，是明清之際實學思潮的一部份。但正如當時其他實學思潮一樣，最後都不免成爲空論，這是時代的局限，不能苛責於他。

二

第二個時期，從康熙六年（一六六七）到康熙十七年（一六七八）他三十歲到四十一歲，是他參加甬上證人書院和設館授徒時期，他的史學思想初步形成。

康熙六年，萬氏兄弟子侄、策論會成員及其他故家子弟共二十六人，前往餘姚向黃宗羲受業⑫。同年五月，黃宗義至寧波，向他們講授劉宗周的「蕺山之學」，於是策論會改成證人之會，後改稱五經之會，「月必再集。……其後有五經講會，亦如之。」⑬

第二年，即康熙七年三月，黃宗義再度來甬，正式創辦甬上證人書院，甬上證人書院共辦了八年⑭。在書院創立第二年，斯同因生計所迫，與董允璘一起，到紹興姜希轍家教書，但他經常往來甬越間，所以並未脫離書院。康熙九年，他貧得無法自立門戶，不得不從紹興回來，爲城東傅氏贅婿，但生活仍極艱苦，「敝屋兩楹，右爲臥房，左爲客坐，雞塒炊具，雜然並陳，壘敗瓦爲門。」⑮

康熙十二年，斯同與兄斯選及趙時贇三人，共修《寧波府志》，他的史學思想第一次變爲實踐。次年，他到李文胤家爲其子李敦教書，經濟上才有好轉。李文胤是明遺民，與黃宗義處於師友之間，在文學上造詣很深。他倆常相對詠懷，斯同的史學，在甬上證人書院中早已公認第一，康熙十四年後，他的史學在江南一帶就很有些名望了，李文胤在那時說：「今季野學既大充矣，海內唯恐不識其面矣，唯恐不讀其書矣。」⑯因此，康熙十七年，清廷開博學鴻儒科時，浙江地方官就推薦他，爲他拒絕。這時，在清廷任左贊善充日講起居注官的徐乾學及其弟翰林院掌院學士徐元文，丁母憂在江蘇崑山老家，聽說季野的學問，就請斯同去崑山纂喪禮，斯同自此認識了徐氏三兄弟（另一爲徐秉義）。

斯同在這一時期的經歷，有三方面值得注意。一是康熙八年，他到姜希轍家教書，姜家藏有明朝列朝《實錄》，他「廢寢觀之」，「幾能成誦」⑰。從此，他「有志於明史，悉屏他書不觀」⑱。這樣，他的史學從研究古代典章制度轉而研究明史。爲什麼要作這樣的轉變呢？他後來說：「又思此道（指考索典章制度）迂遠，而典考諸書所載，有心人按圖布之有餘矣。而塗山二百九十三年之得失，竟無成書，其君相之經營、創建與有司之所奉行，學士大夫之風尚源流，今日失考，後來者何所據乎？」⑲這樣，斯同的學風，又爲之三變。這一變化，反映了清初浙東史學的又一重要特點，即治史以研究當代史爲主。康熙九年，他寫了《寄范筆山書》，這是了解他早期史學思想的一篇重要文章，他表示：「既生有明之後，安可不知有明之事？」並說在姜希轍家看了明朝歷代實錄後，決心「欲以國史爲主，輔以諸家之書，刪其繁而正其謬，補其略而缺其疑，一仿《通鑑》之體，以備一代之大觀。」即試圖通過研究明史，以總結勝國一代的經驗教訓，「並一代之制度，一朝之建置，名公卿之嘉謨嘉猷，與夫賢士大夫之所經營樹立，莫不概見於斯。」其目的則是：「備他日經經濟之用」。⑳他還有《與李杲堂先生書》，試圖私修郡志以保存明清之際家鄉抗清志士的活動史迹。

第二是康熙十二年，他至慈溪，訪問思想家潘平格。潘平格的學術以「求仁」爲宗，以「格通人我」釋「格物」，抨擊「朱子道，陸子禪」，在當時的確一新耳目。斯同爲他的學說所吸行，取其書數帙歸來。這件事被證人書院其他弟子知道了，「同學因轟言予（斯同）畔黃先生，先生亦怒。予謝曰：『請以往不談學，專窮經史』。」㉑這裡所謂「畔」，指背離黃宗羲向弟子授受的「蕺山之學」，所謂「不談學」，指不談性命之學，即哲學。從此以後，他不再過問哲學，專心地走上治史道路。不過，這也給他的史學帶來弱點，使他的史學理論缺乏深刻性。

第三是康熙十年，甬上遺民高宇泰、徐鳳垣等九人組織詩社，斯同與他們時相過從，並以徐鳳垣爲師。他把詩與史結合起來，寫了一組體現他的史學思想的《明樂府》（一名《樂府新詞》）。要指出的是，《明樂府》的意義，不僅在於可以了解斯同對「塗山二百九十三年之得失」的考慮和對這些得失的評論，而且也反映了浙東學派的民族思想——經世思想——文學思想這一學術脈絡的線索。浙東學派文學觀點之一是提倡寫詩史。斯同的好友陸嘉淑在《明樂府序》中指出，因爲有明史實，國史或有不盡書，或失其真，斯同「乃爲之洗發其隱微，徵考其本末，推辨其得失，以補一代之遺佚。……間有感慨嘆息繁霜離黍之痛，推其所自，以比於左徒之怨。」㉒陸嘉淑指出了「左徒之怨」（民族思想）——「洗發隱微」、「推辨得失」（經世思想）……《明樂府》（史學和文學思想）這一條浙東學脈的學術脈絡。

三

第三個時期，從康熙十八年（一六七九）到康熙二十八年（一六八九）他四十二歲到五十二歲是他北京修史的前期，他的史學思想逐漸成熟。

康熙十八年三月，清廷下詔修明史。五月，命徐元文爲監修。丁憂在家的徐元文即邀請在其家撰《喪禮》的斯同及曾館於其家的萬言共同北上修史。斯同答應了，匆匆返寧波，偕萬言到餘姚蘭溪（今陸家埠）向黃宗羲辭行。黃宗羲一方面向他們指出修明史的難點：「是非難下神宗後，底本誰搜烈廟終」；一方面教導他們：「豈知忠義及韓通」，「太平有策莫輕題」㉓，並曾贈以所藏《大事記》及《三史鈔》。八月，斯同和萬言治裝北上，在甬證人學友開一次隆重的餞別會。李文胤對他北上似不很同意，以出處相勉，徐鳳垣則希望他保存民族大義，以獨立千秋之筆。斯同向他們作了這樣的表態：「吾此行無他志，顯親揚名非吾志也。但願纂成一代之史，可籍手以報先朝矣。」㉔

斯同到京後，辭謝了徐元文欲按例授他的七品官俸和翰林院纂修官之職，住在徐氏兄弟在京的碧山堂賓館。由於斯同有淵博的明史知識，不但取得了「京朝諸大老」的「敬禮雅重」㉕，而且「一時修史諸君多從季野折衷」，所以徐元文「遇有疑誤，輒通懷商」㉖，他成了不掛名的明史總裁。

京都是人才濟濟之地，他結識了不少飽學之士。康熙二十二年，他初遇陸隴其，從此兩人常有往來，討論經史，雖見解並不完全一致，但陸氏對他的學問很欽佩，稱他為「博雅君子」㉗。同年，斯同又認識了閻若璩。康熙二十四年，他認識了劉獻廷，兩人從此成了莫逆。同年，王源至京，斯同也同他成了好友。康熙二十八年冬，斯同回故鄉探親，徐乾學在餞別時贈他一首頗含感情的詩，其中說他：「與談忠義即開顏」㉘，說明在京十年，他沒有辜負黃宗羲、徐鳳垣、李文胤等師友臨別以「忠義」相勉的期望。

第二年三月，他北返。離鄉前黃宗羲至寧波相送，以「四方聲價歸明水，一代賢奸托布衣」㉙句相贈，這是對他的讚揚，也是對他的鼓勵。回京後，他與閻若璩、胡渭合編徐乾學主持的《通治通鑑後編》。這一年冬，他又認識了劉坊，兩人從此成了無話不談的知己。但就在這一年年底徐乾學因被許三禮所劾，上疏乞求回籍，斯同在京修史前期，就此告一段落。

在這段時期，在斯同思想上有兩件事值得注意，一是斯同入京修史不久，就發現他修史初衷與修史的實際相距甚遠。清廷修史是在滿清貴族嚴密監督下進行的，怎允許他「藉手以報先朝」？因此他的情緒一直不高，康熙二十一年春，鄭梁至京，爲他的《明樂府》作序，鄭梁在《序》中說，此書「豈足以見季野之萬一哉！然而，史者開局設官，而成其是非可否，非一人得而主；詩者滿心肆口而出，其美刺勸懲，實一人得而操。……嗚呼！季野一代史才，乃不得與備位玉堂者同操筆削，以正是非！」他慨然嘆息：「夫天下事，能者不任，而任者不能，往往如此，此世道之所以日非，而有識者之所爲不欲觀者也。」㉚這篇文章如實地反映了季野早期修史的不得志情況。他心情很不舒暢，想回家了，在《寄七兄允誠》中訴說：「向來此意爽然失，豈若家園守敝裘；他年歸臥西皋上，與爾同儈牆東牛」。在《送陸翼王還瞟城》中說：「我亦念家園，矯首望何杳！」他之所以沒有走，是因爲他結識了一些志同道合的同志，特別是他與劉獻廷一起，「各以館脯所入，抄史館祕書，連甍接架。」㉝開始了爲後來脫離史館著手私修明史的活動㉞。

二是他與王源的一次爭論。原來《明樂府》第一首《沈瓜步》記朱元璋奉韓林兒年號及廖永忠奉朱元璋命沉韓林兒於瓜步事，詩中斥之爲「弒主甘爲賊」。王源見後大爲不滿，作《與友人論韓林兒書》，指責斯同「顧欲奉一未成事之賊子牧豎爲正統，與太祖正君臣之分，……而自以爲《實錄》所不載者吾能知之。」㉟斯同平心靜氣地寫了《追記先世所藏令旨事》一文予以答覆。他以家藏明太祖授其先祖萬斌令旨二十道，後皆題「龍鳳」（韓林兒年號）爲據說：「則是太祖之初受命於宋主明甚。今國史及諸家傳記皆沒而不載，其意蓋爲國諱也。不知此何必諱，漢祖不嘗受命於懷王乎？」他還指出，「韓林兒下中原，墜上都，雲擾六合，有首難之功，初非樊崇、隋楊玄感之比，《綱目》於玄感諸人，猶未嘗書之爲盜，則韓氏之立國，何不可大書而特書！」㊱他堅持以史實爲根據，不爲太祖諱，認爲元末紅巾軍有亡元大功，不能稱爲盜。這兩點，足見斯同史學思想在一定程度上已突破了正統的儒家史學觀點，其史識是特出和進步的。後來王源對斯同的史學也十分欽佩，在《萬季野補晉書五表序》一文中，盛贊斯同的史學、史才和史識㊲。

四

第四個時期從康熙二十九年（一六九〇）他五十三歲到六十五歲到康熙四十一年（一七〇二），是他北京修史的後期，他的史學思想，最終成熟。

康熙二十九年，徐乾學離京回江蘇，未幾，徐元文亦致仕回籍。劉獻廷原是徐乾學招來修史的，因此乘機辭館南還，招斯同共同回吳私修明史，斯同答應了，但爲明史監修張玉書和總裁陳廷敬所堅留，未走成。他的居室，也從碧山堂移至江南會館。

就在這一年，他受證人書院學友仇兆鰲的邀請，在京都主講經史之學，每月二至三次，所講內容和地點是：「益以田賦、兵制、選舉、樂律、郊禘、廟制、輿地、官制諸論說，凡因宜因革，皆勒成典，則實史事之權衡也。朝而設席，向晚而退，如歲寒書屋、梅花堂、浙江江南會館，皆其講經史處也。」㊳，後又講圖書、曆象、河渠、邊務等。由溫睿臨筆錄，講會直至逝世前未嘗停止。

康熙三十年秋，方苞至京，這時年僅二十四歲，斯同愛他文筆，不惜降齒與他交往，勸他不要溺於古文，方苞後來說：「余輟古文之學而求經義，自此始。」㊴

康熙三十三年，明史的監修、總裁有了變動，王鴻緒任總裁，負責修列傳，斯同因由江南會館移居王鴻緒官邸。這時，斯同年已五十七，目疾更甚，於是王鴻緒爲他找了一個助手錢名世，「斯同任考核，付名世屬辭潤色之。」㊵這一年，劉獻廷不幸卒於吳，昔日兩人所抄書籍，全都散失。噩耗傳來，斯同受極大打擊，從此更悒悒思歸。

康熙三十五年秋，方苞南還，斯同邀他至寓所，與他暢談史法，提出「事信而言文」，博搜資料而裁以《實錄》，反對史局修史等等的史法，希方苞以文筆出之。方苞後來在《萬季野墓表》一文中記載其事，這是一篇研究斯同史法的重要文章。

康熙三十七年春，他六十一歲，第二次南還故里，往餘姚訪黃百家，看到了黃宗羲遺著

《明三史鈔》，極爲高興，對黃百家說：「此一代是非所關也。我此番了事，歸來將依此底本另成《明朝大事記》一部如何？」㊶想在京修史完成後，與黃百家共同私修明史。回寧波後，他爲原甬上證人書院學友子弟，開設講席，縱論賦役、兵制、選舉、禮樂、曆法、官制、明史等。這年秋，他偕錢名世北上回京。

康熙三十九年，斯同認識了孔尚任與李塨，這是他晚年的兩位新交知友。他對李塨《大學辨業》一書推崇備至，並檢討了早年因潘平格事棄性命之學不講的錯誤，「今得見先生，乃知聖道自有正途也。」㊷於是作《大學辨業序》，盛讚顏李之學。兩人經常以經史相切磋。斯同對自己的經學十分自信，對李塨說：「天下惟先生與下足耳。閻百詩，洪去蕪未爲多也。」㊸他還請李塨主講座，向王鴻緒推薦李塨修史，都爲李塨婉辭了。

康熙四十一年正月二十四日，他的學生溫睿臨、陳正心釀金爲他祝壽。四月初八日，他突然在王鴻緒官邸中逝世，年六十五。孔尚任時在京師，以詩二首哭之，詩如下：

一代風流盡，斯文隱慟深，登堂收卷帙，
器寢失聲音；煙草歸無路，風花落滿林；
魂遊多俠伴，冥贈不須金。

小飲春杯盡，誰知路永辭，講壇憂道日，

病枕望鄉時，生死羈旅客，精靈愛挽詩；
篋中遺稿在，不愧史臣詞。㊹

這兩首詩述及斯同治史的幾個重要問題，對此，我想作如下探討和評論：

一、「**魂遊多俠畔**」。此語道出了斯同修史的初衷。他的初衷，自康熙二十八年至康熙三十七年近十年間，在雞鳴風雨之日向劉坊暢談過，他說：「昔吾先世四代死王事，今此非王事乎？祖不難以身殉，爲其曾玄，乃不能盡心網羅，以備殘略，死尚何以見吾先人地下乎？故自己未以來，迄今二十年間，隱忍史局，棄妻子兄弟不顧，欲有所冀也。」㊺話說得很含蓄，所冀的是什麼？網羅的是什麼？他希冀的應是「盡心網羅」南明抗清「遊俠」的事迹，本書第十五章對此有所敍述，這裡不贅述。他留下的《明季兩浙忠義考》的寫作提綱，可證明孔尚任所說的「多俠」指的是什麼。

二、「**講壇憂道日**」。孔尚任提出斯同在京主講經史，其出發點是「憂道」。所謂「道」，就經學上講，明清之際的實學思潮，在經學上由虛返實，主要表現在兩個方面：一是「聖人之經即聖人之道」㊻，即先王和聖人之道，只能在《六經》中尋求，而不是師心自用，於六經外別立道學；一是「欲返經，必自正經學始」（同上），即必須通過訓詁，辨僞等方法，把經學從宋代經學的「空衍義理，橫發議論」㊼中返於《六經》之真含義。斯同的經學主於《禮》學，其治《禮》出發點是爲了求「三代相傳之良法」㊽，即主於求先王之道，而不甚注意於訓詁，故在考證方面確有不精或失誤之處。他的經學明顯地具有由宋學向專門漢學過渡的特徵，在治《禮》中往往主宋儒之説而駁鄭玄之非，但又不盲目排漢㊾。梁啓超指出斯同與其兄斯大的經學，「關於訓詁方面的甚少，而關於禮制方面的最多，《禮》學蓋萌於此時了。」㊿指出了斯同經學的特徵及其貢獻。然而，訓詁雖少，也不能一概抹煞他的考證成績，他的經學爲陸隴其、李塨所讚揚，其對《喪禮》的研究，在有清一代尚未有人能超出其上，以斯同考證某一方面之疏而完全否定其在經學上的貢獻，似欠公允。

三、「**篋中遺稿在**」。篋中的遺稿，即斯同手書《明史稿》，存在何處？長期來無人發現，似是個迷。今寧波天一閣藏《明史稿》（一名《明史列傳稿》）十二册，朱墨爛然，繩削增損，顯係稿本，但是否屬斯同手稿，論者不一。我認爲，此稿之眞僞，其最簡捷考證方法，只要與萬氏其他手迹對校，就可確定。因此，我以《昭代名人尺牘》及現藏上海圖書館的兩封斯同給董道權信的手迹，與之對校，請筆迹專家及著名書法家沙孟海先生鑒定，都認爲大多爲萬氏手稿。我又詳加考證，其中六册爲斯同親筆；五册爲無名氏筆迹而間有斯同修改之處；又一册爲徐潮具稿，監生葉沅所錄，但其中也有斯同增損的地方。因此半爲斯同手稿，並經斯同筆削，可以定論了，詳見本書第十八章。

四、「**不愧史臣詞**」。對斯同的史學，近幾年來，有些學者糾正了過去的溢美之處，而予以客觀分析，然矯枉過正，如舉「建文自焚」説起源於斯同，並指責他「盡信」《太祖實錄》，這實屬冤詞。斯同在《明樂府》的《火燒頭》中明確指出：「當年火裡屍若真，異日遜荒胡爲者？乃知天心終有存，雖亡天下不亡身」51，他在同書《下西洋》中指責明成祖派鄭和下西洋找尋建文蹤迹，說：「何妨尺地使容身，應念高皇共本根」52，這裡何曾有「建文自焚」的一點影子。至於斯同對《實錄》的見解，說他「盡信」，也不符合事實。他並不盲從《實錄》，他在《讀弘治實錄》中明確宣稱：「有明之《實錄》，未若弘治之顛倒者也」53。對《洪武實錄》掩飾太祖殺戮之慘和受命於韓宋事，也頗不以爲然。王源指責他：「自以爲《實錄》所不載者，吾能知之」54，正說明他治史並不全依靠《實錄》。此外有的學者以他《書楊文忠傳後》的「和氣致祥，乖氣至戾」55來解釋明亡的原因，認爲這是歷史唯心主義。我認爲這句話說明他至少看到了明亡的政治原因，即君主專制導致階級矛盾的尖銳化和統治階級內部在政治上的分裂：「主昏於上，民變於下」，「君臣上下，莫非乖戾之氣」56。清初好些進步思想家在探討明亡原因時，往往也持這一觀點，如夏允彝的《幸存錄》、黃宗羲的《汰存錄》、唐甄的《潛書》，不過他們稱爲「朋黨之爭」，而斯同叫做「乖戾之氣」而已。

顧頡剛先生在評斯同時，說他「痛故國之淪亡，寄孤懷於筆削，遂以布衣手定《明史》，存一朝之文獻。……先生上無因襲，旁多忌諱，椽筆獨在，竟成絕學，厥功固已偉矣。至堅貞潔身之操，所以振民族之精神，留乾坤之正氣者，尤非徒托空言之史家所得比擬。」57這似可爲斯同的蓋棺之論了。

◘注釋

①萬斯同《石園文集》卷一《述舊》。
②萬言《管村文鈔》卷二《綠竹廬詩草序》。
③萬斯同《石園文集》卷七《海外遺集後序》。
④萬斯大萬經輯《濠梁萬氏宗譜》卷十三《祖訓錄》。
⑤李文胤《杲堂文鈔》卷三《送萬季野授經會稽序》。
⑥萬斯大萬經輯《濠梁萬氏宗譜》卷八《永一府君行述》。
⑦萬斯同《石園文集》卷二《寄懷山中友人》。
⑧萬承勳《千之草堂編年文鈔．恭壽堂藏書記》。
⑨萬斯同《石園文集》卷七《與從子貞一書》。
⑩全祖望《鮚埼亭集》卷十一《梨洲先生神道碑銘》。
⑪⑲㊺萬斯同《石園文集》卷首劉坊《萬季野先生行狀》。
⑫甬上弟子至餘姚時間，萬言誤記在康熙四年，全祖望、黃炳垕因之，因而以訛傳訛，請參閱本書第五章。
⑬范光陽《雙雲堂文稿》卷三《張有斯五十壽序》。
⑭萬言《管村詩稿》卷四《懷舊詩八首爲陳怡庭壽》。
⑮萬言《管村文鈔》卷一《歷代史表序》。
⑯李文胤《杲堂文續鈔》卷三《送萬季野北上序》。

⑰㉕㊶ 錢儀吉《碑傳集》卷一百三十一黃百家《萬季野先生斯同墓誌銘》。

⑱ 萬斯同《守高贈言序》。

⑳ 萬斯同《石園文集》卷七《寄萬筆山書》。

㉑ 李塨《恕谷後集》卷六《萬季野小傳》。

㉒ 《萬季野先生明樂府・陸嘉淑序》。

㉓ 所引皆見黃宗羲《南雷詩歷》卷二《送萬季野貞一北上》。

㉔㊳ 萬斯同《石園文集》卷首楊無咎《萬季野先生墓誌銘》。

㉖ 錢儀吉《碑傳集》卷十二韓菼《資政大夫文華殿大學士戶部尚書掌翰林院事徐公元文行狀》。

㉗ 陸隴其《陸清獻公日記》卷八。

㉘ 沈德潛《清詩別裁》卷九徐乾學《送萬季野南還》。

㉙ 黃宗羲《南雷詩歷》卷四《送萬季野北上》。

㉚ 《萬季野先生明樂府》卷首李文胤《樂府新辭序》。

㉛ 萬斯同《石園文集》卷七《寄七兄允誠》。

㉜ 萬斯同《石園文集》卷七《送陸翼王還郿城》。

㉝ 全祖望《鮚埼亭集》卷二十八《劉繼莊傳》。

㉞ 關於萬斯同與劉獻廷合作企圖私修《明史》事，請見本書第十五章。

㉟㊹ 王源《居業堂文集》卷六《與友人論韓林兒書》。

㊱萬斯同《石園文集》卷八《追記先世所藏令旨》事。

㊲王源《居業堂文集》卷十二《萬季野補晋書五表序》。

㊴《方苞集》卷十二《萬季野墓表》。

㊵《清史稿》卷四百八十四《文苑一・錢名世》。

㊷㊸馮辰《恕谷先生年譜》卷三辛巳條。

㊹《孔尚任詩文集》卷四《哭萬季野先生》。

㊻錢謙益《牧齋初學集》卷二十八《新刻十三經注疏序》。

㊼皮錫瑞《經學歷史・經學積衰時代》。

㊾萬斯同《石園文集》卷三《禘說八》。

㊿梁啓超《中國近三百年學術史》十三《清代學者整理舊學之總成績》㈠第一八六頁。

(51)《萬季野先生明樂府・火燒頭》。

(52)《萬季野先生明樂府・下西洋》。

(53)萬斯同《石園文集》卷五《讀洪武實錄》。

(55)(56)萬斯同《石園文集》卷五《書楊文忠傳後》。

(57)顧頡剛《萬季野先生祠墓落成紀念》，見《史地雜誌》第一卷第二期。

十五　萬斯同與劉獻廷等搜集南明文獻述略

清初，滿清貴族在軍事征服全國的過程中，由於實行嚴厲鎮壓的政策，激起了一部分漢族地主和廣大人民的猛烈反抗。民衆可歌可泣的英勇事迹，散見在明遺民的各種野史中。康熙初年，抗清活動基本結束，尤其在三藩之亂失敗後，清廷統治業已鞏固，清朝貴族對漢民族的統治政策，由武力鎮壓，轉化爲文化統制。康熙十七年，開始大規模地開史局，修明史。可是，對清初的抗清史迹，特別是南明諸王時期的歷史，在明史中記載寥寥；而且，史局可向各地徵購遺書，由於忌諱，民間都隱藏不出。正如戴名世所說的：「而天下所以避忌諱者萬端，其或菰蘆山澤之間有僅僅志其梗概，所謂存什一於千百，而其書未出，又無好事者爲之掇拾，流傳不久，而已蕩爲清風，化爲冷灰。」①在這種情況刺激下，一部份遺民子弟，或懷抱故國之思的人士，都企圖搶救日益零落的這部份文獻。以萬斯同、劉獻廷爲主，有戴名世、王源參加的一次搜集南明文獻的活動，是其中稍具規模、影響較大的一次。

這件事應從康熙二十五年萬斯同與劉獻廷在北京相識時開始。萬斯同，是前明世臣的後裔，早年就有搜集、整理南明抗清歷史的志向。約康熙九年，他在《與李杲堂先生書》中說：「吾郡人才，至宋而盛，至明而大盛。近者鼎革之際，更有他郡所不及者，是不可無以傳之。愚嘗有其志焉，而苦力不能爲也。」②所謂「鼎革之際更有他郡所不及者」，指的是魯王監國在紹興、舟山等地以及以後張名振、張煌言聯合鄭成功部在浙東抗清時期，寧波一郡遺民的鬥爭。康熙十八年，他以布衣北上修史，成爲明史主編，手頭上自然接觸到不少南明的各種文獻，對於這些資料，作爲富有民族思想的史學家，自然更迫切地企圖在更廣泛的範圍內實現他的夙志了。

康熙二十五年，劉獻廷來京修史。劉獻廷，字繼莊，河北大興人，是明宮廷太醫的兒子，終身不仕，也是一個有民族思想的學者。萬斯同那時已名重京師，但他「最心折於繼莊」③，倆人在史局開始了不尋常的活動，據全祖望說：「予嘗聞之，萬先生與繼莊共在徐尚書（徐乾學）邸中，萬先生終朝危坐觀書，或瞑目靜坐。而繼莊好遊，每日必出，或兼旬不返。歸而以其所歷，告之萬先生，萬先生亦以其所讀書證之，語畢復出。」④全祖望看到劉氏在北京和以後在南方「好遊」，提出了一個疑問：「予獨疑繼莊出於改步之後，遭遇崑山兄弟，而卒老死於布衣。又其棲棲吳頭楚尾間，漠不爲枌榆之念，將無近於避人亡命者之所爲？是不可無稽也，而竟莫之能稽。」又說：「蓋其人蹤迹非尋常遊士所閱歷，故似有所諱，而不令人知。」⑤其實，繼莊的出遊，是在搜求明遺民的文獻，斯同則以之與修史資料相印證。

清初的野史，只有當時漢族的抗清史，才爲清廷所忌諱，調查這類事迹是不能公開的，所以劉獻廷的活動看起來很神祕，以致全祖望懷疑他是一個「避人亡命者」。不過，他在京師附近所能調查到的，只能是北方地區的抗清事迹，在浙江出生的萬斯同，關切的則是南明抗清史，《廣陽雜記》中所載萬斯同告訴劉獻廷的兩件事：永曆對何騰蛟的贈封和隆武、紹武、永曆、監國所卒地，都屬南明的歷史。這件事最容易觸動清統治者的神經，搜集這方面的資料，是必須謹愼從事的。但他們終於做了，全祖望在上文接著告訴我們，萬劉倆人合作的第二個步驟是：兩人「各以館脯所入，鈔史館祕書，連甍接架。」⑥私鈔史館藏書是違法的，後來史館編修朱彝尊就因私抄各地進書，被劾降級。他們倆人所抄的又屬史館「祕書」，按現在說法，是「密件」，而夠得上「密件」性質的，主要當是南明的抗清野史。

他們抄這些野史的目的，是爲了實現他們合作的第三個步驟——整理這些野史，也就是全祖望在上文接著提到的，他們企圖脫離史局，「共成所欲著之書」，共去私修官方史局中所不允許記載的南明歷史。這件事，萬斯同在京的另一好友劉坊稱爲「一代不朽之業」⑦，可知他們對這件事自負之甚和期望之高了。

推動他倆合作從第一階段向第二、第三階段發展的是萬斯同，他後來向他的弟子溫睿臨說過，他對明史館把福、唐、桂、魯四王三朝事迹，附入懷宗，紀載寥寥，極爲不滿。因此計劃「專取三朝，成一外史」⑧。他與劉氏合作，就是爲了實現這一計劃。不過萬氏大多整日埋身書城之中，執行這一計劃的是劉獻廷，王源和戴名世在第三階段也參加進來。

王源的父親是前明崇禎時的錦衣衛指揮僉事，著有《崇禎遺錄》一書。王源自己又是萬斯同父親的好友，著名明遺民梁以樟的學生。王源與萬斯同關係密切，但他更是劉獻廷的知己。他自稱與劉氏「道同志合」，在許多問題上「其意見之同，猶聲赴響」⑨。康熙二十四年，他至京修史，《明史》的《兵志》就是他寫的。在四人中，戴名世年齡最小，不過在認識他們三人前，他早就注意於網羅南明逸事，他對人説，由於家境貧困，書籍無法廣購，「是則有明全盛之書且不得見其成，而又何況於夜郎、筇笮、昆明、洱海奔竄流亡區區之軼事乎？」又説：「余夙昔之志，於明史有深痛焉。……而身所與士大夫接甚少，士大夫亦無有以此爲念者。」⑩康熙二十五年冬，他入京，至第三年才離京，在京時間，他認識了萬、劉、王，開始與士大夫交接了，並引他們爲知己，他後來説：「余客遊四方，與士大夫交遊，而求學者於時文之外，求功名於制科之外，頗得數人焉：於浙江則得萬君季野，於燕京則得劉君繼莊、王君昆繩（王源字），……此數人者，其功名誠如余之所云云者，而非世俗人之所及也。」⑪這樣，王源和戴名世成了這項計劃的參予者。

要實行這一計劃，必須具備兩個條件，一是脫離史局，擺脫清廷對修史的監督和控制；二是離開北方，到南方去，在南明抗清鬥爭的實地，才能就近訪問故老，搜訪遺書。劉獻廷選擇的時間是康熙二十九年。原來，萬斯同、劉獻廷、王源都是當時修史總裁崑山人刑部尚書徐乾學及其弟內閣大學士徐元文聘請來京修史的。康熙二十八年，徐氏兄弟被劾，次年，相繼回原籍，劉獻廷決定趁機實現他們私修明史的計劃。全祖望在上文還提到：「尚書既去官，繼莊亦返吳，而萬先生爲明史館所留。繼莊曰『不如與我歸，共成所欲著之書。』萬先生諾之，然不果。」⑫劉坊在《萬季野先生行狀》中也說：「明年，崑山歸里，繼莊以館俸之得，鈔史館祕書無數，持歸蘇之洞庭，將約同志爲一代不朽之業。」⑬

萬斯同當時已決定與劉獻廷同走，他的好友鄭梁這時也在京師，鄭梁作《送萬季野南歸》一詩贈別：「論心京邸更尋誰？我到君還豈不悲！史局未昭千載信，講堂徒作十年離。（原注：季野爲崑山修史十年餘矣）。書生去住身何礙，國是玄黃不可知。（原注：時因崑山罷相同歸）。明歲陳情應得請，甬江經筵准追隨。」⑭可是萬斯同被新任明史監修張玉書和總裁陳廷致所堅留，未走成。

劉獻廷還約王源與戴名世同行，戴名世在《送劉繼莊還洞庭序》中說：「繼莊尤留心史事，購求天下之書，凡金匱、石室之藏，以及稗官、碑誌、野老遺民之所記載，共數千卷，將欲歸老洞庭而著書以終焉。……繼莊有友曰王昆繩及余二人，約偕詣洞庭，讀其所購書。而繼莊家無擔石之儲，無以供客，余二人之行皆不果，而繼莊先攜其書以歸。……繼莊歸而爲余懸一榻焉。余雖不能行，終必圖與繼莊著書終隱，以酬曩昔之志。」⑮戴名世這段話很重要，一，劉獻廷所攜書是「金匱、石室之藏，以及稗官、碑誌、野老遺民之所記載」，進一步告訴我們萬斯同、劉繼莊所抄史館「祕書」的種類；二，萬劉倆所抄的史館「祕書」所謂「連甍接架」者，其數量是數千卷；三，戴名世不知道萬斯同參預其事，說明這件事推動者雖是萬斯同，而組織者是劉獻廷；四，他們計劃私修南明史的地點在劉獻廷的祖籍——江蘇蘇州洞庭湖西山。

但是，這一計劃以失敗而告終，這倒不是由於三人的失約，而是由於劉獻廷五年後在蘇州突然病逝。王源在《劉處士墓表》中說：「庚午（康熙二十九年）復至吳，遂遊衡嶽，困而歸，方謀與同志結茅著書終老，乃不一年死矣。」⑯劉獻廷離京後是按原定計劃進行的，他「編歷九州，覽其山川形勢，訪遺佚，交其豪傑，博採軼事，以益廣其見聞，而質證其所學。」⑰顯然在按他與萬斯同的分工，以他一貫的學風，在爲修南明史作積極的準備。他的死，還帶來了一個嚴重的後果，「既歸吳，不久身歿，其書散失於門人交友處。」⑱過去在京時與萬斯同合作所抄的史館「祕書」，全都喪失了。

劉獻廷人死書散，但這項工作並沒有就此結束。餘下幾個人，除王源外，仍在各自孤軍奮戰。王源自視極高，「自命英雄」⑲，對當時在京的宿儒名士，除劉獻廷外，「睥睨儕伍，蔑如也」⑳，都瞧不上眼，他比萬斯同年輕，萬斯同因他「有磊落英傑之氣」，「愛而友之」㉑。可是，他對萬氏的史學思想，並不完全同意，他欣賞的是萬氏史學中的民族思想，爲萬氏《庚申君遺事》作序，稱讚此書「下慰遺民不忘宋之心者，則篁墩之志，即萬氏之志也。」㉒可是，他極不同意萬斯同在《明樂府》中所表達的稱頌元末紅巾軍，指斥朱元璋派廖永忠沈韓林兒於瓜步爲「弒君」㉓的觀點，移書責問。他與戴名世的關係也發生了疙瘩，他在《與戴田有書》中說：「又因奸奴譸張之說，致令吾子與弟有違言，遂使平日忌嫉我輩，好雌黃議論者，緣飾莫須有之說，盛播都下。」㉔加上王源爲學，「獨嗜兵法」㉕，並不好史，後來他遇到李塨，爲學一變，轉向顏李之學，獻廷卒後，他就不再過問著書的事。

戴名世則仍在爲實現「曩昔之志」而艱苦地蒐集、寫作着。劉獻廷卒後第四年，他在《天籟集序》中說：「頃余有志於先朝文獻，欲勒爲一書，所致輒訪求遺編，頗略具。」㉖次年，他在《與劉大山書》中又說：「生平尤留意先朝文獻，二十年來，蒐求遺編，討論掌故，胸中覺有百卷書，……將欲入名山中，洗滌心神，……久之乃敢發凡起例，次第命筆。」說明他寫南明史，已有了素材，準備起草凡例。現存《戴名世集》中《弘光朝僞東宮僞后及黨禍紀略》、《弘光乙酉揚州城守紀略》、《畫網巾先生傳》、《吳江兩節婦傳》等編，就是在劉獻廷死後寫的。不幸的是，由於家中死喪相繼，他不得不奔走四方以求衣食，沒有條件從事寫作。更不幸的是，康熙五十年，由於《南山集》中《與余生書》惹起了一場清初著名的文字獄，戴名世在文中說：「昔宋之亡也，區區海島一隅如彈丸黑子，不逾時而又滅亡，而史猶得以備書其事。今以弘光之帝南京，隆武之帝閩越，永曆之帝兩粵，帝滇黔，地方數千里，首尾十七八年，揆以《春秋》之義，豈遽不如昭烈之在蜀，帝昺之在崖州？」㉗因此闖了大禍，戴名世被殺，書被毀，王源雖爲《南山集》作序，因已病故免議。這件慘案，可以說是萬劉倆人上述活動的餘波所造成的悲劇性的結局。

那末萬斯同呢？劉獻廷之死，對他打擊極大，劉坊說：「先生扼腕久之，……中間二年，先生不自得，抑抑思歸，索予詩爲贈，已而未果。」㉘在苦悶中，他向劉坊披露他修明史的初衷：「往歲繼莊之言不踐，僕所以濡忍於此，念先世九代勝國世勳，……昔吾先世四代死王事，今此非王事乎？祖不難以身殉，爲其曾玄，乃不能盡心網羅，以備殘略，死尚何以見吾先人地下乎？故自己未迄今二十年間，隱忍史局，棄妻子兄弟不顧，誠欲有所冀也。」㉙說明劉獻廷雖死，萬斯同之心不渝，他一方面仍留史局修明史，一方面決意「盡心網羅，以備殘略」，繼續搜集殘明的文獻，而且「抑抑思歸」，一有機會，就想脫離史局。

康熙三十七年，他六十一歲時，回家鄉寧波，順道至餘姚去拜訪黃宗羲的兒子黃百家。在黃家看到黃宗羲卒前所著《明三史鈔》，他大喜過望，對黃百家說：「此一代是非所關也。我此番了事，歸來將與汝依此底本，另成明朝《大事記》一部，如何？」㉚決定在北京修史結束後，回家鄉與黃百家另修明史。黃宗羲另外有一部《三史鈔》，康熙十八年萬斯同和他的侄子萬言自寧波北上修史時，黃已贈給他們，他在《寄萬貞一》詩中述及：「先公《大事記》，神廟逮光熹；余有《三史鈔》，實錄及家稗；傾筐授萬子，庶爲底本資。」㉛所指「三史」，內容不得而知，但基本上可以肯定，當爲明末的「三史」。二十餘年後萬斯同在黃百家處看到的《明三史鈔》，當然不會是過去的《三史鈔》，應該是清初南明的「三史」，即福王、唐王和桂王的歷史（魯王只稱監國，未稱帝；廣東邵武政權，與桂王相拒，如以桂王爲正統，則邵武當不在三史內，故《南疆逸史》僅載安宗、紹宗、永曆三帝。）萬斯同自然得之大喜，認爲可以借以續成官修明史所未成的事業。但是四年後，在明史列傳部分行將竣工時，他突然在北京病逝，其個人所抄、所購的書籍，遭到劉獻廷同樣的命運，全被他的不肖助手錢名世囊括而去。全祖望對此感到極爲可惜，說：「繼莊返吳，不久而卒，其書星散；及萬先生卒於

京，其書亦無存者。」㉜

不過，不幸中之幸事是，萬斯同逝世前，曾把搜集、整理南明文獻的事，委托給他的學生溫睿臨，他對溫睿臨說：「鼎革之際，事變繁多，金陵、閩、粵，播遷三所，歷年二十，遺事零落。……及今時故老猶存，遺文尚在，可網羅也。逡巡數十年，遺老盡矣，野史無刊本，日就零落，後之人有舉隆、永之號而茫然者矣，我儕可聽之乎？」溫睿臨接受了萬斯同的委托，搜集了四十餘種野史以及萬斯同給他的「明末諸傳」。萬斯同卒時，他已準備發凡起例了，「而萬子溘然先逝，明史列傳甫脫稿，尚未訂正，念亡友惓惓之意，不忍違其雅意。閒居京邸，放廢無事，薈蕞諸書，以銷永日，顏曰《南疆逸史》。」㉝書成約在康熙末年。

然而，最大的幸事在於，戴名世《南山集》案發生時，《南疆逸史》尚未刊行，否則，溫氏必將遭受戴氏同樣的命運。他的這本書原稿雖失，鈔本卻在流傳。直至清末，宣統二年，革命黨人在「排滿」時，以四明凌雪的化名，改名《南天痕》，由復古社鉛印出版。「四明」自然意指萬斯同，「凌雪」當爲「睿臨」兩字顛倒後的諧音。當時，誰也沒有想到，這本記載南明的史書之能寫成，經歷了如此曲折複雜的過程。而首創者萬斯同和劉獻廷更想不到，他們當時的心血，竟會在幾百年後結晶，成爲反清宣傳的資料。

◘注釋

①《戴名世集》卷一《與余生書》。

② 萬斯同《石園文集》卷七《與李杲堂先生書》。

③④⑤⑫ 全祖望《鮚埼亭集》卷二十八《劉繼莊傳》。

⑥ 全祖望《鮚埼亭集》卷二十八《劉繼莊傳》。

⑦⑬ 萬斯同《石園文集》卷首劉坊《萬季野先生行狀》。

⑧ 溫睿臨《南疆逸史・凡例》。

⑨ 王源《居業堂文集》卷十八《劉處士墓表》。

⑩ 王源《戴名世集》卷一《與余生書》。

⑪《戴名世集》卷六《蔡瞻岷文集序》。

⑭ 鄭梁《寒村詩文選・寒村玉堂後集》卷一《送萬季野南歸》。

⑮《戴名世集》卷五《送劉繼莊還洞庭序》。

⑰ 王源《居業堂文集》卷十八《劉處士墓表》。

⑱ 萬斯同《石園文集》卷首劉坊《萬季野進生行狀》。

⑲⑳ 李塨《恕谷後集》卷六《王子傳》。

㉑ 萬斯同《石園文集》卷七《王中齋八旬壽序》。

㉒ 王源《居業堂文集》卷十二《庚申君遺事序》。

㉓ 萬斯同《明樂府・沈瓜步》。關於王源的責問，見《居業堂文集》卷六《與友人論韓林兒書》。

㉔王源《居業堂文集》卷七。
㉕李塨《恕谷後集》卷六《王子傳》。
㉖本文關於戴名世文章的繫年，皆據《戴名世集·戴文繫年》。
㉗《戴名世集》卷一《與余生書》。
㉘㉙萬斯同《石園文集》卷首劉坊《萬季野先生行狀》。
㉚錢儀吉《碑傳集》卷一百三十一黃百家《萬季野先生斯同墓誌銘》。
㉛全祖望《續甬上耆舊詩》卷三十八《寓公雙瀑院長黃宗羲·寄萬貞一》。
㉜全祖望《鮚埼亭集》卷二十八《劉繼莊傳》。
㉝溫睿臨《南疆逸史·凡例》。

十六　萬斯同著述考略

萬斯同早年參加黃宗羲在甬上開創的證人書院。甬上證人書院又稱講經會或五經會。可以說是清初研究經學最早的組織。同時，他又致力於史學研究。康熙十八年，他至京修史。在清代，他以經史之學齊名，經史之作等身。可惜家境貧困，客死京師時，又旁無親人，致使遺稿藏書，多爲他人竊取，或流落散逸。幸而他兩次南歸，其文稿曾交其子世標。故自清末以來，他的文稿在寧波屢有發現。伏跗室主人馮貞羣先生曾有意收藏，張壽鏞先生輯《四明叢書》，多所刊入。

萬斯同著作，康熙間劉坊作《萬季野先生行狀》，稱二十二種，溫睿臨作《歷代紀元彙考序》，稱十六種，又王士禎作《香祖筆記》，稱十一種。其後，萬經續修《濠梁萬氏宗譜》，稱二十二種。雍正八年所修《寧波府志》，稱三十種。乾隆十年前後，全祖望作《萬貞文先生傳》，稱十一種。乾隆五十二年，蔣學鏞作《鄞志稿·萬斯同》，稱十四種。嘉慶十一年，錢大昕梓《潛研堂文集》，其《萬斯同傳》稱十六種，而民國時所修《鄞縣通志》，稱三十二種。民國二十五年，沈昌佑作《萬季野先生遺著目錄彙志》，稱三十七種。然沈氏所考甚簡，間亦有誤。陳訓慈先生與我合著《萬斯同年譜》，對此多有不同意見，因承訓慈先生之意，重爲考定，簡者補之，謬者糾之，得三十三種。然而筆者孤陋寡聞，所錄或非完璧，尚祈方家，不吝指正。

㈠讀禮通考

始作於康熙十七年，時在江蘇崑山爲徐乾學母喪撰喪禮①，約於康熙二十年前後在京修史時完成。其卷數諸家說法不一：或說九十卷，或說一百六十卷。

此書始以徐乾學之名刻於康熙三十五年徐氏傳是樓，時徐氏已卒，其子樹穀在《序》中說：「先大夫《讀禮通考》草創於康熙丁已，……時復與朱太史竹坨及萬季野、顧寧人、閻百詩諸君子商榷短長。」②全祖望在《傳》中說：「及崑山徐侍郎乾學居憂，先生與之語喪禮，侍郎因請先生纂《讀禮通考》一書。」③兩相印證，可見知此書原爲康熙丁已十六年草創，然徐乾學力有未遂，於是遂請斯同撰纂。季野獨力完成九十卷（見劉坊《行狀》，萬經《宗譜》）。徐氏在康熙二十九年歸里，又請顧炎武、朱彝尊、閻若璩等續補訂定，擴而爲一百二十卷或一百六十卷。故《四庫全書總目提要》（以下簡稱《四庫提要》）說徐氏「歸田後，又加訂定，積十餘年，三易稿而後成。」④因此嚴格地說，此書之作，以斯同之力爲多，然並非全爲斯同所作。

所謂「讀禮」，所讀的禮僅是五禮中的喪禮，因而此書考證的爲喪期、喪服、喪儀節、葬考、喪具、變禮、喪制、廟制，有表有圖，十分詳備。《四庫提要》稱讚爲：「古今言喪禮者，蓋莫備於是焉。」⑤

此書《四庫全書》著錄，然具以徐乾學名。僅有康熙三十五年徐氏家刊本。

㈡讀禮附論

作於康熙二十二年，一卷。據陸隴其《陸清獻公日記》卷八康熙癸亥八月二十日條：「萬季野又以所著《讀禮通考附論》來閱。」⑥知此書爲《讀禮通考》作後之附論。朱彝尊《經義考》及《浙江通志》列入。此書未見。

㈢喪禮辨疑

在京修史初期作。全祖望《傳》説斯同爲徐乾學撰《讀禮通考》，「又以其餘爲《喪禮辨疑》四卷。」⑦此書未見。

㈣講經口授

一卷。康熙三十七年斯同歸里省親，爲原甬上證人書院學友子弟講學時所記。書前有講會日期及內容：「□月□日第一會，講田賦；三月十九日第二會，再講田賦；三月二十九日第三會，復講田賦；四月初九日第四會，講兵制；四月十九日第五會，講兵制，四月二十九日第六會，講兵制；六月二十九日第十一集，講宮廟祭祀；七月初八日第十二集，講廟祀；七月二十四日第十四集，講律呂。」⑧中缺第七、八、九、十、十三會記錄。

據全祖望《續甬上老耆舊詩》卷一百十二《張孝廉錫璜・壽萬季先生》及《張太學錫璁・贈萬季野先生北上》，斯同於康熙三十七年春返甬，同年北上，此書所錄恰爲春秋之間。《贈萬斯季野先生北上》：「首論賦役法，……次論古兵制，……繼乃選舉條，……終乃禮與樂。……律呂通曆法，……明史及東林，約略傾端緒。」⑨則此書所闕諸會，爲選舉、曆法、明史及東林、兩相對校，日期及內容基本相符。

但此書卷首有馮貞羣先生題跋，說「是書則爲溫氏所記」⑩。斯同在京舉講座，紀錄者爲溫睿臨，此次南還，溫氏未來，可肯定此「口授」不錄於京師，馮先生所說有誤。又《光緒鄞縣志》說：「是書蓋季野門弟子錄其會講時口授之語，或證人社友朋所錄，非完帙也。」⑪稱證人友朋所錄，亦誤。

問題是，此書講兵制之後，有「本朝各省有鎮守，滿洲兵都統一人，副都統二人，……共十三處，雍正年山東青州亦設」句。斯同卒於康熙四十一年，何來雍正？疑爲後人整理時所加。此書僅有抄本，現藏浙江圖書館。

(五)廟制圖考

北京修史時作。《四庫提要》作一卷，他書皆作四卷。斯同在書前有《題詞》說，宗廟之制，衆說紛然，他採《王制》七廟及劉歆三宗之說。其內容上溯夏、商、周三代，下迄元明，凡廟制沿革，都繪有圖，附在經之後，予以解釋。⑫《四庫提要》說此書「援徵精確，爲前人所未發矣。雖大旨宗王黜鄭，固守一隅，然通貫古今，有條有理，不可謂非通經之學也。」—⑬評價比較客觀。

此書《四庫全書》著錄，康熙中有傳是樓刊本。後有辯志堂刊本。宜興吳氏藏有舊抄本。張壽鏞先生以抄本與辨志堂本相校，刊入《四書叢書》。

(六)廟制折衷

作於在京修史初期，二卷。據全祖望《傳》，斯同爲徐乾學撰《讀禮通考》，還以其餘爲《喪禮辨疑》及《廟制折衷》。此書未見。

(七)石經考

京師修史時作。此書彙集歷代論石經諸文及石碑殘文共四十餘篇。《四庫提要》說萬斯同「悉採（顧）炎武之說，又益以吳任臣、席益、范成大、吾衍、董逌諸家之論，並及炎武所作《金石文字記》，亦間附以己見。」⑭清初研究石經的，在斯同之前有顧炎武，之後有杭世駿，《四庫提要》認爲可以合顧、萬、杭三家之書，參互考證，有益於研究。

此書《四庫提要》著錄。有懺花庵刊本，省吾堂刊本，昭代叢書本、四明叢書本。

(八)周正彙考

作於京師修史時期。諸書皆作八卷。據沈昌佑《遺著目錄彙志》：「馮氏伏跗室云有刻本。」⑮然今不見。

(九)聲韻源流考

作於京師修史後期，一卷。據馮辰《李恕谷先生年譜》，康熙四十年十月，斯同與李塨曾論及聲韻，「先生（李塨）曰：『古無四聲，有之，始齊周顒；古惟分宮商五均，不分平上四聲。季野憮然曰：『吾何以未考也，將歸檢之。』』」⑯可知此書爲斯同歿前一年草創之作，故《四庫提要》說斯同此書「蓋欲詳考聲韻之沿革，首列歷代韻書之可考者，次列歷代韻書之無考者，而採摭其序文凡例，自錄以存梗概。上起魏李登《聲類》，下迄國朝顧炎武、毛奇齡，邵長蘅之書，無不採錄。而草創未終，略無端緒，匡郭粗具，掛漏宏多。……知爲雜鈔之本，不過儲著書之材，而尚未能著書。」⑰此書《四庫全書》存目，天一閣有藏本。

㈩經世粹言

諸書皆未著目。杭世駿《續禮記集說》卷首《姓氏》：「國朝萬氏斯同，字季野，鄞人，著《經世粹言》。」⑱然此書從未見。

㈩㈠明通鑑

劉坊《行狀》云：「《明通鑑》若干卷，散失。」《萬氏宗譜》亦言散失。然今上海圖書館藏有題爲季野所著之《明通鑑》三册，係清初抄本，存弘治十二年至十八年。首頁下有「汪琬之印」及「苕文」兩印。後有潘承弼《跋》云：「舊藏萬季野《明通鑑》殘本十一册，余既跋而存之。辛已，佣書合衆圖書館，爲館中錄一副本，葉丈揆初假讀，並加《跋》語爲證：『此書本諸《實錄》，徵引宏富，剪裁有法，在有明之季（？），熟讀一代實錄及各種野史，能以公平嚴正之筆而出之者，捨季野莫屬』云云。……癸甲之際，經歷動盪，奔走衣食，不惶贍給，不得已斥藏籍若干易米，而此書遂付離筵。……此殘本三册，頃於無意中覯諸吳肆，紙墨裝璜，與舊藏悉同，存孝宗弘治十二年至十八年，書面題字爲三十六到三十八册，與舊藏雖未銜接，差足補遺於十一。書友以舊鈔，且爲汪苕文先生印記，不肯廉讓，索五十元，慨然應之；亡羊補牢，聊以自慰而已。」⑲此外，前中央大學教授丁山，亦曾發現此書四册。丁氏在《致友人論小學書》中云：「三十四年冬，弟回蘇州，在書攤上發現清鈔本《明通鑑》四册，上有『汪琬』、『苕文』二章，極精。購歸讀之，覺其紀事詳贍，文章典肆，非大作家不能及到（原注：汪琬當不能到），多方參證，訪之友朋，始定爲季野先生未刊之稿，喜可知也。」⑳

按：汪琬，字苕文，蘇州人。據陳廷敬《翰林編修汪先生琬墓誌銘》：「明年（康熙十八年），詔試，授翰林院編修，與修《明史》。先生既以道德文章爲己任，由是有側目之者，益思歸故山。在史館六十日，撰史稿百七十五篇，杜門稱病者一年，以病免而歸。」㉑則汪氏在史館僅二個月而已，於百七十五篇史稿外，復欲著此巨著當不可能。然此稿何以定爲季野之作？既爲季野之作，又何以落入汪氏之手？且「汪琬之印」及「苕文」兩章，其真僞難定，凡此，皆須進一步考證。

(十二)明史稿

劉坊《行狀》、萬經《宗譜》、蔣學鏞《傳》都稱《明史列傳》三百卷。方苞《萬季野墓表》稱《本紀》、《列傳》四百六十卷。《鄞縣通志》稱《明史稿》四百六十卷。全祖望《傳》則稱《明史稿》五百卷。

此書積斯同二十餘年精力而成，他在京師修史，雖爲布衣而實任總裁之責，故此書之作極其複雜，今所存又頗難考。有別人所作而爲斯同修定的，有斯同親作的，有斯同口述由錢名世筆錄的。有爲錢名世所篡改的，有斯同審定由熊賜履進呈的，有王鴻緒刪削的，其所抄，既有史館抄本，亦有私人抄本，有抄於史稿未成時的，有抄於史稿已成的，也有輾轉互抄。如此種種，致使現今所存抄本，詳略分合不盡相同，而且孰爲抄本，孰爲稿本，也難遽定。

今人黃愛平著《明史稿本考略》㉒，認定現藏北京圖書館的《明史》四百十六卷抄本，爲斯同核定稿；該館另藏的《明史紀傳》三百十三卷抄本，大體抄自萬稿編定前流傳於外的紀傳部份，其不足的，則據乾隆四年刊行的《明史》補足。然此兩種，都不是斯同手稿。

今寧波天一閣藏有原朱鄮卿購自河南周某的《明史稿》（一名《明史列傳稿》）十二册，凡傳文二百四十有八篇，計傳主三百八十六人。朱墨爛然。繩削增損，顯係稿本。《鄞縣通志》稱此稿爲：「萬斯同明史列傳稿本」㉓，肯定其爲季野手稿。謝國楨先生《增訂晚明史籍考》，曾認爲係季野稿；然其所作《江浙訪書記》，又稱未敢斷定真爲萬氏稿。柳翼謀先生《明史稿校錄》，考證此稿《題記》及翁方綱、丁小疋二《跋》之僞，撥開書賈加於此稿之迷霧，實具重要價值，故朱鄮卿氏在重新裝訂此稿時，此二僞作，皆已去除。然對此稿之真僞，柳先生亦未輕下結論。作者復詳加考證，其中六册爲季野親筆；五册爲無名氏手迹而爲季野修改者；又一册爲徐潮具稿監生葉沅所錄，然亦多有季野原筆修改處。故此稿半爲季野手稿，半爲季野筆削增損者，實可定論。請閱本書第十六章。

㈩㈢歷代史表

始於康熙五年斯同讀書於寧波海會寺時。康熙十五年前初具規範（見黃百家《萬季野先生斯同墓誌銘》、楊無咎《萬季野先生墓誌銘》及李文胤《歷代史表序》）。入京修史後，賡續而成完書。此書又稱《補歷代史表》。

斯同著作，以此書卷數最亂，有五十三卷、五十六卷、五十九卷、六十卷、六十四卷等諸說。蔣壽鏞先生曾作考證，他在此書的《序》中說：「壽鏞未見五十六卷本，清《四庫》所收五十三卷本，非完數也。考廣雅本五十三卷以前，悉依初刻本。自五十四卷起至五十九卷止，增吳將相大臣年表、南唐將相大臣年表、蜀將相大臣年表、後蜀將相大臣年表、北漢將相大臣年表，凡六卷，與李（文胤）、黃（宗羲）朱（彝尊）之《序》，僅少一卷，似若完書矣。今先生遺稿之藏於伏跗室主人馮孟顓者，更有前漢將相大臣年表，……衍慶宮功臣（不列表，敍其人），皆廣雅本所未刊者也。……而清《四庫》謂其南唐、南漢、北漢、閩、蜀不當獨闕者，固未嘗闕者。」㉔蔣氏又以爲黃、朱之《序》作六十卷，「意先生如唐宋諸表或先成之，未可知也。」㉕

此書上起後漢，下迄遼、金、自正史《本紀》、《志》、《傳》以外，參考《唐六典》、《通典》、《通志》、《通鑑》、《册府元龜》及諸家雜史，取材豐富，朱彝尊譽爲「攬萬里於尺寸之內，羅百世於方册之間」㉖，確是的評。

有留香閣本、廣雅書局本、四明叢書本。寧波伏跗室，原藏稿本二十八卷，今不見。

㈩㈣明史表

作於京師修史時期，十三卷㉗。後張廷玉修明史，採入斯同此表。此書未單獨刊行。

㈩㈤歷代紀元彙考

作於京師修史後期。所考內容，上始唐堯元載，下迄明崇禎十七年甲申，以年爲經，以歷朝紀元爲緯，每一朝代，歷數長短，年代久遠，一統分割，禪繼正僞，瞭如指掌。此書有抱經樓本，奉化李氏刻本。張壽鏞先生刻《四明叢書》，以李氏刻本正續相連，未合體例，以正編還斯同之舊，以續篇加作一卷附後，爲此書較好之刊本。

㈩㈥歷代宰輔彙考

作於京師修史時期。八卷。《四庫提要》說：「是編取秦漢以迄元明宰輔，分職繫名，以便檢核，其於官制增損異同之處，亦間附案語，頗爲簡明。然不著拜署年月，視諸史表例，頗爲簡略。」㉘《浙江書錄》說：「秦、漢、三國爲一卷，宋、元、明各一卷，皆具列其姓氏，而於沿革大端，尤爲明晰。」㉙

此書《四庫全書》存目。抄本藏於北京圖書館。

㈩七明歷朝宰輔彙考

作於北京修史時期，八卷，《鄞縣通志》說：「此似將前書（指《歷代宰輔彙考》）中有明一代之宰輔別出單行者也。」㉚此書未有刻本，原稿未見。

㈩八宋季忠義錄

作於京師修史後期。諸書皆作十六卷，惟王士禎《筆記》作十二卷。此書據《宋史》，各省、府、州、縣志及野史廣爲羅輯而成。所錄有恭帝等《本紀》四篇，列傳自江萬里、文天祥等以下凡六百七十一人。此書爲草稿，未經修定。書後附錄載斯同按語說：「宋社既移，四方稱兵者蜂起，大都宋之遺民，不忘故主，欲噓既燼之灰，非弄兵潢池者比也，所謂周之頑民，非即商之義士乎？」㉛說出了他編輯此書的意圖。

張壽鏞先生刊《四明叢書》，據家藏手稿本詳細編次，重訂目錄，並補以《督府忠義傳》及《忠義死事年月表》兩篇。稿本今不見。無其他刊本。

㈩九南宋六陵遺事

作於京師修史後期。又稱《六陵遺事》，諸書皆作一卷，惟全祖望、蔣學鏞《傳》作二卷。所謂南宋六陵，指葬於浙江紹興攢宮山（原名寶山）的高宗永思陵、孝宗永阜陵、光宗永崇陵、寧宗永茂陵、理宗永穆陵、度宗永紹陵。元世祖時，江南總督楊璉真伽倫發六陵，骸骨遍地。南宋遺民王英孫會林德暘、鄭樸翁、唐珏等於家，合謀收骨。前守陵使羅銑亦求得孝宗骨若干，共瘞於蘭亭山南天章寺前，一陵一穴，上植冬青。遺民謝翺作《冬青樹引》，人稱冬青六義士。然冬青義士，初僅知林、唐二人。明初張孟兼以爲應有王英孫。清初黃宗羲作《冬青樹引注》，增鄭樸翁、謝翺。斯同裒集諸家之說，以爲應增羅銑，合而爲六。溫睿臨爲此書作《序》，說斯同編輯此書，「非徒核其事也，亦欲使後人思夫天崩地拆之時，猶有赤手犯虎穴之自靖於萬難也者，勿徒熟視禍敗，輒委曰天運而不之省也，是則先生覺世之意也夫。」他的話深得斯同之意。此書僅有昭代叢書本。

㈡⑽庚申君遺事

作於京師修史後期，一卷。庚申君即元亡國之君順帝。據野史，南宋末年恭帝趙顯降元，年幼，封瀛國公。後生一子，元明宗其時爲周王，取爲己子，取名妥懽帖睦爾。元寧宗卒，妥懽代位，即元順帝。王源爲《庚申君遺事》作《序》說：「萬子季野輯《庚申君遺事》一卷，據《元史》虞集之詔明宗妥懽非己子之言，證以權衡、余應，袁忠徹、黃溥，程敏政諸家論說，則妥懽固確爲瀛國公之子，即邁來迪甫爲周王所納，即生妥懽，與生妥懽而後爲周王所納，事有不同，要爲趙氏之子無疑。《宋遺民錄序》謂其事之卓卓乎可以信後世，而下慰遺民不忘宋之心者，則篁墩（程敏政）之志，即萬子之志也。」㉝他的話說出了斯同作此書的意圖。此書僅有昭代叢書本。

(廿二)明季兩浙忠義考

此書在杭州府仁和縣條下載吳任臣等人，在下注：「以上諸人皆已故」㉞。吳氏卒於康熙二十八年，則這本書應著於在京修史後期。一卷。書中僅有人名、字、號、籍貫、經歷極簡。偶有數字評語，每條至多不出六十字。少則十餘字，所以僅是提綱。共收明清之際浙江各府死於閹黨、農民軍或抗清等各類「忠義」一百二十九名。但亦數有極少數尚存於世的明遺民，如寧波府下錄有林時對等五人，下注：「以上現在」㉟。奇怪的是，吳任臣舉康熙十七年博學鴻詞，授簡討，參與修明史，卒於官，何「忠義」之有？斯同說：「宜祀鄉賢」㊱，不知何故？

此書僅有抄本，原藏於寧波盧氏敬遺軒，後歸馮氏伏跗室，今存。

(廿三)兩浙名賢錄

與《明季兩浙忠義考》合訂一冊，體例相同，因此當作於京師修史後期。書中共收有明一代浙江各府名賢共五百一十四名。所述更簡略，有一人條下兼錄其父、弟、子、孫的，也有一府之下僅列人名的。忠奸都有，但忠奸有別。忠者譽爲「清操絕俗」㊲，「有直聲，稱當事諫官第一」㊳等等；奸者則僅錄人名，各府歸於一類，下寫：「皆匪人」㊴，「皆奸邪小人」㊵等等。如嘉興府條後寫：「外有大學士施鳳來，工部尚書劉廷元，皆平湖人。吏部尚書吳鵬，秀水人，皆奸邪」。

此書亦只有抄本，訂於《明季兩浙忠義考》之前，卷面有「半角山房王氏珍藏」印，藏伏跗室。

㈢儒林宗派

按李塨《恕谷後集．萬季野小傳》，康熙十二年前後，斯同曾往見潘平格，受其師黃宗羲嚴厲批評，斯同表示以後「不談學，專窮經史」㊶，則此書應作於這一年前。此書屬史表體裁，上斷自春秋，下迄明末，以孔子爲宗，諸儒授受源流各以時代爲次，上沒有師承，下沒有弟子的，別附於後，所錄旁及老、莊、申、韓，本末條貫，一覽瞭然。《四庫提要》稱讚它無門戶之見，但對收有老、莊、申、韓，卻頗不以爲然。此書簡而賅，至今仍有重要的參考價值。見本書第二十二章。

此書《四庫全書》著錄，有辨志堂刊本，浙江官書局刊本、四明叢書本。尚有水西書屋抄本，屠用錫、王梓材補抄本。後者今藏於寧波市圖書館。

㈣崑崙河源考

據林佶爲此書所作《序》，應作於康熙三十九年前。此書折衷《禹貢》、《山海經》、《爾雅》、《淮南子》、《水經》、《史記》、及《徐霞客遊記》、潘昂霄《河源記》諸書，而主漢張騫河出鹽澤，即今羅布泊之說，並否定潘昂霄的河出星宿海的主張。所考雖與河源實際不相符，然而引證廣博，辨析精密，《四庫提要》嘆爲「工於考證」。

此書《四庫全書》著錄，有指海借月山房刊本，澤古齋刊本。

(廿五)明代河渠考

作於京師修史時期。又稱《河渠考》，十二卷。馮貞羣先生與陳訓慈先生書（存陳訓慈先生處）說，伏跗室藏「《歷代河渠考》三卷，《四庫》作《明史河渠考》，採《明實錄》中涉河渠者，分年編次，頗傷冗雜，與橫雲《史稿》詳略懸殊。」㊷《伏跗室藏書目》內還有馮先生的手書：「蓋季野修明史時隨手鈔集者」㊸十二字，可知《歷代河渠考》當爲《明代河渠考》。沈昌佑《遺著目錄彙志》別列一種，是錯誤的。

《四庫提要》說此書除採自《明實錄》外，在天啓四年以後，「則雜取邸抄，野史以足成之。視史志所載稍詳，然頗傷冗雜。考斯同嘗預修明史，此本疑即其摘錄舊聞，備修志之用者，後人取其殘稿錄存之也。又兩江總督所採進，亦有此書，題曰《明實錄河渠考》，所載止於萬曆四十八年，知當時隨筆鈔錄，本未成書，後來傳寫其稿者，各據所見之本，故多寡互異，並書名亦小不同矣。」㊹

此書《四庫全書》存目，無刊本。伏跗室原藏三卷，今不見。

(廿六)明史地理志稿

作於北京修史時期，無卷數。《伏跗室藏書目》於此書目下有下列數字：「無卷數，萬斯同寫本四冊」，並有「貞一父吾存寧可食吾肉，吾亡寧可發吾槨，子子孫孫永無鬻，熟此值可供饘粥」印。然此稿今不見。沈昌佑《遺著目錄彙志》錄有《天下志地》一書，一卷，並說：「伏跗室藏稿本，此稿爲明史地理志所本，異同不多。」㊻然而《天下志地》不載於《伏跗室藏書目》，今亦不見，疑兩稿本實爲一種。

(廿七)康熙寧波府志

作於康熙十二年。三十卷。寧波府知府邱業主修，斯同與其兄斯選，友人趙時贇任分修。李文胤《杲文文鈔》卷一《歷代史表序》說：「適季野修吾鄉郡乘」。《杲堂文鈔》卷三《董天鑒先生傳》亦說：「吾友萬季野撰郡志」，可知郡志之修，以季野之力爲多。

邱業於《序》中說：「設局於公署，並諸生夙夜編輯，凡三閱月而書成。」㊼可知修得很倉卒。但後來所修的《康熙寧波府志》、《雍正寧波府志》都以此書爲藍本。曹秉仁、萬經在《雍正寧波府志序》中說：「郡志爲一方文獻所關，自前明張大司馬纂修後，雖經國朝邱、李二郡守之續修，皆未成書。」則此書實未完。

此書無刊本。咸豐丙辰《鄞縣志》述及郡志源流時說：「此書（邱業所修之志）未及刊行，其鈔本郡中藏書家有之。」㊽本世紀六十年代前，此鈔本寧波私人仍藏有，但經「文革」浩劫，已不傳。

㈧難難

劉坊《行狀》說：「《難難》一卷，散失。」㊾可知此書在康熙年間已佚。

㈨書學彙編

作於京師修史時期。諸書有的作十卷，有的作二十二卷，有的作二十四卷。《四庫提要》說：「是編錄歷代善書之人，上自蒼頡，下迄明季，共一千五百十四人，……皆頗有考證。」㊿《浙江書錄》說，此書「以時代編次古今書家，人繫以傳，詳其本末，其書爲正史所載與所佚者，悉分別著之。」(51)

此書《四庫全書》存目。伏跗室藏有抄存殘本十卷，今存。又有孫翔熊抄本，今不見。

㈩石園詩文集

亦作《石園文集》，此書一部分寫於甬上證人書院就學時期，一部分寫於京師修史時期。沈昌佑《遺著目錄彙志》說：「馮孟顓（即馮貞羣）謂《石園詩文集》言二十卷者，爲《石園藏稿》八卷與《羣書疑辨》十二卷之彙合本，然尚在猶豫中。」(52)

馮貞羣先生曾說及此書所自來，他說：「二十二年終，鄞縣八區文獻分會移送縣資料來城，覽其目錄，有先生遺稿寫本二册，發而視之，不分卷第，書根號《石園藏書》，首列劉氏《行狀》，刻版五葉，版心題『季野先生集』，魚尾下刻卷八，目後有『男世標子建校梓』一行，蓋子建歲貢編次之本，欲刻未果者，乃發篋出《羣書疑辯》校讀，採入過半，未刻者惟《卦變考》、《書》、《序》、《記》、《傳》十六篇耳。復以《續甬上耆舊詩》校之，未著錄者僅詩五章，而此本遺者凡六章。爰爲寫入目，注補字以資區別。其中塗乙，朱墨爛然，確出先生之筆，字句增損，與刻本頗有異同。評者爲上杭劉氏，謝山全氏，可寶也。張君伯頌擬刻入《四明叢書》，乃竭一日力爲分卷八，署曰《石園文集》。」[53]

沈昌佑《遺書目錄彙志》另錄有《萬季野遺編》三卷，並說：「先生子子建世標編定」[54]，但他没有提起《遺編》從何而來?可能就是《石園藏稿》。又一九三六年施廷鏞從大連圖書館抄得《先府君集原稿》一本，凡文三十三篇，僅《贈高廢翁先生序》一篇外，其他《石園文集》和《羣書疑辨》中都有。

此書僅有四明叢書本。《先府君集原稿》藏大連圖書館。抄本藏於北京圖書館及陳訓慈先生處。《石園藏稿》今不見。

(卌一)羣書疑辨

作於在京修史時期，十二卷。嘉慶二十一年，浙江學使汪廷珍爲此書作《序》說：「是書凡十二卷，前六卷論辯諸經，皆求其理之是，心之安，而不苟爲異同，一洗宋元儒者門戶之習。……其第四卷雜論喪禮諸則，明先聖之制，砭流俗之失，酌古今之宜，洽情理之中，尤盡善可施用。七卷以下，考廟制，辨石鼓及古文、隸書，崑崙河源，亦具理致據依，足資考證。末二卷論史事，事核文直，推見至隱。其闡忠義，誅奸回，獨詳於宋元之際者，先生自以爲明之遺民，故不忘故國之意，時寄於尚論之中，……其於有明一代尤詳。」[55]

此書各篇，多散見於他書，在《石園文集》中尤多，共三十三篇。此外，卷十辨崑崙河源十三篇，卷七論廟制，卷十一《書林唐二義士傳後》、《書林唐二義士詩後》、《書庚申君遺事後》、《再書庚申遺事後》等篇，亦散見於《崑崙河源考》、《廟制圖考》、《南宋六陵遺事》、《庚申君遺事》等書。

此書有嘉慶丙子刻本。據沈昌佑《遺著目錄彙總》，馮貞羣先生曾說：「有周世緒抄本，與刻本大有異同，張伯岸曾向其校錄一本」[56]然此抄本，今不見。

(卅二)明樂府

據李文胤《杲堂文續鈔》卷一《萬季野詩集序》，此書作於甬上證人書院就學時期，又稱《新樂府》或《樂府新辭》。

斯同在此書《自序》說：「昔之擬樂府者，率用漢魏古題，獨唐白少傅取本朝事爲題而名之曰《新樂府》，蓋新題體（闕一字），非漢魏遺制也。余讀而愛之，因採明室軼事爲題，而繫之以詩，不過五七言、長短句，非有音節可被之管弦也。今而直名爲樂府，則與漢魏遺制不類，欲不名爲樂府，又非余效法白傅之意，故循襲其舊，亦名之曰《新樂府》云。」㊼

此書共有詩六十六首。每首有小序。斯同朋友陸嘉淑認爲斯同此作，既「頌羣后之謨烈」，又「感慨嘆息繁霜離黍之痛」㊽。然而細看此書，繁霜離黍之痛固有之，頌羣后之謨烈則無之。詩中抨擊太祖、成祖之殘暴，諷刺武宗、世宗、神宗、熹宗之昏庸，對有明列朝帝王，多加抨擊。看來斯同意存諷刺，是爲了求明亡教訓，所以此書是研究斯同史學思想的重要著作。

清同治間，斯同八世從孫萬乃鄰有此書稿本，煙嶼樓主人徐時棟與其家藏本對校，徐本少《刑囚手》、《火燒頭》兩首，因補入付雕。此兩種藏本今已佚。徐氏付雕的即同治間陳魚門刊本。此外，尚收入全祖望所輯《續甬上耆舊詩》卷七十八《貞文先生萬斯同》內。

㈣簪纓盛事錄

著作年代不詳。諸家皆未著目。馮貞羣先生與陳訓慈先生信中說：「篋中藏有《簪纓盛事錄》（明代三世五尚書、父子大學士、三世進士之類）。㊾有鄞縣陳氏拜梅山房几上書刻本。

斯同遺著除上述三十三種外，尚有三種或真僞難定，或應予以否定。爭論最大的爲《五禮通考》。蔣學鏞在《鄞志稿》卷十二《儒林傳》下《萬斯同》中說：「尚書（徐乾學）又請遍撰五禮，遂節略前書，復補其四，共二百餘卷。未及繕寫，先生卒，稿本留京師一故家，近時有檢得之者，其書多以紙粘綴，或脫落失次，因重爲編輯，竟竄名已作。崑山（徐乾學）所刻（指《讀禮通考》），人知出先生手，而《五禮通考》，人或未之知也，因附著之。」於是遂啓此書作者之爭。梁啓超在《中國近三百年思想史》中點了「檢得」者的名，他說：「中間的一部是秦味經（蕙田）的《五禮通考》二百六十二卷。這書爲續補《讀禮通考》而作。我很疑心有一大部也出萬季野手，但未得確證，不敢斷言。」[60]按季野爲徐乾學撰《讀禮通考》，內容僅爲喪禮（凶禮），而未及吉、軍、賓、嘉四禮。其後遍撰其四禮，實有極大可能。斯同卒，其遺書多爲弟子錢名世竊攘，或有散落。然確否爲秦蕙田所檢而竄以己名，則無實據。金毓黻撰《中國史學史》，對蔣、梁兩人之說，很不以爲然，說無徵不信，認爲他們「厚誣古人」[61]。

又蕭穆《敬孚類稿》說斯同侄萬言有《明鑑舉要》一書，斯同曾重爲參訂，他在清末於上海某書肆曾見此稿，稿後有杭世駿跋，杭氏在跋中說，萬言歸里後，「窮年鍵戶遍纂《明鑑舉要》一書，其卒也未及校讎。應徵士潛齋先生（即應撝謙）參補校閱，歷時二年而全書始畢。其後季野重爲參訂。及九沙先生經歸自貴陽學使任，復於是書缺者補之，繁者芟之。及成有明一代之信史，惜乎力無能刊也。書中潛齋用朱筆，季野用墨筆，其黃筆乃九沙也。九沙之子承天以是書歸余，歸資有力者擇行於世，因述其顛末如此。乾隆戊寅冬堇浦記。」[62]杭世駿這一跋極爲可疑，按《濠梁萬氏宗譜》，萬言卒於康熙四十四年，而應撝廉卒於康熙二十八年⑬，萬斯同卒於康熙四十一年（見《萬氏宗譜》），兩人皆比萬言早卒，豈有已卒之人，爲未卒之人「參補校閱」，「重爲參訂」其著作的可能？這一《跋》，或許爲商賈所僞造。所以説斯同重訂《明鑑舉要》，實屬子虛。

又沈昌佑於另册自補其《遺著目錄彙志》，説季野有《璇璣圖》一卷，狀如回文詩，寧波朱鄮卿藏。按《璇璣圖》爲清人萬樹《璇璣碎錦》迴文詩的附圖，共六十餘幅，與斯同毫無關係。沈昌佑誤以此萬爲彼萬。斯同一生博覽勤著，豈有閒事爲文字遊戲。

此外，斯同有《守高贈言序》一篇，收於慈溪鄭氏二老閣所刊《守高贈言序》內。康熙乙亥三十四年，斯同好友鄭梁自京師出任廣東高州府知府，斯同與溫睿臨等人作序贈別。但這僅是文而不是著作。由於此文他書都未收入，故附記於此。

◘注釋

①③⑦　全祖望《鮚埼亭集》卷二十八《萬貞文先生傳》。

②　徐乾學《讀禮通考》卷首徐樹穀《序》。

④⑤　《四庫全書總目提要》卷二十《經部・禮類二・讀禮通考》。

⑥　陸隴其《陸清獻公日記》卷八。

⑧⑩　萬斯同《講經口授》卷首。

⑨　全祖望《續甬上耆舊詩》卷一百十二《張太學錫璁》。

⑪ 光緒《鄞縣志》卷五十五《藝文四・皇朝・講經口授》。

⑫ 萬斯同《廟制圖考》卷首《序》。

⑬ 《四庫全書總目提要》卷八十二《史部・政書類二・廟制圖考》。

⑭ 《四庫全書總目提要》卷八十六《史部・目錄類二・石經考》。

⑮ 沈昌佑《萬季野先生遺著目錄彙誌・周正彙考》，見《修建萬季野先生祠墓》。

⑯ 馮辰《恕谷先生年譜》卷三辛巳條。

⑰ 《四庫全書總目提要》卷四十四《小學類存目二・聲韻源流考》。

⑱ 杭世駿《讀禮記集說》卷首《姓氏》。

⑲ 《明通鑑》卷首潘承弼《跋》。

⑳ 丁山教授此信抄件存陳訓慈先生處。

㉑ 錢儀吉《碑傳集》卷四十五陳廷敬《翰林編修汪先生琬墓誌銘》。

㉒ 黃愛平《明史稿本考略》，《文獻》一九八三年十八期。

㉓ 陳訓正等《鄞縣通志》第四《文獻志・戊編中・藝文二・歷代本縣藏書紀事・朱鼎煦別宥齋》。

㉔㉕ 萬斯同《補歷代史表》卷首張壽鏞《序》。

㉖ 朱彝尊《曝書亭集》卷三十五《序二・歷代史表序》。

㉗ 見陳守實《明史稿考證》，《國學論叢》第一卷第一號。

㉘《四庫全書總目提要》卷八十《史部・職官類存目・歷代宰輔彙考》。
㉙轉引自沈昌佑《萬季野先生遺著目錄彙志・歷代宰輔彙考》。
㉚陳訓正等《鄞縣通志》第四《文獻・戊編中・藝文二・㈦清人。萬斯同・明歷朝宰輔彙考》。
㉛萬斯同《宋季忠義錄》附錄。
㉜萬斯同《南宋六陵遺事》卷首溫睿臨《南宋六陵遺事序》，見張潮、楊復吉輯《昭代叢書》己集廣編四十七卷。
㉝王源《居業堂文集》卷十二《庚申君遺事序》。
㉞㊱萬斯同《明季兩浙忠義考・杭州府仁和縣》。
㉟萬斯同《明季兩浙忠義考・寧波府》。
㊲萬斯同《兩浙名賢錄・杭州府・仁和縣錢塘縣・王琦》。
㊳萬斯同《兩浙名賢錄・寧波府・鄞縣・毛宏》。
㊴萬斯同《兩浙名賢錄・湖州府・烏程縣歸安縣・沈節甫》。
㊵萬斯同《兩浙名賢錄・寧波府・象山縣》。
㊶李塨《恕谷後集》卷六《萬季野小傳》。
㊷㊿馮貞羣《與陳訓慈書》。
㊸㊺馮貞羣《伏跗室藏書目》。
㊹《四庫全書總目提要》卷七十五《史部・地理類存目四・明代河渠考》。

㊻沈昌佑《萬季野先生遺著目錄彙誌・天下志地》。

㊼㊽咸豐丙辰《鄞縣志》卷七十五《舊志源流・寧波府志》。

㊾萬斯同《石園文集》卷首劉坊《萬季野先生行狀》。

㊿《四庫全書總目提要》卷一百十四《藝術類存目・書學彙編》。

(51)轉引自沈昌佑《萬季野先生遺著目錄彙誌・書學彙編》。

(52)沈昌佑《萬季野先生遺著目錄彙誌・石園詩文集》。

(53)萬斯同《石園文集》卷首馮貞羣《序》。

(54)沈昌佑《萬季野先生遺著目錄彙誌・萬季野遺編》。

(55)萬斯同《羣書疑辨》卷首汪廷珍《序》。

(56)沈昌佑《萬季野先生遺著目錄彙誌・羣書疑辨》。

(57)全祖望《續甬上耆舊詩》卷七十八《貞文先生萬斯同》。

(58)《萬季野先生明樂府》卷首陸嘉淑《序》。

(60)梁啓超《中國近三百年學術史》八《清初史學之建設・萬季野》。

(61)金毓黻《中國史學史》第九章《清代史學之成就》。

(62)蕭穆《敬孚類稿》卷五《跋四明萬氏明鑑舉要》。

(63)全祖望《鮚埼亭集》卷十二《應潛齋先生神道碑》。

十七　萬斯同在明史館的作用

萬斯同自康熙十八年到四十一年，中間除兩次南歸探親共約一年左右外，其他時間都在京修史，在史館這樣長的時間，是任何監修、總裁和纂修官所未有的。明史的修成，萬斯同立下了汗馬功勞，可以說，沒有萬斯同，就沒有今天的《明史》。那末，萬斯同究竟在史館起了什麼作用呢？對這一問題，史學界有所爭議，梁啓超說：「自唐以後，罕能以私人獨力著史，惟萬斯同《明史稿》最稱鉅製」①，並說他「以獨力成《明史稿》②」。他後來又說，萬斯同「對於當時史館原稿既隨時糾正，復自撰史稿五百卷」③。他指出萬斯同在史館修史，主要起兩種作用，即「糾正」他人所著原稿和獨力撰寫《明史稿》，他這一說法，引起了後人的爭議。「五百卷」之數出自全祖望的《萬貞文先生傳》，是毛估的數目，而且多數爲「糾正」他人原稿而成，並非全是他的「自撰」，對梁啓超的這些批評是對的。此外，他對萬斯同在史館的作用，也說得不完整。概括起來，萬斯同在明史館的作用，主要表現在四個方面，即：顧問、總編、發凡和自撰，後面一點，將在第十八章探討，本章論述前面三點。

一、顧問

萬斯同在史館，是監修、總裁和各纂修官的顧問。當康熙十八年明史館再次成立時（順治二年、康熙四年曾兩次開過史館），監修是徐元文，總裁爲葉方靄、張玉書，二十一年，總裁改爲徐乾學、湯斌和王鴻緒。徐氏兄弟是聘請萬斯同來京的主人，他們逐漸發現了他的史才，特別是明史的知識高居於諸纂修官之上。這些監修和總裁，都由高官兼任，如徐元文當時爲文華閣大學士、左都御史，葉方靄爲翰林院掌院學士，張玉書爲右庶子，徐乾學爲贊善、湯斌和王鴻緒爲侍讀，他們政務繁忙，又陷入官場鬥爭，没有充份時間過問史館事，而且常常因職務去留關係，監修、總裁經常換人，十年之間，總裁加起來達十人以上，更由於這些人没有專門的明史知識，他們不得不倚重萬斯同。恰好萬斯同是布衣，既擺脫了官場上的各種傾軋，也没有像其他纂修官那樣因官職升降造成離開史館的事，所以他不知不覺成了監修和總裁的顧問。第一次請他做顧問的是徐元文、徐乾學兄弟，韓菼在爲徐元文所作的行狀中說：「客有熟於前朝典故者，公奉幣延至賓館，遇有疑誤，輒通懷商」④，這位「客」自然是萬斯同。康熙二十七年，他第一次南歸，徐乾學贈詩，一開始就是：「霜花綠酒送君還，邸舍相依十載間」⑤句，萬斯同在生活上「依」於他；他在修史上「依」於萬斯同，這是很明顯的事。

徐氏兄弟去職後，他住在江南會館，當時的監修張玉書和總裁陳廷敬對他同樣如此。楊無咎在《萬季野先生墓誌銘》中說：「當其在江南會館時，名王大姓有叩門請見者，有虛左相迎者。或夜半飛騎到門，問以某事某人，則答以片紙，云在某年月某書某卷，使者馳去，已而復來，率以爲常，其足以備顧問於一時者如此」⑥，其所說的「大姓」，自然也有張玉書和陳廷敬。李光地曾說：「吾平生所見，不過數子，顧寧人、萬季野、閻百詩，斯真足以備石渠顧問之選者。」⑦顧炎武（寧人）拒修明史，否則準備「以身殉之」⑧，閻百詩應博學鴻詞而落第，又不甘心以布衣入館，一個不爲，一個不能，所以萬斯同才做了「石渠」的「顧問」。

萬斯同晚年受聘於總裁王鴻緒，當時王鴻緒任左都御史，後來又入值南書房，拜工部尚書，在官場十分得意。他雖對萬斯同的信任不如徐氏兄弟，這從萬斯同死後他所定的《史例議》與萬斯同的見解並不一致可以看出，但他究竟仕途重於修史，所以延請萬斯同到他的邸第，專修《列傳》，後來又及其他，其增損一由萬斯同裁決，楊椿說：「王公延鄞縣萬君斯同、吾邑錢名世於家，以史事委之萬君」⑨，錢名世只是一個助手而已。

此外，萬斯同也是各纂修官的顧問。康熙十八年以博學鴻詞入翰林院至史館修史的纂修官們並不一定懂得明史，所以常常向萬斯同請教。康熙二十一年，他的甬上證人書院的同學鄭梁到京師，發現「一時修史諸君，多從季野折衷，季野亦遂樂爲之駁正。」⑩後來錢林在《文獻徵存錄》中也指出：「每史館有纂撰，必問斯同意，乃敢下筆。」⑪不過，以命官而向布衣請教，自然不很光彩，所以在他們所著的文集中都沒有談及這一情況，其具體內容已無法考證了。

二、總編

這是萬斯同在史館的主要工作，各纂修官擬定的史稿都要送他審閱而後定。明史纂修工作量龐大，監修與總裁既爲高官兼任，且動輒改委，多數任期不長，特別是總裁，根本不可能對每一篇史稿都一一予以審閱。此外，各篇稿子在體例、內容上又要求統一，不能互相牴牾，客觀上也需要一個負總編之責的人。當時，朱彝尊向總裁建議，待資料搜集差不多了，「而後妙選館中之才，運以文筆刪削，卷成一篇呈之，閣下擇其善者用之，或事有未信，文有未工，則閣下點定，斯可以無憾矣。」⑫總裁既無力「點定」，於是選擇了萬斯同，「以刊修委之」⑬，成了「不居纂修之名，隱操總裁之柄」⑭，即不是總裁的「總裁」了。

對萬斯同這一工作，全祖望曾有所敍述：

> 諸纂修官以稿至，皆送先生覆審。先生閱畢，謂侍者曰，取某書、某卷、某葉，有某事，當補入；取某書、某卷、某葉、某事，當參校，侍者如言而至，無爽者⑮。

這是修史前期的情況，至於修史後期的情況，楊椿曾說：

始萬君在時，於徐公傳稿，合者分之，分者合之，無者增之，有者去之，錢君（名世）俱詳注其故於目下⑯。

對原稿的增補，去取和分合，正是總編的責任。

這裡舉二個例子來說明：一，如王象乾傳，王士禎說：「初先伯祖太師公諱象乾列傳，汪編修琬，倪檢討粲各有撰述，季野從《實錄》搜採十許事補入，視二君爲詳。」⑰這是增補的例子；二，如高啓傳，由朱彝尊擬定，近人李晉華把朱彝尊《曝書亭集》影鈔本與他認爲的萬斯同《明史稿》覈對，發現了不少刪改處，李晉華注：「按萬斯同館徐元文及王鴻緒家，均任覈定明史之責。但查萬氏《史稿》於朱彝尊擬稿，並無用其全篇者，茲舉朱氏《高啓傳》，亦經其刪改不少，其他可概見。」⑱這是刪削的例子。

錢林說，明史館總裁對於史稿，「斟酌去取，譏正得失，悉付斯同典掌。」⑲黃宗羲贈萬斯同詩，有「四方聲價歸明水，一代賢奸托布衣」⑳句，這些都說明萬斯同以布衣操總裁之柄的事實。

然而，萬斯同「隱操總裁之柄」的作用是應該打折扣的。康熙帝對明史纂修十分重視，往往親自過問，康熙二十二年八月、十一月，二十九年二月，三十一年正月，六次下詔詢問明史纂修情況，並親自審問一部份《本紀》、《列傳》的呈稿，發表各種意見。監修與總裁重任在身，種種忌諱豈不知道，他們決不會把自己的官運輕易地托付給這位布衣的，而且他們之中有些人也頗有學問，不乏自己的主見，只有在不觸忌諱，不違背清廷統治利益的大前提下，才予萬斯同以筆削之權的，而且在送呈之前，他們必須親自審查。所以史館史稿的審定過程是：各纂修官初稿→萬斯同初審稿→總裁的最後定稿，萬斯同是沒有最終決定權的。可舉二例來說明。

一，康熙二十三年徐元文專領監修後，曾上疏：「明祚訖於愍皇（崇禎），福、唐、桂三王大命已傾，覆亡之蹟不可以不著，請從《宋史》益、衞二王，《遼史》耶律大石之例，以愍帝終《本紀》之篇，三王從附傳之例。」㉑這一體例取得了康熙的同意。然而萬斯同最不滿的就是這一點，但他無法改變，所以他後來慫恿溫睿臨輯南明史書，就是因爲：「明史以福、唐、桂、魯附入懷宗（崇禎），紀載寥寥，遺缺者多」㉒的緣故。

二，王鴻緒的《史例議》，有多處與萬斯同見解相左，如王鴻緒說：

虞山蒙叟（錢謙益）之論龍鳳也，其言曰：「……（明太祖）實有藉於龍鳳，姑蘇之役，猶稱皇帝聖旨、吳王令旨，聖祖何嫌於奉龍鳳哉！今之史家，刊落龍鳳之事，使宋元之際，不得比於秦楚之月表，……。」噫！蒙叟月表之說，可謂未審矣。……若以為奉其名號，使當奉林兒為君，明祖為臣，則九江王之殺義帝，德慶侯（廖永忠）之沈林兒，千古同有罪矣㉓。

然而，萬斯同就是强調明太祖曾奉韓林兒年號，斥責廖永忠「弒主甘爲賊」㉔，並認爲刊落龍鳳之事，是「史官無識」㉕。

又如王鴻緒說：

然則今之為史者，遠乏前賢之著述，近無耆舊之可證，加以才學淺陋，論斷寡識，欲比擬古人，萬萬不能。茲芟其繁蕪粗具梗概，共列傳若干卷㉖。

他又說：「今若合《紀》、《傳》、《志》參訂，將列傳可削者削之，可併者併之，庶不致若《宋史》之繁而難閱，復益之以《明史》也。」㉗如對照萬斯同與方苞所說的：「昔人於《宋史》已病其繁蕪，而吾所述將倍焉。非不知簡之爲貴也。吾恐後之人務博而不知所裁，故先爲之極，使知吾所取者有可損，而所不取者，必非其事與言之真而不可益也。」㉘可知王鴻緒在這裡所批評的「今之爲史者」不是別人，正是萬斯同。

此外，關於福、唐、桂、魯諸王的體例，王鴻緒也是與徐元文一致而與萬斯同相左。這一點牽涉到對前明和清廷關係的敏感的政治問題，所以前後的監修和總裁牢牢地把握住這一原則問題的關口，萬斯同是不可能踰越的，所以他的「隱操總裁之柄」的作用，必須大打折扣才行。

三、發凡

明史館成立於康熙十八年，但這一年冬監修徐元文才至京，正式開始工作在十九年。自十九年到二十二年冬，各纂修官送上史稿極多，如尤桐三百餘篇，毛奇齡二百餘篇，湯斌百餘篇，汪琬百餘篇，方象瑛八十餘篇，朱彝尊三十餘篇㉙，這樣大的數量，其中好多篇成稿是比較草率而急於成就的，對某一史事的寫法也因人而異。一開始誰也沒有注意到要定凡例，互相矛盾之處不少。朱彝尊首先發現這一問題，他舉有明三百年歷史中的某些事例，向總裁提出：「蓋作史者必先定其例，發其凡，而後一代之事可無紕繆。」㉚徐乾學、徐元文兄弟接受了他的意見，於是徐乾學提出了《修史條議》六十餘條。

發凡起例是總裁的職責，而這六十一條，是由萬斯同草擬的。錢林說萬斯同到了徐氏兄弟的賓館，「其後建綱領、制條例」，「悉付斯同典掌」㉛，我在這裡舉六十一條中的十三條爲例，以證明錢林的所說。今把《條議》與萬斯同的有關見解摘錄對照於下，可以看到兩者的見解基本上是一致的。

《條議》

一、第一條：太祖之興，其官爵皆受之於宋，如乙未四月，授左副元帥，丙申七月，授平章政事，己亥八月，授中書左丞相，辛丑正月，加太尉，封吳國公，甲辰正月，進吳王，皆歷歷可考，而《實錄》盡諱之，今悉宜爲改正，不宜仍前譌謬。

第三條：太祖自受職於宋，即用龍鳳年號，並不遵至正之朔。今爲高帝本紀，當以甲子紀年，而至正及龍鳳之年數，明疏於下可也。

二、第二條：《太祖實錄》凡三修，一在建文世，一在永樂之初，今所傳者，永樂十五年重修者也。前二書不可得見，大要據實直書，中多過擧，成祖爲親諱，故於重修時盡去之。……今觀此書，疏漏舛誤，不

萬斯同

一、明太祖之未踐阼也，實奉宋主龍鳳之朔。至丁未安豐既陷，始改號吳元年，其前之稱行中書省丞相暨吳王，皆宋主所命也。……今國史及諸家傳記，皆沒而不載，其意蓋爲國諱也，不知此何必諱。而史官無識，致沒其意，甚可恨也。……他日修正史者，或可以是爲一證，而正舊史之失云㉜。

明太祖起兵，初依郭子興，子興死，遂歸宋，受其官爵，奉其年號。

二、高皇帝以神聖開基，其功烈固單絕千古矣，乃天下既定之後，其殺戮之慘，一何甚也。……乃我觀《洪武實錄》，則此事一無所見焉，縱曰爲國諱，惡顧得爲信史乎？……洪武之史凡三修，其一在建

一舉他書駁正，不得執爲定論。

第七條：胡惟庸之獄，人盡疑之，然太祖刑戮大臣，幾無虛月。

三、第十五條：前人之成書，其久行於世者（原注：如《吾學編》、《皇明書》、《史概》、《開國功臣錄》、《續藏書》、《明良錄》、《名山藏》、《詠化類編》等書）但可用以參觀，未可據爲篤論。

第十六條：史料之最博者，無如《獻徵錄》、《人物考》兩書。……未便據以立傳，毋憚旁搜，庶成信史。

文之世，其一在永樂之初，此則永樂中年湖廣楊榮、金幼孜所定也。吾意前此二書必有可觀，而惜乎不及見也。若此書者，疏漏已甚，何足徵新朝之事實哉㉝！

三、故嘗集諸家記事之書讀之，見其牴牾疏漏無一足滿人意者，如鄭端簡之《吾學編》、鄧潛谷之《皇明書》皆仿紀傳之體，而事迹頗失之略。……袁永之之《獻實》，猶之《皇明書》也，李宏甫之《續藏書》，猶之《吾學編》也。……其他若《典彙》、《史料》、《史概》、《國権》、《世法錄》、《昭代典則》、《名山藏》……之類，要皆可以參觀，而不可以爲典要。惟焦氏《獻徵錄》一書，搜採最廣㉞。

四、第十九條：賞罰在一時，褒貶在萬世，故史之有作，前賢比之袞鉞。然使鈎稽冗瑣，苛摘細微，高下在心，愛惜由己，殊非忠厚之道。

五、第二十一條：諸書有異同者，證之以《實錄》，《實錄》有疏漏紕繆者，又參考諸書，集衆家以成一是，……凡作名卿一傳，必遍閱記載之書及同時諸公文集，然後可以知人論世。

六、第二十六條：野史流傳，不可盡信，……若夫伍袁萃《彈園雜誌》，吳玄之《從吾錄》等類，心雖無他，語實悖道，尚其鑑別，無惑浮言。

四、而在今則事之信尤難，蓋俗之偷久矣，好惡因心，而毀譽隨之㉟。

五、蓋《實錄》者，直載其事與言而無可增飾者也。……凡《實錄》之所難詳者，吾以他書證之，他書之誣且濫者，吾以所得於《實錄》者裁之㊱。採《實錄》之明文，搜私家之故牘，旁及於諸公之文集，核其實而辨其訛㊲。非論其世，知其人，而具見其表裡，則吾以爲信，而人受其枉者多矣㊳。

六、甚哉！伍袁萃之妄也。……袁萃之於此《誌》，豈有意於仇君子、庇小人？惟所見一偏，遂以至此。㊴。《從吾錄》者，匪人吳玄之所輯也。……玄

七、第二十七條：有託名國典，而其實乃甚顛倒者，陳東莞之《皇明通紀》……。《通紀》一書，實梁文康弟名億所作，故多譽兄之辭。毋以一家之私，致蔑萬世之公論。

八、第二十九條：張、桂之議禮，只以獻諛，何曾知禮？惟富貴之是圖，遂名教之不顧。

九、第三十六條：此雖洛邑之頑民，固即商家之義士。

十、第五十條：陽明生於浙東，而浙東學派最多流弊，……致泰州王心齋艮，隱怪尤甚，並不必立傳，附見於江西諸儒之後可也。

身在事外，何仇於君子，而顛倒若是，豈有所不容已耶㊵。

七、若陳建（陳東莞）之《通紀》，實文康之弟億所著，故多譽兄之詞，尤不足信，讀者毋爲耳食可也㊶。

八、大禮之議，非但嘉靖一朝升降之會，實有明一代升降之會也。……故張璁、桂萼用而元氣爲之一喪㊷。

九、所謂周之頑民，非即商之義士乎㊸？

十、參閱天一閣藏萬斯同《明史稿》，確未把王艮立傳，而附於江西羅汝芳傳內。

十一、明人論樂者如冷謙、韓邦奇、李文利，……鄭世子載堉等，其議論不一，皆有裨於一代之制作。

十一、明世作樂，皆云傳自冷謙。……明世通於樂者有韓邦奇。明世有李文利者忽創一說。……明鄭王世子名載堉者，精於律曆，有《鄭世子律書》及《曆書》㊹。

以上十三條《修史條議》涉及有明一代史實、史評、史料、史法、史觀、哲學史觀以及大禮議、樂律等等，與萬斯同的見解可以說完全一致或基本一致，由此可知，作爲總裁徐乾學提出的《修史條議》，是由萬斯同擬定的。

自然，如前所述，徐乾學並不完全採納萬斯同的意見，其中不一致的有三條：如第二十四條：「建文出亡之事，野史有之，恐未足據」，而萬斯同認爲建文出亡爲真，他在《明樂府·火燒頭》的《序》中說：「燕王稱兵犯闕，既入京，宮中火起，帝已潛身逸去。」這一問題，本書第二十一章有分析，這裡不贅。又如第三十七條：「莊愍皇帝《紀》後，宜照《宋史·瀛國公紀》後二王附見之例，以福、唐、魯、桂四王附入，以不泯一時事蹟，且見本朝創業之隆也。」這一見解與萬斯同是完全相反的。

有分歧的另一點爲第四十九條：「明朝講學者最多，成、弘以後，指歸各別，今宜如

《宋史》例，以程朱一派另立理學傳」及第五十條：「白沙（陳獻章）、陽明（王守仁）、甘泉（湛若水）宗旨不同，其後王、湛子弟又各立門戶，要皆未合於程朱者也，宜如《宋史》象山（陸九淵）、慈湖（楊簡）例，入儒林傳。」萬斯同一生其哲學思想有三變，最初的蕺山之學屬王學修正派，其後的潘平格求仁哲學提倡「朱子道、陸子禪」，把朱、陸一概打倒，最後的顏李之學亦屬理學的批判派，所以重程朱輕陸王並非萬斯同的觀點。他唯一的哲學史著作《儒林宗派》正因爲不分道學與儒林，後來爲方東樹所批評。從他所接觸的甬上師友來看，他們多爲王學的信從者，黃宗羲本人就是如此。同學中最突出的是他的五兄萬斯選和董允璘、董允瑫。鄭梁在他北上修史臨行的西郊餞別時，就提醒他清廷提倡程朱理學，王陽明屬浙東學術，你不能「入室操戈」㊺。所以徐乾學的這兩條條例決非萬斯同的意見。然萬斯同爭之不得，最後由黃宗羲上書交涉，即《移史館不宜立理學傳書》，纂修官中的朱彝尊和後來升爲總裁的湯斌也同意黃宗羲的意見，這二條條議終於格於衆議而未獲通過。

其實，徐乾學提出的這幾條條議都含有政治意味：由於朱三太子案，必須否定建文遜國出亡；由於說明滿清貴族統治的合法性和合理性，必須把南明三王附於崇禎；由於清廷大力提倡程朱理學，必須把道學與儒林分立。總之，都是爲了迎合滿清貴族統治的需要。萬斯同當然不會提出這些建議的。由此可見，萬斯同在發凡起例上也不能完全操總裁之柄。

◘注釋

①　梁啓超《清代學術概論》十四。
②　同上書六。
③　梁啓超《中國近三百年學術史》十五《清代學者整理舊學之總成績㈢．史學．（甲）明史之述作》。
④㉑　《碑傳集》卷十二韓菼《資政大夫文華殿大學士戶部尚書掌翰林院士徐公元文行狀》。
⑤　沈德潛《清史別裁》卷九徐乾學《送萬季野南還》。
⑥　萬斯同《石園文集》卷首楊無咎《萬季野先生墓誌銘》。
⑦⑮　全祖望《鮚埼亭集》卷二十八《萬貞文先生傳》。
⑧　顧炎武《亭林文集》卷三《與葉訒庵書》。
⑨⑯　《明史例案》卷七楊椿《再上明鑑綱目總裁書》。
⑩　鄭梁《寒村詩文選．寒村五丁集》卷二《樂府新詞序》。
⑪⑲㉛　錢林《文獻徵存錄》卷一《斯同》。
⑫　《明史例案》卷五朱彝尊《史館上總裁第三書》。
⑬　《碑傳集》卷一百三十一錢大昕《萬先生傳》。
⑭　黃雲眉《史學雜稿訂存．明史編纂考略》。
⑰　王士禎《香祖筆記》卷一。
⑱　李晉華《明史纂修考》附《圖十五》，《燕京學報》專號之三，民國二十二年十二月。

⑳ 黃宗羲《南雷詩歷》卷四《送萬季野北上》。

㉒ 溫睿臨《南疆逸史・凡例》。

㉓㉖㉗ 《明史例案》卷二王鴻緒《史例議上》。按《史例議》有批評監修熊賜履「未暇考核其事」句，熊賜履卒於康熙四十七年，則此文當爲萬斯同卒後所作。

㉔ 萬斯同《明樂府・沈瓜步》。

㉕㉜ 《石園文集》卷八《追記先世所藏令旨事》。

㉘㉟㊱㊳ 《方苞集》卷十二《萬季野墓表》。

㉙ 此數之統計，見李晉華《明史纂修考》第二八頁。

㉚ 《明史例案》卷五朱彝尊《上史館總裁第一書》。

㉝ 萬斯同《羣書疑辨》卷十二《讀太祖實錄》。

㉞ 《石園文集》卷七《寄范筆山書》。

㊲ 同上書卷七《與李杲堂先生傳》。

㊴ 《羣書疑辨》卷十二《書彈園雜誌後》。

㊵ 同上書卷十二《書從吾錄後》。

㊶ 同上書卷十二《讀梁文康傳》。

㊷ 同上書卷十二《讀楊文忠傳》。

㊸ 萬斯同《宋季忠義錄》附《元史世祖本紀》。

㊹ 萬斯同《講經口授》（抄本）第十四集。

㊺《寒村詩文選・寒村五丁集》卷一《送萬季野之京序》。

十八　天一閣藏萬斯同《明史稿》考述

萬斯同主編明史，史稱其稿爲王鴻緒所攘竊，八十年代，史學界曾對此進行探討，並涉及對其史學思想的評價，然迄今爲止，尚未發現萬氏親筆的《明史稿》手稿，故各種意見，皆未能得出最終結論。筆者曾有幸查閱了今藏寧波市天一閣的《明史稿》（一名《明史列傳稿》），考定半爲萬氏親筆，半經萬氏修改。由於客觀條件所限，未能對此稿本作全面深入的研究，僅爲初考，希冀能拋磚引玉，請史學界同仁多加指正。

萬氏手稿的流散和存亡

萬斯同在明史館無總編之名有總編之實，這是衆所周知的。但他是否僅對各史官的呈稿予以增損而自己一無所撰呢？由於萬氏在京逝世時，其所藏書籍及各種手稿，都被弟子錢名世所竊，而其所竊，又不知所終，使對這一問題的解答造成了困難。

幸而萬斯同在京修史期間，曾兩次歸里探親，他曾把自己撰稿的一部分攜藏於家。雍正間，其子萬世標著《明史原稿流散目錄》，開列了「先君子明史原稿家間所藏者」的目錄。除稱《名臣列傳》有陳詵、許汝霖、蔡瞻岷三家抄本外，又說：「其原稿皆在儼齋（王鴻緒）先生家。至《橫雲山人集》所刻史稿止得十分之一，皆係錢亮工（即錢名世）改本。如后妃、諸王、外國諸傳不涉忌諱者又仍先君原本。熊中堂（熊賜履）進呈之史，又倩人改過，另是一册進呈」①。

萬世標所說值得注意的有四點：一，既說原稿家中有，又說皆在王鴻緒家，似有矛盾，然而細玩文意，在家原稿爲斯同手迹的「原本」，而王氏所藏爲錢名世「改本」，二，王鴻緒《明史稿》只不過取萬氏原稿的十分之一；三，熊賜履於康熙四十一年進呈的史稿，是錢亮工改本中的改本；四，萬氏《明史稿》又有鈔本。

因此萬氏《明史稿》在其身後的存在，就十分複雜了：既有萬氏「原本」；又有他人所作經萬氏修改的；有萬氏口述錢名世筆錄本②；又有錢名世的「改本」；有熊賜履請人改過的史稿；又有王鴻緒的改稿；又有抄本。而抄本之中，經今人考證，有史館抄本，有私人抄本；有抄於史館未完成之稿，又有抄於已完成者，更有輾轉互抄的。如此種種，致使現在所存的《明史》各種本子，詳略分合，各不相同，誰爲抄本，誰爲稿本，也很難斷定。

至於各種本子流散的情況，除萬世標所說的外，方苞在康熙五十七年所作的《萬季野墓表》中說，存於王鴻緒的本子，「淮陰劉永禎錄之過半而未全」。③這樣，除萬世標所說的

《名臣列傳》有陳實齋（陳詵）、許時庵（許汝霖）、蔡瞻岷（安徽桐城人）抄本外，增加了劉永禎抄本。至於原稿，更引人注目，光緒三十三年蕭穆在《敬孚類稿》中說：「又以前聞萬季野《明史稿》尚在故鎮江府知府王可莊太守家」，而王可莊（即王仁堪）是從廠肆間購得的④。

在此之後，值得注意的是馮貞羣的說法。一九二四年他有信給陳訓慈先生，信中說：「《明史稿》鈔本尚有存者，多屬胥錄本，非其手稿（原注：吳興劉氏嘉業堂藏有刊傳稿，篋中有《地理志》稿，校横雲史稿，無甚異同。）惟松江圖書館館長雷君彥藏有殘本四冊，云得自横云後人（原注：本有八冊，半贈繆藝風矣。藝風云亡，藏書流出，不知歸誰氏？）有五色筆修改，句勒塗抹，損益甚衆。貞羣於曩年客遊松江，曾寓目焉，大體本之《實錄》，兼採野史。繆藝風云：「季野原稿藏鎮江府王可莊家，……訪之閩中，其稿或可得也。」⑤

後來，馮貞羣致書黃雲眉，也述及這一史稿。但這一部存於雷君彥，繆藝風處各四冊的史稿，既有五人修改，自不屬於萬氏自撰史稿。馮貞羣在與陳訓慈信中說他藏有萬斯同各類書稿，其中有《歷代河渠考》，並說：「《四庫》作《明史河渠考》，十二卷。採《明實錄》中涉河渠者，分年編次，頗傷冗雜，與《横雲史稿》詳略殊懸。」⑥可知所謂「歷代」，指有明的各代。此書當爲萬氏備修明史所用的。

自雍正年間到本世紀四十年代，屢經滄桑，萬世標所藏萬氏原稿及馮貞羣所藏《歷代河渠考》，現又不知流散何處？也可能隨著時間之流逝而在世上消失了。

本世紀三十年代，謝國楨作《晚明史籍考》，六十年代，擴而成《增訂晚明史籍考》，書中並未提到任何一種萬斯同親筆的《明史稿》，僅提及與萬氏有關的三種抄本，即現藏北京圖書館的《明史》四百十六卷本和《明史稿》三百十三卷本以及海鹽朱氏所藏《明史稿列傳》（殘本，存八册）本。在《明史稿》三百十三卷本書目下面，引朱希祖《萬斯同明史稿跋》中一段話：「北平圖書館購得福建王仁堪可莊所藏萬季野先生《明史稿》三百十三卷，除去鈔配《明史》三十卷，實存二百八十三卷。……其爲乾隆時傳鈔之本，而非原本無疑。」⑦這樣，蕭穆在《敬孚類稿》中所說的《明史稿》原稿，其實也是鈔本，而非稿本。

謝國楨在引朱希祖話後，在按語中說：「近見蕭山朱鬫卿氏藏舊鈔本《明史稿》八册，爲永樂以後天啓、崇禎時之列傳，與《明史》頗有出入。每卷有『季野』朱文印，文中間有塗改，當爲季野手稿。」謝氏所說前後矛盾，既說爲「舊鈔本」⑧，又說爲「手稿」。後來，他在《江浙訪書記》中則改爲：「實則此書係内閣大庫或明史館遞次修明史的底本，若說是真萬季野之稿本，未敢斷定。」⑨。

由此看來，萬斯同《明史稿》原本，似乎真的在世上消失了。

天一閣藏《明史稿》考證

謝國禎所提朱鬫卿藏的《明史稿》共十二册，而非八册。其中一册封面有「□□季野明史稿原本」字。各册首頁多有「季野」朱文長方小印。有一册後面有朱鄭卿的《跋》，略述此稿的由來：「一九三四年周氏攜至金陵，謂河南革命遺族亟需撫恤，其值高懸，無人問鼎。沙村書來，稱楚弓楚得，當歸甬上。余非鄞人，走告伏跗、蝸寄，則皆固拒。函電交馳，不絕於道。屬有天幸，歸於余篋，與黃氏《明文案》稿本爲侶魏，同爲句章雙璧。偶有奪佚，終不失爲明史著述第一善本。朱墨斑爛，赤煉蛇、火棗兒糕更番迭出，難以枚舉。」

朱鄭卿即寧波當代著名藏書家朱鼎煦，其藏書樓稱「別宥齋」，沙村即著名書法家、原杭州西泠印社社長沙孟海；伏跗即寧波著名學者、藏書家馮貞羣，其藏書樓稱「伏跗室」；蝸寄即寧波著名藏書家孫家溎，其藏書樓稱「蝸寄廬」。

關於此稿本的來龍去脈，沙孟海有《萬季野明史稿初步鑒定意見》（後經修改，以《萬季野明史稿題記》爲名，載於《寧波大學學報》一九九〇年第一期）寄陳訓慈與方祖猷，文中說：「稿本原藏河南人周維屏家。一九三二年備員教育部，周來南京，自言是辛亥革命老同志遺族。年前呈送此稿到行政院，申請政府購藏，以示撫恤。行政院發交教育部處理。當時南京未成立中央圖書館，物主索值又昂，因而懸案未結。余提看原件，審爲名迹。……余爲此事專謁柳翼謀（即柳詒徵）先生於江蘇省立國學圖書館，徵詢其意見。柳先生早曾過目，極口稱賞，並謂已錄副存館，其中若干篇且付館刊發表。余提問收購價格，柳先生說，公家收購，可酬一千五百元，私人收購，一千元足矣。余參照此意，與周、朱雙方聯繫，終於以九百元成交。此稿遂歸甬上朱氏別宥齋。楚弓楚得，亦快事也。」⑩

此稿有一冊卷首有今人吳澤、葛暘、陳寧士、李晉華、張宗祥的題詞。張宗祥從筆迹斷定：「此稿字體含章草味，萬氏早期字學石齋（黃道周），當爲親筆。」李晉華則說：「原鈔墨迹甚舊，朱筆竄改之處甚多，聞爲季野哲嗣所繕，經季野刪潤者，是季野史稿又見一本矣，惜不得北平圖書館本對勘，無從知其異同。」⑪

一九三一年，著名史學家柳詒徵對此稿予以考證，作《明史稿校錄》一文，他說：「鄭君鶴聲持視教育部發閱中州某君賫呈之萬季野《明史稿》十二冊，屬余定其然否。余熟視之，信爲康熙中明史館纂修諸公手筆，不敢遽斷爲萬先生書。書雖不完，朱墨爛然，繩削增損，具見史材之璞。」柳先生在後面又說：「此稿不問其爲萬先生原本，抑他人分任經萬先生潤色者」⑫，其立論相當慎重。

柳詒徵否定此稿爲萬氏親筆，是從反駁此稿的簽題和跋印入手的。認定此稿爲萬氏手稿，其理由有五點：第一，有一冊有「□□野明史稿原本」的題簽；第二，這一冊的封面有一段題記：「此乃從稿本中謄清者，吾父又仔細看過，抄時當以稿本編次爲據，不過彙釘成帙耳，無次序也。」下未具名，然有無名氏在後題：「此頁係季野先生長子萬焜所書，原在第十冊篇首，特移此處，以見後兩冊有謄清者，多焜手迹與門下書，至朱筆修改，均季野先生手筆也。」第三，此冊還有翁方綱述萬斯同修史和遺著情況《寶蘇室小草》七古一首，後有翁氏《跋》文：「乾隆己卯秋，余典江西省試，聞南城喻子心筠云，有人持萬季野《明史稿》十冊易米。次日，急遣人往訪，其人已去南昌矣。因嘆交臂之失。其明年春，予旋役京師，與丁小疋太史、王述庵侍郎、張瘦同巷人皆居同巷，朝夕相過從。一日，於小疋案頭獲睹此書。小疋云，是友人托售者。余急糜三月俸得之。……明日出此示盧弓父學士，並告以賤價得之。……四月十二日漏下三鼓，寶蘇室記並題。」第四，其後又有丁小疋《跋》：「萬季野先生學識淵深，著作宏富，爲明季大儒，士林師仰，修定明史，功德甚偉。其自著《明史稿》原□，……其稿本向由萬之子孫祕藏，不輕視人。今由其親張孝廉攜帶來京，托余覓識家珍藏，以冀永保。覃溪（翁方綱）閣學，一見歡欣，急出巨金購之。……後盧予父欲具倍價，終未能得，故不勝其妒也。用識數語，以記鴻爪。乾隆庚辰清和月小疋恭記。」⑬第五：各冊首頁多有季野朱文長方小印，也有印於傳目具名空處的，有倒印的。

對於這五大理由，柳詒徵反駁說：「余意簽題及小印胥可僞爲。萬焜所題既未署名，何從知其確爲季野之子所書？此五事中，確可依據者，止覃溪一詩，見《復初齋集·寶蘇室小草四》，然《寶蘇室小草》注明年月，此詩實作於乾隆丙申九月，而此書之《跋》，則稱是己卯之明年四月。丁小疋亦署庚辰清和月，其不合一；乾隆庚辰年，盧抱經（即盧弓父）不在北京，且未爲學士；王述庵雖在北京，亦未爲侍郎。……其不合二；翁詩有云：『體例依然無論贊』，蓋萬書無論贊，王稿亦無論贊，而此稿王憲、金獻民等傳後有論一篇：『……』，其不合三。若筆迹之不似翁書，印章亦似仿造，丁小疋《跋》語之淺俚，且誤以盧弓父爲盧予父，則尤一望而知其僞矣。」柳詒徵還指出，這十二冊中，有一冊確有主名，即書有「徐潮具稿，監生葉沅錄」的一冊。柳氏說：「既明署徐潮撰，惡得目爲萬書！」並指出：「又一册朱筆眉批，顯見批者與撰者爲兩人之語氣」⑭，舉其中《陳琳》、《周世選》和《王廷瞻》三傳爲例予以說明。

柳詒徵考證《題》、《跋》之僞，十分有力。柳氏弟子陳訓慈在其所著《劬師從遊脞記》一文的《劬師對明史修訂一部分之意見》，稱譽其師的考證：「查校推斷，抽繭剝蕉，勝似老吏斷獄，此抄稿本之非萬氏《明史》早年未定稿遂決。」⑮。別宥齋主人朱鄮卿似乎看過柳詒徵的文章，因此他在覓良工精裝後，把所謂「萬焜所書」的無名氏題記及翁方綱、丁小疋題跋全都去掉，隻字不留，致使後來吳澤、李晉華、張宗祥、謝國楨等人均未見此類僞作。

柳詒徵廓清書賈加於此稿的迷霧，爲進一步考證此稿邁出了重要的一步。萬斯同僅有二子，長子名世楷，早卒，見於萬斯大《學禮質疑》卷二《宗法八．寧波譜》；次子名世標，字子建，見於《濠梁萬氏宗譜》卷九《世傳八》，皆「世」字排行，從未有所謂「萬焜」其人，故此稿無名氏的題記確係僞造。然而柳詒徵的考證在邏輯上有不足之處，從反駁其論據，不足以推出論題錯誤的必然，從此稿題記和跋的僞，並不能必然推出此稿一定也假。因爲書賈爲了求利，出於無知，也可能在真品上僞造標誌，結果弄巧成拙。柳氏自己也說：「翁、丁跋雖僞，無損於萬書之爲真也。」⑯此稿的「徐潮具稿」一册固然不是萬斯同所作，陳琳等傳批者與撰者也確爲兩人語氣，顯非萬氏所撰。然而，以少數諸傳爲例，不能得出其他各傳也非他所作的結論。在不完全歸納推理中，它的結論是或然的，可能對，也可能錯。此外，這些朱批究竟出自誰手？如出自萬斯同，那末此稿的價值顯然大大增加。爲此，必須對此稿進一步考證。

首先，考證的關鍵所在，在於史稿中的字迹與萬氏的親筆是否一致？由此，則真僞立見。細閱此稿，顯有兩種筆迹：一種爲正楷謄鈔本，一種爲草體稿本，亦即朱鄭卿所說的「朱墨斑爛，赤煉蛇、火棗兒糕更番迭出」的部分。我以後一種字迹與《昭代名人尺牘》卷十萬斯同致其學友董巽子信的刻帖以及現藏於上海圖書館古籍部的萬氏給董巽子另一封親筆手札對照，請筆迹專家以及著名書法家沙孟海先生鑒定，認爲筆迹一致。沙孟海先生因而作《萬季野明史稿題記》一文，文中說：「學人書迹，淳樸古拙，不盡合書家機轍，亦不避簡俗體。本稿有張聞聲先生宗祥《跋》，說『萬氏早期字學黃石齋』。余所見明清之際學人筆迹，黃石齋、顧亭林、萬季野皆以拙勝，但氣味各有不同。萬書構法，多上大下小，如其『兵』、『共』、『異』、『巽』等字，尋常下部橫畫特長，彼則下部簡縮，非他人所及，連萬氏諸兄斯選、斯大、斯備都不如是作。今日可以確定，《史稿》、手札、刻帖三者同出一人之手，而《史稿》兩處無名款之簽記，皆真實可信，惜不能起柳先生於九原而質證之。」[17]。除上述所說外，《史稿》與手札、刻帖某些字的書法亦一致，顯然爲一人所寫。不過《史稿》筆迹比較蒼老，後者較圓潤，前者似爲晚年所寫，後者爲早期所書。合以沙孟海所考，從筆迹上看，這一部分史稿當爲萬斯同親筆無疑。天一閣所藏這類史稿共六冊，如以第一篇列傳人名爲記，這六冊爲《汪應蛟》、《高耀》、《王士性》、《鄒素學》、《孫一元》、《毛志》等各卷。

另一類正楷謄寫本亦六冊，除書有「徐潮具稿」的《孫璽》卷外，其他五冊爲《魏時亮》、

《宋欽》、《朱燮元》、《朱方年》、《王寬》等卷，這六册都有用朱筆、墨筆或白粉筆增損的字迹，而這些字迹與前一類字迹完全一致，肯定爲萬斯同手迹。由此可得出結論，這些鈔本經過萬氏的筆削。在徐潮具稿的《孫璽》卷中，每傳題目下面也都有萬氏所寫「徐潮」兩字。然而其中《戎良翰》傳下的徐潮兩字，卻又被塗去。柳詒徵先生說的批者與撰者爲兩人語氣的《陳琳》、《周世選》、《王廷瞻》三傳，也都屬這一種，所批的字正是萬斯同的手迹。

《史稿》中也有重覆的傳，如《李檀》及其所附《史永安》、《劉錫玄》傳，《史儆炌》及其所附《閔洪學》傳，既在萬氏手迹的《汪應蛟》卷中，又見於正楷謄寫的《朱燮元》卷中，這種情況共有十三人，說明謄寫者據萬氏手稿予以抄錄。因此在《汪應蛟》卷前面所題的：「此乃從稿本中謄清者，吾父又仔細看過，抄時當以稿本編次爲據，……」等一行字，看來並非僞造，所以朱鄮卿沒有把它去掉。除「徐潮具稿」這卷外，不能排除爲萬斯同子萬世標所抄的可能性。

由此可見，天一閣藏這十二册《明史稿》，其中六册爲萬斯同獨力所撰的手稿本，其他六册或爲他人所撰，或爲萬氏所撰經過謄清的本子，但這六册又都經過萬氏的修改。

其次，我們還可以通過是否避清廷之諱來考證。天一閣藏《明史稿》有《陳嘉猷》傳，而王鴻緒《明史稿》和張廷玉《明史》都無，這是爲什麼?《明實錄》的憲宗和英宗部份，都講到朝鮮國王與建州三衛都督董山媾，將爲邊患，命陳嘉猷往詰的史實，王鴻緒和張廷玉撤了陳嘉猷傳後，在書中散見的陳氏事蹟中，再也看不到董山的名字，而天一閣藏《明史稿》，卻有陳嘉猷傳，其中有：「天順三年，朝鮮國王李瑈與建州董山媾，私授以官，將爲邊患」⑱句。原來董山爲清太祖努爾哈赤的七世祖。王鴻緒與張廷玉避諱不敢直書。不避清廷之諱，在史館諸撰稿人中，只有胸懷民族意識的萬斯同才有可能。他的兒子萬世標在《明史稿流散目錄》中說：「不涉忌諱者，又仍先君原本」⑲，這當可用來審定此稿是否爲萬氏原稿的一種重要方法。

再次，此稿《王鈇附錢泮》傳中對倭寇多稱爲「賊」，如「忿賊爇其父柩」、「賊突入他山港」及「時賊掠旁縣」⑳等等，後來王鴻緒《橫雲山人明史稿》把「賊」字一律改爲「倭」字，張廷玉的《明史》因之。把明時的「倭寇」稱爲「賊」，正是萬斯同高祖萬表的觀點。萬表是嘉靖間早期抗倭名將，他把倭寇稱爲「海寇」或「賊」。如在《答張半洲總制書》中說：「又見近賊多崑山、太倉、崇明人」㉑，「蓋以倭爲名，正以自蔽」㉒，「今此賊屠城掠邑，殺官戕吏，……而猶混言『倭寇』，不實上聞，果何待耶？既曰『倭奴』，酋長爲誰，其誰欺乎？」㉓他指出倭既多爲中國人，所以不能稱「倭」，應稱爲「賊」。此稿《王鈇傳》採納萬表的觀點，是證實此稿爲萬斯同所作的又一有力證據。

最後，柳詒徵先生引用翁方綱的詩後說：「『體例依然無論贊』，蓋萬書無論贊，王稿亦無論贊」，而天一閣藏此稿有論贊，柳氏從而得出此稿非萬氏作的結論。這一說法，頗值得商榷。所謂「體例」，是萬斯同卒後王鴻緒定的，王氏在《史例議》中說：「竊思篇中所述，賢否已是昭然，……昔人謂贊語之作，多紀錄紀傳之言，其有所異，惟加文飾而已。」因此他提出明史的列傳，應如《元史》那樣，去掉論贊㉔，所以王鴻緒的《明史稿》無論贊，張廷玉《明史》步其後塵。然而，今藏北京圖書館的《明史》四百十六卷和《明史紀傳》三百十三卷兩種抄本，其中有論贊，說明經王鴻緒手後，這些論贊全部被他砍了。由此可知，「萬書無論贊」的前提是錯的，據此而推論此稿非萬斯同手稿的結論，就不能令人信服了。

總之，從上述四點來看，如沒有强有力的反證，天一閣藏《明史稿》爲萬斯同手稿和修改稿，基本上可以肯定了。

萬斯同《明史稿》與明史諸本的比較

以天一閣的萬稿與王鴻緒的《明史稿》、張廷玉的《明史》相比較，來分析明史的成書由主編手定稿、經私人刊本，到官方刊本發展過程中的諸種變化，是很有意義的，其變化可以分爲四類。

一，萬斯同對作者原稿的增損。

以「徐潮具稿」一册爲例，此册《汪一中》、《王鈇附錢泮》、《錢淳》、《孫鏜》、《陳聞詩》、《趙愷》、《姚長子》、《向孔洙》諸傳都有萬斯同的朱筆、墨筆修改處。如對《王鈇附錢泮》傳，增損就很多，徐稿的「王鈇，號蒼野，字德威，左衞人。生之日父母俱夢鈇星落蒼野中，因以爲名，少倜儻，善騎射。」這一句，萬氏只留下「王鈇，號蒼野，字德威」八字。又如，徐稿有這樣一段：「五月，倭犯蘇州，南京都督周子德戰敗，鎮撫孫憲臣被殺。倭分兵掠滸關稅，取道尚湖，經尚塘入海。泮爲鈇畫策曰：『賊來送死矣。賊利野戰，今捨陸而水，又重載，我以師薄之，必大勝，不能殲，則繼之以火，此天亡之日也。』乃率衆急躡倭湖上，窮追至尚塘。倭匿其精粹，使一二酋挑戰，而四面伏起。泮陷伏中，被數槍，手刃二賊，與蒼頭嚴肅、趙秀俱死。鈇奮身陷泥淖中，賊攢刃之，瞋目大　而死，諸耆老皆死。」這一大段，全爲萬斯同抹去，而改爲：「及時，賊掠旁縣，將由尚湖還海。鈇憤曰：『賊敢涉吾地耶？吾不能坐令得志去，必擊殺之。』力從臾，乃召諸耆長善率所部，揚小艇數十追賊。賊偵官軍入隘中，出不意，兩岸夾擊。時獨耆長數人從鈇前，諸健兒皆在後，數人者力鬥死。鈇陷淖中，不得出，怒髮上指，瞋目大呼，而賊刃已剚腹中，遂死。泮亦力戰，身被數槍猶手刃三賊，與鈇俱死。」㉕

徐潮稿突出了錢泮，但錢泮不過是王鈇的附傳，這樣寫成了反客爲主。萬斯同的修改，除事實稍作改動外，主要突出了王鈇，這是正確的。

二，王稿對萬稿有重大刪節的。

也以《王鈇附錢泮》傳中經萬斯同修改後的「及時，賊掠旁縣，……與鈇俱死」這段爲例，王稿刪節爲：「及倭掠旁縣，方舟由尚湖還海。鈇憤曰：『賊尚敢涉吾地耶！必擊殺之。』泮亦力從臾，乃用小艇數十躡倭，倭夾擊之隘中，獨耆長數人從，皆力鬥死。鈇陷淖，瞋目大呼，腹中刃死，泮被數槍，殺三賊而死」㉖。又如。萬斯同保留徐稿的句子：「

縣故無城，鈇議城之。甫興役，賊突入他山港，且來犯，人情洶懼。鈇誓以死御，會莊八溥蒼頭遇賊，殺三人，賊驚恐。而鈇乃躬自課役，三月而城成。三十四年四月，賊來薄城，矢石交下，賊引卻，遽去。」這一段，王稿刪成：「縣故無城，鈇率士卒城之。倭來薄，數御卻之」㉗十七字。王稿刪改的目的，是使文句簡要。

三，萬、王、張三稿變化不大的。

如萬稿《鄭和》傳，王稿較萬稿稍略，而《明史》與王稿基本一致，而更簡略。萬、王兩稿主要區別：一爲王稿因統一體例而有所修改，如萬稿在一開始以「帝」稱明成祖，後面又稱「天子」，王稿一律改爲「帝」；二爲王稿對萬稿個別字句予以刪節，萬稿有：「和有智略，知兵習戰，帝甚倚信之。當是時，帝以兵戈取天下，心疑建文帝行遁海外，將蹤迹之」㉘句，王稿改爲：「有智略，知兵習戰。帝疑建文帝遁海外，欲蹤迹之」㉙，使文句更爲簡要。三爲把萬稿整段削去。如萬稿「不服則耀武以讋之」句後，有下面一段：「諸邦憚其兵威，且貪中國財物，莫不稽顙稱臣，厚禮使者。自是蠻邦絕域，前代所不賓者，亦皆奉表獻琛，接踵中國，或躬率妻孥，梯航萬里，面謁闕廷。殊方珍異之寶：麒麟、獅、犀、天馬、神鹿、白象、火雞者（後原有一「異」字，萬氏復塗去）奇畜，咸充廷實。天子顧而樂之，益泛海通使不絕，中國物力亦爲之耗焉。」㉚這一大段，王稿全無。又如萬稿「所至頒中華正朔（原爲「觀覽其山川，採其風物」句，後抹去，改爲此句），宣揚文教（「文教」前原有「中國」兩字，亦爲萬氏抹去），俾天子聲靈，達於天外」㉛句，王氏亦刪去。

四，萬、王稿和《明史》去取分合不同。

王鴻緒在《史例議》中說：「史館原稿立傳過多，今刪其十之四，然猶未免於瓜分豆剖也。傳多則事必重見，重見則文不警策。……今若合《紀》、《志》修訂，將列傳之可削者削之，可並者並之，庶不致苦《宋史》之繁而難閱，復益之以《明史》也』。㉜他所說的「史館原稿」，指經萬斯同增損後的原稿。

因而，把萬稿與王稿以及張廷玉《明史》對照，分合去取很不相同。萬稿有而王、張皆無的列傳約有二十九篇，即《孟北》、《章時鸞》、《劉應麒》、《廖謨》、《張岩》、《姚堂》、《饒秉鑒》、《周旭鑒》、《吳孟俅》、《周懋》、《張士美》、《鄒素學》、《邢簡》、《玉衡》、《張詩》、《吳綸》、《方太古》、《趙元鉛》、《王廷輔》、《宗珏》、《葉七》、《唐孟元》、《林亭》、《魏鏡》、《姚長子》、《金養》、《毛志》、《徐晞》、《陳嘉猷》等。

萬、王兩稿有而《明史》無的，有二十八篇左右，即《高耀》、《于大節》、《劉聚》、《沈寵》、《梅守德》、《王之垣》、《趙賢》、《徐學謨》、《宋欽》、《丘陵》、《于士廉》、《馬昂》、《胡直》、《周孔教》、《王繼光》、《張尺》、《史鑒》、《劉英》、《郎瑛》、《何孟春》、《王德明》、《王永光》、《戎良翰》、《向孔洙》、《王坦》、《楊瓖》、《張謙》、《項喬》等。

如《王永光》等，萬、王皆有，而《明史》獨無。張廷玉把其事迹分散見於第十一以及自二十至二十六各卷，共四十餘處。王永光爲啓禎間大臣，其人事關黨案，如此重要人物，《明史》竟不列傳，實在奇怪。王永光其人在諸本歸屬種類的演變，亦值得注意。萬稿把王永光與東林黨人曹於汴同列一卷，意在明當時黨爭的一般。王稿則把他與獲罪免職或被處決的畢自嚴、王洽、梁廷棟、陳新甲以及聲譽不佳的馮元飆兄弟、張捷輩列在一起，已降了一級。張廷玉則不但不列正傳，連附傳亦無，更貶之又貶了。由諸本列傳分合異同，可窺知撰寫編輯者對明史的觀點和史實的差異。

據朱鄺卿統計，萬斯同的這部《明史稿》，「凡文二百四十有八篇，中有二、三人合傳者得二百五十有二人，益以附傳一百三十有四人，都三百八十有六人。」㉝而這三百八十六人中，我僅抄錄了四人，因而遠未能對此稿作較深入的研究，以窺萬氏史學思想的底蘊。我急切希冀出版此書，不但對保存這一寶貴的史籍和研究明史有重要價值，而且可以對清浙東史學的研究開拓一個新的領域，並推進到一個新的臺階。

注釋

①⑲《建修萬季野祠墓紀念刊．明史稿流散目錄》。

②阮葵生《茶餘客話》卷九《萬斯同修明史》。

③《方苞集》卷十二《萬季野墓表》。

④黃濬《花隨人聖庵摭憶．王仁堪與張之洞書》。

⑤⑥轉引自陳訓慈方祖猷《萬斯同年譜》六《譜後》。

⑦⑧謝國楨《增訂晚明史籍考》卷一《有明一代史乘．明史稿三百十三卷》。

⑨ 謝國楨《江浙訪書記・寧波天一閣文物保存所藏書明史稿》。

⑩ 此信藏陳訓慈和方祖猷處。

⑪ 天一閣藏《明史稿》之《汪應蛟》卷卷首。

⑫⑬⑭⑯ 柳詒徵《明史稿校錄》，《江蘇省立國學圖書館》第四年刊。

⑮ 陳訓慈《劬師從游脞記》，《柳翼謀先生紀念文集》。

⑰ 沙孟海《萬季野明史稿題記》，《寧波大學學報》一九九〇年一月。

⑱ 天一閣藏《明史稿》之《汪應蛟》卷。

⑳㉕ 天一閣藏《明史稿》之《孫璽》卷。

㉑㉒ 萬表《玩鹿亭稿》卷四《答張半洲總制書》。

㉓ 萬表《玩鹿亭稿》卷五《海寇議》。

㉔㉜ 劉承幹《明史例案》卷二《王橫雲史例議上》。

㉖㉗ 王鴻緒《明史稿》列傳第一六六《忠義二王鈇附錢泮》。

㉘㉚㉛ 天一閣藏《明史稿》之《孫一元》卷。

㉙ 王鴻緒《明史稿》列傳第一七八《宦官上・鄭和》。

㉝ 天一閣藏《明史稿》之《王憲》卷之後。

十九　萬斯同的史學思想

萬斯同是清初浙東史學的著名代表，著作豐富。然而，不幸的是，其手定鉅著《明史稿》爲王鴻緒刪改得面目全非，其他重要著作，或爲人所攘奪，或已散失，爲研究這一代史學巨人的思想，帶來了很大困難。因此，本文對斯同史學的論述，自是不完整的。

一

萬斯同的史學思想，與明末清初的時代背景，他的家庭出身和個人遭遇是分不開的。斯同的祖先係明代九世世勳，四代死於王事，被人稱爲「三世四忠」。他父親萬泰，是前明浙東復社領袖，以氣節文章著名，是黃宗羲的摯友。明亡後參加南明浙東的抗清鬥爭，多次營救被捕的抗清志士，並卻清廷的公車之征。家風、庭訓和後來師教這三者自然薰陶了年輕的萬斯同，對他以後的思想，帶來深刻的影響，使他的史學具有强烈的民族意識。他自己說，他之所以從弱冠時爲古文詞詩歌而轉向經國有用之學，是因爲前者是無益之言，「勝國之季可鑒」①，這是接受明亡的教訓。至於後來專攻明史，按全祖望説法，是爲了「任故國之史事報故國」②。

對斯同史學影響的第二方面，則是在鼎革之際的「天崩地解」時代，使斯同從一個不愁吃穿的世家子弟，急劇地下降爲一個普通的老百姓。他在《述舊》中自敍：「穴居逾三年，脫粟嘗不繼……時或從父兄，荷鋤畦邊憩」③。萬泰病歿後，城內故居又爲清將所奪，萬氏兄弟七人蹋居於城西白雲莊墓舍。這時，「田家有子皆知學，仕族何人不織麻」④，邊勞動邊讀書。貧困，使斯同二十八歲才結婚，「敝屋兩楹，右爲臥房，左爲客坐，雞塒炊具雜然並陳，壘敗瓦爲門」⑤萬斯同的童年、少年、青年直至壯年時期，就是在這樣艱苦中渡過的。這使他常與勞動人民接觸，看到了清兵對浙東人民的殘酷屠殺和事定後人民所遭受的沈重剝削，對他的思想帶來了深刻的影響。他曾向侄萬言吐露自己棄文學而從事經國有用之學的原因，說：「今天下生民何如哉，歷觀載籍以來，未有若是其憔悴者也」，因此，「吾竊不自揆，常欲講求經世之學」，以上承「天意」，下救「民之患」⑥，這裡，他把反清的民族思想與救民於水火的抱負聯繫了起來。

萬斯同史學思想的產生，還與明末資本主義的萌芽有一定的關係。他在《明樂府·哀閩商》中指斥稅監至福州榷稅，「貪虐特甚」，並引起呂宋國王屠殺在國閩商二萬五千人的大血案。萬斯同十分同情這些商人「拼身以貿利兮，身備萬死夫安逃」的悲慘命運，怒斥稅監及其爪牙爲「奸徒」、「内豎」，「雖食肉而寢皮兮，豈足泄萬姓之哀」。對明政府不保護商人的國外貿易，十分感慨，說：「致彼無辜蒙禍兮，天朝君臣悲未悲？」⑦他還十分贊揚晚明市民鬥爭，在上書的《五人墓》中，對蘇州人民反宦官專政的民變，欽佩不已，稱譽犧牲的五人爲「義士」。這些都說明萬斯同的政治傾向是同情市民等級的。

二

萬斯同的歷史觀點，主要有下列幾點：

(一)闡揚民族思想，提倡民族氣節。

萬斯同的民族思想，有其發展過程。自順治三年清兵渡浙後，浙東人民進行了長達二十年左右的抗清鬥爭，清兵以屠城、洗山、禁海等的屠殺政策來回答。在民族矛盾極爲尖銳激烈的情況下，萬斯同早期的民族思想具有較明顯的反清色彩。如他在《述舊》中，以「赤日頹」指明朝的覆亡，以「腥塵」⑧指清兵進軍江南。不僅如此，他還寄希望於清廷的垮臺，在《與從子貞一書》中說：「夫物極必變，吾子試觀今日之治法，其可久而不變耶？天而無意於斯民則已，天而有意於生民，必當大變。」⑨

然而，在抗清鬥爭失敗後，特別在三藩平定後，清封建統治出現了相對穩定的局面。清王朝進一步加强了封建專制統治，對漢知識分子採取了既打擊又利用的文化統制政策。這時，反清自屬無望，所以萬斯同後期的民族思想，主要表現在反對清王朝對漢知識分子思想控制上。他曾幾次想脫離史局的控制，約劉繼莊、黃百家共同私修明史，鼓勵溫睿臨寫《南疆逸史》，其用意就是能更好地「籍手以報先朝」⑩，使他的民族思想在一定程度上與反封建專制思想結合起來。

萬斯同從各種史書、野史、郡志中輯《宋季忠義錄》，彙集南宋末年抗元的忠臣、烈士、遺民的事迹。在《羣書疑辨》論宋史和元史部分，宣揚「名節立身」⑪。他特別欽佩黃震、王應麟在宋亡以後，「並潛隱山澤」、「窮餓以沒」⑫和謝翺的「感故國之亡，故浪放山澤」⑬的高風峻節。黃宗羲和萬斯同對元代所修的《宋史》都十分不滿，曾企圖重修《宋史》，其原因之一是《宋史》往往忽略了民族氣節。萬斯同對此批評得很嚴厲，說：「乃史官無識，使後人不得見高節，真恨事也。」⑭

萬斯同著《庚申君遺事》，詳考元末帝順帝係出南宋末帝宋恭帝之後，其用意，王源說是：「《宋遺民錄序》，謂其事之卓卓乎可以信後世而下慰遺民不忘宋之心者，則篁墩之志，即萬子之志也。」⑮借以寄托其反清思想。他著《南宋六陵遺事》，備述南宋亡後六陵被盜發的慘狀，以激起明亡之痛。

斯同甚至在論明史上也流露其反清情緒，在被李文胤稱爲誦其詩即知其史學的《明樂府》中，多次由明而聯繫清，說：「今之仕宦皆爭巧，飲人膏血猶未飽」⑯等等，暗示昔明因腐敗而亡，現在的清將來定亦如此。他的同學陸嘉淑說《明樂府》有左徒之怨，謝翺之悲[17]。其實，此書並非如此消極，字裡行間，往往閃爍著希望的火花。斯同又著《明季兩浙忠義考》，搜集明末清初抗清死難，國變後隱居不出或薙髮爲僧的志士一百二十餘人，以表彰忠義。

斯同宣傳的忠、節、義等，自然未脫離封建倫常的範疇，然其主要含義，是忠於故國，發揚民族氣節，在清初滿州貴族採取民族屠殺和民族壓迫政策的情況下，有其一定的進步意義。

(二)反對封建君主專制

斯同致力於修明史，他對劉坊說，可以與其祖之死王事相比。然而，其目的決非追懷祖德，歌頌故君，效忠於朱明一姓一家，而是爲了總結明亡教訓。因此，在一定程度上他突破了封建正統觀念，對君主專制予以鞭撻。他對有明歷朝皇帝，幾乎個個予以抨擊，在《明樂府》的《李太師》、《百歲衣》、《高牆錮》、《索妖婦》等篇中，揭露了太祖、成祖之殘酷。在《昭德宮》、《望三臺》、《鎮國公》、《青詞相》、《兔生子》、《獻白蓮》、《九千歲》等篇，對武宗、世宗、神宗、熹宗等的荒淫和昏庸，極盡笑罵之能事。他在有關明史論中直把明太祖比作秦始皇，說他「殺戮之慘」，「蓋自暴秦以後所絕無而僅有者」[18]。對明世宗則斥之爲「昏君」[19]。在他看來，有明十七朝君主中，只有孝宗才像樣些，然而，就是在他的統治下，「豈知世風之不振，至於如此！」[20]也不過爾爾。所以，斯同不是對個別君主進行抨擊，而已涉及君主制度本身。不過，他沒有像黃宗羲那樣作進一步的引伸和提高而已。

萬斯同認爲，君或「暴」、或「昏」於上，有人就可以「恃君之寵而縱肆背戾」㉑於下，因此，他對明室的「兵戎大政由宦官」㉒的宦官專政；「重徵加派擾海內」㉓的橫徵暴斂；「官兵如鳥倭如鷁」㉔的武備廢馳；「得賄三舉觴」㉕的腐敗政治，都予狠狠的揭露和嘲笑。

萬斯同認爲，要改善這種情況，必須做到兩點，一是君主必須善於納諫。他認爲孝宗還能算一個「守主令」，就在於他「務通下情，人人得以盡言」。所以他反對「羣工百職鉗口而不敢言」的專制統治㉖，提倡「天下之公論」㉗。二是君主必須善於用人，他說：「孝宗之君德，何其盛哉，其大者在於用人」㉘。所謂用人，不但在擇賢，而且要「君臣相得信任」，否則像世宗朝那樣，君臣不和，「遂致南北大亂，生民塗炭」㉙。萬斯同主張清議、公論，用君臣相互信任來代替臣下對君主的絕對服從，這在君主專制極端加強的明清時代，含有限制君權的意味，具有一定的民主主義色彩。

㈢人民性

萬斯同由於近三十年中居於下層，熟知民間疾苦，反映在史學思想上，他十分同情人民的悲苦生活。他把統治者的窮奢極欲與人民的憔悴艱辛相對比，說：「何況爲官求食肉，不顧民間有菜色；民有菜色官不知，官有肉味民豈識」㉚。他認爲，重賦是明亡的原因之一，在《遼東餉》中說：「豈知斂財更斂怨，從此萬方遂土崩」㉛。他尖銳地指出：「民之苦賦，甚於苦賊」㉜斯同思想上最寶貴之處，在於他對農民起義寄予一定的同情。他在《納闖王》中根據當時民謠，有感而發，寫出如下的詩句：「闖王來，城門開，闖王不來誰將衣食與吾儕？寒不得衣飢不食，還把錢糧日夜催。更有貪宦來剜肉，生填溝壑誠可哀，欲得須臾緩我死，不待闖王更待誰？闖王來兮我心悅，闖王不來我心悲。」㉝這完全是當時的實錄，寫得何等大膽！

他更大膽地發出「盜亦有道」的呼聲。明武宗時，農民起義首領趙風子破城索奸相焦芳不得，斬其衣冠於樹下，說：「吾爲天下誅此賊！」斯同因而感慨地說：「噫嘻！盜亦有道誠非誣，誅奸戮佞真丈夫。若使此人居殿陛，臣奸豈得保殘軀。嘆息朝堂論功罪，不及草間一賊徒。」㉞這簡直對農民起義近於謳歌了。

自然，斯同並沒有脫離地主階級的立場，他把農民起義領袖看作「凶渠」、「狂徒」、「賊」㉟，從根本上說來是反對農民起義的。他認爲應從中吸取的教訓是：「寄語有司各守職，愼勿逼民爲盜賊」㊱。他是從官逼民反的角度來同情起義的。雖然如此，用這樣感情來寫農民起義，在歷史上是極少有的。

萬斯同這種反君主專制和同情農民起義的進步歷史觀點，加上他的民族思想，使他並不反對元末紅巾軍起義，並承認其建立韓宋政權的合法性。所以他不同意明國史抹去明太祖曾受命於韓林兒的事，斥責廖永忠秉朱元璋意旨沈韓林兒於瓜步事爲「弒主甘爲賊」㊲，鋒芒直指明太祖。這一點，爲他的好友王源所反對，王源從封建正統歷史觀出發，把韓林兒 爲「賊子牧豎」㊳對斯同的「弒主」說大爲不滿，移書責問。王源曾參預修明史，後成了顏李學派的著名代表之一，在思想上是較爲進步的人物。兩相對比，可知斯同的歷史觀點在當時確是首屈一指的了。

三

關於萬斯同的史法，康熙三十五年在他與方苞的一次長談中，作了專門的敍述，這是他長期來治史的經驗總結，提出了「事信而言文」的原則，其主要精神有下列五點：

一、**要做到「事信」，必須博搜史料而以實錄爲指歸**。因爲「蓋實錄者，直載其事與言，而無可增飾者也。因其世以考其事，核其言而平心以察之，則其人之本末，可八九得矣」。爲什麼要博搜資料呢？他說：「然言之發或有所由，事之端或有所見，而其流或有所激，則非他書不能具也。」所以他的方法是：「凡實錄難詳者，吾以他書證之；他書之誣且濫者，吾以所得於實錄者裁之。雖不敢具謂可信，而是非之枉於人者蓋鮮矣。」㊴

然而他並不盲目相信實錄，這在他關於明史史論中多次談及。如《讀弘治實錄》中，他明白指出：「有明之實錄，未有若弘治之顛倒者也」㊵因爲，實錄是由執筆者書寫的，同執筆者的政治傾向和個人品德有密切關係。

二、所以，要做到「事信」，必須發揮中國歷史上優秀的「直筆」精神，這在修明史時更屬必需。他說：「而在今，則事之信尤難，蓋俗之偷久矣，好惡因心而毀譽隨之，……故言語可曲附而成，事迹可鑿空而構，其傳而播之者，未必皆直道之行也。」㊶。因而，他反對「隨人曲筆」㊷，也反對褒貶由己的偏見，「好之則過於褒，惡之則過於貶」㊸。最後，他反對爲尊者諱，對《洪武實錄》掩飾明太祖殺戮之慘和受命於韓宋事，頗不以爲然，說：「縱曰爲國諱，惡顧得爲信史乎？」

三、要做到「事信」，還必須要有史識。他說，現在事之信所以尤難，還在於「其聞而書之者，未必有裁別之識也」㊹。他研究中國古代史，提倡獨斷，反對墨守盲從，他說：「事而真，即一二人亦足信，果非真，即百十人亦可疑，此論真僞，不論衆寡也。」㊺

四、反對官局修史。斯同認爲，官局修史，由於兩種原因，就會造成史實失真，第一，「官修之史，倉卒而成於衆人，不暇擇其材之宜與事之習，是猶招市人而與謀室中之事。」㊻叫非行人來辦，一定會發生錯亂。然而，主要還在於第二點，他說：「吾恐衆人分割操裂，使一代治亂賢奸之迹，暗昧而不明」㊼憑各人好惡來寫，史籍就會失實。

其實，還有一點原因，他說不出口。官局修史，必然受制於監修，受制於總裁，乃至受制於帝王。清廷修明史，是爲了拉攏漢知識分子，以緩和滿漢民族矛盾，然其首要原則是必須有利於滿洲貴族的統治，康熙帝確也多次過問修史情況。莊廷鑨案爲時不遠，種種忌諱他豈不知道，所以，他所說的「使一代治亂賢奸之迹暗昧而不明」的，更重要的原因不在於分修衆人，而在於君主的干預。這是萬斯同幾次想辭史局的原因。動員他共修郡志，就因爲李文胤的文章寫得好，希望家鄉在明清之際的忠烈事迹，能「藉先生之文以傳」㊾。

五、提倡「言文」。萬斯同說：「非事信而言文，其傳不顯。」㊽他早年給李文胤書，

萬斯同在與方苞談話中，有一點與此似有矛盾，他說：「昔人於宋史已病其繁蕪，而吾所述將倍焉，非不知簡之爲貴也。吾恐後之人務博而不知所裁，故先爲之極，使知吾所取者有可損，而不取者，必非其事與言之真而不可益也。」㊿這豈非與「言文」抵牾！其實，他又有難言之隱在。鑒於莊廷鑨案中，民間所藏有明一代大批史料被毀，斯同希望通過官修明史，「先爲之極」，用合法手段來保存大批明季的真實史料。這與顧炎武多次主張在修明史中，應對「兩造異同之論，一切存之，無輕删抹」51，有相似之意。

萬斯同的史法，除他自述這五點外，還有兩點爲他人所稱道。

一是他的考證方法。他於歷代的典章制度、古代山脈、河渠，皆能「穴穿古書，參稽異同」52，人們往往稱他「工於考證」53。

二是會通的方法。斯同治史，善於綜會諸家尋求源流。他說自己研究歷代典章制度，「一一詳究其始末，斟酌其確當」54。所著《儒林宗派》，不僅記載自孔子至明末的諸儒學統，而且綜會百家，既無朱陸門戶之見，且旁及老、墨、申、韓，與傅山一起，開了清初研究諸子的風氣。

萬斯同的史法，王源評價很高，說他具有史才、史學和史識，說：「此萬子之學所爲不可及也」⑤⑤。

四

萬斯同史學，受黃宗羲的影響很深。萬泰病逝前，黃宗羲已專書招萬氏兄弟往餘姚受學。後來，又成爲證人書院高足。康熙十八年，他去史局前向黃宗羲辭行，黃宗羲以「定知忠義及韓通」和「太平有策莫輕題」句相贈⑤⑥。斯同修史時期，「史局大案，必咨於公」⑤⑦。黃宗羲的《明夷待訪錄》成於康熙元年，其姊妹篇《留書》著於甬上，正是萬氏兄弟向他求學的前後，顯然，這兩本「佐王之略」的著作，對斯同的影響亦很深。所以斯同史學中的民族思想和反封建專制的民主精神，直接淵源於黃宗羲。

黃宗羲認爲，「經術所以經世，方不爲迂儒之學，故兼令讀史」⑤⑧，「經世」是黃宗羲開創的浙東史學的一個重要特色。萬斯同自稱，他研究自有書契以來的古代典章制度，「無弗考索遺意，論其可行不可行」⑤⑨，是古爲今用。他治史既然是從經世出發，重點自然放在近代，而把畢生精力用於編寫明史上。

黃宗羲提倡「取近代理明義精之學，用漢儒博物考古之功，加之湛思」⑥⓪的理性主義方法，他在寧波證人書院就是用這種方法教學的。斯同提倡博取、會通、考證等的治史方法，是在寧波證人書院受業時受黃宗羲影響的結果。

萬斯同吸取了黃宗羲的史學而發揮之。黃、萬之學，已經形成了民族民主思想和經世致用的史學精神，重在近代的史學內容，深思、博取、考證等的史學方法，這是浙東史學的三大特色。

萬斯同史學不但近取黃宗羲，而且遠紹我國古代史學的優秀傳統。他把明太祖受命於韓宋與史漢的劉邦受命於懷王相比，他對農民起義的同情與司馬遷把陳勝列入「世家」這種史學上的進步思想一脈相承。李文胤在論他的史法時，還以司馬遷的「深思」、「深考」（《歷代史表序》）與之相比擬。萬斯同在《儒林宗派》中，以儒家爲主，旁及老、墨、申、韓，這是班固《藝文志》和劉向、劉歆父子以六藝冠九流，不罷黜百家精神的繼續。馬敍倫先生就說：「石園先生猶拾班志之成規，通向、歆之遺意與？」⑫劉知幾認爲官局修史，「著述無主，條章靡立」⑬，主張「成其一家獨斷而已」⑭，並提倡「直書」⑮，反對「曲筆」⑯和「愛憎由己，高下在心」⑰，主張「言之不文，行之不遠」⑱等等，這些思想，顯然影響了萬斯同「事信而言文」的主張。

萬斯同在歷史編纂學上的貢獻，主要有兩點，一是他繼承了司馬遷所創而多爲《後漢書》以後諸正史所忽略的編纂史表工作。其《歷代史表》被朱彝尊稱贊爲：「攬萬里於尺寸之內，羅百世於方册之間」⑲。二是由於企圖利用方志記載桑梓抗清事迹，他改革了方志的撰寫方法。他與萬斯選等合撰的《寧波府志》的序文說：「竊以志爲史中之一體，而不足以盡史之法」⑦。他認爲方志的缺點是：「郡乘多徇請托而不免賢否之淆，其書又雜而無別」⑦。要改正這種缺點，就必須「採實錄之明文，搜私家之故牘，旁及於諸公之文集，核其實而辨其訛，考其詳而削其濫」⑦，這實際上是寫史的方法，而非寫方志的傳統方法。說明他開始把史書與地理書兩種不同的體裁區別開來，並企圖把方志從「圖經」即地理書的概念中擺脫出來，轉向史書。

萬斯同的史學，其後爲全祖望和章學誠所繼承，本書第二十三章已有初步的敍述，這裡不再重覆。我們可以這樣說，如果說黃宗羲是浙東史學的開創者，那末萬斯同和全祖望是奠基者，而章學誠是這一派史學理論的集大成者。

黃宗羲、萬斯同所創導的「漢儒博物考古之功」的方法，對以後乾嘉史學亦有一定的影響。以徐乾學名義，實則由斯同撰寫的《讀禮通考序》中，闡述了他的考證方法：「經可信，不敢捨經而從傳；傳可信，不敢捨傳而從各家。然亦有經不足而不得不取之於傳；傳不足而取之注疏論辨者」。⑦這一方法，以後爲乾嘉學派所奉行。萬斯同重視史表，著《歷代史表》，開啓了後來被梁啓超譽爲「清儒絕詣而成績永不可沒」⑦的乾嘉時期蔚爲大觀的撰寫各種史表的一代風氣。然而，乾嘉史學派在清廷文化高壓政策下，走上了基本上以考證方法治史的偏狹道路，拋棄了黃、萬、全等人的治史精神。梁啓超說，黃宗羲、萬斯同、章學誠「三君之學不盛行於清代，清代史學界之恥也」⑦。他的評價是十分正確的。

◘注釋

①㊾ 萬斯同《石園文集》卷首劉坊《萬季野先生行狀》。

② 全祖望《鮚埼亭集》卷二十八《萬貞文先生傳》。

③⑧ 萬斯同《石園文集》卷一《述舊》。

④ 萬斯同《石園文集》卷二《鄮西竹枝詞》。

⑤ 萬言《管村文鈔》卷一《歷代史表序》。

⑥⑨㊹ 萬斯同《石園文集》卷七《與從子貞一書》。

⑦ 以上所引皆見《萬季野先生明樂府‧哀閩商》。

⑩ 萬斯同《石園文集》卷首楊无咎《萬季野先生墓誌銘》。

⑪ 萬斯同《羣書疑辨》卷十一《書元史陳櫟傳後》。

⑫⑭ 萬斯同《羣書疑辨》卷十一《書宋史王應麟傳後》。

⑬ 萬斯同《羣書疑辨》卷十一《書謝翺傳後》。

⑮ 王源《居業堂文集》卷十二《庚申君遺事序》。

⑯ 《萬季野先生明樂府‧埋羹守》。

⑰ 《萬季野先生明樂府》卷首陸嘉淑《序》。

⑱ 萬斯同《石園文集》卷五《續洪武實錄》。

⑲㉙萬斯同《石園文集》卷五《讀楊文忠傳後》。

⑳萬斯同《石園文集》卷五《書倪文毅傳後》。

㉑萬斯同《石園文集》卷五《書霍韜傳後》。

㉒《萬季野先生明樂府・下麓川》。

㉓㉛《萬季野先生明樂府・遼東餉》。

㉔《萬季野先生明樂府・倭無敵》。

㉕萬斯同《石園文集》卷五《讀劉宇傳》。

㉖㊷所引皆見萬斯同《石園文集》卷五《讀弘治實錄》。

㉗㉘萬斯同《石園文集》卷五《讀席書傳》。

㉚《萬季野先生明樂府・青菜王》。

㉜萬斯同《石園文集》卷五《書陸給事、王御史劾胡宗憲兩疏》。

㉝㊱《萬季野先生明樂府・納闖王》。

㉞《萬季野先生明樂府・戮奸相》。

㉟《萬季野先生明樂府・九宮山》。

㊲《萬季野先生明樂府・沈瓜步》。

㊳王源《居業堂文集》卷六《與友人論韓林兒書》。

㊴以上所引皆見《方苞傳》卷十二《萬季野墓表》。

㊵㊶㊹㊻㊼㊽㊿ 《方苞集》卷十二《萬季野墓表》。

㊸ 萬斯同《石園文集》卷五《書梁文康傳後》。

㊺ 萬斯同《石園文集》卷六《石鼓文辨一》。

㊾(71)(72) 萬斯同《石園文集》卷七《與李杲堂先生書》。

(51) 顧炎武《亭林文集》卷四《與次耕書》。

(52)(53) 《四庫全書總目提要》卷六十九《史部・地理類二・崑崙河源考》。

(55) 王源《居業堂文集》卷十二《萬季野補晋書五表序》。

(56) 黃宗羲《南雷詩歷》卷二《送萬季野貞一北上》。

(57)(58) 全祖望《鮚埼亭集》卷十一《梨洲先生神道碑文》。

(60) 黃宗羲《南雷文定》前集卷六《陸文虎先生墓誌銘》。

(61) 李文胤《杲堂文鈔》卷一《歷代史表序》。

(62) 萬斯同《儒林宗派》卷後馬敍倫《儒林宗派後序》。

(63) 劉知幾《史通》卷二十《忤時》。

(64) 劉知幾《史通》卷十《辨職》。

(65) 劉知幾《史通》卷七《直書》。

(66)(67) 劉知幾《史通》卷七《曲筆》。

(68) 劉知幾《史通》卷六《言語》。

⑲ 朱彝尊《曝書亭集》卷三十五《序二・萬氏歷代史表序》。

⑳ 咸豐丙辰《鄞縣志》卷七十五《舊志源流》。

㉓ 徐乾學《讀禮通考》卷首徐樹穀《序》。

㉔㉕ 梁啓超《中國近三百年學術史》十五《清代學者整理舊學之總成績㈢》。

二十　萬斯同史學思想中的新因素

萬斯同是清初浙東史學中被稱爲「最稱首出」①的史學大家，但他的史著流傳很少，由於文獻的局限，對他的史學思想難以作完整和深入的探討。筆者近年來應南京大學中國思想家研究中心之約，撰寫匡亞明教授主編的《中國思想家評傳叢書》中的《萬斯同評傳》（附《萬斯大評傳》）一書，就萬氏史論中的吉光片羽，試圖對他的史學思想提出一些新的看法，不妥處請專家予以指正。

一、民本思想中的新因素

萬斯同的史學思想建立在儒家民本主義基礎上。但明末處在商品經濟的繁榮和資本主義初步萌芽的時代，時代給他民本思想注入了新的因素，這主要表現在下列幾個問題上。

㈠對君主專制的批判

萬斯同並沒有如他老師黃宗羲那樣對封建君主制作理論上的系統的批判，但他以其獨特的史論形式，通過對有明一代君主一系列的譴責和諷刺，而觸及君主專制本身。

在有明一代十六個君主中，他予以好評的僅二人，即宣宗和孝宗，未予評論的六人，而被他抨擊的達八人，他揭露了明太祖、成祖的殘暴，英宗、熹宗的無知，憲宗的荒淫，武宗、世宗、神宗的昏庸。這裡舉他對明代兩祖的批判，予以說明。他首先對準明太祖的「殺戮之慘」②，說：「當時功臣百職鮮得保其首領者，迨『不爲君用』之法行，而士子畏仕途甚於阱坎，蓋自暴秦以後所絕無而僅有者。」③如明太祖羅織李善長的謀反罪狀，親作《昭示奸黨錄》，爲殺李善長一家作辯護。萬斯同在《明樂府》的《李太師》一詩中，提出了一連串的疑問：

官為太師爵國公，富貴誰能逾此翁；縱使惟庸（胡惟庸）改玉步，更有何官加爾躬？人生富貴思保身，年高更念子若孫；太師平生素畏禍，何至乘危求滅門？又況事發十年後，羅織豈乏仇人口？一家供狀二百紙，將毋逼勒刑官手④？

這四大疑問，其實是在反駁《昭示奸黨錄》中的莫須有罪名，在爲李善長反案。明末，錢謙作《太祖實錄辯證》，據《昭示奸黨錄》而肯定李善長的謀反罪狀，在他看來，君主的話自然是金科玉律，但萬斯同則不然，說明君主的神聖光環在他的頭腦中已黯然褪色了。

萬斯同接著又揭露明成祖的殘暴，如在《高牆錮》一詩中公然指斥成祖毫無人性。明成祖奪取帝位後，把建文帝二歲兒子錮於鳳陽高牆內，一關關了六十年，始爲英宗釋放，任其婚嫁，僅二年而卒。萬斯同極爲同情說：

彼四時之莫知兮，況百物其誰識！昔之入兮齒未生，今之出兮頭早白；感帝德之浩蕩兮，惜桑榆之已迫；雖暫等於人類兮，遽逍遙乎窀穸⑤。

「暫等於人類」，也就是說，在禁錮的六十年中，他不屬於人類。「人類」，這一名詞雖古已有之，然在十七世紀出現於萬斯同的筆下，使這一名詞具有近代的色彩，他聲討明成祖的殘暴，流露了早期的人道主義思想。

萬斯同並不是消極地批判封建君主，而是在批判中提出了新的東西。他爲何要稱讚明孝宗？因爲，「蓋帝務通下情，人人得以盡言」，「向非帝能納諫，羣臣安敢盡言」⑥。他在這裡指出了國家治亂興衰的一條重要原因，即君主「務通下情」，而要做到這一點，需有兩個條件：一是君主必須「能納諫」，一是「人人得以盡言」。他又提到明世宗，世宗以己之好惡，生殺予奪（他舉夏言等例子），形成「羣工百職箝口不敢言」⑦的政治局面，結果不僅上下不通氣，而且造成「君臣上下莫非乖戾之氣」，使國家元氣「爲之喪盡」，「遂致南北大亂，生民塗炭，流血成渠」⑧，所謂「乖戾之氣」，其實説的是君臣上下政治上的分裂。因此萬斯同認爲君主的「納諫」和羣臣的「盡言」是最理想的政治局面，這是他批判君主專制而提出的積極的政治主張。在明清兩代君主專制極端强化的時期，這一主張有限制君權的意義。

在批判君主專制中，萬斯同對「封建之制」的見解值得探討，他説：「唐封建之制。自春秋戰國以及唐藩鎮割據，皆各君其國，各子其民，欲以自强，無不盡其地力足其兵食，一歸郡縣，則土地荒蕪而兵力衰矣。」⑨乍一看，似乎萬斯同贊成封建割據，其實不然，他是看到割據的危害的，他説封建割據時，「特其土地、人民皆得自專，故跋扈最甚」⑩，這是指政治上的危害，又説，五代時，「江南福建仍南唐、閩割據之舊，故其賦獨重」⑪，這是指經濟上的危害，那末，怎樣來看待這種矛盾的言論呢?

清初，在探討明亡原因中，鑒於前明君主專制中央集權的禍害，一些進步思想家如黃宗羲、顧炎武、顏元等人，借三代封建制來批判當前的君主專制制，形式上是封建、郡縣之爭，實質上是對現實批判密切地結合在一起的。萬斯同上述的觀點與顧炎武頗爲一致，顧炎武説：「夫使縣令得私其百里之地，則縣之人民，皆其子姓；縣之土地，皆其田疇，……縣之倉廩，皆其囷窌。爲子姓則必愛之而勿傷，爲田疇則必治之而勿棄，爲……囷窌則必繕之而勿損。」⑫這與萬斯同的「皆各君其國，各子其民，……無不盡地力以足其兵食」的觀點是相似的，可以說，兩者都有「郡縣之失，其專在上」⑬的意味。然萬斯同没有如顧炎武那樣明確得出：「寓封建之意於郡縣之中」的結論。這裡所說的郡縣制，實際上是君主專制的代名詞。侯外廬先生說得好：「因爲清初的思想家，都在『援古』或『托古』的形式下表達他們的思想，例如，有些人在這時主張恢復古代的封建制度，他們所以要恢復『封建』的原因，就是爲了要削弱天子的權限。」⑭

㈡對農民起義的同情

萬斯同年青時身遭家國之變，家境貧困，一度耕種爲生，自稱：「生涯耕稼好，樵牧盡知交」⑮，因此深知民間疾苦，對歷史上的農民起義表示了一定的同情。他在《明樂府》的《戮奸相》一詩中說：

> 正德時，泌陽焦芳以故相家屬，流賊趙風子破其城，索誅之不得，乃立其衣冠於庭而斬之，曰：「吾為天下誅此賊」。
>
> 焦相公，年逾七十老成翁，何事咆哮尚逞凶。若將上方斬馬劍，首應摽刃揕其胸。還得錦衣歸故國，老而不死真為賊。賴有凶渠戮衣冠，奸臣少得褫其魄。噫嘻！盜亦有道誠非誣，殊奸戮佞真丈夫。若使此人居殿陛，巨奸豈得保殘軀。嘆息朝堂論功罪，不及草間一賊徒！

趙風子即趙燧，爲劉六、劉七農民軍中的重要首領，而焦芳是正德年間奸相。趙燧斥焦芳爲「賊」，萬斯同同意他的評價，也說：「老而不死真爲賊」。並稱趙燧這一行動爲「盜亦有道」，稱他「真丈夫」。他竟把趙燧與高踞朝堂之上的君主作對比，說：「若使此人居殿陛，臣奸豈得保殘軀」，而皇帝卻任「賊」爲相，所以「不及草間一賊徒」，也就是說，趙燧比皇帝更英明。盡管萬斯同仍稱趙燧爲「賊徒」，但他這種言論，是過去民本主義者連想也不敢想的事。

萬斯同這樣大膽的言論，在《明樂府》中並不止這一首，如《納闖王》：

崇禎末，李自成橫行中原，窮民苦賦役者相率歸之。時有謠曰：「吃他娘，穿他娘，大家開門納闖王，闖王來時不納糧。」

闖王來，城門開，闖王不來誰將衣食與吾儕。寒不得衣饑不食，還把錢糧日夜催。更有貪官來剜肉，生填溝壑誠可哀。欲得須臾緩我死，不待闖王更待誰？闖王來兮我心悅，闖王不來我心悲。君不見，朱泚當時據關內，大呼街市免加稅。又不見，劉豫當年據汴城，聲傳都邑捐重徵。民畏重徵不畏盜，自古如此君莫驚。寄語有司各守職，慎勿迫民使為賊。

這裡又一次把農民起義軍與明政府作比較，只有闖王來了，人民才有衣食免於饑寒，才不至於死填溝壑，而明政府不但不給衣食，「還把錢糧日夜催」，貪官更來剜肉，人民只有「生填溝壑」死路一條了。這種生死對比，使他道出了：「闖王來兮我心悅，闖王不來我心悲」當時人民的肺腑之言，如果《戮奸相》作官與盜在政治上的對比，那末《納闖王》是作經濟上的對比。

萬斯同不僅在詩歌中，而且在史論中也作了這樣的對比，他揭露胡宗憲對浙江人民造成的禍害，說：「自供軍興之名，行提編加派之法，而民之苦賦，甚於苦賊」，「而民之苦宗憲，更甚於苦賊」⑯。他在《讀劉焘傳》中也說：「自南北多難以來，廟堂悉（疑闕乏字）知兵之士，一時用以御盜者，往往即昔日之盜。……天下方苦盜，而使盜得處吏民之上，盜何由息哉？……雖然，彼仕宦而爲盜者，寧獨焘三人也」。⑰「民之苦賦，甚於苦賊」，「民之苦官（胡宗憲），更甚於苦賊」，「仕宦而爲盜」，這些命題，把官與賊聯繫在一起，並認爲民之苦官，甚於苦賊，官比賊更能害民。萬斯同這種觀點，顯然把古代的民本主義思想提高了一大步，古代的民本思想，是站在官方一邊的，而他的民本思想，卻有站向人民一邊的傾向，這不能不說是對古代舊民本思想的突破。

當然，決不能因此說萬斯同成了農民起義的喉舌，他的基本立場是反對農民起義的。他稱趙燧爲「賊徒」，李自成爲「賊」，比於唐朱泚，宋劉豫。在《九宮山》一詩中，稱李自成爲「封豕」、「凶渠」。我們應該注意他在《納闖王》中最後一句：「寄語有司各守職，愼勿迫民使爲賊」，詩句點出了萬斯同思想的實質，他是站在官迫民反的前提下同情農民起義的。但他這種同情，把農民起義領袖贊揚爲能救民於溝壑和誅戮奸佞的「真丈夫」，則是前所未有的，有的僅晚明的李贄可以比擬。李贄曾稱讚當時橫行海上的巨盜林道乾，說：「其才識過人，膽氣壓乎羣類」⑱，爲自己所不及。萬斯同雖未有李贄那樣具有强烈的叛逆性，但他這種大膽的同情已超出了舊民本主義的範圍，具有封建異端的某些色彩。

㈢對婦女命運的同情

這是萬斯同史學思想中突破舊民本主義的又一表現。對婦女命運的同情，歷來已久，但多集中於愛情和婚姻上的不自由和家庭內的被虐待。萬斯同超越了這一舊的傳統題材，把被損害的婦女擴大到低層；被迫害的命運，擴及於政治領域，成了他批判封建君主專制的內容之一。

如《明樂府》的《索妖婦》：

> 永樂時，妖婦唐賽兒作亂山東，兵敗不知所之，詔盡逮天下尼歸於京師。妖婦稱亂起舊齊，六郡良家多受迷。兵敗潛身竄何許？詔書下逮郡國尼。尼何辜，遭此禍？一人作難萬人災，空使無辜泣道左。廟堂創議為何人，四海怨嗟聞不聞？與朝刑政乃如此，豈特十族遭横死！

萬斯同同情全國尼姑爲了唐賽兒一人橫遭政治迫害，但他並不停留在這一點，他進一步探問：「廟堂創議爲何人」？其實答案就在前面，「詔書下逮郡國尼」，能下詔的自然是明成祖，他的矛頭對準封君主殘酷的「刑政」。

再如《荷花兒》：

> 萬曆初，京師有盜入周皇親家，劫其財，殺其主而去。乃捕盜者入，只見婢荷花兒哭於屍側，遂執送官，謂其通奸弒主也。法司嚴刑鞫之，兒不勝楚，即自誣伏，詔磔之於市。臨刑，謂行刑者曰：「我實冤死，乞先絕我氣，不然，吾為鬼殺汝矣。」其人不聽，竟臠盡而死。閱三日，其人坐於市肆，忽大叫：「荷兒殺我」，遂諸竅流血死，人始知其冤。後數年，獲大盜十人，自供嘗殺周皇親。詔刑官翁大立而下俱追論罷官。
>
> 荷花兒，兒無罪，兒死甘心亦何悔。但願刑人早斷喉，莫教身死留餘愧。……當年被兒弒主名，兒雖有口誰復聽。官司惟採道旁語，君王豈識閨中情？苦無長劍自引決，遂使街頭伏上刑。荷花兒，兒竟死，兒身如粟原渺然，兒冤如山誰為洗？身受析楊不敢呼，飲泣吞聲遂自誣。兒身雖殺名難辱，死向人間捉賊徒。

詩中充滿了對荷花兒的同情。「死向人間捉賊徒」，「賊徒」豈僅行刑的劊子手，他只不過執行上面的命令而已。造成這一如此寃案的訊審者爲刑官翁大立等人，批准行刑的是明神宗這位昏君。荷花兒要捉的「賊徒」不可能指神宗，因爲他究竟爲她平了反。但嚴刑審鞫的翁大立等人是這一寃案的主要負責人，萬斯同顯然也把他掛上了「賊徒」的罪名，他在這裡又把官與賊聯繫在一起。

萬斯同又以歷史上罕見的一次由宮女楊金英等發動的圖謀殺死明世宗爲題材而作《曹妃怨》一詩，詩中同情在這次宮庭「政變」中遭傾軋無辜受害的曹妃，提出了「自古蒙恩多受災，誰言君寵可長固」⑲的問題，而這一問題，卻是君主專制制內在的無法解決的一種頑症。

萬斯同並不像一些墨人騷客那樣歌頌閨中之情，也不像一些文人學士那樣讚美節婦烈女，他通過這些被迫害的婦女，諷刺帝王的殘暴和昏官的濫刑，也就是說，他的犀利之筆指向封建專制的政治制度。

㈣對海商和市民鬥爭的同情

這一題材，最能反映萬斯同史學思想的時代特色和民本主義的新因素。

明晚期，中國商人的貿易已向海上發展，萬斯同同情海外貿易商人艱險勞苦的生涯，他在《哀閩商》口說：

嗟爾商兮，胡為巨海泛輕舠？財可求兮，往來絕域無乃勞！狂濤拍天兮，何況長風日怒號。蛟龍可畏兮，更有黿鼉伺人膏。晝不見山崖兮，夜惟星月與天高。拼一身以貿利兮，身備萬死夫安逃。蹈不測兮誰見招，水不愛人毋自驕，身為魚兮，閨中少婦猶陶陶。所喪卭山兮，所得秋毫⑳！

萬曆三十一年，西班牙殖民者在呂宋屠殺華商二萬五千人，萬斯同對被殺的華商表示深切的哀悼。他在《哀閩商》的詩序中說：「海外有呂宋國，地產金銀，閩商人多貿易其國。萬曆中，內官高寀至閩榷稅，貪虐特甚，有奸徒張嶷言呂宋有金銀礦可開，寀將聽之。其國長知而大懼，恐我潛師入其境也，遂盡殺閩商之在國者凡二萬五千人。事聞於朝，竟不能問也。」他因而寫下了《哀閩商》第二首：

……禍生不測兮，變起有胎。山有礦兮，畏我開。聲先傳兮，致彼疑猜。商不幸兮，竟罹災。奸徒何人兮，內豎為誰？雖食肉而寢皮兮，豈足泄萬姓之哀！前不飽夫魚腹兮，後反委於草萊。骨荒荒其蔽野兮，死無親屬誰將埋？萬鬼啾啾晝哭兮，青天白日為昏霾。華人填於異域兮，冤魂阻海何由回？致彼無辜蒙禍兮，天朝君臣悲未悲？

在《哀閩商》的第三首裡，他感慨「由一夫之狂言兮，致萬骸之遍邱」，可憐這些被殺的閩商，「髮飄飄兮縈蔓草，肉星星兮飽蟻螻……思覓利於絕域兮，竟捐生於荒陬」，最後他說：「告後世之海賈兮，戒前車兮愼所謀。」

由於歷史條件，他不了解華商在呂宋慘遭殺害是西班牙殖民政策的緣故，而把事件的起因歸於次要原因，即稅監的貪虐，這是他不明真相所致。而「天朝君臣悲未悲」句，則流露了對明政府不保護海商利益，致使商人慘遭殺害的悲憤。「告後世之海賈兮，戒前車兮愼所謀」句，說明他不是消極地吸取這一教訓，因而反對海外貿易，而是誡海商要「愼所謀」，即今後應謀而後動，不能蹈前車的覆轍。但他所指的「謀」，並不是謀於明政府，因爲明政府根本不關心海外貿易，他意思是海商自己應該「愼所謀」，要依靠自己。

萬斯同又同情當時城市人民反封建專制的鬥爭。天啓六年，魏忠賢大肆迫害東林黨人，緹騎到江蘇蘇州逮捕周順昌，激起民變。萬斯同在《明樂府》的《五人墓》一詩中說：

五人者，吳中義士顏佩韋、沈揚、周文元、馬傑、楊念如也。時吏部郎周公順昌家居，為逆閹魏忠賢所惡，遣緹騎逮之。吳人為公稱冤，聚者數千人。五人不勝其憤，擊緹騎一人斃。事聞，詔戮五人於市，周公竟瘐死。吳人義之，為合葬於虎邱山塘，題曰：「五人之墓」。

蘇州吏部廉且賢，姓名里巷人爭傳。忽然駕貼來郡邑，頭囊三木身徽纏。吁嗟！五人誠義士，出身本是里人子。生來誰識吏部君，一旦感憤為君死。……豈若五人激公憤，慷慨不顧身軀糜。義聲直奪奸人魄，諒為烈士當如斯。不見虎邱道旁五人墓，宵小顧之膽猶破㉑。

他高度讚揚了蘇州人民的反封建專制鬥爭。

尹達先生在其主編的《中國史學發展史》中指出，明中葉資本主義萌芽出現後，「人們對帝王『神聖』形象的懷疑逐漸發展起來，明武宗的荒淫，神宗的貪婪，熹宗的昏暗，思宗的虛僞，在一部分知識分子的思想上引起强烈的不滿，並開始予以抨擊。」㉒他又說，加上他們有不主一尊的民主思想，肯定明末農民軍抗清救國的歷史功績，否定君權神授，批判正統論，提出限制君權的理論和設想等等，這一切，說明「在他們的史學思想裡出現了反對封建專制的民主思想。」㉓尹達先生的這一分析對萬斯同也基本適合。萬斯同史論中上述種種新因素，說明他思想或多或少地繼承了晚明李贄的「聖主不世出，賢主不恆有」㉔，劉宗周的「公天下爲好惡」㉕，黃宗羲的「以天下爲主君爲客」，顧炎武的「分天子之權，以各治其事」㉖等的啓蒙思想，從而使他的思想，由傳統的民本主義發展爲具有「反封建民主思想」的因素。

當然，不能對萬斯同史學中蘊含的民主思想評價過高，他對君主專制的批判缺少系統和理性的高度，也不像黃宗羲那樣激烈。這在客觀上與萬斯同所處的時代有關。明中葉以來，資本主義萌芽趨於發展時期，各種思想領域內資本主義異端因素比較明顯，而且在「天崩地解」時代，封建思想的統治處於薄弱狀態，知識分子有較自由的言論環境。而在萬斯同的時期，一方面在清廷武力征服的過程中，各地資本主義萌芽因素遭到極大摧殘；另一方面，清廷的統治已處於相對穩定狀態，知識分子言論的某種自由環境也隨之消失，這是萬斯同的思想不如他的老師的重要原因。雖然如此，他的史論中民主性和人民性的精華，仍是值得珍視的寶貴的精神財富。

二、經世思想中的新因素

史學用以經世，這是浙東史學的特色。但中國古代的經世思想多局限於有關六部的政制、措施以及各種學術等。除了在工政上涉及農田水利外，偶或涉及曆算，總之，自然科學的比重占很少。這種情況到明末實學思潮興起後，有了一定轉變。萬斯同對自然科學進步很重視，對西方傳入的新的曆算知識表示歡迎，這是時代注入他經世思想中的新因素，今說明如下：

㈠對傳統律呂學的考證和批判

古代音樂家認爲樂器的尺度以周尺爲準，萬斯同經過考證，否定了這一傳統觀點，他說：

> 按周尺最短，周尺比宋尺止有七寸五分。應鐘律三寸九分，若以宋尺揆之，不滿三寸，何以成聲[27]？

萬斯同又否定了千餘年相傳不科學的所謂「候氣飛灰」之法。他先對這一古法作了介紹，然後指出：「候氣究不可得而定」[28]，特別批評了南宋蔡元定的候氣說，他說：

> 宋蔡西山（蔡元定）注《律呂新書》，備述古今論樂之說，極言候氣之善。然西山終未嘗親試，故知候氣之法言之可聽，而未必其實可行也[29]。

他在這裡提出了「親試」，即實驗的問題。他這一觀點顯然受了明科學家朱載堉的影響。朱載堉作《候氣辨疑》，批評蔡元定等人對候氣說的崇拜爲：「道聽塗說，而未嘗試驗耳。」[30]明清之際有些學者强調實驗，這是近代自然科學的萌芽。

萬斯同又批評以帝王之身爲度，以其聲爲律的迷信思想，他在《講經口授》中說：

大禹身為度而聲為律，其所言之聲即律也，其身之中指中節即度之一寸也。宋徽宗時，蔡京佞曰：「皇上建中和之極，聲為律而身為度，即以陛下中指中節為寸以定樂，有何不可。」時有方士魏漢津即命其以是定樂云㉛。

由於《講經口授》是記錄本，不能清楚地反映萬斯同的原意，但文中既以蔡京爲「佞」，可知他是反對這種迷信思想的。

㈡讚揚明律曆學大家朱載堉

朱載堉是明朝的樂理學和天文學大家。萬斯同對他在樂理上的成就十分重視，他不但介紹其生平：「明鄭王世子載堉，應襲封，讓於其從兄，而自專心古學，故有《律》、《曆》兩書。」㉜然後他介紹了朱載堉的科學成就：

明鄭王世子名載堉者，精於律、曆，有《鄭世子律書》及《曆書》，其說盡廢從前言樂之書，並破三分損益、隔八相生之說㉝。

萬斯同還詳細介紹了「三分損益、隔八相生」法。

所謂「三分損益、隔八相生」，是指樂器管弦長短和發音高低十二律的計算方法。這種計算方法最早見於先秦《管子》一書，原是從實踐中產生的樂理，然不夠精密，十二律相鄰兩律的頻率比不完全相等，因而又被稱爲十二不平均率，但以後就成了定理死數，以此定數而求音。朱載堉在《律呂精義》中指出這種計算方法的缺陷，而創造了他稱爲「密律」的更精密的新的計算方法，使十二律相鄰兩律間的頻率比完全相等，這一計算方法今天仍在應用，被稱爲「十二平均率」。朱載堉是世界上這一方法的首創者，比歐洲音樂理論家梅爾生（Mariek, wersenne, 1588－1644）發現的早半個世界，大大推動了世界音樂文化的發展。但在朱載堉生前，這一方法被人攻擊，死後百年間在國內幾乎被人遺忘。而第一個發現朱載堉的功績，指出這一方法的革命作用：「盡廢從前言樂之書，並破三分損益、隔八相生之説」的就是萬斯同，在他之後，僅雍乾間的江永而已。只是到了十九世紀末，才得到德國物理學家赫姆霍茨（H. L. F. Helmpoltr, 1821－1894）和比利時布魯塞爾樂器博物館館長聲學家馬容的高度評價，然這已是萬斯同死後近二百年的事了。由於《講經口授》爲記錄本，記錄又極簡單，萬斯同既然看過朱載堉的「律曆之書」，在當時必有較多的介紹，可惜已無法了解。

(三)介紹明大科學家周述學

周述學，明嘉靖間重要科學家，研究天文、數學、音樂、地理、兵法、氣候、航海等。

而且各有著作，總名《神道大編》，黃宗羲讚揚他：「上下千餘年，惟述學一人而已」㉞，並有《周雲淵先生傳》介紹他的事迹。現《明史》卷二百九十九《方伎》有《周述學》傳，而《明史》此《傳》則據王鴻緒《明史稿》列傳第一七六《周述學》傳簡删而成。天一閣藏《明史稿》中沒有此《傳》。雖然如此，據我考證，把周述學事迹載入《明史稿》的正是萬斯同，因爲王氏《周述學》傳，與黃宗羲《周雲淵先生傳》的前半部幾乎完全一致。黃宗羲弟子北上修史的尚有萬言，然而萬言所修爲《崇禎長編》及《明女史》，黃宗羲兒子黃百家也曾參預《天文志》的纂修，但未參加《方伎》各傳的撰寫，所以把黃《傳》改寫入《明史稿》的，只能是萬斯同。今把黃《傳》與王《傳》作對比，舉例予以說明：

黃宗羲《傳》	王鴻緒《傳》
1.古之言曆者，以郭守敬爲最，而郭守敬所作曆經載於《元史》者，言理而不傳其法。其法之傳於曆官者，有《通軌》、《通經》諸書，則死數也，顧其作法根本，所謂孤矢、割圓，曆官棄而不理，亦無傳外之人。	1.言曆者以郭守敬爲最，而守敬所作曆經載於《元史》者，言理而不言法。曆官所傳，止有《通軌》、《通經》諸書，其法根本，所謂弧矢、割圓，曆官棄勿道，傳遂絕。
2.日行黃道，月行九道，而古來無所謂星道者。述學探究五緯細行爲星道五圖，於是七	2.日行黃道，月行九道，古來無所謂星道者。述學探究五緯細行爲星道五圖，於是七曜皆

曜皆有道可求。與順之論曆，取歷代史志之議，正其訛舛，刪其繁荒，然於西域之理未能通也㉟。

有道可求。與順之論曆，取歷代史志之議，正其訛舛，刪其繁蕪，然於西域之理未能通也㊱。

兩者內容完全一致，有的幾乎一字不改，這樣的地方有近八處之多。衆所周知，王鴻緒《明史稿》正是據萬斯同《明史稿》刪削而成，把周述學這位大科學家介紹於正史之中的，是萬斯同的功勞。他在所著《兩浙名賢錄》的《紹興府山陰縣．會稽縣》條內也介紹了周述學，說：「號雲蒲，布衣，博學，著述最富。」㊲

㈣對西學東漸的分析態度

萬曆末，耶蘇會傳教士首次來華，傳入西方文化。萬斯同對西方文化採取了分析的態度。他在《歐邏巴》一詩中說：

> 歐邏巴者，大西洋中之國也，去中華十萬里。萬曆時，其國人利瑪竇輩始泛海而來，善天文、曆數，諸技藝皆巧絕。所設天主教，怪妄特甚，其徒相繼而來，幾蔓延於中國，中國人亦多惑其教者。

歐邏巴，何自來？遙遙泛海十萬里，驅光逐影無津涯。彈丸窮島居西極，古來原不通中國。博望乘槎初未經，章亥步地幾曾識？夥然慕義來中華，曆學精微誠可嘉。驚人奇技尤巧絕。魯輸馬均曷足夸！天主設教何妄怪，著書直欲欺愚昧。流入中華未百年，駸駸勢幾遍海內。君不見，釋教初興微若芰，馴至滔天不可排。萌芽今日已漸長，他日安知非禍胎。興王為治當防漸，中土那容此輩玷。詩書文物我自優，何煩邪說補其欠。會須驅斥使奔崩，一清諸夏廓邪氛。火其書兮毀其室，永絕千秋禍亂根㊳。

明清之際西方文化的傳入，有的人採取不加分析全盤接受的態度，對西方近代科學的傳入熱烈歡迎，但對耶穌會教士的宗教侵略缺乏警惕性。有的人則採取不加分析全盤排斥的態度，他們對西方的科學與宗教一概拒絕。這兩者都有片面性。萬斯同雖然尚有大國主義的思想，但對傳教士傳入的基督教義和科學技術採取不同的態度，這是正確的。

㈤兼通中西之學而折其衷

萬斯同還對中西雙方科學技術作了比較和分析，他在《送梅定九南還序》中說：

迨西法（西曆）既入，其說實可補中國所不及。崇禎初，嘗設官置局，博徵天下

> 通曉曆法者相與辨析，於是西人所著即名《崇禎曆書》，……其書實可施用，……乃世之好西學者，致詆毀舊法，而確守舊法者，又多抉摘西學之謬，若此者，要未兼通兩家之學而折其衷也。梅子既貫通舊法，而兼精乎西學，故其所著《曆學辨疑》，旁通曲暢，會兩家之異同，而一一究其指歸，乃知西人所矜為新説者，要皆舊法所固有，而西學所獨得者，實可補舊法之疏略㊴。

通過比較，他提出了「兼通兩家之學而折其衷」的主張。

明清之際發生了兩次天文學中「中法」與「西法」的論爭。第一次在萬曆末年和崇禎初年，前者爲冷守中、魏文魁等人，後者爲徐光啓、李子藻、李天經等人。所謂「中法」即明時推行的《大統曆》，實即郭守敬的《授時曆》，從元到明已歷三百年左右，臺官疇人只知執法，不知其理，時間愈長，誤差愈大。朱載堉在當時已提出改曆之議，遂啓這場論爭。論爭結果，通過實驗西法勝了，於是以西法制訂《崇禎曆書》。萬斯同指出：「其書實可施用」，可補中法的不足，肯定了西法的作用。

萬斯同對泥於中法，故步自封者表示不滿，但對西方傳教士和西學擁護者「詆毀舊法」，把中法説得一無是處也不同意。當時從西方傳入的天文學，是丹麥人第谷的地球中心説和行星繞日説，從古希臘傳下來的「本輪」、「均輪」説等，並不比中法高明多少。不過西法有經緯度的測定和計算方法，以及數學中的球面、平面和三角學，這方面勝過中法，其對日、月蝕的推算比中法精確。因此，萬斯同主張會通中西，究其指歸而折衷之，既不排斥，也不保守，這是正確的態度，在梅文鼎（字定九）之前的王錫闡，就對西法的優缺點進行過具體、細微的分析。

但萬斯同說：「乃知西人所矜爲新說者，要皆舊法所固有」，這一說法是不正確的。當時黃宗羲、王錫闡、梅文鼎等也有這種觀點，這是當時士大夫出於大國主義、帶有保守色彩的普遍思想。

萬斯同在民本主義和經世思想中的新因素，說明萬斯同的史學善於吸取時代的養料，是位具有卓越史識的歷史學家，他爲清代浙東史學提供了豐富的內容，使之發出燦爛的光輝。

◆注釋

① 梁啓超《清代學術概論》第一五頁。

②③ 萬斯同《羣書疑辨》卷十二《讀太祖實錄》。

④ 萬斯同《明樂府・李太師》。

⑤ 同上書《高牆錮》。

⑥⑦ 萬斯同《羣書疑辨》卷十二《讀孝宗實錄》。

⑧ 同上書《讀楊文忠傳》。

⑨⑩⑪㉗㉘㉙㉛㉜㉝ 萬斯同《講經口授》。

⑫顧炎武《亭林文集》卷一《郡縣論五》。
⑬同上書《郡縣論一》。
⑭侯外廬《中國思想通史》第五卷第二四六頁。
⑮萬斯同《石園文集》卷一《西皋移居》。
⑯萬斯同《羣書疑辨》卷十二《書陸給事王御史劾胡宗憲二疏》。
⑰《羣書疑辨》卷十二。
⑱李贄《焚書》卷四《因見往事》。
⑲《明樂府·曹妃怨》。
⑳《明樂府·哀閩商》。
㉑《明樂府·五人墓》。
㉒㉓尹達《中國史學發展史》第二九一頁。
㉔李贄《藏書》卷首《藏書世紀列傳總目後論》。
㉕黃宗羲《子劉子行狀》。
㉖顧炎武《守令》《日知錄》卷九。
㉚朱載堉《律呂精義》內篇卷八《候氣疑辨序》。
㉞㉟黃宗羲《南雷文案》卷九《周雲淵先生傳》。
㊱王鴻緒《明史稿·列傳》第一七六《周述學》。

㊲ 萬斯同《兩浙名賢錄》（抄本）。

㊳ 《明樂府・歐羅巴》。

㊴ 萬斯同《石園文集》卷七。

二一　萬斯同的史考及其得失

萬斯同的史法，即歷史的編纂和考證的方法，在他晚年與方苞的一次長談中作了簡要的說明，但其中對史考談得很少，後人對他的史考也評價不一。他對《宋史·張珏傳》、《二王本末》一書，南宋六陵遺事的史實和有關碑帖、書法著作作了考證，這些考證基本上是成功的。他對崑崙、河源的考證，對石鼓文的考證有得有失，對漢石經字體和對《古文尚書》的考證，則失誤。分析其成功的經驗，總結其失敗的教訓，找出其成敗的原因，這對研究我國史學發展史是很有意義的。

一

對萬斯同史考爭議較多、誤解較大的爲對庚申君遺事和建文遜國的考證，這裡舉這兩件事爲例，以見萬氏的史考。

㈠庚申君遺事考

庚申君即元朝亡國之君元順帝，因其生於庚申年而得名。元末，權衡著《庚申外史》（一名《庚申帝大事記》），說他爲南宋末帝恭帝（降元後封瀛國公）之子。此後，余應有詩紀其事，何喬新又注余應的詩，程敏政的《宋遺民錄》、袁忠徹的《符臺外史》對這件事也有記載，成爲元史中一大之謎。明末，錢謙益綜會諸家之說，並證以《元史》有關部份，認爲權衡在元朝隱居太行黃華山二十八年，直至明太祖洪武二年訪求庚申帝史事，才得到其所著《庚申帝大事記》，認爲「所載可信不誣」，他說：「余得《庚申大事記》，以余應之詩疏通證明，然後知信以傳信，可備著國史，不當以稗官瑣錄例之也。」①

萬斯同在錢謙益的基礎上作進一步的考證，他在《書庚申君遺事後》一文中，肯定了庚申君爲恭帝之子，他的論據有以下四點：

1、從瀛國公年齡推算。他說：「恭帝以元世祖至元十三年丙子亡國，時方六歲，至仁宗延祐七年庚申四月生順帝，年已五十，其時固相接也。」②

2、否定周王（即後來元明帝）納罕祿魯氏而後生庚申君之說。袁忠徹《符臺外集》說瀛國公初與元公主結婚，後元欲殺他，他得公主之助，借學佛爲名，離上都，至吐蕃，路經朔北，謁周王，周王見瀛國公后罕祿魯氏，愛而納之，遂生妥懽帖木耳（即庚申君）。錢謙益認爲這是袁忠徹誤聽傳聞所至，其實是周王納其后而抱養其子，並證以《庚申君大事記》和余應的詩。萬斯同則進一步考證，瀛國公既與公主結婚，何來罕祿魯氏？娶她必在公主已死之後。他又引用權衡書中關於瀛國公奉詔居甘州山寺，有趙王贈以回回女子，延祐七年夜生一男，後爲周王乞養並納其母事，然後說：

以余應詩合之，則權衡為信，而袁說不足據矣。……王時年二十一，而瀛國公則已半百矣。既已披緇三十年，即無家室亦可，故並妻子悉予之。說者謂周王悅罕祿魯氏美而奪之，因並奪其子，意在其母，不在其子也，此亦情理所有③。

3、以《元史·順帝本紀》爲證。《順帝本紀》說：「順帝名妥懽貼睦爾，明宗之長子，母罕祿魯氏，名邁來迪，郡王阿爾廝蘭之裔孫也。」④萬斯同說：「此正瀛國之妻，與諸家所載悉符，則順帝之爲恭帝子，可無疑矣。」⑤

4、以《元史》的《英宗》、《明宗》、《寧宗》等本紀爲證。明宗爲其弟文宗所殺，文宗卒前，追悔殺其兄，遺命傳位於明宗之子。明宗有二子，長即妥懽貼睦爾，次即後來的寧宗。萬斯同說，文宗爲何不立長而立幼？「夫固知順帝非蒙古種也。及寧宗甫立而即殤也，燕帖木耳胡不肯迎立順帝，而必欲立燕帖古思（文宗子），夫亦謂順帝非蒙古種也。況明帝存日，自言妥懽非我子，文宗業已昭告天下哉！」⑥

根據以上四點，萬斯同肯定：「然則順帝之爲恭帝子，而趙氏之復有天下也，章章明矣，又何疑。」⑦

萬斯同對庚申君爲瀛國公子的考證，發展了錢謙益之說。他的觀點爲清朝多數學者所同意，如全祖望的《答史雪訂問宋瀛國公遺事帖子》一文，更增引了瞿宗吉《詩話》、《水東日記》、《通鑑綱目》及明寧王《博論》等書予以證明。他認爲這件事《元史．順帝本紀》及《虞集傳》已啓其端，他最後說：

> 庚申君以洪武元年北遁，而其次年，即得太行隱士權衡所著《外史》，是其事在元人皆知之。而明寧王奉太祖詔纂序《博論》，直云：「瀛國外婦之子，綿延宋末六更之讖」，正與國史所書相為證助、錢謙益謂《元史》潦草卒業，原屬未成之書，然則庚申軼事，直《元史》一定案，不得以呂嬴，牛馬之疑等諸曖昧也⑧。

在全祖望之後，趙翼《二十二史箚記》卷三十《庚申帝》一文，也引用上述野史，並加上《西湖志餘》，他說，野史雖未可盡信，然而《元史．本紀》和《虞集傳》也載此事，則《遺民錄》等書所載，未必無因也。」基本上同意了庚申君爲瀛國公子。

在有清一代，惟一對此持反對意見的爲《四庫全書總目提要》的作者。作者認爲《庚申外史》對這件事的記載「最爲無稽」，並說：

蓋元之中葉，宋遺民猶有存者，因虞集草詔，有「托歡特穆爾（即妥懽貼睦爾）非明帝之子」一語，遂造此言，以洩其怨。明人又仇視元人，遂附合而盛傳之，核以事實，渺無可據，實為荒誕之尤，非信史也⑨。

作者一口否定權衡的記載，認爲「渺無可據」、「荒誕之尤」，是不能令人信服的。因爲元順帝即位於一三三三年，距宋亡已近六十年，宋之遺民如「猶有存者」，起碼也將達八十歲左右，行將就木的人，生活在元世已六、七十年，尚揑造流言以洩宋亡之怨，這種可能性是很少的。全祖望說寧王奉太祖詔纂序《博論》，可知庚申君此事亦載於寧王權奉敕輯的《通鑑博論》中（《四庫全書總目提要》作者說是《史略》，有誤），有一定的權威性，與一般的野史不同，何況這件事在《元史》的《順帝本紀》和《虞集傳》也有蛛絲馬迹的流露，不能說是毫無事實根據的荒誕故事。

《四庫全書總目提要》作者說此書爲宋遺民洩憤之作，是「傷故國、思少帝，從而爲之說以相快歟?」⑩說明此書涉及民族問題而具有政治的敏感性。明人野史盛傳此事確與反蒙古人統治的元朝有關。萬斯同考證這一史實，的確出於清初遺民反對滿清貴族統治的民族意識，而《四庫全書總目提要》作者之所以全部否定這一史實，則與他作爲清臣站在清廷的立場上有關，唯一不受民族思想影響的是趙翼，他的《庚申帝》一文，確是爲了考據而考據。這一疑案，錢謙益說可以「信以傳信」，萬斯同說「章章明矣」，所引資料雖多，然有力證據尚嫌不足，特別是他在《再書庚申君遺事》中引用《通鑑博論》「六更之讖」說相佐證，反而引起他人對其考證的懷疑，然而全部否定此說，理由也屬牽强。我主張用司馬遷提倡的「疑則傳疑」⑪的主張，不妨留待後人作進一步的考證。

㈡建文遜國考

錢大昕《萬先生斯同傳》一文說萬斯同主張建文自焚說而非遜國，於是，「建文之書法遂定」⑫。同治年間，徐時棟採納錢大昕萬《傳》的這一說法，清國史館在萬氏《傳》中又重複錢氏的說法。三十年代，孟森有文辨其誤。後人信錢大昕的《傳》而認萬斯同的「自焚說」爲其考史的一失。

其實，錢大昕《萬先生斯同傳》的這一說法，全摘自王鴻緒的《史例議》。首先，關於建文從南京出亡的地點問題，王鴻緒《史例議》說：「爲遜國之說者曰：『……九人從帝至鬼門，……。』夫鬼門是何地？既無所考，……況紫禁城無水關，如何可出？」⑬錢大昕在《傳》中同樣說：「野史固有遜國出亡之說，……先生直斷之曰：『紫禁城無水關，無可出之理，鬼門亦無其地。』」⑭。

其次，關於建文自焚問題，兩者的語句幾乎完全一致，今對比於下：

王鴻緒	錢大昕
遂闔宮自焚。上望見宮中煙起，急遣中使往救，至已不及。中使出其屍於火中，還白上，上哭曰：「果然，若是癡騃耳？……」所謂中使者，乃成祖之內監也，豈肯以皇后屍誑其主而成祖亦竟不之察耶？況成祖淸宮，中涓嬪御平日爲建文所屬意者，逐一毒拷，苟無已死實據，豈肯不行大索之令耶⑮？	《成祖實錄》建文闔宮自焚，上望見宮中煙起，急遣中使往救，至已不及。中使出其屍於火中，還白上。所謂中使者，乃成祖之內監也，安肯以后屍誑其主？而淸宮之日，涓嬪御爲建文所屬意者，逐一毒拷，苟無自焚實據，豈肯不行大索之令耶⑯？

抄襲之痕迹十分明顯。

最後，關於「遜國」書法的否定問題，王鴻緒說，建文「登極二、三年間」，「專行削奪之謀，曾無寬假之詔」，「以致稱兵犯闕，爲其逼迫自殞，厥躬即曰『出亡』，亦是勢窮力盡，何『遜』何『讓』之有？」⑰再看錢《傳》：「且建文登極二、三年，削奪親藩，曾無寬假，以致燕王稱兵犯闕，逼迫自殞，即使出亡，亦是勢窮力盡，謂之『遜國』可乎？」⑱兩者的語句也幾乎一致。

由上可知，錢大昕不過把王鴻緒《史例議》中這幾段話予以少許更動，有些地方幾乎原句照抄，從而把王氏的觀點變成了萬斯同的觀點，使萬斯同蒙了不白之寃。其實萬斯同之力主「遜國說」，有他的《火燒頭》一詩爲證，該詩詩《序》說：「燕王稱兵犯闕，既入宮，宮中火起，帝已潛身逸去，王問帝何在，或指他骨曰：『燒死矣。』王撫屍而哭曰：『火燒頭，何至是也？』」詩中說：

金川門開兵才入，乾清宮閉火已焚；
火燒頭，真還假；
當年火裏屍若真，異日遜亡胡為者？
乃知天心終有存，雖亡天下不亡身；
頭白歸來帝城死，眼看仇人已易孫；
君不見，
高皇寄食蕭寺裡，前為沙門後天子；
又不見，
嗣王行遯滇江濱，前為天子後沙門；
試看長陵千尺墳，寧似西山一坯土⑲。

這已經說得很明白了。他在《下西洋》一詩裡講到鄭和下西洋時也說：「人言讓帝遁西極，此舉意在窮其迹；被褐已辭黃屋尊，泛舟寧作滄波客。何妨尺地使容身，應念高皇共本根。」⑳很清楚，萬斯同是力主「遜國說」的。

徐時棟在《火燒頭》一詩下作如下注：

> 此首詠建文出亡事，絕不作一疑詞，他日乃極論此事誣妄。《潛研集》中有先生《傳》，詳記其語，蓋先生少年以遜荒為真，既師梨洲，梨洲力闢之，先生亦遂變其初說。然則此首當為先生手汰，故吾家藏本無之。事之有無，信不易定。《明史》亦兩存其說。特先生一家言不可使之兩歧，故特識之，以解讀者之惑㉑。

徐時棟欲解萬詩與錢《傳》兩歧之惑，而愈解愈使人惑，因爲徐氏此說有二點錯誤：

一，「既師梨洲，梨洲力闢之，先生亦遂變其初說」。然而翻開《黃梨洲文集》，我們找不到一句黃宗羲以建文「自焚說」爲是的話，徐時棟不過是推測之詞，實無根據。

二，說萬斯同少年時以遜荒爲真，師事黃宗羲後，才變其初衷，這是不瞭解《明樂府》的寫作經過。全祖望在《明樂府》的《跋》中說：「此乃先生少年時館李杲堂家作也。」㉒考萬斯同館於李杲堂（即李文胤，號杲堂）家在康熙十三年（一六七四）他三十七歲時㉓。而黃宗羲在寧波創辦證人書院在康熙七年（一六六八），爲作《明樂府》前六年。師梨洲在前，作《火燒頭》在後，怎能說師梨洲後萬斯同遂變其初說呢？

王鴻緒在其《史例議》的後面長篇大論建文遜國，攻擊建文不遺餘力，所佔篇幅幾爲其《史例議》的一半。他還説：「假令燕王散甲歸命，頫首高牆，而爲建文者能威令行於絕域，建有明二百七十餘年之丕基乎？……識者知其不能也。」㉔歷史是不能假設的，以這些不著邊際的話來爲明成祖辯護，適足説明他偏袒成祖的事實。後來魏源引用清禮親王昭槤《嘯亭雜錄》的話，説王鴻緒「黨於廉親王（康熙第八子胤禩）而力陷理邸（康熙嫡長子胤礽，原爲太子，後被廢），故其所撰《明史稿》於建文君臣指摘無完膚，而於永樂靖難諸臣，每多恕辭，蓋心所陰蓄，不覺流於筆端。」㉕昭槤的話可以説擊中了王鴻緒的要害。錢大昕之所以張冠李戴，是因爲他誤認《史例議》出自萬斯同手，正如本書第十七章《萬斯同在明史館的作用》注㉓所指出，《史例議》寫於萬斯同卒後，與萬氏毫無關係。

二

萬斯同的史考，有成功有失敗，其成功的原因應歸功於他的歷史考證法，這主要表現在下列三點上：

㈠以《實錄》爲指歸而取證以野史

萬斯同早年在《寄范筆山書》、《與李杲堂先生書》中都强調以國史爲主而輔以諸家之書，其目的是「核其實而辨其訛」㉖。他晚年與方苞談話中對其史考的這一方法說得更明白，他說：「凡《實錄》之難詳者，吾以他書證之；他書之誣且濫者，吾以所得於《實錄》者裁之」㉗。

不能因萬斯同以《實錄》爲指歸而說他盡信《實錄》，他對永樂中所修的《太祖實錄》和對《孝宗實錄》，或指責「疏漏已甚」㉘，或指責「顛倒」是非㉙。不過，一般說來，由於《實錄》「直載其事與言而無可增飾者也」㉚，基本上近於原始資料性質，大體上可靠。如野史載大臣梁儲子殺村民二百餘人事，萬斯同看了後開始不相信，「後讀《武宗實錄》，始信其誠然。」㉛即是以《實錄》所載證實野史的正確性，他還從而指出陳建的《皇明通紀》這部野史，不僅不載這一史實，而且多次稱譽梁儲，萬斯同認爲《通紀》「實文康（梁儲）之弟億所著，故多譽兄之詞，尤不足信」㉜，這是以《實錄》來裁定野史之誤。

萬斯同又指出：「然言之發或有所由，事之端或有所起，而其流或有所激，則非他書不能具也」㉝。如《武宗實錄》所載有關梁儲子殺村民事很簡略，不能知事之始末，萬斯同則佐證以「諸家野史」而後得其詳，然後指出：「夫身爲宰相而子不道至此，既不能正子以法，又不能引罪求歸，任臺諫之交章而安然不動，何顏之厚也。」㉞從而得出對梁儲的評價。

㈡取證於史實

這有兩層意思，一是指「制度當質之於古」㉟。經史上所載古代制度是否存在，應該取證於古代的史實。如關於周正建子這一古代改正改朔的制度是否存在，朱熹不同意孟子的說法，他在回答學生提問時說：「惟是孟子出來作鬧」，萬斯同不同意朱熹的見解，他說：「夫孟子周人也，以周人說周之事，自無可疑，何作鬧之有？豈程（頤）、胡（安國）之言可據，而孟子之言不可信乎？」㊱所以他極强調：「學者生二千載之後，遙斷二千載以上之事，自當以《傳》、《記》爲據，《傳》、《紀》多異詞，更當以出於本朝者爲據。」㊲所謂「出於本朝者爲據」，也即他所說的「義理可斷之於己，制度當質之於古」㊳，「後人讀書稽古莫不取徵於前史」㊴。這一考證方法，其實即梁啓超所說，歷史的考證，「年代愈早者，則其可信據之程度愈强」㊵的這一重要原則。

另一層的意思是指對歷史人物的評價當取證於歷史事實。如明國史《何鰲傳》稱讚何鰲「清正諒直，有古大臣風」㊶，萬斯同考以史實，指出當時嚴嵩專權，楊繼盛，張經、李默、李天寵等人的冤案「乃皆鰲爲司寇時所定，即曰主之有人，何不聞一言爭執耶？」㊷又如國史稱史琳通曉兵法，而考以史實，「火篩爲難，平、慶、臨、鞏之間，流血千里，琳爲統帥，不能赴救」，萬斯同責問：「知兵者固如是乎？」㊸

㈢辨僞法

萬斯同辨僞書、僞事，其所用方法有如下幾種：以書籍記載互相牴牾而辨其僞，以時代先後而辨其僞，以所載史實舛謬而辨其僞，以官職名稱變化而辨其僞，以事理相背而辨其僞等等，這裡舉其對《二王本末》一書的考證予以說明。

《二王本末》據說是南宋末年吏部尚書陳仲微所著。崖山戰役失敗後，他逃往越南而寫這本書，流傳至國內。萬斯同經過考證，認爲屬僞書。

其辨僞一：元世祖至元十六年宋亡，而《元史・陳仲微傳》說他卒於至元二十年，然而《二王本末》「歷敍宋末忠臣，終於謝疊山。夫疊山之盡節在二十五年，玆何以志之，則此書僞撰之證也。」㊹

這一方法，正如梁啓超所說的，「其書題某人撰，而書中所載事適在本人後者，則其書或全僞，或一部份僞。」㊺這是以所載事迹時間的差異而辨其僞。

辨僞二：此書《小敍》說至元十九年，安南國使入覲，因而得其書，那末此書應作於十九年前，可是書中卻記載十九年末元殺文天祥事，萬斯同說：「仲微安能深知而詳載之？又僞撰之一證也。」㊻這是以《小敍》與書中所述事在時間上的矛盾而辨其僞。

辨僞三：二王是指益王趙昰和衞王趙昺，他們在元兵進入臨安後相繼被擁立爲帝，可是書中卻直呼其名。按封建法制和習俗，陳仲微既是宋臣，在書中例應稱他們爲「帝」而不是「王」，更不能直呼其名，所以萬斯同說：「此豈人臣之議？仲微經事二帝，身爲大臣，必不如是，益知此書之僞矣。」㊼這是以事理相背，不合當時的制度而辨其僞。

經此三辨，萬斯同得出如下結論：「此必宋之遺臣，目睹海上之事，欲筆之書而慮其賈禍，故託之仲微。」㊽他這一結論是令人信服的。

萬斯同的史考之所以取得相當成績，是由於他不自覺地掌握了考證中的邏輯基本規律，善於抓住對方論點的矛盾，如他指責鄭玄論「諦」，「屢變其說」：其釋《禮記·祭法》，說禘即「祀昊天於圜丘」；其釋《大傳》，說是「祀感生帝靈威仰」；其釋《詩序》和《儀禮》，則認爲祀「始祖所自出」；其釋《祭義》，則認爲是「夏商禮」；其釋《郊特牲》則以「禘」爲「禴」……等等，萬斯同說：「一事而屢變其說，將安所適從？」㊾認爲鄭玄釋「禘」，把多種不同的解釋「妄相牽合」，論證中又「多鑿空妄說」㊿，按現在說法即鄭玄違反了邏輯的排中律、矛盾律和虛假論據的錯誤。他在反駁夏仲彝的《禹貢合注》和朱熹論周正建子等問題上也同樣如此。因此，他的考證取得了清人的讚譽，說他「工於考證」(51)，在考證中「持之有故，言之成理」(52)。

三

萬斯同知識廣博，善於歸納各類問題，發現其中的矛盾。但他對邏輯規律的運用是不自覺的，自己也常發生違背邏輯規律的錯誤，他的歷史考證法也不夠精密，從而造成考證的失誤。今分別敍述於下：

㈠三代史觀的影響

三代史觀在明清之際是一種批判現實制度不合理性而披上托古改制外衣的進步思潮，當時顧炎武、黃宗羲等人都持有這種史觀。但以此作爲考證學中演繹法的大前提，作爲邏輯規律的充足理由律，這就犯了前提不正確的「虛假理由」的錯誤。例如他辨《古文尚書》之真說：

若《古文尚書》，……其言明白正大，如日月昭垂，無一篇不為後世法，視《今文》之《甘誓》、《盤庚》……諸篇，不啻碔砆之與和璧，奈何反疑為偽，而惟《今文》是信哉㊿！

萬斯同認爲《尚書》是「數百年前諸聖人相語一堂者」54，而《古文尚書》「理足詞醇」55，其言皆可爲後世法，自然不是假的。殊不知三代盛世只不過是後人理想的烏托邦，他自認「理足」，其實是「理不足」，是「虛假理由」。

㈡小學考證法的不完備

萬斯同認爲對《古文尚書》的考證，「文字之險易其次也」56，這是他考證失誤的又一原因。對中國古籍研究來說，小學考證法是適合我國音韻、文字演變的特點的，所以比較精密。按照文字發展的規律，文句愈古愈難讀，愈近愈通曉，《古文尚書》如果屬真，文句應該艱澀難讀，可是現今的《古文》比《今文》通順易曉，這一點足以說明《古文尚書》之僞了。宋吳棫、朱熹等正是因此而辨其僞的。可是萬斯同卻不以爲然，他說：「伏生《今文》之所以詰屈聱牙至不可句讀者，實由伏生年老，語不可曉，其女傳言授錯（晁錯），而齊人語與穎川殊，錯所不知者十之二三，略以其意屬讀，故致艱澀如此，非《尚書》原本固然也。」57伏生年老，晁錯聽不清楚，難道其女也聽不清嗎？方言之殊，晁錯豈有不知，否則何以爲大儒，成大官？萬斯同的理由是不成立的。

㈢邏輯論證的不完備

如萬斯同對石鼓文的考證，他否定石鼓文作於周宣王時，這是正確的，但他考證作於西魏（北周），這就錯了，他在這裡犯了邏輯錯誤，他說：

> 豈有天子大蒐，作詩紀事而以頑石為之？惟魏僻處西陲，無從得佳石，故就地之所有而刻詩其上，其規制之苟且鄙陋，正可想見其君臣之不學無術，不覩先王之制度，妄意為之58。

他的三段論的推理是：一，周天子大蒐作詩必無以頑石爲之，石鼓文以頑石爲之，故必非作於周天子，二，魏國地產頑石，石鼓文以頑石爲之，所以石鼓文作於魏國。前一推論是正確的，後一推論就有問題了，因爲「魏國地產頑石」雖然是真實的，然而立國於西陲的在歷史上不僅僅是西魏和北周，則此石可能爲西魏北周時所刻，也可能在歷史上立國於該地的其他朝代或國家所刻，如春秋戰國時秦國就立國於此，所以不能從魏國地產頑石推論出石鼓文必然作於魏周時的結論。

㈣歷史考證法的不完備

萬斯同雖然極强調「制度當質之於古」，注意取證於本朝之史，這的確是歷史考證的一條重要原則。但是，歷史現象是非常複雜的，運用這一方法偶一不慎，就會失誤。歷史事件的當時人或出於成見，或得於傳聞，或囿於其所處地位，或受歷史條件限制，其所載之事的可信程度就不同，甚至錯誤。萬斯同在這方面考慮較疏。如他考漢立三字石經，據《後漢書·儒林傳》、楊衒之《洛陽伽藍記》所載漢立三字石經事，然後說：「愚謂《儒林傳》所言必不誣，即楊衒之……皆得之目睹，豈有舛謬？」㊾

范曄和楊衒之的書上的確講到漢立三字石經，但是否皆當時目睹呢？范曄爲南朝宋時人，楊衒之是北朝東魏人，皆非東漢人，中經三國、兩晉二百餘年的戰亂，范、楊兩人的目睹就成了問題。據錢大昕《萬斯同石經考》，范曄並未到過石經所在地洛陽，錢氏說：「蔚宗書在義熙、永初之間，則蔚宗未嘗官洛陽」，他認爲：「蓋蔚宗習聞太學有三體石經，誤認爲漢熹平所刻，遂增此語，後來又承蔚宗之誤不能訂正。」⑩指出他把漢石經與魏石經混淆了。

至於楊衒之，其實也是摭拾舊聞而作《洛陽伽藍記》的，其有關石經的記載是以訛傳訛，因此范、楊兩人既非「目睹」，萬斯同所說的「夫生數百年之後，遙度數百年以前，終不若目睹者之真」⑪這一歷史考證原則所得出的結論就失誤了。

萬斯同考證學的成功和失誤，應該從明清時期的時代背景來尋求其原因。正如本書第一章所說的，自宋慶曆年間開始，出現了一股疑經、改經的經學思潮，使經學歷史發展到新的一頁。這一思潮以「六經之實具於吾心」⑫的命題，在明中晚期發展到頂峯。但這一思潮往往歪曲經文以就己說，所以根本談不上考證。在我國封建社會中，史學是從屬於經學的，宋明理學家又把經學從屬於理學，因此一般來說，理學家重理、尊經和輕史。明中晚期經學開始復興，實學思潮出現，由於尋求六經的真正含義，經學考證也應運而生，如楊慎、焦竑、陳第等人，但正如《四庫全書總目提要》的作者所說的，楊慎「好僞說以售欺」，焦竑「動輒牽綴佛書」⑬，考證方法尚處於萌芽狀態，比較完備的僅方以智一人。由於明中葉以來野史流行，野史真僞雜出，因而史考在經學考證影響下也產生了，王世貞和錢謙益是其代表，但是史考同時處在萌芽狀態，考證比較疏漏。

清初，順康年間，在「天崩地解」時代的刺激下，野史極其流行，史學的重點在當代而不在古代，對古史的考證，包括對前朝歷史的考證很少，有的僅吳炎、潘檉章的《國史考異》，至於金石文字的考證，僅顧炎武、朱彝尊、萬斯同等寥寥數人，可以說，明末清初對經史之學的考證，正處於從晚明向乾嘉漢學的過渡時期，經史的考證比晚明進步了，但比不上乾嘉時期的精審。

這種時代的因素，不但對黃宗羲，而且對被稱爲清代考據派開創者的顧炎武都不能逃避其影響。萬斯同是黃宗羲弟子中的傑出人物，但黃宗羲在甬上創辦的證人講經會重在演繹推理，吾心的作用，也未教以小學。此外，萬斯同在考證中頗受顧炎武的影響，他的《石經考》一書，就錄有顧炎武的《金石文字記》一文，並採納顧氏的見解，《四庫全書總目提要》作者也指出，萬斯同的這本書「悉採炎武之說」⑭，而顧炎武是主張熹平石經爲三字石經的。萬斯同在石鼓文考證中明確地表示他贊同顧炎武的西魏說，他說：「獨顧炎武《金石文字記》謂：『石鼓文皆淺近，不及《車攻》、《吉日》之閎深，馬定國、楊慎疑其字不類大篆，予獨以其詩不可儕於《二雅》而疑』，此誠千古卓識度越前人萬萬矣。」⑮所以萬斯同考證的失誤與顧炎武不無關係。

對顧、萬的失誤，清人王昶評論說：「而博雅如顧萬諸公，偶然失考，……皆儒者好奇之過也。」⑯他錯了，這不是「好奇」的問題，而是時代的局限。清初考證學正處在一個從不完備到完備的過程中，連顧炎武都如此，何況萬斯同！對此，我們既不能苛責顧炎武，也不能苛責萬斯同。

◘注釋

①錢謙益《初學集》卷二十五《書瀛國公事實》。

②③⑤⑥⑦ 萬斯同《羣書疑辨》卷十一《書庚申君遺事後》。

④《元史》卷二十八《順帝一》。

⑧全祖望《鮚埼亭集外編》卷四十二。

⑨⑩《四庫全書總目提要・史部八・雜史類存目一・庚申外史》。

⑪《史記》卷十三《三代世表第一》。

⑫⑭⑯⑱ 錢大昕《潛研堂文集》卷三十八《萬先生斯同傳》。

⑬⑮⑰㉔ 劉承幹《明史例案》卷三《王横雲史例議下》。

⑲㉑《萬季野先生明樂府・火燒頭》。

⑳《萬季野先生明樂府・下西洋》。

㉒全祖望《續甬上耆舊詩》卷七十八《貞文先生萬斯同》卷首。

㉓陳訓慈方祖猷《萬斯同年譜》第一一四頁。

㉕昭槤《嘯亭雜錄》卷二《王鴻緒》。

㉖萬斯同《石園文集》卷七《與李杲堂先生書》。

㉗㉚㉝《方苞集》卷二十四《萬季野墓表》。

㉘萬斯同《羣書疑辨》卷十二《讀太祖實錄》。
㉙萬斯同《羣書疑辨》卷十二《讀孝宗實錄》。
㉛㉜㉞萬斯同《羣書疑辨》卷十二《讀梁文康傳》。
㉟㊲㊳萬斯同《羣書疑辨》卷五《周正辨一》。
㊱萬斯同《羣書疑辨》卷五《周正辨四》。
㊴萬斯同《羣書疑辨》卷一《詩序說》。
㊵梁啓超《中國歷史研究法》第八八頁。
㊶㊷萬斯同《羣書疑辨》卷十二《讀何鰲傳》。
㊸萬斯同《羣書疑辨》卷十二《讀史琳傳》。
㊹㊻㊼㊽萬斯同《羣書疑辨》卷十一《書宋史陳仲微傳後》。
㊺梁啓超《中國歷史研究法》第九二頁。
㊾㊿萬斯同《羣書疑辨》卷六《諦說一》。
(51)《四庫全書總目提要》卷六十九《地理類二・崑崙河源考》。
(52)萬斯同《羣書疑辨》卷首汪廷珍《序》。
(53)(55)(56)(57)萬斯同《羣書疑辨》卷一《古文尚書辨二》。
(54)萬斯同《羣書疑辨》卷一《古文尚書辨三》。
(58)萬斯同《羣書疑辨》卷八《石鼓文辨二》。

⑲⑪ 萬斯同《羣書疑辨》卷八《跋漢魏石經二》。

㊷《陽明全書》卷七《稽山書院尊經閣記》。

㊸《四庫全書總目提要》卷一百十九《雜家類三‧通雅》。

㊹《四庫全書總目提要》卷八十六《目錄類二‧石經考》。

㊺ 萬斯同《羣書疑辨》卷八《石鼓文辨一》。

㊻ 王昶《金石粹編》卷一《周宣王石鼓文》。

二二 《儒林宗派》及其學術價值

清初浙東學派有四大學術史著作，即黃宗羲《明儒學案》、黃宗羲、黃百家、全祖望相繼編著的《宋元學案》，董允瑫（在中）的《尊道集》和萬斯同的《儒林宗派》。《尊道集》已佚，僅存其《序》於《四明儒林董氏宗譜》內。在現存的其他三種著作中，《儒林宗派》由於屬史表體裁，且首版康熙傳是樓刊本早佚，宣統三年刊本和民國前期的《四明叢書》本印數又少，因而不被人們所重視，其影響遠遠不如兩種《學案》，迄今尚未有人對它進行研究。然而，此書由於作在兩種《學案》以前，體例與它們又有所不同，所以在我國學術史著作中佔有一定的地位，且由此可以窺見萬氏的學術傾向以及清初學術發展變化的一個側面。

《儒林宗派》的寫作時間及其體例特徵

據毛文強（即毛勍，又字孝章，黃宗羲甬上證人書院弟子）《潘先生傳》：「余小授業於南雷黃先生，學蕺山劉子之學。癸丑歲，館於寧城，因萬季野得先生書數帙，一見而嗜之，同志者皆非余，余信之益篤。」①他所說的「潘先生」即潘平格，潘氏提倡「朱子道、陸子禪」，爲清初反理學的先驅者之一；所說的「先生書」，即其所著《求仁錄》；「癸丑歲」即康熙十二年（一六七三）。又據李塨《萬季野小傳》，斯同自稱：「余少從遊黃梨洲，聞四明有潘先生者曰：『朱子道、陸子禪』，怪之，往詰其說，有據。同學因轟言予畔黃先生，先生亦怒。予謝曰：『請以往不談學，專窮經史』」②。萬氏所說的「學」，指心性之學，即哲學。《儒林宗派》談的正是儒家的哲學，所以此書應作於康熙十二年前。黃宗羲的第一部學術史專著《明儒學案》，成書於康熙丙辰十五年③，則斯同作《儒林宗派》時尚未看到他老師的這一名著，這也可以以《宗派》與《學案》對明儒的分合取捨不盡相同中得到證明。

《儒林宗派》爲史表體，《四庫全書總目提要》對此書的體例作如下介紹：「是編紀孔子以下，迄於明末，諸儒授受源流，各以時代爲次，其上無師承、後無弟子者，則附著之。」④如詳細分析，其體例特徵有如下五點：

1、以朝代爲次，分卷立表。以卷一周朝孔子開始，兩漢各爲一卷，三國、兩晉一卷；南朝宋、齊、梁、陳一卷；北朝魏、齊、周和隋一卷；元朝一卷。其中兩宋有五卷，明朝三卷。因此，此書爲中國學術通史的史表。

2、每一朝代，根據該朝學術思想特點，分別幾個重要學派，如元朝列金履祥的「金氏學派」，吳澄的「吳氏學派」，許衡的「許氏學派」，劉因的「劉氏學派」。每一學派的重要人物，又有其師承傳授表，如金氏學派中的許謙、柳貫，吳氏學派的虞集，劉氏學派的烏叔備等。

3、重要朝代，又設《諸儒博考》一目，其上無師承，後無弟子，或無法可考的，如周朝的田子方，魯仲連；宋朝的明州慶曆五先生：王致、王說、楊適、杜醇、樓郁；元朝的郭守敬、馬端臨；明朝的朱升、曹端、郝敬等。或有特殊貢獻，然非以講學名世，難成一派的，如宋朝的韓琦、歐陽修、劉敞、孫復、蘇軾，明朝的羅倫、陳真晟、羅欽順、黃佐、王廷相、呂坤等，都歸納在這一目中。

4、對不屬儒學，或認爲其學不純，或影響很小的，則列於《附錄》一目。《宗派》共有五欄《附錄》，其分屬如下：

(1)不屬於儒學的異學。如周後期有《諸家附錄》，共有李耳、莊周、告不害、楊朱、墨翟、鄒衍、慎到、環淵、接子、田駢、公孫龍、尸佼、淳于髡、鬼谷子、李悝、鄧析、申不害、韓非、許行、孫武、尉繚、呂不韋等三十七人。這裡包括了與先秦儒家並列的道家、墨家、陰陽家、法家、兵家、名家、農家、雜家等諸子百家。

又如北宋後的《附錄》，有陳摶、種放、穆修、李之才的道家系統表。

(2)他認爲屬於儒學不醇的。北宋後《附錄》有邵雍的「邵氏學派」，南宋後《附錄》有葉適的「葉氏學派」，陳傅良的「陳氏學派」，這顯然反映了斯同對南宋事功學派的觀點。

又如晉後的《附錄》，有十六國時期漢和前趙的劉宣、劉殷、范隆、王延、聶熊、續咸、韋稷，前秦和後秦的王歡、姜龕、淳于岐、郭高、胡辨等。這些學者在晉室尚存時，仕於異族，所以貶於《附錄》，反映了斯同的民族意識。

(3)影響極小的。如在《朱子學派》後的《附錄》，列有《朱氏建安派》和《朱子建陽派》，所列人物，都屬朱熹後裔。

5、按學術發展史的具體情況，《宗派》以漢、宋、明三朝爲重點。兩漢以《五經》傳授相區別。《易》：如田何傳授表下分爲施讎、孟喜、梁邱賀及焦延壽、費直、高相六派；《書》先列伏生傳授表，然後分夏侯勝、夏侯建、歐陽高、孔安國四派；《詩》則分申培（魯）、固轅（齊）、韓嬰、毛萇四派；《禮》分高堂生、戴德、戴聖三派；《公羊》有董仲舒、胡母生，嚴彭祖、顏安樂四派；《穀梁》爲申培；《左傳》先立賈誼傳授表，然後爲尹更始傳授表。以上各表，在其名下注明籍貫，其學有否立於學官，有否自成一學。如《易》，在彭宣下注：有彭氏學；《書》，褚少孫下注：有褚氏學；《詩》，在匡衡下注：有匡氏學；《禮》，徐良下注：有徐氏學；《穀梁》，胡常下注：有胡氏學。有些人兼通他經，亦予以注明，如《詩》，夏侯昌下注：「又學《尚書》」；《易》，王璜下注：「又學《古文尚書》等」。到了東漢，除上述諸經外，又增《國語》、《周官》、《禮記》、《論語》、《孝經》、《孟子》各派。此外，又設《兼通五經》、《皆通經學》兩目。

至於兩宋，北宋分二程的《程子學派》、胡瑗的《胡氏學派》，張載的《張氏學派》共三派（邵雍的《邵氏學派》入《附錄》）。南宋爲《朱子學派》，其後又立《朱子門人》爲一卷。此外，又有《林氏（光朝）學派》、《呂氏（祖謙）學派》、《張氏（栻）學派》、《陸氏（陸九淵兄弟）學派》等五派（葉適、陳傅良、陳亮入《附錄》）。

明朝則立宋濂的《宋氏學派》，薛瑄的《薛氏學派》，吳與弼的《吳氏學派》，陳獻章的《陳氏學派》，章懋的《章氏學派》，蔡清的《蔡氏學派》，王守仁的《王氏學派》和劉宗周的《劉氏學派》，共八大派。此外，在《諸儒博考》中把顧憲成、高攀龍等二十四人從《王氏學派》中分出來，稱「東林講學諸儒」，雖不另立一派，但可說是準學派。如與《明儒學案》對照，黃宗羲列於關學《三原學案》的王恕、王承裕、馬理、韓邦奇等，《宗派》分別列入《諸儒博考》；《止修學案》的李材，歸於鄒守益的師承表；《泰州學案》的人物，大部歸於王艮的師承表，一部分歸於王畿的師承表（周汝登、陶望齡、劉塙，並增陶奭齡共四人），又一部份歸於《諸儒博考》中的耿定向師承表（焦竑、夏廷美、潘士藻、祝世祿、方學漸、耿定理，又增耿定力，共七人），唯何祥一人，歸之於歐陽德的師承表。《明儒學案》中原屬《諸儒學案》的章懋、蔡虛，如前所述，各自獨立爲學派。這是《學案》和《宗派》對明儒分合歸屬的不同。此外，《學案》以地區分王學各派，《宗派》以學術分王學各派，兩者又有差異。

《儒林宗派》的學術傾向

由於萬斯同在被黃宗羲嚴厲批評後，從此沒有寫過任何哲學著作，所以我們只能從《儒林宗派》一書史表的排列、學派的分合、諸儒的取捨，來探求此書的學術傾向，用以明瞭萬氏早期哲學觀點的蛛絲馬迹。

首先，《宗派》兼綜百家，無門戶偏見。

萬斯同在周朝既立《聖門學派》，又在《附錄》中雜立諸子百家。在兩漢，凡今文經學和古文經學皆收，如西漢今文學家龔勝、師丹與古文學家劉歆，東漢今文學家范升與古文學家賈逵、鄭玄（雜揉古今而左袒古文），相互間都有過激烈的論爭，但斯同在表中都並行而不悖。至於南宋朱、陸兩派，也據實列表。《宋史》中所分的《儒林》、《道學》兩類，斯同也完全打破，如屬於《儒林》的胡瑗、呂祖謙、陸九淵、林光朝和屬於《道學》的二程、張載、朱熹、張栻都列於學派開創者而不分軒輊。張載的弟弟張戩立於《諸儒博考》。毫無門戶之見是《儒林宗派》的一大特色，對此稱譽者頗多，如《四庫全書總目提要》說：

> 自《伊洛淵源錄》出，《宋史》遂以《道學》、《儒林》分為二傳，非惟文章之士，記誦之才，不得列於儒，即自漢以來傳先聖之遺經者，亦幾幾乎不得列於儒。講學者遞相標榜，務自尊大。明以來講道統者揚己凌人，互相排軋，卒釀門戶之禍，流毒無窮。斯同目擊其弊，因著此書。……除排擠之私，以消朋黨，其持論獨為平允⑤。

但是，也有個別不同意的。道光時方東樹就不贊成以「平允」來評價此書。他引用《四庫全書總目提要》上述一段話後，作了大篇駁論，認爲周公始別師儒之用，而師較儒優。儒有君子、小人之分，並不是美號，他說：「今萬氏只知以儒爲貴而爭之，既未考周公之制，又不辨有俗僞迂鄙等失，而概以爲美號。……《宋史》本《伊洛淵源錄》，創立道學傳，正合周公之制，萬氏不知而議之，過矣。」⑥他針對《四庫全書總目提要》對此書「平允」的評價說：「萬氏此書，意在持平，而其實乃不平之甚。」⑦然而方氏這種觀點，恰恰反映了自己理學家極深的門戶之見。

萬斯同反對門戶之見，不僅在於儒學內部，而且也不贊成「排軋」儒學之外的各派，對此，《四庫全書總目提要》作者的思想境界就没有這樣高了。他批評此書，「其《附錄》一門，旁及老、莊、申、韓之流，未免矯枉過正」⑧，這正説明他自己仍陷於門戶之見中。清末，馬敍倫不同意這種看法，爲萬斯同辯護説：

說者謂是書第一卷雜列老、墨諸家，弗醇於儒，名或不稱。余竊謂班孟堅《藝文志》蓋本《七略》，而向、歆父子通人，獨以《六藝》冠九流。《六藝》，孔子之著作也，九流，百氏之撰述也，比諸九流為眾星而《六藝》其北辰，孔子為東海而百氏則萬流。……石園先生其猶拾班《志》之成規，通向、歆之遺意歟⑨？

馬敍倫雖仍站在儒家立場上，不過也說明在清初儒學壟斷思想界的情況下，萬斯同能在

《附錄》中綜羅百家，提高了諸子的地位，可以說他與王夫之、傅山等一起，是有清一代諸子學興起的先驅者之一。

第二，斯同雖無門戶之見，但正如章學誠所說的，「學者不可無宗旨，而必不可有門戶」⑩，在各種學術派別中，他不可能沒有自己的主見和傾向。既名爲「儒林」的宗派，自然不是「百家」的宗派，所以他是以儒學爲宗旨的。馬敍倫在《儒林宗派後序》中說：「儒家乃九流之一而已」⑪，斯同自然不可能達到這樣的認識，但他把老莊等列於《附錄》，突破了儒家的傳統觀念，這是難很可貴的。

對魏晉時期的玄學家，他僅取王弼、裴頠二人而列於儒林，這大概是由於王弼注儒家的經典《周易》，裴頠提倡《崇有》，其他如何晏、郭象、竹林七賢等人，不但未列入儒林，連《附錄》中也沒有位置，說明他是反對玄學的。

至於明儒，他不取李贄和林三教等人，因爲他們提倡三教合一，援釋入儒。他的同學董允瑫在《尊道集自序》中說：「若乃方湛一、鄧豁渠、林兆恩、梁汝元、胡清虛、顏山農、李贄之流，竊靈自暎，放言蕩恣，此正所謂無忌憚之尤者。」⑫所以在《尊道集》中未錄這些人。董氏此書作於甬上證人書院成立前後，書院中萬氏與董氏成績最好，被稱爲「三萬熊熊，二董雍雍」⑬，而兩家關係又很密切，斯同一定看過《尊道集》，因而在宗派中除顏山農外，其他的人也亦一概未收入。而《明儒學案》卷三十二《泰州學案》的《序》中，提及的則有顏山農、梁汝元、鄧豁渠、方湛一，可知斯同對王學中這一派（王學左派，或見在良知派、或狂禪派）的態度，遠比他老師嚴厲。

第三，斯同把葉適、陳亮、陳傅良的事功派列於《附錄》，這是受黃宗羲影響所致。黃宗羲作《子劉子行狀》，多次引用劉宗周上崇禎的封疏，如：「堯舜之道，仁義而已矣。出乎仁義，則爲功利，爲刑名，其究而爲猜忌、雍閉，與亂同事」⑭等，這類言論有四、五次之多。黃氏在文中說：「上意在功利，先生封章多扞格不入」⑮。黃宗羲總結明亡的教訓，認爲其原因之一在於崇禎的急功好利，所以他又說：「道無定體，學貴適用，奈何今之人執一以爲道，使學道與事功判而爲二途。事功而不出於道，則機智用事而流於僞；道不能達之事功，論其學則有，適於用則無，講一身之行爲則似是，救國家之急難則非也。」⑯因而提創：「事功節義，理無二致」⑰。但由於崇禎的教訓，在道與事功兩者中他是傾向於前者的。

黃宗羲把這一觀點用於研究中國學術史上，在朱熹與陳亮的辯論中他雖認爲兩者皆有偏頗，說：「夫事功必本於道德，……離事功以言道德，考亭終無以折永康之論。」⑱但他編《宋元學案》，批評永康、永嘉之學較多，如批評永康（陳亮）之學：「不知三代以上之事功，與漢唐之事功迴然不同。……其所謂『功有適成，事有偶濟』者，漢祖、唐宗一身一家之事功耳。統天下而言之，固未見其成且濟也。」⑲他批評永嘉之學（陳傅良、葉適）「進利害而退是非，與刑名之學殊途而同歸矣。」⑳

因此，黃宗羲不滿意永嘉、永康之學，認爲他們不談仁義只談事功。他的觀點影響了萬斯同，所以在《宗派》中把葉適、陳傅良、陳亮列於《附錄》。

第四，然而對明初的學術，他的觀點與黃宗羲不盡相同，黃宗羲因「景濂氏出入於二氏」㉑，排斥宋濂於國初諸儒之外，斯同則於有明一代，首列宋濂的《宋氏學派》，而以方孝孺爲其主要傳人，這是因方孝孺而及宋濂。黃宗羲以吳與弼的《崇仁學案》列於《學案》之首，這是因爲陳獻章是吳與弼的弟子，而「有明學術，白沙開其端，至姚江而始大明。」㉒黃宗羲是推崇王學的，因推崇王學而推崇吳與弼。斯同則不然，其《儒林宗派》列宋氏學派後的不是吳與弼的《吳氏學派》，而是薛瑄的《薛氏學派》。按年齡來說，薛長於吳，理應如此。從這裡我們也可以間接窺見，斯同早年雖通過蕺山之學而傾向王學，然其尊王意識，遠不如其師那樣强烈。

第五，《宗派》尚有幾點值得注意：

1、《儒林宗派》把耿定向列入《諸儒博考》，萬斯同這一編排是對的。據《耿天臺先生全集》卷八《觀生紀》，耿定向自述他的老師沒有一個是泰州學派的。在耿氏的言論中，我們也看不出他的思想有與泰州學派一致之處，耿氏不但激烈地批評過鄧豁渠，並與李贄爭論甚烈。他並有書給羅汝芳和王畿，對他們的學術思想也大不滿意，但其弟耿定理不同，定理是李贄的好友，並以鄧豁渠爲師。所以耿定向的學術思想與泰州學派很難掛上號。

2、《儒林宗派》把蜀漢諸葛亮和北宋李綱、明俞大猷列入「儒林」。這些人雖或有儒學著作，如李綱，或有儒學師承關係，如俞大猷，而諸葛亮據《三國志・蜀志》，他自比管仲、樂毅，既無儒學著作，又無儒學師承，這些人在歷史上都以安邦衞國，經世濟時而著名。斯同把這幾位名臣猛將列入儒林，說明他雖然不重視永嘉、永康的事功之學，但對歷史上有卓越功業，起過重大作用的人物，仍歸納於儒林而予以推崇，這是明清之際經世思想的一種反映。

3、《儒林宗譜》又把元郭守敬、明朱載堉列入「儒林」。前者是著名水利學家和天文學家，後者是明神宗時宗室鄭王世子，當時並無名氣，但精通曆算和曆呂，著有《曆律融通》、《萬年曆》、《萬年曆備考》、《曆學新說》、《嘉量算經》、《樂曆全書》等。斯同在《講經口授》的《律呂》一講中就推崇朱載堉說「明鄭王世子名載堉者，精於曆律，有《鄭世子律書》及《曆書》，其說盡廢從前言樂之書，並破三分損蓋、隔八相生之說」㉓。朱載堉的科學成果至八十年代在國內才爲人所發掘，而在歷史上第一個介紹他的正是萬斯同。在古代，科學家往往被列於「方伎」或「疇人」，反映其社會地位的低下，惟獨斯同把郭、朱兩人列於儒林。這種反傳統偏見的寫法，不能不說他有獨具慧眼的卓識。

《儒林宗派》在學術史上的貢獻

《儒林宗派》雖是史表，卷帙亦不多，但它在我國學術史的著作中仍有重要地位，作出了一定的貢獻：

1、在《宗派》之前，有朱熹、呂祖謙的《伊洛淵源錄》、明劉麟長的《浙學宗傳》、馮從吾的《元儒考略》、清孫奇逢的《理學宗傳》及董允瑫《尊道錄》等八、九種，都屬斷代學術史，講的是宋、明理學史。惟明周汝登的《聖學宗傳》，過庭洲的《聖學嫡派》，似爲學術通史之作，但內容十分疏漏，似通而不通。前者在漢後唐前未錄人物，不通於中；後者錄自漢董仲舒至明羅洪先，不通於前。《儒林宗派》雖僅列人物，然而上自孔子，下至明末確是我國第一部學術通史之作。

2、宋明理學家認爲儒家的道統是：「堯以是傳之舜，舜以是傳之禹，禹以是傳之湯，湯以是傳之文、武、周公，文、武、周公傳之孔子」㉔。周汝登的《聖學宗傳》更推而上至伏羲、神農、黃帝，這種揑造的儒家學術史自然是不科學的。理學家還認爲，道統由孔子傳至孟子，孟子死後，道統中絕，至宋程顥或朱熹，或至明王守仁，才得以繼續，這種儒家學術史的觀點也是極主觀的。《儒林宗派》開宗明義，第一卷就從孔子的《聖門學派》開始，撇開道統在兩漢經學之後，經三國、兩晉、南北朝、隋唐，直至宋、元、明，都立儒林人物表，所以，又可說是我國第一部比較科學、客觀的學術通史。

3、《伊洛淵源錄》、《聖學宗傳》、《理學宗傳》、《浙學宗傳》、《尊道錄》等，或獨尊程朱理學，或獨尊陸王心學，於儒學內部都持有傳統的門戶偏見，而且排斥百家，因此作爲學術史來說，是片面和不完整的。如前所述，《儒林宗派》既兼綜百家，又不分儒林道學，而且「凡漢後唐前，傳經之儒，一一具列」㉕，所以，此書又可以說是我國第一本比較全面，完整的學術通史。

4、《儒林宗派》成書於《明儒學案》和《宋元學案》之前，其所收宋元儒者不及《宋元學案》多，其表亦不如全祖望所增的表詳盡。然而，所收明儒共四百七十人左右，而《明儒學案》僅收二百十人左右，其數目大大超過《學案》。其中除章氏學派和蔡氏學派三十三人外，在王艮的師承表中，《學案》未收的有李東明、陳履祥等十四人。在湛若水的師承表中，《宗派》多出了三十一人。王守仁的《王氏學派》中盧可久師承表的七人，《學案》全無。此外，胡居仁、鄒守益、劉文敏、錢德洪、羅洪先等師承表中亦有很多人《學案》未收。如果按圖索驥，可以大大豐富有明一代學術史的內容。

5、從史表體來說，在《儒林宗派》之前，有宋章俊卿《羣書考索》中的各經諸儒《傳授圖》，明王孫復的《授經圖》和無名氏的《道統圖讚》。前兩種僅及經學，斯同則擴而爲整個儒家學術史；後者僅及孔子及其弟子，且上增伏羲、神農、黃帝、堯、舜、禹、湯、文、武、周公，以像爲主而讚極簡單，其完整性、科學性皆不如《儒林宗派》。《宗派》條析縷分，讀之對歷代儒學的分合授受，主要學派的情況，一目了然，這不能不說是學術史上的一大貢獻，爲以後全祖望作《宋元學案》的學術傳授表奠定了基礎。

當然，《儒林宗派》也有缺點，如前所述，在魏晉玄學中不列何晏、郭象等人，貶低永嘉、永康的事功之學，不收李贄、何心隱（梁汝元）、林三教、管志道、鄧豁渠等人，這些都對此書所述學術史的完整性有所損害。至於，《四庫全書總目提要》指出：「唐啖助之學，傳之趙匡、陸淳，宋孫復之學，傳於石介，皆卓然自立一家，宋代說經實濫觴於二子，乃列之散儒之中，不入宗派，亦有所未安。至於朱陸二派在元則金、吳分承，在明則薛王異尚，四百年中，出此入彼，淵源有自，脈絡不誣，亦未可以朝代不同不爲明其宗系」㉖，因而批評他「少疏」，其所說有一定道理，然並不完全正確。孫復、石介，他列於《諸儒博考》，但仍表明其傳授關係。元朝的金履祥、吳澄未上接朱陸，其學術淵源因朝代而中斷，確是美中不足。然而薛瑄與王陽明的異尚，是不能把王上接陸九淵的，因爲《儒林宗譜》爲學派的傳授表，嚴格地以師承關係作準則，王陽明並非陸九淵的後學，自然不能「明其宗系」。

注釋

① 潘平格《求仁錄輯要》卷首。

② 李塨《恕谷後集》卷六。

③ 參閱黃炳垕《黃梨洲先生年譜》康熙丙辰十五年條。

④⑤⑧㉕㉖ 《四庫全書總目提要》卷五十八《史部・傳記類二・儒林宗派》。

⑥⑦ 方東樹《漢學商兌》卷上。

⑨⑪ 萬斯同《儒林宗派》卷後馬敍倫《儒林宗派後序》。

⑩ 章學識《文史通義》卷五《浙東學術》。

⑫ 柴永祺纂修《四明儒林董氏宗譜》卷十七。

⑬ 全祖望《續甬上耆舊詩》卷九十五《董孝廉允瑫》。

⑭⑮ 黃宗羲《子劉子行狀》。

⑯ 黃宗羲《南雷文定》五集卷三。

⑰⑱ 黃宗羲《南雷文定》後集卷一。

⑲ 黃宗羲、全祖望《宋元學案》卷五十六《龍川學案》。

⑳ 黃宗羲、全祖望《宋元學案》卷五十二《艮齋學案》。

㉑ 全祖望《明儒學案》卷四十三《諸儒學案上・文正方正學先生孝孺》。

㉒ 黃宗羲《明儒學案》卷十《姚江學案》。

㉓ 萬斯同《講經口授》。

㉔ 《韓昌黎集》卷十一《原道》。

二三　全祖望的史學思想

全祖望（一七〇五～一七五五）浙江鄞縣（今寧波市）人。他生歷康熙、雍正、乾隆年間，正是清朝的鼎盛時期，全祖望的史學思想，上承黃宗羲、萬斯同，下開章學誠，是浙東史學的著名代表。本文著重探討他的歷史觀點和治史方法，以及他在清朝史學中的地位。

全祖望的歷史觀點

全祖望的史學著作，帶有浙東史學固有的特色，不愛發空論，他的歷史觀點，蘊寄於他爲搜集殘明文獻所作的序、訂正前史訛舛和解釋經史諸篇中，主要有下述三點：

㈠勢論

「勢」的觀念最早出現在天命觀念和人道觀念發生動搖的春秋末期和戰國時期。唐朝的劉知幾和柳宗元明確地用「勢」來解釋歷史發展的客觀規律性。清初王夫之的「理勢」論，則從哲理上論述了這種規律性。這是一種與天命觀和英雄史觀相對立的進步的歷史觀。

全祖望繼承了「勢」的歷史觀，比前人更廣泛地用來解釋歷史現象：「偏安下國，不得不聽命者，勢也」①。這是指政治形勢；春秋時，吳處「江東四戰之地」，不得不俯首於楚，「抑且勢不得不然耳」②，這是指地理形勢；「而三代以後之阡陌，不能終爲王田者，勢也」③，這是指經濟趨勢。前人一般都用「勢」來説明政治現象，全祖望則用來説明經濟現象，這是勢論發展史上的進步。

在全祖望的史學著作中，往往有「天命」的字句，有些學者抓住這一點，用來説明他是一個天命論者，是爲了表明清朝的興起是不可抗拒的④，這是不正確的。因爲，他同情的不是順天命者而是逆天命者。他説，浙東抗清諸義士，敢於「逆天」而勿顧，則「感人者深矣」⑤。「圖恢復，成敗尚聽諸天，非立命之學也。」⑥更重要的，是全祖望把天命的內涵改造成近乎歷史發展必然性「勢」的概念。宋明理學把人的富貴壽夭看成「都是天所命」⑦，全祖望則認爲人的富貴壽夭的「命」，只是「一時之禍福」，是「變」（偶然性）；而人的千百世是非功過，則是「一定之禍福」，是「常」（必然性）。他認爲：「天能操其常而不能操其變」（天決定的是歷史必然性而不是偶然性），「然其變也，亦未嘗不合乎常」（偶然性要服從必然性）。全祖望只賦予天以歷史發展必然性的功能而否定它在歷史偶然性中的支配作用（操其變），這樣，天與勢的意義就很近了。最後，全祖望進一步指出，命既不足爲憑，天亦有時而窮，「若求其足憑，則惟盡其在我，而他無預焉」⑧。人既不能靠偶然性，但也不是在歷史必然性面前無能爲力，要靠自己的奮鬥，所以，他是一個人定勝天論者。

但是，全祖望正如他的先輩一樣，不能對歷史必然性的具體含義有正確的理解，因而常感到在必然性面前，人們束手無策，而把「勢」看成爲一種超乎人力的異己力量。然而，這種對人說來是異己的、最初也是不能理解的力量，就有可能轉化爲一種超人間力量的形式。全祖望說：「事勢有無可如何者，忠臣義士，求諒於天而已」⑩，所以他未能徹底消除天命論的殘餘影響。

㈡氣節論

全祖望史學思想的一個顯著特點，就是表彰氣節。他把明末「學者自負其身心性命之醇而氣節其粗焉也」的論調，斥之爲「此不過懦夫借此以掩趨利避害之情狀」⑪的市儈哲學。他激烈反對毛奇齡「忠臣不死節」的觀點，認爲評價歷史人物，「全在其忠貞大節，而不在區區著述之間」⑫。全祖望在歷史編纂學中十分强調族望、世臣，主張設世表族表。但他不是在鼓吹復士族制之古，而是「直爲古今人物起見，非徒以存諸家之繫望」⑬。他舉例說，荀彧連結於常侍，由此「可以見東京黨錮之餘，氣節漸以墜地」⑭。這種議論也是爲了表彰氣節。

由於全祖望有强烈的民族思想，所以他的氣節觀更多的是强調民族氣節。他在《歷朝人物世表序》中說：「予於宰相傳中，枚舉如崑山之顧，合門仗節，禾中之錢，兄弟死事者凡十數家，欲爲勝國繫望生色。」⑮道出他作世表是爲了激發民族氣節的祕密。在評價歷史人物時，他對被道學家痛 「權奸」的韓侂胄的開禧北伐，予以肯定，指出：「開禧之事，是也。」⑯這是他以民族大節來衡量歷史是非的一例。全祖望十分重視「晚節」，在評論明末清初人物時，他指的就是堅持民族氣節。如錢謙益本東林黨魁，後在南京獻妃降清，他斥爲「晚節狓猖」⑰。又如鄺露，少年時入閹黨阮大鋮之門，後在廣州抗清殉節，他指出：「非後來大節，幾不免爲閹人之徒，人所以貴晚諳也。」⑱

全祖望曾移書明史館，力主把抗節不仕新室者不列於隱逸而列於忠義⑲，因國死節之臣應以遺臣傳入易姓之史⑳。他的這些主張，隱寓通過官修明史，把明末遺民列於忠義，爲表彰民族氣節爭取合法化的意圖。

在階級社會裡，氣節具有强烈的階級性。全祖望用地主階級的氣節觀來反對農民起義，對被明末農民起義軍鎮壓的官員，亦盛稱其「大節」㉑。不過，他的《鮚埼亭集》中的碑銘，大多數是表彰民族氣節的。黃宗羲極爲推崇明末東林黨人「勇者燔妻子，弱者埋土室」㉒的氣節，全祖望繼承了這種流風餘韻，推崇氣節，正是浙東史學的一大特色。

我不同意以全祖望未受文字獄之禍，來說明他表彰明末忠烈是符合清廷政策的，並從而推論出他「並沒有表揚民族氣節」㉓的結論。因爲，清廷是在他死後近二十年才在開四庫館時實行表彰明朝忠臣的政策的，與全祖望寫《鮚埼亭集》無關。再者，在他死後近二十年，《鮚埼亭集》前四卷才問世，可是表彰民族氣節的碑銘是在第七卷以後，到嘉慶年間此書全集才刻印並流傳開來。然而，此時文字獄早已過去。

㈢民本主義和人民性

民本主義是我國思想史上的一份寶貴遺產，也是浙東史學的重要內容之一。全祖望十分重視培養民力，反對過份的剝削。他歌頌張蒼水，不僅是因爲張蒼水艱苦卓絕的抗清活動，而且「更服公之經略，故涉歷山海之間，且耕且屯而民樂輸賦，招降江北三十城而市不易肆，小住緐城，而陂塘之利傳之無窮」㉔。他認爲，春秋末年吳國之亡，已啓機於夫差前諸王的「黷武」，「玉帛外竭，干戈近訌，民力幾何而不困也」㉕。他十分厭惡酷吏，斥責「古今聚斂之臣，逢君縱惡，蓋有出於人情之外者」，指出官府重賦田主，田主則重其額以取之貧民，轉嫁農民身上。他的結論是：「是以爲無窮之患」㉖。

全祖望站在地主階級立場上反對農民起義，然而在論述清兵入關、向南明進攻後，他的觀點發生了變化，同情農民軍餘部的抗清鬥爭。他從張蒼水女兒處得悉張蒼水曾求助於鄖陽十三家未遂，感到惋惜㉗。他也讚揚李定國「不折不降」㉘的抗清鬥志。這與王夫子書李定國傳、李來亨傳㉙，實爲不謀而合，是民族矛盾上升爲主要矛盾的反映，他從中認識到人民的力量。

全祖望運用中國古代儒家的「出處」、「易位」、「革命」等一系列概念來表達他反封建的民主主義精神。他說：「立人之朝，即當行道，不僅以明道爲止。不能行道，而思明道，不如居田間而明道之爲愈也。」㉚他進一步主張孟子所說的「君有大過則易位」的思想，如他論唐中宗昏庸，主張「大臣有如霍光之徒，早當廢之」㉛。他繼承黃宗羲反君主專制的精神，再次提出「國非一家之私」㉜論點；認爲帝王如惡貫滿盈，「則訖其命而非爲過，是以爲之臣者，得應天順人，取而代之」、「洞見夫天人之際，革命而無所慊也」㉝。在清廷大力提倡朱熹理學及其天理君權論時，全祖望上述思想與其反對科舉帖括之學、反對官局修書以及對清廷禁止結社的不滿（他在文集中屢書清初四明遺民結社之盛）聯繫在一起來看，顯然具有反封建專制統治的進步意義。

但是，全祖望並沒有突破君臣之義的封建綱常，所以，他雖贊成武王革殷命，然而認爲武王不如湯，他說：「湯之放桀，而有慚德，自是高於武王」，他引用黃宗羲的話說：「有湯之慚德，然後君臣之分著」㉞。這就與「革命而無所慊」有矛盾了。這一矛盾，不但反映了他的階級局限性，而且也反映了康、雍、乾年間我國資本主義尚處在萌芽期的時代局限。

全祖望的史法論

全祖望不空言性命，反映在研究歷史上，也沒有系統的史學理論。他繼承劉知幾的史才、史學、史識論，統稱之曰：「史法」。其中既包括歷史觀點，又包括歷史編纂學和歷史文獻學，而主要是後者。因此，有人稱他的史學，「言文獻學者宗焉」㉟。他在歷史文獻學上的貢獻，主要有下列三點：

一、繼承劉知幾反對以圖讖神怪入史的主張，力主史應去誕。全祖望自稱：「予平生不信二氏之學」㊱，「緯書之說爲吾黨所羞稱」㊲。所以他雖推許《左傳》，然對《左傳》中的天命鬼神迷信毫不留情地進行批評，指出：「左氏喜言前知」是「妄」㊳。他認爲鬼神之說始於墨子，「左氏蓋亦感於墨子」，而董仲舒、劉向父子、班固等以圖讖釋史，「實皆始於春秋之世」㊴。他對《趙世家》中記述的各種「龐而怪」的夢，認爲都應「芟除」㊵。他還對司馬光、黃宗羲接受唐玄宗腦有丹骨之說，批評爲：「則稍誕矣」㊶。全祖望認爲緯者利用自然界的變異而「炫飾」其間，這是讖緯迷信產生的根源。他說：「且夫天垂象，見吉凶，是不易之理也；五行之運，如環無端，是自然之道也，爲緯者未嘗不竊是意以炫飾其間」㊷。這是他吸取劉知幾的「夫災祥之作，以表吉凶，此理昭昭，不易誣也……此乃關諸天道，不復繫乎人事」㊸的無神論思想，用來批判天命觀。

二、繼承劉知幾的「博采」、「愼取」和司馬光的「考異」方法，主張史事當「參考而始完」㊹。全祖望治史以嚴謹著稱，主張博以佐證，無證不信。如一時找不到證據，「則闕之可也」㊺。他補《宋元學案》，「旁搜不遺餘力」㊻。對前輩詩文，則「冥搜博羅」㊼；對各類野史，則「博采」之㊽。他「每歲客遊，假大江南北藏書家抄本，捆載至數百册而返」

㊾。前人說他「淵博無涘」㊿，是不錯的。全祖望認爲治史要做到「力求其是」，還必須「深思」(51)。深思之一，是對浩瀚的史料進行考訂、校勘、辨僞等工作。他自述其著《讀史通表》的方法，先綜勒各種史表，有闕者則以萬斯同的《補歷代史表》爲據，然萬書亦有闕略，則續葺之，「其於前人所已有，更爲疏證而審核之。或間遇訛錯，則仿溫公考異之例，略加訂正」(52)。這是對史料的選擇。深思之二，則是獲得正確史料後，進一步通過比較分類，按所取資料進行歸納演繹，以求對史事作正確的評價。如他通過枚舉推理，得出漢經師或以經世見用，或以大節爲漢生色，從而爲被宋儒所輕視的漢經師辯誣。

三、繼承劉知幾的直筆傳統，主張史以紀實。全祖望主張在史學著作中體現意寓褒貶的《春秋》之旨，但有一個嚴格的前提，即決不能筆削史實。他說：「而不知史以紀實，非其實者，非史也……《春秋》之旨能誅之，不能削之，惟据其實，則可誅之。」(53)因此，他主張「直筆」，對袁桷因其父降元，因而爲降元之宋臣立傳，抗元之宋臣反見遺，他斥之爲：「非直筆也。」(54)他認爲史書失實原因有四：一是政治偏見，袁桷即是。一是曲筆媚世，如晉、唐史臣獻媚當道，對曹爽和王叔文、王伾，「居然下流歸之矣」(55)。一是以愛憎持論，他對李長祥論明末人物，或過恕過酷，批評爲「不免以愛憎持論」(56)。一是傳聞耳食之誤，他認爲明末野史之所以「真僞雜出」(57)，是因作者「捉影捕風，爲失益多」(58)。

爲了發揚直筆精神，他提倡三點：一是不爲尊者諱。如朱彝尊爲明太祖箭射錢唐事諱，他指出：「至若太祖之武斷，則不必諱，亦非後人所能諱也。」(59)二是非成敗論人。他認爲孫武實不知兵，司馬遷批評平原君受馮亭之邑，唐中宗在既廢之後，史家仍書「帝在房州」等，都是「成敗論人之言」⑩。三是善惡不相掩。如南宋鄭丙原爲名臣，然因攻朱熹，《宋史》對他一筆抹煞，全祖望則認爲：「則亦非善惡不相掩之史法也。」⑪所以他主張「不當以人廢言」⑫，也「不可以大賢而曲附之」⑬。

在歷史編纂學上，全祖望繼承萬斯同重視史表的思想，指出史表之所以重要，一是表固「全史之經緯」⑭；二是「表固有兼志者，而志不可以去表也」⑮；三是史如無表，「則傳不得不多，傳愈多，事愈繁，而其中或反有漏而不舉者」⑯。全祖望還强調在歷史大變動期間作月表的重要性：「不以月表計之，何能了然？」後來梁啓超提倡大事月表⑱，全祖望實已先及之。

全祖望在歷史編纂學上的另一貢獻，是他繼承前賢的觀點，把地方志越出「圖經」即地理書的概念，而與史書聯繫在一起。他指出：「地志之佳者，正以其能爲舊史拾遺」⑲。他殫力於搜羅家鄉遺聞和掌故，其性質實即南明浙東地方史的資料。他這樣做，一方面是以故國之史事報故國，另一方面則爲清廷修明史作佐證。

全祖望在歷史編纂學上補纂《宋元學案》，把黄宗羲編著學術史的工作推進了一步；在《永樂大典》中輯佚，開了乾嘉輯佚之風的先河。這兩點，梁啓超已提及，故不贅述。

全祖望史學的歷史地位

要了解全祖望史學的歷史地位，首先要了解浙東史學產生的歷史條件。清初，滿洲權貴以少數民族入主中原，既要鎮壓明末農民起義，又要消滅南明抗清政權。所以清初的文化政策，在處理階級矛盾上，必然要摧殘人民的反封建專制的民主思想，重振地主階級的專制統治，在處理民族矛盾上，必然要消滅漢族人民包括士大夫中的民族意識。浙東史學產生於以四明爲中心的「首義之區」，而江浙一帶又是資本主義萌芽較發達的地方，士大夫結社清議，抨擊時政之風盛行，是清朝統治者進行文化統制政策的打擊中心，黃宗羲在復明無望後，一面修《明史案》，並敍「亡國之大夫」⑳之事，開啓了修故國史事以報故國的風氣；另一方面，總結明亡教訓，著《明夷待訪錄》，猛烈抨擊君主專制制度，形成了浙東史學寶貴的精神——民族意識和民主思想。

清初的這場思想鬥爭在修明史上曲折地表現出來，清廷敕修明史，既可網羅前明遺逸，磨滅其民族意識，又可通過它來提倡君臣之義，以間接加强滿清貴族的專制統治，更可以偵知民間反清動態，銷毀民間反清史料。到了乾隆朝，變本加厲，下令要把野史「盡行銷毀」㉑。然而黃宗羲雖拒徵博學鴻儒，但對修明史卻有所建議，並同意弟子萬斯同等入明史館，黃、萬修明史的目的是爲了明有明一代治亂事迹，這自然包括要劃清明末民族鬥爭中的賢奸是非，用修史的合法手段來保存大批明季史料。全祖望繼續了黃宗羲與萬斯同的工作。他一方面從清廷的「忌諱」中大力搶救殘明文獻；一方面針對王鴻緒大肆删改萬斯同的《明史稿》的情況，移書史館，力主有明一代藝文應不嫌其煩[72]，對「草野孤本」應「旁搜博采而又勿令遺誤」[73]，企圖通過官私兩方面來保存「忠義翰墨」。同時，由於全祖望生在康、雍、乾之世，中國民族資本主義的萌芽在清初受摧殘後，開始恢復與發展，使他的史論也流露出一些微弱的民主精神，保留了黃宗羲史學思想的某些積極因素。

由於全祖望的史學，特別是他的歷史文獻學和考證方法，對乾嘉史學產生了一定的影響。因而有人把他歸屬於乾嘉學派。最早的是清人唐鑒，他把全祖望與閻百詩、惠定宇、戴震等一起屬於「考證之學」[74]，這純粹出於理學家狹隘的門戶之見。然而，後人受他影響，近人蔡冠洛把全祖望的考證譽爲「罕有其比」[75]。祁龍威先生則把全祖望稱爲乾嘉史學文獻派的代表。然而，在全祖望死後，不僅章學誠指出他是浙東史學的一員，而且當時的學術界，「知不知皆奉爲浙學之冠」[76]。阮元也指出：「萬、全之學出於黎洲而變之」，屬於「四明學術」[77]。清末章炳麟在述及清代經儒的吳、皖兩派時，另指出：「然自明末有浙東之學……鄞全祖望繼之」[78]。梁啓超同樣把浙東史學與乾嘉史學相區別，認爲全祖望「於清學爲別派」[79]，他還說，浙東史學「不盛行於清代，清代史學界之恥也」[80]。

浙東學派治史精神與乾嘉史學不同，前者含有一定的民族意識與民主精神；後者則爲治史而治史，其下者則如章學誠所指責的，挾策「投卷於公卿間」[81]，追求名利。浙東史學治史既是爲了寄思故國，因而他們治史注重於現代史，《結埼亭集》記明末清初掌故的碑銘等幾達二分之一，而乾嘉史學則專治古代史，「以現代事迹實爲不足研究」㉜。浙東史學，義理、考據兼而有之，撰有不少卓見的史論，乾嘉學派則如王鳴盛自己表白的，只提倡「考事迹之實」，反對「馳騁議論」、「擅加予奪」㉝，把治史局限於歷史文獻學而排斥史論，致使梁啓超批評他們「只能謂之考證學，殆不可謂之史」㉞。因此，把全祖望説成是乾嘉史學的一員，是不正確的。

乾嘉學派遠取清初大師們的考證方法而發揚之，近受全祖望治學方法的影響，在整理和注釋我國古籍上取得重大成就。然而先行者的史學精神卻被他們拋棄了。真正繼承全祖望史學精神的是章學誠。章學誠離清開國已達百年，滿漢矛盾已趨緩和，自然已無明亡之痛。章學誠繼承浙東學派的傳統，不在於發揚民族意識而在於反封建的民主精神，對此好些學者已有論述。這裡特別要指出的是，章學誠對浙東史學的發展主要表現在下列兩點：一是在史學理論上，他把黃、萬、全等人散見於史學各篇所表達的治史精神，概括爲「史意」㉟或「史義」㊱，認爲這是史之所「貴」；把浙東史學重視現代史的精神，概括爲作史必「詳近」而「略遠」㊲，否則不足言史學。一是他把黃、萬、全重視枌社掌故、桑梓文獻的思想，發展而創立「方志學」，擴大了地方志概念的範圍，革新了地方志的編纂方法。

侯外廬先生曾指出，全祖望是「嘉慶以後的學者批判漢學煩瑣並高揚明末遺老精神之橋樑」㊳，這是對全祖望史學的歷史地位的正確評價。

注釋

①《鮚埼亭集》卷二十三《遐追山三廟碑》。
②㉕同上書外編卷三十五《亡吳論》。
③㉖同上書卷三十五《廣德湖田租考》。
④㉓高國抗、侯若霞：《全祖望〈素負民族氣節〉異議》，《光明日報》一九八三年。
⑤《鮚埼亭集》卷十《明故兵部尚書兼東閣大學士贈太保吏部尚書謚忠介錢公神道第二碑銘》。
⑥同上書外編卷九《明禮部尚書仍兼通政使武進吳公事狀》。
⑦《朱子語類》卷四。
⑧《鮚埼亭集》外編卷四十八《原命》。
⑩《鮚埼亭集》外編卷四《明兵部尚書兼東閣大學士贈太保謚忠襄孫公神道碑銘》。
⑪同上書外編卷十九《羅文毅公畫像記》。
⑫同上書卷二十九《劉揚優劣論》。
⑬⑭同上書外編卷二十五《歷朝人物親表錄序》。
⑮同上書外編卷二十五《歷朝人物世表序》。
⑯同上書外編卷二十八《跋宋史陳謙列傳》。
⑰同上書外編卷三十三《錢尚書牧齋手迹跋》。

⑱ 同上書外編卷三十一《跋鄺湛若嶠雅後》。

⑲ 同上書外編卷四十二《移明史館帖子五》。

⑳ 同上書外編卷四十二《移明史館帖子六》。

㉑ 同上書卷六《明四川道御史再贈都察院右副都御史謚忠貞今謚恭潔陳公神道碑》。

㉒ 黃宗羲：《明儒學案．東林學案》。

㉔㉗ 《鮚埼亭集》卷九《明故權兵部尚書兼翰林院侍講學士鄞張公神道碑銘》。

㉘ 同上書外編卷二十九《題也是錄》。

㉙ 王夫之：《永曆實錄》之《李定國列傳》及《李來亨列傳》。

㉚ 《鮚埼亭集》外編卷三十二《劉文靜公退齋記後》。

㉛㊾ 同上書卷二十九《帝在房州史法論》。

㉜㉝ 同上書外編卷四十八《武王不黜殷辨》。

㉞ 《經史問答》卷二《尚書問目答董秉純》。

㉟79 84 梁啓超：《清代學術概論》。

㊱ 《鮚埼亭集》外編卷四十九《記宋湖心寺浮屠妙蓮治錢塘江事》。

㊲㊷ 同上書外編卷四十八《論緯》。

㊳ 同上書外編卷三十六《萇弘論》。

㊴ 《經史問答》卷五《三禮問目答全藻》。

⑩ 同上書卷八《諸史問目答郭景兆》。

㊶《鮚埼亭集》外編卷四十七《答李朝陽唐書雜問》。

㊸《史通》卷三《書志》。

㊹㊾《鮚埼亭集》卷三十五《辨錢尙書爭孟子事》。

㊺ 同上書外編卷四十一《與徐徵君惠山論春秋指掌圖帖子》。

㊻ 同上書卷三十《萇山相韓舊塾記》。

㊼ 董秉純：《鮚埼亭集題詞》。

㊽《鮚埼亭集》卷三十三《改正成化祠祀典議示定海令》。

㊾《鄞縣通志・文獻志・人物志第三・文學・盧鎬》。

㊿⑭ 唐鑑：《清學案小識・經學學案》。

51《鮚埼亭集》外編卷二十七《題郝仲輿經解後》。

52 64 66 67 同上書外編卷二十五《讀史通表序》。

54 同上書外編卷三十五《延祐四明志跋》。

55 同上書外編卷二十八《讀魏志曹爽傳》。

56 同上書外編卷九《前侍郎達州李公研齋行狀》。

57 同上書外編卷四十三《與紹守杜君札》。

58 同上書外編卷四十三《與史雪汀論行朝錄書》。

⑥⓪同上書卷二十九《平原君論》。
⑥①同上書卷二十八《跋宋史鄭丙列傳》。
⑥②同上書外編卷三十四《題豐氏五經世學》。
⑥③同上書外編卷三十四《題范文正公年譜》。
⑥⑧⑧⓪⑧②梁啓超：《中國近三百年學術史》第十五《清代學者整理舊學之總成績㈢》。
⑥⑨《鮚埼亭集》外編卷四十五《答九沙先生問史樞密兄弟遺事帖子》。
⑦⓪黃宗羲：《南雷文定．凡例四則》。
⑦①《清高宗純皇帝實錄》卷九六四。
⑦②同上書外編卷四十二《移明史館帖子一》。
⑦③同上書外編卷四十二《移明史館帖子二》。
⑦⑤蔡冠洛：《清代七百名人傳》。
⑦⑥嚴可鈞：《鐵橋漫稿》七《全紹衣傳》。
⑦⑦阮元：《揅經室二集》卷七《全謝山先生經史問答序》。
⑦⑧章炳麟：《檢論》卷四《清儒》。
⑧①《章學誠遺書》卷十八《周昌書別傳》。
⑧③王鳴盛：《十七史商榷序》。
⑧⑤《文史通義》內篇四《言公上》。

⑧⑥ 同上書內篇五《史德》。

⑧⑦ 《章學誠遺書》卷十七《劉氏三世家傳》。

⑧⑧ 侯外廬主編：《中國早期啓蒙思想史》第四二九頁。

二四　全祖望民族思想辨

全祖望是繼承黃宗羲、萬斯同的浙東學派著名代表，然而他是否繼承先輩的民族思想，一直衆說分歧。首先是章炳麟用自己的矛，攻自己的盾，他既說光復會的活動不離全祖望等人的「舊城」①，又說全祖望污於「僞命」②，既有民族思想，又失去民族思想。此後，對全祖望的評價就向對立兩極發展，侯外廬、陳垣、謝國楨等主張前者。第一個提出否定意見的是梁啓超，他認爲全氏生當清代盛時，「對清代並沒有什麼憤恨」③。建國以來，有好些學者力持此說。高國抗、侯若霞的《全祖望『素負民族氣』異議》④一文，集中論述了這個問題。對他們的論點，我期期不敢苟同，特此質疑。

一、全祖望有否明亡之痛？

全祖望生於康熙四十四年，離明亡已六十二年。然而，南明的抗清鬥爭長達二十年左右，他離浙東最後一支武裝領導人張煌言的犧牲不過四十一年，慘烈的抗清鬥爭造成的餘震，在他出生時並未消除。由於寧波地區是浙東抗清的中心，全祖望祖輩和祖輩的親友大多參加了這場鬥爭。浙東的兩位著名的民族英雄張煌言和錢肅樂都與全家有親，抗清志士的五君子、六狂生中有好些人，如董志寧、陸宇㷆等都與全家有深厚的友誼。全祖望的祖輩參加過順治二、三年間的「畫江之役」，曾被魯王封過待御、主事等官職，事敗後，他們繼續奔波山海之間，與張煌言暗通消息⑤。全祖望的曾祖全大和、全大程兄弟在江上幾被悍將方國安部將所殺，因追扈魯王不及，隱於窮山，然尚與董志寧有聯繫，順治五年的翻城之役，幾罹於難⑥。全祖望的祖父全吾麒親自參加定海柴樓山的抗清鬥爭⑦。抗清鬥爭的失敗，使全氏一族家破人亡，其族祖全美閑於康熙元年被逮至杭暴卒，另一族祖全美樟由於目盲，才倖免於難。全祖望在追敍中說：「而家業自是蕩然，城中里第，爲營將所踞，圖書法物，無一存者，所有春雲軒池沼，廢爲馬廏……其荼苦益不堪言」⑧，悲痛之情，溢於言表。

全祖望幼年時，父祖輩還向他灌輸民族意識，敍述抗清事迹，如參與翻城之役和英霍山寨抗清的方授一的軼事，得之於其父⑨；參加松江抗清，失敗後至閩、至浙，累戰不屈，後隨鄭成功卒於臺灣的徐孚遠的事迹⑩，以及以奇計在臨刑前救黃宗炎於危的李文胤的軼事等則得之於其祖⑪。上述一切，必然自幼在全祖望心裡埋下了民族意識的種子。他十四歲，初遊學宮，就憤怒地擊碎出賣浙東抗清鬥爭的民族敗類謝三賓和密捕張煌言的前浙江提督張傑的神主；他十八歲時，聽說族母（張煌言女）從黃岩返甬，立即向她詢問張煌言遺事；全祖望生時，有錢肅樂轉生的傳說，他三十九歲生子，錢肅樂後人告訴他錢家影堂有人揚言：「謝山得子」。這兩件都屬怪誕，可他卻欣然賦詩，以此自豪⑫。此外，全美樟臨死時，遺言全家要世世祭祀張煌言，全祖望謹慎遵守而不敢違⑬，這種感情，我們怎能說他「衷心擁護清皇朝」呢？

全祖望表彰晚明仗節死義的文章，感情充沛，發自肺腑，不但使當時人讀了後感到「壯」⑭，而且梁啓超也讚揚備至，說：「真可謂情深文明，其文能曲折盡情」⑮。可是他忘了言爲心聲。浙東學派在文學上提倡直抒胸臆，黃宗羲曾說：「詩也者，聯屬天地萬物，而暢吾之精神意志者也。」⑯，全祖望同樣主張：「詞章雖君子之餘事，然而心氣由之以傳，雖欲粉飾，而卒不可得」⑰，全祖望文之所以明，在於情之深，這個情，自然不是對新朝的感情，而是痛故國之亡，正如他在爲人作墓銘中說的：「痛星移而物換矣」⑱。强烈的民族感情，往往使他在搜集桑梓文獻中，讀了義士的遺集，「流涕」、「長慟」⑲甚至說：「死者可生、生者可愧」，「我作誄文，唾壺欲碎」⑳，死者何可生，生者何所愧？唾壺欲碎的感情，終不能說忠於清王朝吧！

二、全祖望時代的矛盾是什麼？

全祖望既具有民族思想，那麼他是不是企圖反清復明？當然不。

痛明之亡。在「天崩地解」的明清之際，可以如張煌言、錢肅樂那樣，用槍桿子來恢復故國。痛明之亡，在「鼎遷社改」之時，也可以如萬斯同様「隱忍史局」，用筆桿子修故國之史以報故國。其實，在黃宗羲後期，已感到「潮息煙沈」㉑，復明無望，退而握筆了。萬斯同說他之所以「隱忍史局」，是因爲萬氏先世四代死王事，作爲其曾玄，「乃不能盡心網羅，以備殘略，死尚可以見吾先人地下乎？」㉒，他認爲這也是王事。全祖望祖輩多有死於勝國王事，他搜羅明末忠烈遺事，亦稱：「故國有貞臣……苟不亟爲表章，豈非里社後死之過乎？」㉓兩個都是爲了修故國之史以報故國。怎能說在萬斯同死（一七〇二年）後僅三年出生的全祖望，反而變成「衷心擁護」清王朝了呢？

自然，全祖望的時代，不但與黃宗羲，而且與萬斯同也有所不同了。萬斯同幼年是在激烈的抗清鬥爭中渡過的。在全祖望時期，清廷已用武力鎮壓了漢族的軍事反抗，其統治已獲得了相對的穩定。全祖望四歲那一年，四明山發生了張捻一，張捻二打著「復明」旗號的活動（即朱三太子案之一）。在他十七歲那一年，臺灣發生了朱一貴領導的自稱「大明重興元帥」的農民起義。然而軍事反抗已屬尾聲。可是，滿清貴族在軍事政治上鞏固其統治後，卻集中力量來打擊漢族在思想上的反抗，康熙朝的戴名世案，雍正朝的汪景祺案，錢名世案、查嗣廷案、鄒汝魯案、呂留良案、陸生楠案、屈大鈞案、徐駿案，乾隆朝的王肇基案、丁文彬案、劉震寧案都發生在全祖望在世的時候。就在全祖望逝世那一年（一七五五），還發生了胡中藻、劉裕後、程鏊、楊震寰等案，文字獄在密鑼緊鼓地進行著。在「偶表前朝，即膺顯戮」㉔的嚴酷現實下，他冒死表彰南明忠烈，宣揚民族氣節，顯然具有反對滿清貴族的思想統制和文化催殘政策的積極作用。在這種血淋淋的殘酷屠殺迫害面前，如果還責怪全祖望「只申忠義之節，不言夷夏之防」，不去向文字獄自投羅網，那對古人是太酷責了。

在全祖望時代，社會主要矛盾才從民族矛盾轉化爲階級矛盾，然而尚未激化；民族矛盾比清前期已趨緩和，然而在思想領域裡仍激烈地進行著，這種矛盾的變化，我們尚可以從清廷褒揚忠烈政策性質的變化來說明。

清王朝褒揚忠烈分爲兩個階段，自清初到乾隆前期，褒揚的所謂「死闖」的明臣。順治定鼎北京之初，就追恤所謂甲申十九忠臣，這是清貴族所謂大清得之於闖非得之於明以分化漢族抗清力量政策的體現。康雍乾三朝修明史，對熊汝霖等人立傳，於他們的抗清的史實，記述的確很略，並不褒揚。全祖望生活於這個階段晚期，他對清廷不褒揚抗清死難的王之栻，只褒揚其父「死闖」表示不滿，說：「說者以爲節愍死於闖賊，而聖朝逐賊，即加恩於死節諸公，則駕部之抗命爲過，愚又非也」㉕。到了乾隆四十年左右，即全祖望死後二十年，那時滿漢矛盾確已退居次要，階級矛盾已開始激化，乾隆年間發生的一些著名農民起義，如王倫起義、林爽文起義、石柳鄧起義，都發生在乾隆四十年到六十年之間，清廷褒揚忠烈進入第二階段。乾隆才弛文字之綱，在開四庫館時褒揚黃道周、劉宗周和張煌言等人。然而，乾隆帝在歷次聖諭中還一再指出，對「詞意詆毀本朝者，自當在銷毀之例」㉖。對金堡、屈大均的主要罪狀，不在於不能死節而在於「托名勝國，妄肆狂言」㉗。甚至點名褒揚的劉宗周、黃道周著作中的「違礙字句」，也必須「酌量改易」㉘，張煌言的著作更懸爲厲禁。凡表彰民族氣節的書籍，在開四庫館時都成了焚禁的對象，這是衆所周知的。我們怎能用全祖望死後二十年發生的不能説明問題的事情，來證明二十年前全祖望要表彰南明忠烈「正好完全同清統治者的願望一致」呢?至於《鮚埼亭集》之所以未列入禁書，這是因爲全祖望太窮了，在他活着時無力付印，他死後其弟子董秉純、蔣學鏞也太窮了，只能整理他的遺集而無力刊刻。直到嘉慶九年，史夢蛟才予雕板，這時離全祖望之死正好五十年，所以嚴可均説:「自祖望死後至今五十餘年，其遺書出而盛行」㉙，這時，文字獄早屬陳迹。舉《鮚埼亭集》未被毁反而「流傳開來」，全祖望未罹禍卻「獨然無恙」，來説明他爲清統治者服務，豈非使全祖望蒙不白之冤。

全祖望確實説過:「死忠一也」㉚。我們應該體諒全祖望，在文字獄的高壓政策下，他如不打起「忠」字旗號，是無法展開活動而不被懲處的。從全祖望的階級出身和時代局限來説，他也只能寓民族思想於表彰忠於故君之中。因爲在封建社會裡，其特徵是家天下，君主是國家政權的代表，故君正是漢民族國家的象徵，他表彰忠於故君的目的，正在於褒揚民族氣節。我們可以批判他的封建道德觀念，而決不能因而把他與清廷「一致」起來。

三、全祖望民族思想的特點是什麼？

然則全祖望究竟食清之祿而污「僞命」，這是否定他的民族思想又一理由。我們必須對全祖望的民族思想作深入分析。全祖望所處時代與其先輩黃宗義、萬斯同不同，黃、萬皆不受清職，以遺民自居，這是因爲他們生於明季，其民族思想表現在反清復明的民族氣節上。全祖望生於清朝，他只能表彰民族氣節而不必身埋土室，長與漁樵爲伴。他的民族思想表現在反對滿清貴族在清初對漢族的屠殺和征服（散見於表彰明末忠烈各篇中）和表現在反對滿清貴族對漢族的文化專制上，而不是在「反對滿清人當皇帝上。」所以盡可不必因其有民族思想而認爲他有反對民族聯合和融洽之嫌。他食清之祿也無可厚非，何況他應試是「奉母命」㉛，一出不利，就退居鄉里，多次辭薦。他不熱衷利祿，不爲清廷的民族壓迫政策效勞，就不能說他「衷心擁護清皇朝」。

了解全祖望民族思想的這一特點，那末，全祖望與滿人交往，也就不能推論他與清廷「一體」了。黃宗義晚年因修明史事，與清中央大員徐元文，徐乾學，葉方藹、湯斌以及浙江總督，巡撫都有詩書往來，章炳麟曾因此批評黃宗義有失於「種族主義」㉜。在全祖望時，也有人說黃宗義以故國遺老與人交接，「是爲風節之玷」㉝。全祖望不同意這種看法，他認爲：「蓋士之報國，各有分限，正亦未可刻求也……但使大節無虧，固不能竸避世以爲潔」

㉞。他以黃宗羲送萬斯同北上，以勿陳河汾之策爲囑說明之。萬斯同至北京，住在徐元文、徐乾學家中。黃、萬交接的是投清的漢族官員，全祖望交接的有滿族官員，民族不同而實質則一，都是清廷官員。黃、萬交接他們是爲了修明史；全祖望與滿清官員交往則多出於對方的慕名；原因不同，不迎合權貴則一。例如，對納蘭常安來說，全祖望稱：「當君開府日，我最罕經過」㉟，關係並不是「非同一般」。至於全祖望賦詩寄訊，則在納蘭常安待決秋曹時，詩中流露了對乾隆這個「聖主」的不滿，更談不上與清皇朝「一體」了。此外，在全祖望看來，「山長」一職，並非食祿，宋王應麟入元爲山長，明人對他有微詞，全祖望說，山長「非官命，無所屈也。箕子且應武王之訪，而況山長乎？」㊱更何況他就蘇昌之邀爲天章精舍山長，是「此去特謀食」、「非子志也」㊲，說不上他與滿清權貴有什麼特殊關係。

再者，全祖望的民族思想，並沒有使他陷入大漢族主義中。他的民族思想服從於祖國的統一，所以他贊同鄭成功收復臺灣，而不贊成鄭經的割據，擁護康熙進兵臺灣㊳。明白這一點，對全祖望爲姚啓聖立傳就毫不足怪了。姚啓聖不是如高國抗等所說的是爲清廷廓清南明勢力的人物，因爲他在那時至多是一個小小香山縣的縣令。然而，他是力主進軍臺灣的發起人、堅持人、策劃人，從而受知於康熙，被擢爲閩督，並是康熙廿二年進軍臺灣的高級領導人。全祖望的民族思想，又服從於中華民族的最高利益，當沙俄侵入黑龍江流域時，他頌揚康熙帝組織的自衞反擊戰㊴。了解全祖望民族思想的這些特點，對他讚美清帝的「豐功」也就不奇怪了，如他在所作《皇雅》中，對南明的抗清是同情的，說：「半壁塹江東，雖小亦足王，辛苦諸遺臣，立君非盂浪」㊵，對祖國的統一是讚揚的，如《三孽除，志諸逆之殪也》、《長鯨歸，志入臺也》；對抵抗外族侵略是歌頌的，如《畫雅庫，志討俄羅斯也》；對滿清的思想統制政策是曲折地表示異議的，如對康熙帝「屬車下問」不召的「土室李生」（指李顒），讚之爲「大度」㊶既宣傳了「伯夷采薇，定不可臣」的民族氣節，又暗示對當前文化統制政策的不滿。又如，他雖然稱頌康熙帝「尊經」，可是突出地讚許他「雖主宋儒，所戒在固，墨守既除，諸家便便」㊷，這與滿清貴族大肆提倡程朱理學來加强思想統一的願望是恰恰相反的。所以，就在這些讚美清帝的「豐功」、「聖德」諸篇章裡，仍舊流露了具有他的時代特點的民族精神。

四、全祖望是「天命論」者嗎？

人們常常引用全祖望著作中有關「天命」、「天意」的詞句，來證明他否定明末抗清的正義性，效忠清王朝，這也不能令人滿意。全祖望確實講過「大朝爲天命所眷」㊸等的話，然而我們同樣必須作深入分析。

全祖望並不是天命論者，他繼承黃宗羲的唯物主義思想，在某些方面還筆削先輩的唯心主義枝葉。例如，黃宗羲認爲：「天不能從一定之數制人事之萬變」，然而在人墜地之俄傾，「亦天之八柄也」。全祖望不同意，認爲：「夫富貴貧賤壽夭之變，天有時變於無可如何，則區區支干甲子，豈反有常數之足憑，若求其足憑，則惟盡其在我，而他無預焉」㊹，應該承認他是反對天命論，强調人的作用的。

然則，對他的「天命」、「天意」何以理解？我們認爲可以從兩方面來解釋：

第一，這是在文字獄的特殊歷史條件下用來掩蓋其表彰民族氣節的手段。在天命與人事上，他借人之口說：「圖恢復，成敗尚聽諸天，非立命之學也」㊺。對天命，他只泛泛而談，卻表深切同情於逆天命之志士上，如他在「大朝爲天命所眷」後說：「然而稽古在昔，終不能不比之崖山一輩人物，況又出自祭酒布衣，此其所益難也」㊻。幾乎可以說，在每一句天命的後面都如此，我們決不能把體現全祖望完整思想的詞句割裂開來，攻其一點，不及其餘，引申出他否定抗清鬥爭正義性的結論。

第二，天命論是支配人的異己力量在人們頭腦中的虛幻反映，在生產和科學不發達的古代尤其如此。所以全祖望反對天命論是不徹底的，全祖望天命史觀的殘餘，是清初抗清鬥爭失敗的產物，他看到「奮臂一呼，浙東連雲」㊼，然而屢起屢蹶，他不能從當時政治鬥爭的形勢正確地來理解，只好歸之於有一種超人的力量存在，所以他說：「事勢有無可如何者，忠臣義士，求諒於天而已。而況天心既去，雖以諸葛孔明、姜伯約之才，不能有濟，而何論其餘者」㊽。對此，我們可以批判他的天命論的不徹底性，然不能得出他否定明末抗清正義性的結論。

其實，全祖望既無可奈何地用天命來承認清統治的難以逃避，也用天命來論證抗清鬥爭的正義性，他在董志寧的墓銘中說：「以六狂生之特而不死兮，天佑之以倡江上之諸軍；以五君子之徒而不死兮，天脫之以備海上之孤臣；卒正命於九死之餘兮，天許之以成炎興之完人」㊾，你看，這是何等矛盾，然而，這個矛盾是全祖望這個有民族思想的人物處在清朝鼎盛時期這個現實而產生的，所以是合理的。不過，全祖望究竟不是天命論者，所以他强調的是「諸義士甘湛族之禍，敢於逆天而勿顧」的精神，認爲「感人者深矣」㊿。他不但稱揚「逆天」，甚至嚮往「逆天」，當他聽到畫江之役諸義師駐紮之地和志士們告誡子弟：「故國故君之感，此吾輩當没身而已者也，若汝輩，則不容妄有逆天之念存於其中」後，卻感慨地說：「嗚呼！予生也晚，不及奉諸老之履絢」㉛，嘆息自己生得太晚，不能追隨「逆天」諸老以抗清了，這是他民族精神至情的流露，我們怎能因他說過天命而否定他的民族思想呢？

全祖望也的確講過，抗清志士的不屈鬥爭是「愚」、「過」、「怪」，然而這決不是「貶斥」，因爲他說的是、「其有不可及之愚也，斯其所以有不可易之介也」㉜，「於義則過，然其志可厚矣」㉝實質上是讚揚。特別對六狂生之一的陸宇熻，他更欽佩之至，陸宇熻與其族祖交誼深厚，長期與張煌言暗通消息，曾計竊抗清義士王翊之首藏之十二年，最後與全祖望族祖共逮至杭暴卒。全祖望自稱：「最愛」讀黃宗羲爲其所作的墓銘，還嫌其未盡而更作墓銘以補闕。㉞所以全祖望說陸宇熻「未嘗有位於朝」而不惜抗清犧牲是怪，高國抗等認爲這說明全祖望的思想局限於封建綱常。我們的看法恰恰相反，在清王朝豢養的理學家們大談君臣之義「無所逃於天地之間」㉟時，全祖望卻認爲未嘗有位於朝，可以脫離君臣之義，這是對封建綱常的突破。黃宗義曾說過：「吾無天下之責，則吾在君爲路人」㊻這是黃宗義的民主主義思想，而民主主義思想，正是浙東學派的特點之一。

全祖望的民族思想的確有其複雜性，因此，我們不但必須考察他的時代，得出正確的結論，而且必須研究他的整個思想——史學思想、哲學思想，乃至文學思想，才不會陷於片面，得出偏頗的結論。

注釋

①《章太炎選集》、《（光復軍志）序》。

②《章太炎選集》、《謝本師》。

③⑮ 梁啓超：《中國近三百年學術史》八《清初史學之建設——萬季野、全謝山》。

④ 見一九八三年一月二十六日《光明日報》。

⑤ 全祖望《鮚埼亭集》外編卷八《穆翁全先生墓誌》及《族祖葦翁先生墓誌》。

⑥ 全祖望《鮚埼亭集》外編卷十一《明故都督張公行狀》及《光緒鄞縣志》卷四《人物傳十五・全大和》。

⑦⑩ 全祖望《鮚埼亭集》外編卷十二《徐都御史傳》。

⑧ 全祖望《鮚埼亭集》外編卷八《先曾王父、先王父神道闕銘》。

⑨ 全祖望《鮚埼亭集》外編卷二十《方子留湖樓記》。

⑪ 全祖望《鮚埼亭集》外編卷十一《李杲堂先生軼事狀》。

⑫㉛ 皆見全祖望《鮚埼亭集》卷一董秉純《年譜》。

⑬ 全祖望《鮚埼亭集》外編卷八《穆翁全先生墓誌》及卷五十《祭蒼水張公文》、《合祭錢張二公文》等。

⑭ 楊鍾羲：《雪橋詩話》三集卷四。

⑯ 黃宗羲：《南雷文定》四集卷一《陸鉁俟詩序》。

⑰ 全祖望《鮚埼亭集》外編卷十九《宋文憲公畫像記》。

⑱ 全祖望《鮚埼亭集》外編卷六《明婁秀才窆石志》。

⑲㉓ 全祖望《鮚埼亭集》卷十四《中條陸先生墓誌》。

⑳ 全祖望《鮚埼亭集》卷八《明故張侍御哀辭》。

㉑ 全祖望《鮚埼亭集》外編卷三十一《書（明夷待訪錄）後》。

㉒ 萬斯同《石園文集》卷一，劉坊：《萬季野先生行狀》。

㉔ 劉光漢：《全祖望傳》，見《國粹學報》十一期。

㉕㉚ 全祖望《鮚埼亭集》外編卷十四《王節愍公祠堂碑》。

㉖㉗ 乾隆四十一年十一月十七日上諭，見《四庫全書提要・辦理四庫全書歷次聖諭》。

㉘ 乾隆四十四年二月二十六日上諭，見上書。

㉙ 嚴可均：《鐵橋漫稿》七《全紹衣傳》。

㉜《章太炎選集・衡三老》。

㉝㉞ 全祖望《鮚埼亭集》外編卷四十四《答諸生問南雷學術帖子》。

㉟ 全祖望《鮚埼亭詩集》卷八《寄訊故撫軍常履坦，時方遲決於西曹》。

㊱ 全祖望《鮚埼亭集》外編卷十九《宋王尚書畫像記》。

㊲ 全祖望《鮚埼亭集》卷十《東粵制撫以天章精舍山長相邀，辭謝不得，齒髮日衰，乃爲千里之行，非予志也》。

㊳ 全祖望《鮚埼亭集》卷一《聖清戎樂詞・長鯨歸志入臺也》。

㊴ 全祖望《鮚埼亭集》卷一《聖清戎樂詞・畫雅庫志討俄羅斯也》。

㊵ 全祖望《鮚埼亭集》卷一《聖清戎樂詞・飛渡江志定南國也》。

㊶ 全祖望《鮚埼亭集》卷一《三後聖德詩・大度志有容也》。

㊷ 全祖望《鮚埼亭集》卷一《三後聖德詩・尊經志聖學也》。

㊸㊻㊾ 全祖望《鮚埼亭集》卷八《明兵科都給事中董公神道表》。

㊹ 全祖望《鮚埼亭集》外編卷四十八《原命》。

㊺ 全祖望《鮚埼亭集》外編卷九《明禮部尚書仍兼通政使武進吳公事狀》。

㊼㊽ 全祖望《鮚埼亭集》外編卷四《明兵部尚書兼東閣大學士贈太保謚忠襄孫公神道碑銘》。

㊿ 全祖望《鮚埼亭集》卷七《明故兵部尚書兼東閣大學士贈太保吏部尚書謚忠介錢公神道第二碑銘》。

㉛ 全祖望《鮚埼亭集》卷五《明監察御史退山錢公墓石蓋文》。

㉜ 全祖望《鮚埼亭集》外編卷二十五《明鶴草堂集序》。

㉝ 全祖望《鮚埼亭集》卷八《明處士四岑張先生墓幢文》。

㉞ 全祖望《鮚埼亭集》外編卷六《明故按察副使監軍贛庵陸公墓碑銘》。

㉟ 見《朱子文集》卷十三《癸未垂拱奏札二》、黃宗羲在《明夷待訪錄．原君》中譏之爲「小儒」的狹隘之見。

㊱ 黃宗羲：《明夷待訪錄．原臣》。

二五　「天崩地陷」時代的眞實寫照㈠

《續甬上耆舊詩》保存的晚明文獻

梁啓超曾稱譽全祖望的史學爲：「言文獻學宗焉」①，他指的是全氏的《鮚埼亭集》，然而全氏所輯的《續甬上耆舊詩》（下面簡稱《續耆舊詩》）一百二十卷，其文獻價值，從第一手資料意義上來說，遠遠超過前者。此書爲續李文胤的《甬上耆舊詩》而輯，所輯甬上詩自明隆慶、萬曆以後至淸初共一萬五千九百餘首，短文近百篇，內容極其豐富，堪稱詩史。本文僅就事涉晚明史實而他書（如張煌言、錢肅樂、黃宗羲、萬泰、李文胤、沈光文、周齊曾等已刊的詩文集）所不載的部分，予以介紹，以饗讀者。

東林黨人顧允成曾以「天崩地陷」②四字概括晚明政治形勢。《續耆舊詩》從一個側面以藝術形象反映了這一形勢，是這一嚴峻時局的實錄。

首先，明末天災人禍在詩集中有充分反映。明末天災頻仍，明政府不僅不免舊稅，反而新賦相繼，使人禍之害，甚於天災，周元懋在《志感》的詩序中說：「黃禍水決者三祀矣，而於今歲殊甚，滔滔天際，水光接天，夏陽一帶，止見樹梢明滅，屋椽沈浮而已。數千萬生命，盡葬魚腹。」可是明政府照樣徵稅，他在詩的結尾發出如下感慨：「國餉已歸雲夢澤，徵求當問釣魚舟」③，說得何等沈痛。

諸如此類情況也發生在淮河一帶，朱基昌《風雨》一詩，描寫淮河水勢連天，至使「萬井室廬俱蕩析，千家村落盡墟丘」④，他悲哀於民力蕩盡，然明政府仍徵兵不已。董德偁《往歲過淮，訪馮元度同年，堤外尚未爲湖，今忽汪洋極目矣。年內水漲決堤，沿村耕牧，盡歸魚鱉之窟，前後異觀，一至於斯》詩說：「方驚河決千年變，又報師徵數萬兵」，這種狀況，使他憂愁失眠，「不堪中夜聽雞鳴」⑤了。又如李文靖《大水》一詩：「坐屋如坐船，坐船如坐樓；搖搖水中屋，泛泛屋上舟；極目淼天際，莫辨陵與丘；……農夫向予泣，豚蹏安有秋？……催科依然急，朝夕誰爲謀？大吏真賢聖，百姓誠馬牛；明朝復甲子，嘆息爲予愁。」⑥此詩作於明熹宗癸亥三年，當時明末農民大起義尚未爆發，他已敏銳地看出了「大吏」與「百姓」間的尖銳對立了。

這種天災人禍交互作用，使民不聊生，陸寶《加賦行》集中反映了這一悲慘情況：

六月恆風水盈畝，八月不雨禾成莠；……歲儉輸公叵奈何，那堪分外急催科；朱書白榜當街揭，計及錐刀款目多；一年須辦兩年額，今年事較他年劇；十錢履甬括無餘，六合沿門摧轉嚇；但知橐滿與囊充，何論山枯與海瘠；胥徒外點狐憑城，里魁買弄虎假行；一月三徵難出口，秋禾夏麥巧更名，……身羸無處乞為奴，婦鬻他方兒丐哭；枵腹攜資盡入官，官猶切齒責未完，重則纍囚輕決棒，淋漓血肉滲泥乾；願天雨金石生穀，聊為民生救血肉⑦。

生民的血肉在「天災」和「官逼」之下是無法救的。董德偁曾經過山東茌平縣，也看到了這一淒慘景象，在《過茌平境鮮人迹荒土橫屍傷心慘目將抵高唐僅見一種發老農耘地》詩中說：「荒原一望鮮禾喬，骨壘嘶風任土飄；賸有空城棲舊木，留將野老扦新苗；徵徭每歲驅官吏，戶口何人就撫招？」⑧荒涼情況，躍然紙上。

《續耆舊詩》可貴之處，還在於它以較大的幅射面描繪了明末這一社會現實。明政府爲了把江南的漕米北運至京，設漕運總督、成化七年後，以官軍長運爲定制，由於政治腐敗，漕運軍士十分痛苦。弘治元年，都御史馬文升曾上疏論運軍之苦，因爲造船木料，軍士須出十分之三，逼使軍士賣資產，鬻男女；又由於在運輸中正軍逃亡，而軍額不減，只好由餘丁充任，竟至一戶有出三、四人應役的。《續耆舊詩》中陸寶的《北運行》則以藝術形象暴露運軍的痛苦，詩中說：

難免牌催厲如虎，天津北去何騷然，淺船累換車不前；太倉新令揚糠粃，斗斛折閱盈百千；斗斛盈將歲祿抵，每斤之折附嚴比；眾旗逃散官獨死，不爾頭穿三木里；

十家衛弁九家亡，券文書鐵空煌煌；每逢北運單初到，婦子牽裾母泣堂⑨。

明兵制，主要爲衛所兵制，輔以民兵，如民壯、土兵、鄉兵之類。所謂鄉兵，「隨其風土所長應募，調佐軍旅緩急。其隸軍籍者曰浙兵，義烏爲最，處次之，臺寧又次之。」⑩戚繼光曾用鄉兵破倭寇。到了明末，召募鄉兵已弊竇叢生，重困害民了。陸寶在《鄉兵行》中指出：「府帖點點鄉兵，民間閧如鶩；一坊限二人，一城千百數；達官庇臧獲，良賈輸泉布；獨有單下丁，里魁取充募；尺籍一到官，百口寃誰訴，……梠腹强荷戈，十行九顛僕；促使換戎裝，襟開内無褌；雖從本州率，最苦城頭戍；……彎弓無一石，走馬不十步；斬馘日可憂，母兄力難顧；私語同伴兒，乘機走脫兔。」⑪這也是了解明兵制的絕好資料。

詩集還反映了明末福建地區賦役情況。楊德周的《古田竹枝詞》第七首：「山巔水滸盡荒蕪，可許農夫荷鍤無？才墾石田三四畝，夜來稅吏已催租」，下注：「縣極墾田者最害農」。此詩第三首：「年來徵餉復徵兵，山縣枯荄草不生；但比官租完七限，不知民力盡三徵。」下注：「古田糧以七限完徵」⑫。這裡所說的「三徵」，即是明末最害民的「三餉」。

由此可知，明之亡並非亡於天災，而是亡於人禍，在這種竭澤而漁的情況下，官逼民反，自然不可避免了。

其次，詩集有相當篇幅述及明末的農民起義，主要的有周元懋《舟次聞蜀警志感》、《悲蜀警》，萬世振《襄陽災》，陸寶《悲劍門》、《楚氛惡》、《戰城南》、《襄陽變》、《齊魯變》，林時對《哭殉難諸公詩》中的《獻難諸公》、《闖難諸公》以及不少關於甲申事變等詩篇。這些詩可以補正史的不足，如《齊魯變》描繪了天災——官逼——民反的過程，詩中說：

五年旱魃麥焦黑，聞有嫩苗給蝗食；三時作苦百室空，大菫追逋官復尅；奪則得食不奪餓，初猶忍恥嘗試為；斬關屢逞機漸熟，攘臂一呼響應之；連邑跨州無不有……⑬。

值得注意的是詩集卷九《高都御史斗樞》中的守鄖諸詩。高斗樞曾於崇禎十四年以湖廣按察使守鄖陽，自崇禎十五年至十七年，乃至清順治元年，以孤軍守鄖陽以拒張獻忠、李自成農民軍。此事黃宗義《陝西巡撫右副都御史玄若高公墓誌銘》（見《南雷文定》卷五），李文胤《通議大夫奉敕贊理軍務巡撫陝西等處地方兼制川北都察院右副都御史玄若高公行狀》（見《杲堂詩文集》）都有記載，高斗樞自己亦有《守鄖紀略》手記其事，此文載於《中國歷史研究資料叢書》的《虎口餘生記》一書中，而《守鄖紀略》各節，實皆爲《續耆舊詩》卷九高氏守鄖諸詩詩序首尾連接而成。然而《守鄖紀略》僅寫至甲申七月李自成退出北京後復遣將攻鄖失敗止，以後鄖陽命運如何，則寫得極其簡略，只有「乙酉三月，清兵抵襄，鄖撫徐令王光恩詣襄投順」十九字，可是《續耆舊詩》的高氏《諸將》詩序，則十分詳細，詩序說：「三月，北兵抵襄，鄖撫徐，遼人也，北帥亦多遼人，聲氣相葉，遂令王光恩詣襄投順。其餘五營，苦戰三年，饑疲甚，亦少振撥之氣。……光恩至襄，見北朝英王，賜銀幣鞍馬，且令鄖撫仍撫鄖，光恩鎮襄。五營將聞之，不勝心熱，各登舟往襄。」這之間，還發生了明宗室朱翊辮及鄖陽士子欲復明抗清事。高斗樞在《哀朱僉事翊辮》詩的詩序中說高氏御鄖撫任後，新撫徐起元用王光恩以糾察其他各營，造成諸將不和。朱翊辮與鄖城士子吳雕龍等詭稱鄖撫已升為楚撫，逼徐起元以鄖事付與朱，即令吳雕龍等為襄陽，南陽各郡邑官。王光恩得徐起元密信，告訴清帥英王，並說其他五將都參與其謀。英王即令王光恩回鄖捕朱、吳等人，這次反清起事就失敗了。此外，詩集還保留高斗樞《憶孫副將守法》一詩，詩序說陝西副將孫守法在李自成軍攻陷西安後，率家丁逃至四川，並來鄖見高斗樞。順治二年，趁清兵入陝，李自成東走時，孫、高合謀，企圖借鄖兵攻入興安，後清兵南下，高伏竄民間，孫入漢中羣山，結砦以拒，「後二年，聞為北兵所擒」⑭。這些詩序所說的，黃宗羲、李文胤的高氏墓誌銘或行狀及高氏自己所寫的《守鄖紀略》，都不載，所以不但可補正史之不足，亦可充野史之不備，是有相當價值的。

詩集還生動地反映了在農民戰爭打擊下「賊」與兵、官、民的關係。徐鳳垣在《守城行》（自注：傷往事也）中說：

賊來始守城，守城不用卒；將軍號令重如山，丁壯登城婦運石；炎炎赤日塵沙昏，家家提榼來餉軍；軍飽民饑不得食，持戈執戟向城立；城外賊火連宵紅，將軍開宴敵樓中；……年年金帛輦軍租，盡是鞭脂與剝膚；……賊來索戰不敢戰，縣令走藏民帶劍。⑮

軍隊和官吏是國家機器中最重要的組成部分，「賊來索戰不敢戰」，「縣令走藏民帶劍」，說明當時的封建國家機器瀕於瓦解了。陸寶《不說》一詩，對這四者關係說得更明白：

我欲直說，禍從口出；我欲不說，氣從胸窒；兵見寇則逸，見民則跸，見兵則慓；傾筒倒篋，村民爷失；箠嚴贖急，市民命畢；不亡何待，不亂無術！⑯

他已敏銳地看到明朝滅亡的原因。

反映東南地區海盜活動的，有陸寶的《新安縣》，述及劉香與鄭芝龍的一次戰鬥，詩中說：「劉香父子人中梟，坐擁黃屋乘春潮；四郊日促孤城閉，參伍羣來商祕計；何人計就走雲雷，忽地東風鄭帥來；鄭帥來，劉香往，誰知不戰投羅網，一色戈船劍戟森，隔船款語通鄉音；砲起方知中計深，砲聲方息船已沈。……」⑰

反映倭寇之亂的有楊德周《玉田即事》，述嘉靖三十八年倭寇在福建內訌，陸寶的《石浦戰》述倭寇敗明兵於石浦，周容的《葉千戶歌》，述葉千戶抗倭犧牲等等。這些事雖發生於明中葉，但頗有史料價值，如范兆芝的《題忠勇圖》：

當年倭奴犯兩浙，出沒三吳躪入閩；江南已無乾淨土，川原流血紅江津；縱橫如在無人境，黧面雕題十八人；自是我兵怯無比，非關倭奴勇絕倫；……將兵強半黃口兒，岳牧無非章句叟。」⑱

指出倭寇橫行在於邊防廢弛，周容的《葉千戶歌》：「東南風聽奸民呼，連呰百民捧一奴」⑲，指出所謂倭寇實則是沿海的「奸民」。

反映明清之戰的主要有葛世振《遼西士卒苦寒吟》、王藥師《北戍》、林時對《殉難諸公詩》中《東難諸公》的孫承宗，盧象昇、鹿善繼及萊陽宋應亨，宋玖等死難事。其中董德偁《聞北師直趨臨清》：「備塞兵戈卻有年，至今無計勒燕然；關前鐵騎分封守，陽信腥羶伴草眠（自注：任去任來，守者不知），躪入駕輕車作馬，流移重趼氣成煙」⑳句，反映了清兵如入無人之境，而其《東阿道土村舍半有存者難民紛紛逃回》、徐殿臣《任丘經兵災之餘奉使過宿兼有所懷》以及李楓《初入永清縣》則述及清兵在河北、山東的暴行，如《初入永清縣》：「是時羶塵飛，流血滿畿外；千里無雞鳴，山川似易置；……策馬入東門，空蒼白日閟；狐狸爭豎毛，饑鳥啼若詈。」㉑然而明兵之暴並不遜於清軍，錢光繡《和吳次尾應箕無雞行》的詩序中說：

晉州守陳士業自北來，為言兵躪畿，其未到州邑，村落有雞者皆自殺之，蓋我師聞有雞聲處必行抄掠，其暴甚於敵也，故人家數百里無雞。」㉒

他在詩中說：「敵來山谷尚可藏，官軍之至少安堵；瓶中有粟不待炊，篋裡無錢頸受斧；此時軀命莫能支，那惜淫汙及妻女；……寇梳兵篦今古同，郡邑憂兵甚於虜；誰言聞雞起舞非惡聲，此聲莫遣官軍聽。」㉓

涉及這種内憂外患的詩篇，尚有周汝觀《隴川凱歌三首》、盧宜《題四川奢酋之難諸公傳》、《題貴州安酋之難諸公傳》等，記楊應龍、奢崇明、安邦彥之叛。陸寶的《東師出》則記登萊事變。明末，浙江東陽發生了許都起事，這件事變，現有記載資料很少，而《續耆舊詩》全大程的《東鄭將軍履恭》卻有所反映，雖一鱗半爪，卻頗有價值。詩中說：

密約勤王誓不渝，東陽瓦裂足長吁！蕺山為伏除奸手，臥子遙通謝過書（原注：蕺山先生（即劉宗周）絕粒未死，見逋臣纍纍，嘆曰：「此皆可斬也。」履恭聞之，喜而起曰：「劉先生有言矣。」執逃奄屈尚忠斬之，遂以起事。初履恭與許都約集勤王，都被禍乃止。忌者言之陳推官臥子而捕之。至是臥子貽書曰：「僕其淮陰惡少，

不識韓王孫。」㉔

按：鄭履恭即鄭遵謙，清兵入浙，首先於紹興起義抗清。關於他與許都的關係，《魯之春秋》說是因其妾殺侍婢事受牽連下獄，陳臥子（即陳子龍）欲論死，許都對陳子龍說：「天下方有事，公奈何殺豪傑」㉕，因而被釋。許都因貪官所逼，在東陽起事，鄭遵謙欲響應，爲其父閉於室中而止，與全大程所記有不同。全大程與鄭遵謙爲同時代人，當以全詩所記爲準，此可以糾野史之謬。

詩集還有一定篇幅反映明末黨爭與政局變化，主要有徐殿臣《武陵奪情大拜石齋師疏諫面諍謫官江幕戊寅九日餞於三忠祠師舉登高臨遠送將歸之句分字爲韻賦以志別》、錢光繡《石城奉贈黃石齋先生十二韻》、董德偁《讀白雲詩》等，分別敘述黃道周於崇禎十年因疏劾楊嗣昌被貶官和十三年因上書頌解廷龍遭逮捕、廷杖、下獄事。而盧宜《和林殿颺先生寄劉永侯御史東林餘孽歌》，則敘述了從萬曆以來到天啓、崇禎乃至南明福王、魯王時東林黨與浙黨、閹黨之爭。其中最有價值的爲錢光繡《酌中雜詠》，記魏忠賢專權事，他自稱：「間取二、三軼事可垂鑒戒，且補外廷記載所未備者，被之聲詠，以當詩史。」㉖如第二首詩序，述宮中舊有打稻過錦之戲，後忽劍「掉城戲」，於地上划方城，擲銀注爲戲，因撫順、開原失守，乃罷此戲。又如第五首詩序，述熹宗好爲水戲，用木桶、銅缸鑿孔，使水瀉如噴珠瀑布，削小木球投其上，能盤旋而不墜，致使飲食俱廢，遂至委政崔、魏。又如第九首述魏廣微密札東廠，稱「內閣家報」，第十首記外廷疏章先由內閣分閱，其事關重大或有關魏閹的，則掐指痕爲記，次日一早告知魏忠賢，然後按其意，由魏廣微、顧秉謙密摺票擬以執行；第十一首記魏忠賢以慘殺導熹宗遊獵，第十七首述熹宗喜觀劇，劇中常頌魏忠賢功德，武戲則熹宗多點岳飛、演至「風魔罵檜」，魏忠賢避走不觀；第十八首記魏忠賢生辰，內外羣臣爭爲獻壽，呼萬歲，聲如轟雷，至有擠破衣，踏傷足的等等，諸如此類，既可爲正史作佐證，亦可補正史之闕，確有詩史價值。

最後《續耆舊詩》還載有不少記載明末社會風尚、民俗和各地經濟生活等事，雖非事關「天崩地陷」，然頗有價值，故附記在這裡。

明末商品經濟發達，江南一帶風俗奢侈。沈延嗣《月湖行》表達了明末寧波月湖的繁盛：「三春桃李爛縱橫，王孫挾妓驕叱撥；靚妝刻飾照湖明，八月湖光浮月上，畫船爭向中流漾；紅燈綠酒驛亭隈，翠管銀絲蕭寺旁」㉗。全祖望在卷十二馮京第的小傳中，述及馮京第與其叔伯「居里中，作真至會，以爲溪上飲饌之盛，窮海極陸，食案恆至五易，每易以百品，遂有羊固之癖，閭巷浸淫相效。」㉘

當時浙東一帶，社會上崇拜金錢，所謂「金令司天，錢神卓地」㉙的現象，在詩集中也不乏反映，如徐鳳垣《何用行》：「文何用書與史，武何用弓與矢；世上黃金方得權，朝弦暮誦胡爲爾？……早知富貴仗錢神，何不焚香拜木人；千歲靈龜朝北斗，獲得此龜即富有。」㉚又如王嗣奭《小兒言》詩序說：「外孫鯉兒尚稚，見余衣敝，問何不新制，余戲云：『無

錢』，對云：『翁曾做官，何云無錢』。」㉛

至於各地土特產情況，楊德周《古田即事》記古田產紅麴外運，其《古田竹枝詞》則記其地所產木材無路可出事。記載最多的則爲寧波的經濟情況，如周容《蘭市詩》詩序，說東郊寶幢，「旬之二、七日，遠近交百貨爲市，邇年來春二月間，樵子各以蘭集，葉影花香，百貨幾不勝焉。」㉜詩中有「雞豚列市南，魚蟹列市北」句，描繪了明末浙東集市貿易的品種及其特產。明末，寧波爲對外貿易和魚市集散地，詩集更反映了這一經濟活動情況，沈延嗣《望招寶山》回憶：「當年番貢入，千艦尾江門」㉝的官方貿易盛況。包燮《江干竹枝詞》：「不怕今年利息微，滿船洋貨去如飛」以及「撾鼓鳴鑼何處船，閩人供奉水中仙」㉞，則記載了寧波私人海上貿易的興旺。林時對《望郡城十憶》，其第一首：「海國春來生計饒，桃花渡口滿魚舠；……嫩蛤肥蟶朝列肆，冰鰭雪鰳夜歸潮」㉟。余派《謝餉帶魚》：「昔年海船交城闉，銀帶鮮寒錦躍魚」㊱，包燮《江干竹枝詞》：「家家爭打出洋船，從此開關好趁錢；三水黃魚無客買，滿街行販賣冰鮮」及「忽思海上拿魚去，多少農夫不種田」㊲等，則敍述了寧波魚業的興盛。包燮在同詩裡還指出：「捉魚反被海魚吞，多少妻兒哭倚門；望到藍盆開勝會，候濤山上共招魂」㊳以及宗誼《漁父詞》：「歷年試風濤，危險無西東；魚多價嫌賤，魚少家益窮」㊴等詩句，則反映了當時捕魚的艱險。方伊蒿的《織莞詞》記載了寧波種苧麻以織魚網以及漁稅之重，反映了魚民的苦難，詩中說：

牛車彭彭麻滿載，近日居人多事海。……蓬頭垢面達清晝，織苧百筐網易就；江關迢迢鼓鞞鞞，揚帆南北天蒙蒙；長年理網乘潮入，連檣十萬波心立；魚鳴水底水岌岌，颯颯松聲入耳急；舉網定道魚爭集。關前驅迫吏追呼，豈知十船九船無；歸來賣網輸魚稅，魚利那復收區區；空船斜橫繫江樹，推篷仰天淚如注。……㊵

《續耆舊詩》所輯上述詩史，以分明的愛憎，熾熱的感情，既反映了詩人的高風亮節，又以其目睹耳聞之實，補「天崩地陷」時期正史所敘之缺，或糾其誤。全祖望輯錄保存了如此衆多的曠古天籟，不愧爲我國古代一位歷史文獻學大家。

注釋

① 梁啓超《清代學術概論》六。
② 黃宗羲《明儒學案》卷六十《東林學案三・主事顧涇凡先生允成》。
③ 全祖望《續甬上耆舊詩》卷十六《醉和尚前思南守周元懋》。
④ 全祖望《續甬上耆舊詩》卷三《朱淮南基昌》。
⑤⑧⑳ 全祖望《續甬上耆舊詩》卷二十三《董戶部德偁》。
⑥ 全祖望《續甬上耆舊詩》卷五十一《李職方文靖》。
⑦⑨⑪⑬⑯⑰ 全祖望《續甬上耆舊詩》卷十七《陸舍人寶》。

⑩ 張廷玉《明史》卷九十一《兵三・鄉兵》。

⑫ 全祖望《續甬上耆舊詩》卷十七《楊尚寶德周》。

⑭ 所引皆見全祖望《續甬上耆舊詩》卷九《高都御史斗樞》。

⑮㉚ 全祖望《續甬上耆舊詩》卷三十四《徐明經鳳垣》。

⑱ 全祖望《續甬上耆舊詩》卷五十七《寓公范公子兆芝》。

⑲㉜ 全祖望《續甬上耆舊詩》卷六十《周隱君容》。

㉑ 全祖望《續甬上耆舊詩》卷十四《李儀部棡》。

㉒㉓㉖ 全祖望《續甬上耆舊詩》卷五十《錢徵君光繡》。

㉔ 全祖望《續甬上耆舊詩》卷二十四《全太常大程》。

㉕ 李聿求《魯之春秋》卷二十一《鄭遵謙》。

㉗㉝ 全祖望《續甬上耆舊詩》卷八十三《沈明經延嗣》。

㉘ 全祖望《續甬上耆舊詩》卷十二《馮侍郎京第》。

㉙ 顧炎武《天下郡國利病書》卷三十二《歙縣風土論》。

㉛ 全祖望《續甬上耆舊詩》卷四十四《王涪州嗣奭》。

㉞㊲㊳ 全祖望《續甬上耆舊詩》卷七十二《包隱君燮》。

㉟ 全祖望《續甬上耆舊詩》卷三十五《林都御史時對》。

㊱ 全祖望《續甬上耆舊詩》卷七十三《余隱君派》。

㊴ 全祖望《續甬上耆舊詩》卷五十五《宗徵君誼》。

㊵ 全祖望《續甬上耆舊詩》卷九十四《方布衣依蒿》。

二六 「天崩地陷」時代的眞實寫照(二)

《續甬上耆舊詩》所保存的南明抗清文獻

全祖望的《續甬上耆舊詩》，其最具史料價值在於所輯明清之際的詩七十四卷和國朝詩四十卷的前面部分，保存了南明魯王時期浙東地區抗清的大量歷史文獻，爲研究南明史提供了極其寶貴的資料。

浙東地區抗清鬥爭長達二十年，以寧波地區而論，這段期間經歷了順治二年乙酉錢肅樂和六狂生等城隍廟起義，順治二年和三年之間的「畫江之役」，順治四年的「翻城之役」，這三年爲浙東抗清初期。順治五年到八年，王翊、王江、馮京第等四明山結寨，與張名振、張煌言、阮進等舟山之師互相呼應，這四年爲浙東抗清的高潮時期。順治九年到康熙三年，爲張名振、張煌言言聯合鄭成功部沿海抗清時期，時間共十三年，這是浙東抗清的低潮時期，直至張煌言在康熙三年被捕就義而結束。

清廷時浙東地區的抗清活動，予以殘酷鎮壓，而寧波地區又首當其衝，在鬥爭中出現了許多可歌可泣、動人心魄的壯烈事迹。劫後餘生的遺民們爲了抒發心中的憤懣，紀錄自己患難的一生，總結明亡教訓，或爲了發潛德之幽光，避免烈士姓氏淪於狐貉之口，他們各以詩文訴之於筆，所以清初浙東地區歷史文獻十分發達。

一

《續甬上耆舊詩》所輯詩史，貫穿於浙東抗清三個時期，本文介紹的除黃宗羲、錢肅樂、張煌言等十二、三個人已發表的著作以外的其他詩史，兼採其短文和全祖望所作小傳。

杭州失守後，餘姚、紹興、寧波、慈溪、臺州等地相繼樹義旗抗清。王藥師《聞諸路兵信》：「朱亥臂橫皆欲裂，田光頭落手猶提，甬東亦有蒼頭卒，願效前驅渡浙西。」①反映了浙東志士們當日慷慨赴敵的心情。

魯王監國後，首先劃錢塘江而守，史稱「畫江之役」。《續耆舊詩》輯有不少這方面的詩歌。如李文靖《江上》、《錢塘》，徐振奇《瓜里元日同錢希聲憑樓望海昌》、董守諭《越中悲憤目擊敗事》、董德偁《傳江上事二首》、全大程《瓜里幕府感事》、《投劾東歸》、徐鳳垣《江上旌旗行三章》、傅攀龍《越城聞變》、《憶遠》，王嗣奭《閏六月十七夜詠月前夜月食至曉才復又前日立秋報北兵將渡錢唐士夫倡義舉兵》以及陸寶《稅僧》、《稅舟》、《以輸餉再晉一秩》等等。這些詩反映了魯監國內部的重重矛盾，軍事上的畏葸、政治上的傾軋、經濟上的盤剝，如全大程《瓜里幕府感事》：

賀蘭應萬死，孤負是顏公；從此蕭牆內，同歸一哄中（原注：方鎮東與朱閣部爭金華，王武寧奪錢侍郎餉）。

莫道書生懦，方郎亦可兒；東人魂早落，北馬尾先披；生不逢高帝，孤軍應數奇（原注：北軍有蕭御史者臨江出門，方太僕端士直前搏之，蕭敗走，方掣其馬尾，惜無繼之者）。

速歸揚子岸，莫問固陵津；此語得何處，傳聞降令君；孤臣長百拜，亂國訴於神（原注：相傳北軍禡禱，忽有神降曰，吾故殉難錢唐令顧公漢石，批曰，大明依舊重光，三年暫困攙槍，切莫渡錢唐；又曰，四月那許渡錢唐，五月還須渡鎮江，又曰，奉玉帝旨，鎮守江口。嗚呼，此亦謾語流播耳。然而軍事至此，無可言者，吾不能不望於神助也）。

破戒忽從戎，吾鄉一鑒公、揮刀能突陣，下馬且談空；一死抒悲憤，愚忠亦足恫（原注：徐聖思與從子輩為金石交，忽入空門。去夏從戎。江上諸軍互相觀望，怒目謾罵，今春竟赴敵死）。

一區桑梓地，覬覦及錢湖，錢江亦可塞，何不逞雄圖（原注：武寧方欲塞東錢湖為田）②。

對監國朝廷的腐敗，徐鳳垣因作《江上旌旗行》予以諷刺，詩中說：「江上之旌兮，水淺可涉；豈不欲涉，中流失楫。」「江上之旌兮，水深須舟；匪我無舟，人將我憂。」「江上之旌兮，飲舟歌鐘；歌鐘已樂，莫教沖鋒。」③

正當魯王主力在錢塘江與清軍相峙時，沿海突來一支遊騎，即張國柱部，他航海至浙東，控制了定海（今鎮海），劫掠餘姚慈溪，董德偁《客師從海上來者逾萬，動索兵餉，漸以干戈相向矣，識者寒心》詩，中有：「流離航海窄，劍戟列城寬（原注：言在海則逃難，入關輒稱勤王也）；宦室貪居飽，江幹畏朔寒（原注：惟占屋嚇財，檄其至西陵不行）」④句，反映張部畏敵害民，而陸寶的《張帥索餉甚急，慈不堪，欲殺主者，張怒，統水陸兵攻之，慈民力戰，張敗走》詩，則反映張部被慈溪人民擊敗的情況。

上述諸詩確可補史之不足。

順治三年，南明魯王監國二年五月，清軍橫渡錢塘江，南明守軍皆潰。六月，清軍席捲浙東，魯王航海至閩。寧波明遺民華夏、王家勤，乘清軍主力南下福建機會，聯合四明山王翊、李長祥軍、舟山黃斌卿師、管江杜懋俊部，聯繫清軍原史可法部陳、仲兩將軍，企圖裡應外合，攻克寧波，因劣紳謝三賓告密，事敗，史稱「翻城之役」。次年，華夏、杜懋俊、屠獻宸等五位志士被捕殺，史稱「五君子之禍」，這段歷史，在詩集中亦有記載，如全大程《高郎隘夫以泗水鼎樂府見示問之知爲默農（即華夏）作也各以絕句一首繫之》：

> 聞道封羊祭少師，將軍割臂誓天時；尾箕靈爽空千丈，竟不先期殪叛兒（原注：謂陳仲二將軍祭史少師於屠天生家以乞靈也，叛兒指逆紳謝三賓）。
>
> 管江猶記杜家軍，蝸角山河冀負蚊；最是異聞誇趙老，空教即墨號神君（原注：杜英侯延趙叟謂有神術，拜為師，及軍破，趙果從烈火中空舉而去，亦奇矣，然無補於事⑤。

這是當時的實錄，而董守諭的《五哀詩》則記五君子夫人自殺慘狀，其中《屠兵部妻朱氏》一詩，可以糾《罪惟錄》卷十九謂楊文瓚嫂朱氏之謬。至於哭五君子的詩，那就更多了。詩集在這一時期保存了兩篇重要的短文：一爲董守諭的《六烈士論》（五君子一說爲六君子），以華、屠等諸子比作北宋陳東，謝三賓比作李邦彥。一爲林奕隆的《守城檄》，原來寧波起義後，錢肅樂率師赴錢塘江前線，寧波空虛，莊元辰留守寧波，以防謝三賓所招募的翠山之兵，守軍時稱「城門軍」，林奕隆代莊光宸作《守城檄》，其中說：

> 旌旗蔽日，北軍縱難飛渡，綢繆貴未雨之圖；弓失戾泮，衆志即能成城，虎豹踞在山之勢。采芑興師於六月，畜艾備患於三年⑥。

全祖望說：「是役也，危城人心岌岌，賴公鎮之。而夫已氏（即謝三賓）不敢動，才不得已以翠山之衆，迎魯王於天臺。」⑦

詩集卷三十六有《林侍御必達》小傳，此傳不見於《鮚埼亭集》，傳中述及魯王元年，曾遣林必達及陳謙使閩，「謙死，思文（即唐王）並以公下獄，既而釋之。」全祖望在傳後說：「野史於使閩一事多誤，屬之福請林公垐，垐係閩人，未嘗仕越也。」此傳糾正了野史之訛。

二

浙東山寨海槎互爲犄角的抗清高潮時期，《續耆舊詩》輯錄不少這方面的史詩，其中的幾篇小傳和短文，極爲珍貴。

翻城之役雖然失敗了，可是南明抗清勢力利用清軍主力在福建的機會，四明山寨義軍奮起，其中以大嵐山爲根據地的王翊、王江一軍最强，此外還有馮京第、黃宗炎軍。詩集卷十二《馮侍郎京第》小傳，亦不見於《鮚埼亭集》，此傳述馮氏一生甚詳：早年參加復社師事劉宗周、黃道周，並曾於津門屯田募卒，欲自成一旅以衞京師。未幾，農民軍入京，他逃亡至閩，上《中興恢復十二疏》於唐王，任監察御史。魯王，唐王政權相繼覆滅後，他返慈溪故里，又圖起兵，被清廷名捕，於是入舟山，依黃斌卿，說服黃氏以舟山兵援松江吳兆勝反正，遭颶風覆舟逃歸。又說動黃斌卿乞師日本，不得要領而歸。最後說服黃氏攻寧波（即翻城之役）。失敗後至湖州，起兵武康天目山，響應太湖義師，又失敗。順治五年，召募慈溪義軍至四明山，與王翊合軍，守杜嶴。次年，魯王自閩至浙東健跳，任馮氏爲右僉都御史。是年冬，他再次乞師日本，又未成，於是立寨四明山西山迴風洞，其母、妻、妾、子皆爲清廷所殺，傳中說他的性格因而嚴厲：

> 每與諸洞主議事，多所不合，則咤叱仰天良久，裂眦拔劍砍案而起，時因呼為「『馮砍案』。……公自喪太夫人，矢志茹素，不近媵妾，與士卒同甘苦。每日再食，惟一鹽，寒則解衣予卒，自裹衣絮，傲冷暴露霜雪中，得一粟必與士卒共之。⑧

順治七年，清大軍南北夾擊，他因叛徒出賣被捕。傳中最後說：

> 械見大帥金礪，則已委頓骨立矣。及至帳中，蹶然而起，挺立不屈，鞭策雨下，掠之乃撲於地。……明日行刑，刀支解之，又以刀剸其心醢之為羹，蓋報積年搆兵之恨也。⑨

全祖望以如椽之筆，把這位累蹶累起的砍案將軍一副剛毅之氣，寫得十分生動感人。同時，也可窺見當時山寨鬥爭的艱苦。

馮京第被害當天，董守論作《庚寅十一月十四日哭馮躋仲社兄》詩，其詩序說：「躋仲（馮京第字）死於市，國人憐之者半。」⑩表達了遺民們對他的死的悲痛心情。

不過，四明山義兵也常下山擾掠，「而浙東山寨大起，游騎四出，索餉巨室，無得免者。時西山爲馮侍郎（即馮京第）駐軍地，先生（指周昌時）屢被縛去，幾死者數矣，所輸以萬計，侍郎不知也，庚寅復被執」⑪。當時，山寨義兵，多以白布裹頭，稱白頭兵，而清軍在交戰中焚戮之慘，遠勝義兵。詩集載陸寶《白兵詞》二首，述及此事，詩中說：「白兵上來大戶愁，官兵上來比屋搜；搜盡營中無一物，掠人妻女割人頭。」「大雷峯（四明山之一）下鱗次居，出没不定如游魚；官兵殺良不殺賊，萬棟燒灰市變墟。」⑫這確是信史。

順治六年，魯王君臣在閩受清軍嚴重打擊，回浙江，駐健跳。同年，張名振、阮進等奉魯王攻占舟山，殺黃斌卿。清軍在肅清四明山義軍後，即於順治八年八月，由崇明、寧波、海門三處，分兵合擊舟山。張名振、張煌言奉魯王出擊吳淞，由於阮進輕敵，清軍趁大霧直薄舟山。舟山破，從此浙東抗清趨向低潮。

關於舟山之戰，《續耆舊詩》反映較多，如徐鳳垣《戈船行》：

海波清且緊，三載撼城闕；……於皇赫斯怒，虎旅連宵發；欲清瀚海隅，六師張達伐；採木及三吳，梯航遍甌臾；童山何足言，並至毀塋域；……役徒三十萬，饑寒困顛踣；杠運肩皆穿，水射蛆生腹；更遭長吏苦，交收恣饕餮。……⑬

這是指清軍爲了進攻舟山，大造戰船。傅攀龍的《蛟川行》，則反映清軍雲集蛟門（今鎮海）的情況：「東南水勢滔天惡，澎湃鴻洞朝萬壑；……關前戰艦千軍屯，招寶橫亙接虎蹲；……漁陽鼙鼓兩京殘，強梁交臂爭此縣；……新鬼泣，故鬼怒，白晝青燐燒水殿；一聲怒裂佛郎機，貔虎關前盡鐵衣。」⑭。此役，甬上遺民懷著緊張的心情，夜坐斗室，等候戰爭消息。全祖望在《梁職方以樟》小傳中說：「（梁氏）辛卯（順治八年）九月二日中夜，坐高都御史（即高斗樞）齋，盼翁洲（今定海）水戰信。侵曉報至，各慟哭，絕而復蘇。」⑮高斗樞有《辰四（高斗權）旦中（高斗魁）弟齋中叢桂方開陪公狄（梁以樟）夜坐時翁洲海戰相持未決竟夕徘徊》及《翁洲破後同履安（萬泰）掖青（徐鳳垣）鄞嗣（李文胤）旦中弟夜坐》兩詩，記其事。全大程亦有《李研齋（李長祥）侍郎自從亡歸爲言翁洲失守乘桴之狀悵焉有作》詩，說明舟山失守，對遺民們精神打擊極大。其中最有價值的爲董守諭《續九歌悲舟山也》及《七哀詩》，如《續九歌悲舟山也》的《鼓吹》：「戰洋兮淒淒風雨，鼓吹兮水激石怒，火炮兮風反侮，將軍自焚兮氣失虎（自注：阮將軍進用火炮反自焚）；血濺芙蓉兮咽暮鼓，長抱恨兮終古（自注：戰洋江名，鼓吹山名，芙蓉洲名）。」⑯舟山戰役，阮進之死爲關鍵一戰。然阮進之死有二說：一說阮以火球擊敵船，風忽反轉，球擊其面，投水後爲清軍所俘，黃宗羲《海上慟哭記》主其說：《海東逸史》則說被俘後，逼降不從而遇害：一說為用炮風轉自焚而死，董守諭此詩即主此說，董氏此詩為期較近，故其說較可靠。《續九歌悲舟山也》尚有《雪交亭》一詩，其詩序及董氏《七哀詩》、《哭舟山死難諸賢》詩序，後來皆為全祖望用於《鮚埼亭集》有關墓誌及傳記中。

這段時間，詩集輯有關乞師日本的珍貴史料。全祖望在馮京第小傳中曾述及此事，雖基本上根據黃宗羲《行朝錄》中的《日本乞師記》，然而其中有二點為黃氏所無，一為馮氏第一次乞師日本，「又聞其國故有中國《登科錄》，謂使臣之來，無甲科大臣在其中，以為輕之」⑰；一為馮氏第二次乞師日本，「公始知為其（即僧湛微）所誤，阮美欲殺之，公曰：『此亦中原之不幸也，殺之何辜？』乃放之荒島。」⑱詩集卷六十全吾麒小傳中亦記有高宇泰類似內容的話，而又增加「（日本）因以三事難使臣，使臣無以應」及「日本初用洪武錢，復鑄其國寬永錢，而洪武錢不敢毀，藏之於庫。」⑲這些內容，《日本乞師記》中皆無，可補其闕。

最珍貴的還在於詩集輯有關乞師日本的詩，共三種：一，全大程《南中信至》，有「聞道申胥哭，淒涼古剌牆（原注：相傳晉王遣人乞師古剌）；亶州有故事，強半是荒唐（原注：前此浙人三乞師日本不得），」⑳二、葉謙在《敬跋先將軍忠勇卷後》提及：「我祖當知王氏臘，阿孫欲向亶州夷（原注：今日本也，時方乞師焉）。」㉑最有意義的為第三，全吾麒《日本乞師使者返棹》，共四首：第一首原注：「日本以庫中所藏洪武錢數十萬助軍，於是海上諸營皆用之；」第二首原注：時以慈聖太后所賜補陀藏經爲幣，然終不得師」；第三首原注：「時以使臣無甲第出身者，故不出師」；第四首原注：「日本以女后臨朝而衰，即永寬之妻也。」㉒此詩當爲第二次日本乞師使者返舟山時全吾麒有所聞而作。又按，馮京第第一次乞師日本，黃宗羲《日本乞師記》記在順治戊子五年，而翁洲老民《海東逸史》則記在己丑六年三月。全吾麒在《己丑三月十九日》的詩注中說：「時故王至健跳，日本許入衞。」㉓然己丑三月，魯王尚在閩浙之間的沙埕。六月，張名振復健跳，七月魯王才至該地，全吾麒所說恐爲傳聞之誤。然「日本許入衞」的消息，既於三月十九日已獲得，則乞師當非在三月，應以黃宗羲「戊子」爲是。所謂「許入衞」，實即《日本乞師記》中所說的日本「議發各島罪人」㉔而已，然未果。由此可見，馮京第一次乞師日本回國應在己丑三月初。

這段期間詩集所保存的文，有舟山死難大學士張肯堂孫張茂滋所作的《餘生錄》。張茂滋以其親身經歷詳述舟山破後張肯堂一家及部下二十七人殉難的慘狀，以及自己在屠城中如何逃出舟山，又被捕械禁於寧波牢獄，及得寧波遺民陸宇燝兄弟之助脫獄的經過。文中描繪了他在寧波監獄土窖情況：

> 窖深溢二丈許，昏黑無天光，捫地土極潤濕，得似管似薪似朽木瓢者藉以坐，坐久，覺有似蚓似蛇似蟮者蠕動，冷逼脛。夜更臥柙中，柙似牀而窄，臥時命舒兩臂，加板，板有規，如茶甌之半，當肘上，頷下則如盂之半，當頸上，兩足亦然。規處漬

膚，不知為誰血誰汗？五體廢為屍，但胸腹吸然而已。頸下一木員如門，牡能往來，欲斃囚，則去之，甚且以石綴髻逆下垂，不更次氣盡，無待濕紙。鼠盈尺，羣爭齧頰上，目不敢張，押中蝨縷縷及眦睫，悶絕者久之。……偶日光從瓦隙下，射如卯，乃見昨所藉似管似薪似朽木瓢者，俱枯骸髏也。」㉕

這是一篇暴露當時死獄慘狀的絕好資料。

三

舟山淪陷後，順治九年，張名振，張煌言奉魯王至閩，依鄭成功。兩張軍力乃與鄭成功部聯合，仍在浙東沿海一帶活動，並三入長江。順治十二年，恢復舟山，次年又失陷。張名振於順治十二年病卒，餘部由張煌言率領。順治十四年，清軍遷舟山之民於內地，厲行海禁，張軍又復占領舟山。康熙元年，鄭成功與魯王相繼病逝。次年，張煌言散軍。康熙三年，張煌言因叛徒出賣，被害於杭州，南明抗清，最後結束。

這一時期，甬上遺民除作窮島之聲援外，幾乎已停止了直接的抗清活動。不過詩集仍反映了這一時期的各種史實。如順治十六年夏，鄭成功率大軍匯合張煌言部北攻長江，入京口，圍南京。這是一次有名的戰役。鄭軍偏師曾直薄寧波城下，並有所殺掠。詩集卷五十七

《節孝陸先生昆》小傳說：「己亥夏，海師自穿山入東村，大殺掠。先生父子方居東皋之殷氏，亂兵先執其父，索餉不得，欲刃之，先生跪請，願以身代，遂死。」這件事，寧波遺民頗表寒心。

《續耆舊詩》中反映最多的爲清軍的殘暴。謝國楨先生曾作《清初東南沿海遷界考》（收於《明清之際黨社運動考》內），其第二節爲《關於遷界詩文之記載》，然所收之詩極少，並無一有關於浙東的。可是詩集記載的卻有好幾篇，有屠粹忠《甬江歌》、張鷺《插界》、《巡海》，董守諭《見招寶山觀海有感》等。據史載，順治十四年，清廷遷舟山民，康熙二年，浙東沿海實行海禁，不許一板下海，然詩集反映的遷界不止一次，遷界與海禁同時進行。如屠粹忠的《甬江歌》（原注：時徵復舟山居民，悉遣入甬江之內）有：「忽朝令下徙翁洲，六萬丁男齊灑血；老者唏噓悲首邱，壯亦奔馳徒骨立，帳前子女犒行軍，回頭不敢低聲泣」㉖這是指順治十四年的遷界。順治十五年再遷，張鷺的《插界》有：

去年徙舟山，萬室入蛟門；婦子牽衣泣，畏此波濤翻；田廬非所計，何處謀饔飧；小兒饑索飯，老羸臥樹根；伶仃棄溝壑，十口無半存；部帖昨忽下，再遷滄海村；江浙與閩粤，千里哭聲呑；軍機嚴須臾，遲者死郊原；倉皇未出户，兵火潦邱園；……頃聞令遷界，插木稠如藩；咫尺誰能越，慘淡島雲奔。㉗

詩集二十八《邱舍人子章》小傳說：「庚子，沿海將有遷界之役」，庚子即順治十七年，可能是清廷自鄭成功從南京敗退後之舉，可見遷界實屬多次。

張鷺的《巡海》，則述遷界後的海禁：

> 海岸產魚鹽，天地為禍首；遂令謀國者，立界堤防厚；界木尋丈餘，令嚴回星斗；飛鳥不敢越，漁縱亦何有？遠近設墩臺，擊柝伺卯酉；復聞大人來，開閘名城久；匝歲六巡視，縣尹日奔走；……縣胥入巷門，征徒驚雞狗；里舍盡蕭條，咨嗟見老叟；……南界至月初，北界至月後；長男及次男，安能守戶牖？中界今仍至，輿衛同山阜，三男雖在家，年未十八九年；……辛苦隨君去，歸期可定否？㉘

這是述及遷界的極好文獻。遷界後，「飛鳥不敢越，漁縱亦何有？」實際上即是海禁，所以董守諭在《上招寶山觀海有感》的題注中說：「時屬海禁，無片帆隻艘」了。

這段時期，詩集中弔張煌言的詩很多，這裡不一一述及。但卷四十八載有《無名字和尚詩》，頗有價值。全祖望在題後說：「冰槎（張煌言）之被逮也，舟次西渡，有和尚突擲一瓦於舟，疾行而去，其外有紙裹之，紙上有詩今僅傳其二句云：『此行莫作黃冠想，靜聽先生正氣歌』。冰槎笑曰：『此王炎午之後身也。』然此和尚究莫知爲何人？吾鄉遺老爭物色之不可得，亦異人也。」

順康之交，抗清大勢已去，海上投降人物更多了，詩集中亦有記載，如胡文學《浙督劉公受降海上鐃歌》：「揭天轟鼓振三江，即號鄞州作受降，帳下初趨新屬國，軍中齊擁碧油幢。」又一首：「桃花寶玉繫腰圍，鵲印光芒永夜垂；近得降兒共趨走，錦衣貂毦立簷陲。」㉙詩的作者顯然已不是明遺民了。海上降人還密告向魯王暗通消息的遺民，於是引起了康熙三年所謂「壬寅海上降卒之禍」，遺民中的魏耕，祁班孫，祁理孫，陸宇燝，全美閒等皆被捕，此事詩集中有記載，然已見於《鮚埼亭集》，這裡不贅述。

全祖望在《張二靚淵讀予所續甬上耆舊詩而曰諸公原集雖付之一炬可矣予惶恐未敢當也》詩中說：「傳寫莫教牧吏漏，別裁只合老辛夸（原註：用荊公選唐詩及遺山選金詩事）；桑田軼事紛綸出，枌社遺文子細查。」㉚他所輯《續甬上耆舊詩》中南明魯王時期桑田枌社的抗清諸詩，是地道的詩史，全祖望確可以被譽爲浙東史學中「文獻學者宗焉」㉛而當之無愧。

◘注釋

①　全祖望《續甬上耆舊詩》卷八《王記室藥師》。

②⑤⑳　全祖望《續甬上耆舊詩》卷二十四《先太常公大程》。

③⑬　全祖望《續甬上耆舊詩》卷三十四《徐明經鳳垣》。

④　全祖望《續甬上耆舊詩》卷二十三《董戶部德偁》。

⑥⑦　全祖望《續甬上耆舊詩》卷八《莊太常元辰》。

⑧⑨⑰⑱ 全祖望《續甬上耆舊詩》卷十二《馮侍郎京第》。

⑩⑯ 全祖望《續甬上耆舊詩》卷二十《董戶部守諭》。

⑪ 全祖望《續甬上耆舊詩》卷三十一《周監軍昌時》。

⑫ 全祖望《續甬上耆舊詩》卷十七《陸舍人寶》。

⑭ 全祖望《續甬上耆舊詩》卷七十一《傅隱君攀龍》。

⑮ 全祖望《續甬上耆舊詩》卷三十二《梁職方以樟》。

⑲㉒㉓ 全祖望《續甬上耆舊詩》卷六十三《先大父贈公吾麒》。

㉑ 全祖望《續甬上耆舊詩》卷五十七《葉都司謙》。

㉔ 黃宗羲《行朝錄》卷八《日本乞師》、《黃宗羲全集》（第二冊）。

㉕ 全祖望《續甬上耆舊詩》卷三十二附張茂滋《餘生錄》。

㉖ 全祖望《續甬上耆舊詩》卷八十六《屠尚書粹忠》。

㉗㉘ 全祖望《續甬上耆舊詩》卷八十一《張神木鷃》。

㉙ 全祖望《續甬上耆舊詩》卷八十四《胡鹺使文學》。

㉚ 全祖望《鮚埼亭詩集》卷四。

㉛ 梁啓超《清代學術概論六》。

附錄

章學誠對清初浙東學派思想的繼承和發展管窺

章學誠是否屬清浙東學派的成員，八十年代在海外學者中曾引起爭論，先師訓慈先生曾希望我對此發表看法。我認爲，明清之際的學派，其性質應不同於兩漢經學的師法和隋唐以後佛教的宗派，不能完全以師承，燈傳關係來説明，應以探究其學術思想的傳遞著眼。本文舉道論和經世論爲例，予以分析，其不當處，請方家指正。

一

明清之際，隨著實學思潮發展的到高峯，形而上的道，逐漸由宋明理學家專談性天的高空，降向形而下的器的實地。例如，朱熹引用程頤的話説：「器亦道，道亦器」①，又説：「道不離乎器，器不離乎道」②，但這是他從「理一分殊」的「分殊」角度講的，如從「理一」的角度講，説法就有異了，他説：「但即形器之本體而離乎形器，則謂之道，就形器而言，則謂之器。」③明確表示道是本體，是獨立於器，在器之外的精神性的實體，而器則成了道的作用，所以他又說：「蓋至誠無息者，道之體也，萬殊之所以一本也；萬物各得其所者，道之用也，一本之所以萬殊也。」④顯然，從他哲學的體系來說，道是第一性的，器是第二性的，道器可以互相分離，而且道在先，器在後。

明清之際的學者，批判地吸取了朱熹道器論中「分殊」方面的唯物主義因素而發展之。黃宗羲的老師劉宗周從氣體論出發，論述了道在氣之後，他說：

> 盈天地間，一氣而已。有氣斯有數，有數斯有象，有象斯有名，有名斯有物，有物斯有性，有性斯有道，故道其後起者也。⑤

所謂有數、有象、有名的物，也就是器，故劉氏有說：「凡道、理皆從形器而立紀，不是理生氣。」⑥

黃宗羲在其《子劉子學言》中，一字不漏地記錄了劉宗周這一綱領性的宇宙生成論和道器的氣一元論本末關係的言論。他進而指出，程頤和朱熹的「器亦道，道亦器」的命題，把道器關係說得含糊不清，於是他作了如下糾正：

> 子曰：「形而上者謂之道，形而下者謂之器」，程子曰：「上下二字，截得道器

> 分明」，又曰，「道即器，器即道」。畢竟器在斯道在，離器而道不可見，故道器可以上下言，不可以先後言⑦。

「器在斯道在」，「離器而道不可見」，這就把程朱「倒說了」⑧的道器關係，重新顛倒過來。不僅道器不可離，而且器是第一性的，道是第二性的。

章學誠繼承了黃宗羲氣一元論的道器論，他以形與影作比喻說：

> 《易》曰：「形而上者謂之道，形而下者謂之器」，道不離器，猶影不離形。⑨

又說：

> 天下豈有離器言道，離形存影哉⑩？

有形才有影，因而有器斯有道。但章學誠並不是簡單地繼承了黃宗羲的道器論，而且在三個方面發展之：

一、關於道和器的質的規定性方面。那麼，從氣一元的本體論來說，何謂道？黃宗羲在《太極圖講義》中說：

> 氣本一也，而有往來闔闢升降之殊，則分之為動靜，有動靜則不得不分之為陰陽。然此陰陽之動靜也，千條萬緒，紛紜膠葛，而卒不克亂，……莫知其所以然而然，是即所謂理也，所謂太極也[11]。

他在這裡提出了「莫知其所以然而然，是即所謂理也」的命題。理即道。氣的「莫知其所以然而然」句，意指物質發展變化不以人的主觀意志爲轉移（「莫知其所以然」）的客觀規律性（然），而這客觀規律性的「然」，就是「道」。然而，黃宗羲僅偶然提出這一命題。

章學誠則自覺地把這一命題運用於道器論，並成爲他思想體系中根本性的觀點，他說：

> 《易》曰：「一陰一陽之謂道」，是未有人而道已具也。「繼之者善，成之者性」，是天著於人，而理附於氣，故可形其形而名其名者，皆道之故，而非道也。道者，萬事萬物之所以然，而非萬事萬物之當然也，人可得而見者，則其當然而已矣。……不知其然而然，即道也，非無所見也，不可見也[12]。

道既然「不知其然而然」（即黃宗羲的「莫知其所以然而然」），所以是看不見的（「

不可見也」），而這一看不見的「不知其然而然」的道，正是客觀事物運動變化的規律性（萬事萬物之所以然）。章學誠基本上勾勒出「道」的質的規定性的界說，即道是隱藏在事物背後的看不見的不以人的主觀意志爲轉移的客觀規律性。他有時也用「道有自然」，「道無所爲而自然」⑬的話來説明。

那麼，「器」是什麼呢？「形而上者謂之器」，器是有形、有名的具體事物，「可形其形而名其名者，皆道之故」，「故」，按《易．繫辭上》：「感而遂通天下之故」，唐孔穎達疏：「『故』謂事故，言通天下萬事也。」⑭因此，「道之故」的「故」，也就是章學誠所説的「不得不然之事」⑮，即器。這器與道的「所以然」相對來説，稱爲「萬事萬物之當然」，或「不得不然」，是看得見的，「人可得而見者，則其當然而已矣。」

由此可見，章學誠已接近於提出了道是事物看不見的本質，器是事物可見的現象，把黃宗義零星、片斷的道器論作了完整的論述。

二、**關於道因器而顯方面**。劉宗周和黃宗義既認爲有氣斯有數和象，從而有事物的名稱和性質，然後才有道，因此，「道者，萬器之總名」，道自然須通過器而顯現出來，「離器而道不可見」。如果從理氣關係來説，就是「理不可見，見之於氣」⑯。那麼，從人文角度講，顯現道的器究竟表現在什麼地方呢？黃宗義認爲，道表現在人們的日常生活中。宋儒楊時曾説：「寒衣飢食，出作入息，無非道。」朱熹對此不以爲然，他批評楊時：「言器而遺道，言物而遺則」。黃宗義則同意楊時的觀點，説楊時「此語本無病」，他反問：「豈龜山

（楊時）見識未到著察之地？」⑰他明確指出：「天地間道理平鋪，夫婦可以與知」⑱，「道無形體，精義入神，即在灑掃應對之內，巧即在規矩之中」⑲，「學者離卻人倫日用，求之人生以上，是離規矩以求巧也。」⑳黃宗羲這一觀點，顯然受明朝泰州學派開創者王艮「百姓日用即道」命題的影響。上述是黃宗羲在論述其師劉宗周蕺山之學時闡明的。但後來在明亡的形勢下，他把道因人倫日用而顯，代之以因風節和事功而顯，他說：

余以為孔子之道，非一家之學也，非一世之學也。……世治，則巷吏門兒，莫不知仁義之為美；……世亂，則學士大夫，風節凜然，必不肯以刀鋸鼎鑊損立身之清格㉑。

黃宗羲所說的仁義，是與事功密切地結合在一起的，他說：「豈知古今無無事功之仁義，亦無不本仁義之事功。」㉒所以在亂世，道則顯現於風節，事功之中。

章學誠生活在乾嘉盛世，已非明清之際「天崩地解」的亂世了。時代，使他有可能對道器關係作歷史的考察，從而明確地提出了「道因器而顯」㉓的命題，並作了完整的論述，他說：

道之大原出於天，天固諄諄命之乎？曰：天地之前，則吾不得而知也。天地生

> 人，斯有道矣，而未形也。三人居室，而道形矣，猶未著也。人有什伍，而至百千，一室所不能容，部別班分，而道著矣。仁義忠孝之名，刑政禮樂之制，皆其不得已而後起者也㉔。

章學誠在這裡對道的產生、形成和發展及其顯現，作了系統的探討，在人類產生時，雖有了家庭，但道在其中顯現的僅是「均平秩序之義」和「長幼尊卑之別」，很簡樸，尚未有刑政禮樂的一套國家制度。只是到了人類自身得到相當發展，有什伍乃至百千，不是家庭可以容納了，於是「作君作師，畫野分州，井田、封建、學校」㉕等等國家制度和相應的禮樂刑政和文化教育的各種制度自然而然地出現了，道就在這些國家制度中得到了發展，於是就有了仁義忠孝之名。章學誠最後指出：「則政教典章、人倫日用之外，更無別出著述之道，亦已明矣。」㉖章學誠這一論述，不僅繼承了黃宗羲的道在「灑掃應對」和「人倫日用」之內的思想，而且把「道因器而顯」這一命題的內容，作了歷史的系統的說明，從而推進到一個新的階段。

三、關於「六經皆器」和經史文的關係方面。明中葉開始的經學復興運動，其基本內容是認爲道應求之於六經，主張：「經，常道也」㉗，「六經皆載道之書」㉘。那麼，從六經中體現出來的道究竟是什麼？對此有二種不同的觀點：一種是理學家的觀點，他們把理學上立論和是非之爭，到六經中去找論證的根據。例如羅欽順，他主張：「學而不取證於經書，一切師心自用，未有不自誤者」㉙，他討論心、性問題，就去鑽研六經，指出：「六經之中，言心自帝舜始，言性自成湯始」㉚，至孔子而更加詳盡；一種是史學家的觀點，他們認爲六經記載的是三代帝王的政教典章，道就體現在這些政教典章中，如黃宗羲説：

> 六經皆載道之書，而禮其節目也。當時舉一禮必有一儀，要皆官司所傳，歷世所行，人人得而知之。……大而類禮巡狩皆為實治，小而進退揖讓，皆為實行也㉛。

他還批評漢儒鄧玄只知箋傳而不知「帝王大意」㉜。在黃宗羲看來，六經所載是三代帝王實行、實治的典章制度，而道即寓於這些制度中。他的學生萬斯大治《禮》學，其目的也是「因以見先王制禮之義。」㉝

章學誠繼承了黃宗羲和萬斯大的思想，並作理論上的概括。他先從道器關係上立論，指出：「六藝者，聖人即器而存道。」㉞他認爲自從人類作君作師，產生了國家，就有了國家制度，「三王立制垂法」，法制到了唐虞而「盡善」，到了成周就「道法大備」。這些法制都是器，道即寓於六經所載這些法制中，他從而提出了「六經皆器」的㉟命題。然而，三代的法制既然有一個從不完善到完善的發展過程，所以它的本身就是史。而且六經所記載的都是三代帝王所制定的政典，屬歷史文獻，於是他進一步提出了「六經皆史」㊱的命題。當然，這一命題並不是他首先提出來的，但把這一命題作爲立論宗旨，用來闡述經史之學，則他確是第一人。由此可見，章學誠「六經皆器」和「六經皆史」的命題，是對黃宗羲以史學家觀點求六經中所寓的道的思想一脈相承的，並有了發展和提高。

黃宗羲說：「六經皆載道之書」，章學誠卻說：「後世服夫子之教者自六經，以謂六經載道之書也，而不知六經皆器也。」並批評「六經載道」說爲「離器言道」㊲。似乎與黃宗羲有矛盾。其實不然，章學誠所批評的是理學家從六經中求道，因爲他們雖然說道在六經之中，但把道與六經所載的三代政典析而爲二。章氏則認爲六經中的道應體現在三代政典中，除此以外，「未嘗別見所載之道。」㊳只從六經的章句中求道，這是「舍器而言道」㊴，他指責說：「近儒談經，似於人事之外，別有所謂義理。」㊵可知，他批評的是理學家的道。

章學誠又從道不離器的前提下論述了「撰述文辭」的問題，他說：

道備於六經，義蘊之匿於前者，章句訓詁足以發明之；事變之出於後者，六經不能言，固貴約六經之旨，而隨時撰述以究大道也㊶。

所以章學誠認爲，文辭用以「述事」，「明理」，自然「衷於道」，這樣的文辭是需要的。他反對兩種偏向：一種是不顧道而溺於文辭；一種是只求明道而不顧文辭。他提倡的是義理（道）、事（史）和文章三者相結合，說：「義理不可空言也，博學以實之，文章以達之，三者合於一，庶幾哉！」㊷他這裡所說的「博學」，是指「訓詁章句」，「考求名物」，而

「訓詁名物，將以求古聖之迹也」㊸，其精神就是史。章學誠的義理、考據、文章三結合的思想，其實是黃宗羲經、史、文三結合思想在乾嘉時代演變的產物。李文胤對其師黃宗羲的觀點，曾作如下說明：

> 堯舜三代以來，君臣盛德大業，但載之於言（指六經），得以垂教於萬世。後起者將從事於斯文，必本諸六經，折衷於夫子，而始得與文章之事，故必先之以經學，是為載道之言；次之以史學，是為載事之言。夫道與事皆藉吾言而得傳，則惟其辭之修，言之有文，若雲漢昭回，爛然可見，而後足傳於後世。㊹

這與章學誠所說的：「文章之用，或以述事，或以明理。事溯以往，陰也，理闡方來，陽也，其至焉者，則述事而理以昭焉，言理而事以範焉，則主適不偏，而文乃衷於道矣。」㊺兩者的精神是基本一致的。

邵晉涵在論章學誠《原道》三篇時說：「此乃明其《通義》所著一切」㊻，章氏的道器論確是《文史通義》一書的綱領，而我們從這綱領性的篇章中，可以看出清初浙東學派對他的影響。

二

黃宗羲處在明清之際大崩地解的時代，痛明之亡，激起了他早期强烈的民族意識，他正是在這一思想指導下提倡經世的史學。他的史論之作，如《留書》、《明夷待訪錄》等是總結明亡教訓的反思之作；他的史著，如《思舊錄》、《行朝錄》以及《南雷文案》中大量碑傳之文，大多是爲了保存明末「亡國之大夫」[47]即抗清志士的事迹。他在甬上創辦證人書院，其宗旨就是：「學必原本於經術，而後不爲蹈虛，必證明於史籍，而後足以應務。」[48]

他的學生萬斯同，由於前明世襲武將的家庭出身和少年時代備受離亂之苦，也在民族思想指導下，力主史學經世，他說：

> 至若經世之學，實儒者之要務，而不可不宿為講求者，今天下生民何如哉？歷觀載籍以來未有若是其憔悴者也。……嗚呼！豈知救時濟世，固孔孟之家法，而己飢己溺，若納溝中，固聖賢學問之本領也哉[49]！

萬氏猛烈抨擊清廷在建國初期殘酷的鎮壓和掠奪政策，從而提出救時濟世是孔孟之道的本質（家法）和致用的本領。他正是在這一思想指導下，放棄了古文辭詩歌而轉向經緯條貫古今典章法制的經國有用的史學，後來又轉向研究有明「一代之制度，一朝之建置」，以「備他日經濟之用」[50]。萬氏的爲學三變，正是他史學經世思想指導的結果。

章學誠處於乾嘉盛世，他的時代與他先輩黃、萬二人的時代是完全不同了，當然已談不上民族意識，然而史學經世的原則，不僅爲章氏所繼承，明確地提出「史學所以經世」[51]的命題，而且上升爲理論，從三個方面予以闡述：

首先，他從道器論高度來分析。既然不能離器言道，離事言理，六經「皆先王得位行道經緯世宙之迹」[52]，是「典章法度見於政教行事之實」[53]，因而他把「六經皆史」的命題與先王經緯世宙的經世精神緊密地相結合，如果不經緯世宙，那就不是經，也不是史，只是「空言著述」[54]。

其次，何謂經？在三代時，「六經不言經」，只是史，「三代學術，知其史而不知有經，切人事也。」[55]甚至到了孔子時也不名經。只是到了後世，官治師教相分，出現了離開政典的私家之言，所以儒家才尊六藝而奉以爲經。爲什麼要尊以爲經？章氏說：「六經初不爲尊稱，義取經綸爲世法耳。」[56]經的名稱原來就是經世的意思。先王的政典是史，因它具有經世的作用，才稱爲經，所以史學的本質是經世。

最後，章學誠認爲，史學經世，必須聯繫當代，他指出：

> 後世之去唐虞三代，則更遠矣，要其一朝典制可以垂奕世而致一時之治平者，未

有不合於古先聖王之道，得其彷彿者也。故當代典章，官司掌故，未有不可通於《詩》、《書》六藝之所垂㊼。

他進一步提出了「貴時王之制度」㊽的思想，並說：「君子苟有志於學，則必求當代典章，以切於人倫日用；必求官司掌故，而通於經術精微，則學爲實事，而文非空言，所謂有體必有用也。」㊾在他看來，史學經世，還必須反對厚古薄今。

章學誠上述思想，是對黃宗羲和萬斯同的史學重在現代思想作理論上的說明，而又有本質區別。黃宗羲一生所著，重在現代，如《明儒學案》、《明文海》、《明史案》、《明夷待訪錄》以及如前所述《行朝錄》和《南雷文案》中大量以碑傳爲史傳之作。萬斯同一生，主要從事於明史的編纂，他認爲探求古今典章法制似乎太「迂遠」㊿了。不過，他倆都以明遺民自居，他們的現代是指明代，而章學誠所說的當代是指清代，所說的時王爲清朝帝王，這是他們之間的本質區別。然而厚今薄古，史學經世的精神卻是一脈相承的。不過從這裡可以看到，清初浙東學派的民族思想和經世目的，到了章學誠時，已經發生了很大的變化，這是歷史發展，時代推移而造成的。

從史學經世的方法來說，章學誠繼承了萬斯同的史法而發展之，由於篇幅，這裡僅舉「史德」爲例。

萬斯同修史的原則是「事信而言文」[61]，如果不能成爲信史，何能總結古今典章法制中的「道」，又何能起歷史借鑒作用？更談不到勸善懲惡了。爲了使歷史成爲信史，以起其經世作用，萬氏總結了長期修明史的經驗，他與方苞長談史法，其中有一點就是「平心」，他說：

而在今，則事之信猶難，蓋俗之偷久矣，好惡因心而毀譽隨之。……故言語可以曲附而成，事迹可以鑿核空而構，其傳而播之者，未必有裁別之識也。……因其世以考其事、核其言，而平心以察之，則其人之本末可八九得矣㉜。

「平心」是歷代修史中的老問題，但這一問題到了明朝十分突出，《實錄》經常修改，國史難成信史，野史更由於晚明黨爭激烈，作者因門戶之見，往往是非不分。對這一現象，王世貞、錢謙益、黃宗羲都指出過，黃宗羲指出，《實錄》「有所隱蔽，有所偏黨」㉝，野史「或愛憎之口，多非事實」㉞。萬斯同在史館，接觸大量有明史籍，自然感到「好惡因心」的嚴重性。

「好惡因心」有兩種情況，一種是小人故意歪曲事實，顛倒是非。萬氏曾指出，由於權閹劉瑾黨徒焦芳，段炅修孝宗《實錄》，至使「有明《實錄》，未有若弘治之顛倒者也。」㉟但這種情況是比較容易看清的；另一種是執筆者並非小人，但陷入黨爭而顛倒是非，這在晚明野史中大量存在。如伍袁萃一方面攻擊東林黨人，一方面贊揚邪黨人物爲「豪傑」，萬斯同說他：「豈有意於仇君子，庇小人？惟所見一偏，遂以至此，然則君子之欲立言者，可自逞胸臆哉！」[66]伍袁萃又與賀燦然因神宗萬曆乙巳京察問題而著文互相攻擊。萬斯同評論說，賀燦然的「心術」固不可知，但伍袁萃攻擊他也太過分了，「夫德非聖人，職非史官，好著書以褒貶當世之公卿大夫，從使褒貶悉當，亦不免當世之忌，況其所褒貶者，未必盡當乎？」[67]萬氏在這裡已提出了史家的「心術」和「德」的問題。

萬斯同在與方苞的談話中雖然不很明顯，其實也提到修史者的才、學、識三長，才就是他所說的「事信而言文」的「文」；學就是把握「事信」的史事；識就是他所說的「裁別之識」。與此同時，他又提出了「好惡因心」的心術問題。但萬氏雖講到「平心」這一史法，可沒有從史學理論上詳加闡釋。章學誠是在萬斯同這一史法基礎上，指出在三長之外，尚必須具備「史德」，他說：「能具史識者，必知史德。德者何？謂著書者之心術也。」[68]明確提出了「史德」這一概念。萬、章倆人都重視史家的「心術」問題，而章氏的「史德」，顯然比萬氏的「平心」，更能明確和完整地體現出「心術」在治史中的重要性。

萬斯同把「好惡因心」問題區別爲君子與小人不同的兩類，但他沒有深入說明。章學誠則在萬斯同的區別上予以理論上的分析：小人篡改歷史，「讀其書者，先不信其人，其患未至於甚也。」主要問題是，君子在不知不覺中使褒貶失實，他說：「所患乎心術者，謂其有君子之心，而所養未底於粹也。」接著，他從三個方面分析了君子犯錯誤的原因及避免錯誤的途徑：

第一，他從治史的原則予以分析。治史的原則應是：「盡其天而不益以人」，他說：

> 蓋欲為良史者，當慎辨於天人之際，盡其天而不益以人也。盡其天而不益以人，雖未能知，苟允知之，亦足以稱著述者之心術矣。

章學誠所講的「天」，是指道，即客觀的歷史規律，正如他所說的：「故道者，非聖人智力之所能爲，皆其事勢自然，漸形漸著，不得已而出之，故曰『天』也。」[69]所以「承其天而不益以人」，說的是史學家必須充分反映歷史的客觀規律性，而不能滲入自己半點的主觀意見（益以人）。這當然是很難做到的，因爲「天與人參，其端甚微」。歷史是人創造的，也是人寫下來的，歷史的撰述者（這裡指君子）在寫客觀歷史的時候，雖然主觀上企圖盡量符合客觀事實，使之成爲信史，但往往一念之差，稍不慎，就可能違反或歪曲史實。所以章氏說：「然而心術不可不慮者，則以天與人參，其端甚微，非區區之明所可恃也。」但只要史家知道「盡其天而不益以人」的原則，而且盡力去做，那就可以說他已盡了其心術了。

第二，他從「文氣」和「文情」兩方面對此作了進一步的分析。他說，史所載的是事，而事必籍文以傳，可是，文卻往往爲事所役。因爲事有是非，事的是非影響了作者的文氣；事有盛衰，事的盛衰影響了作者的文情。按理來說，氣昌情摯，本是天下至文之所求。可是問題就出在這裡，「然而其中有天有人，不可不辨也。」因爲這樣一來，就難以做到「盡其天而不益以人」的原則，主觀感情影響了客觀事實的敍述，他說：

氣合於理，天也，氣能違理以自用，人也；情本於性，天也，情能汨性以自恣，人也。文之義出於天，而史之文不能不藉人力以成之。人有陰陽之患，而史文即忤於大道之公，其所感召者微也。

萬斯同曾講到修史應「言文」，但他對「言文」僅僅說：「魏晉以後，賢奸事迹並暗昧而不明，由無遷、固之文是也」[70]為什麼司馬遷、班固的文就可以避免賢奸事迹暗昧而不明呢？他沒有說明，而章學誠則從「天與人參」以及理與氣、情與性方面作了理論上的闡明。

第三，他從而提出了避免犯錯誤的途徑，要求史家在主觀上做到「氣平」，「情正」，他說：

夫文非氣不立而氣貴於平。人之氣，……因事生感，而氣失則宕，氣失則激，氣失則驕，毗於陽矣。文非情不深，而情貴於正，人之情，……因事生感，而情失則流，情失則溺，情失則偏，毗於陰矣。陰陽伏沴之患，乘於血氣，而入於心知，其中默運潛移，似公而實逞於私，似天而實蔽於人，發為文辭，至於害義而遠道，其人猶不自知也，故曰：心術不可不慎也。

章學誠通過天、人、氣、情關係分析了心術不可不慎，爲了避免史家似公而逞於私，似天而蔽於人，他提出「氣貴於平」，「情貴於正」的要求，這自然比萬斯同的「平心」論講得更透徹了。於是，在三長之外，增立史德的觀點，就呼之而出了。

黃宗羲曾說：「文章不特與時高下，亦有地氣限之。」[71]所謂「地氣」，也就是說在一定地區內，人們的學術思想容易相互影響。章學誠雖與黃宗羲、萬斯同沒有師承關係，但「地氣」的影響，使他繼承了清初浙東學派的史學思想。所謂「與時高下」，也就是說人們的學術思想，隨著時代的發展而發展變化。章學誠不僅繼承了黃、萬的史學思想，而且發展爲清初浙東史學在理論上的集大成者。但我們也可以看到，由於時移世遷，章學誠與其先輩相比，其史學精神在繼承的同時，確也有了較大的演變，但這尚不足以否定章學誠爲浙東學派的一員。

注釋

① 見《二程遺書》卷一《端伯傳師說》。又見《朱子語類》卷七、十五、右第十二章。

②③ 《朱子語類》卷七十五，右第十二章。

④ 朱熹《論語集注》卷二《里仁》。

⑤ 《黃宗羲全集》（第八冊）第八九九頁。

⑥《黃宗羲全集》（第八册）第九四八頁。

⑦《黃宗羲全集》（第一册）第三〇五頁。

⑧《黃宗羲全集》（第一册）第二〇二頁。

⑨⑩⑮㉕㉟㊲㊳㊴ 章學誠《文史通義．原道中》。

⑪《黃宗羲全集》（第三册）第六〇六頁。

⑫⑬㉔㉕㉖㊾《文史通義．原道上》。

⑭ 孔穎達《周易正義》卷七《周易繫辭上》。

⑯《黃宗羲全集》（第一册）第六〇頁。

⑰《黃宗羲全集》（第一册）第一二五頁。

⑱《黃宗羲全集》（第一册）第一五〇頁。

⑲《黃宗羲全集》（第一册）第一五八頁。

⑳《黃宗羲全集》（第一册）第一五九頁。

㉑《黃宗羲全集》（第一册）第一九三頁。

㉒ 黃宗羲《南雷文定》四集卷三《國勳倪君墓誌銘》。

㉗ 高廷珍等《東林書院志》。

㉘㉛㉜《南雷文定》前集卷一《學禮質疑序》。

㉙ 羅欽順《困知記》卷下第四十三。

㉚《困知記》卷上第十四。

㉝萬斯大《學禮質疑・自序》。

㉞㊶㊷㊸㊺㊻《文史通義・原道下》。

㊱52《文史通義・易教下》。

㊵51 54 55《文史通義・浙東學術》。

㊹李文胤《杲堂文鈔》卷四《上梨洲先生書》。

㊼《南雷文定》前集卷首《凡例四則》。

㊽全祖望《鮚埼亭集》外編卷十六《甬上證人書院記》。

㊾㊿萬斯同《石園文集》卷七《與從子貞一書》。

53《文史通義・經解上》。

56《文史通義・經解下》。

57 58 59《文史通義・史釋》。

60《石園文集》卷首劉坊《萬季野先生行狀》。

61 62 70《方苞集》卷二十四《萬季野墓表》。

63《南雷文定》四集卷一《陸石溪先生文集序》。

64《南雷文定》三集卷二《桐城方烈婦墓志銘》。

65《石園文集》卷五《讀弘治實錄》。

⑯《石園文集》卷五《題彈園雜志後》。

⑰《石園文集》卷五《跋駁駁漫錄評正》。

⑱《文史通義·史德》。以下章氏論史德的引文，皆見此注。

⑪《南雷文定》前集卷七《李杲堂先生墓志銘》。

國家圖書館出版品預行編目資料

清初浙東學派論叢／方祖猷著. --初版. --臺北市：萬卷樓發行：三民總經銷，民85
面；　公分
ISBN 957-739-152-4(平裝)

1.哲學-中國-清(1644-1912)

127.011　　　85004682

清初浙東學派論叢

著　　者：方祖猷
發 行 人：許錟輝
總 編 輯：許錟輝
責任編輯：李冀燕
發 行 所：萬卷樓圖書有限公司
台北市和平東路一段67號14樓之1
電話(02)3216565・3952992
FAX(02)3944113
劃撥帳號15624015
總 經 銷：三民書局股份有限公司
台北市復興北路386號
訂書專線(02)5006600（代表號）
FAX(02)5164000・5084000
承印廠商：晟齊實業有限公司
定　　價：500元
出版日期：民國85年7月初版
出版登記證：新聞局局版臺業字第伍陸伍伍號

ISBN 957-739-152-4